高等学校公共管理类系列教材

国家监察概论

主　编　杜兴洋
副主编　李明强　庞明礼　田　进

National
Supervision

WUHAN UNIVERSITY PRESS
武汉大学出版社

图书在版编目(CIP)数据

国家监察概论/杜兴洋主编.—武汉：武汉大学出版社,2019.9
(2024.8 重印)
高等学校公共管理类系列教材
ISBN 978-7-307-21078-3

Ⅰ.国…　Ⅱ.杜…　Ⅲ.监察—概论—中国—高等学校—教材
Ⅳ.D630.9

中国版本图书馆 CIP 数据核字(2019)第 162653 号

责任编辑:朱凌云　　　责任校对:李孟潇　　　版式设计:马　佳

出版发行:**武汉大学出版社**　　(430072　武昌　珞珈山)
　　　　　(电子邮箱:cbs22@whu.edu.cn　网址:www.wdp.com.cn)
印刷:武汉图物印刷有限公司
开本:720×1000　1/16　印张:21.5　字数:384 千字　插页:1
版次:2019 年 9 月第 1 版　　2024 年 8 月第 5 次印刷
ISBN 978-7-307-21078-3　　定价:55.00 元

前　言

　　2018 年 3 月 11 日，第十三届全国人民代表大会第一次会议通过《中华人民共和国宪法修正案》，设置了中央和地方监察委员会，统一行使国家监察权，中华人民共和国监察委员会由全国人民代表大会产生，对其负责并接受监督，此后，我国的权力监督体系逐步实现从行政系统内部监察机构的行政监察过渡到独立的国家监察机关的国家监察。国家监察机关通过履行监察职能、整合监察力量，能够对公职人员加强监督、维护廉政，对立法权、行政权、司法权形成有效的监督和制约，奖惩结合以提高公职人员积极性及国家机关工作效能，实现国家监察对象与范围全覆盖。行政监察与国家监察同被包含于"行政监督"之中，国家监察机关整合了行政监察机关与其他监察力量，属于政治机关范畴。其监察对象除原有行政监察的对象外，还包括人大、法院、检察院、政协、人民团体及其工作人员，医院、学校等事业单位及其工作人员以及所有行使公权力的公职人员。国家监察委员会的权力性质是独立于立法权、行政权、司法权的监察权，其监察手段较行政监察更为丰富，包括十二种调查处置措施。

　　根据国家监察领域的新发展、新改革、新动向，本教材构建科学的课程体系，全面、系统地介绍国家监察研究领域的主要概念、范畴、原理和分析方法，力求客观、准确地反映国内外国家监察研究领域的学术成果和发展动态，并将国家监察分析的一般理论应用于我国公共管理的具体政策实践，从而推动相关学科建设，为高等教育人才培养提供丰富的教学资源，帮助学生理解国家监察相关基础知识，引导大学生树立政治意识、激发使命担当，培养新时代所需的具有民族精神与核心价值观念的青年学生。

　　全书共十四章，以国家监察理论和习近平新时代国家监察思想为基础，以国家监察过程为主线，借鉴境外国家监察经验，突出廉政监察、效能监察和预防监察研究，注重全书各个章节之间的结构性、逻辑性联系，使之成为一个脉络较为清晰的体系。第一章至第三章构建了国家监察学的研究纲领，从总体上概览了国家监察的基础知识、理论基础及新时代国家监察思想。第四章至第五章纵向分析了我国国家监察制度的演变与发展。第六章至第八章是国家监察的基本内容部分，涵盖了国家监察的组织机构、国家监察的职权及国家监察的程序等内容。第九章是比较监察部分，横向分析了美国、瑞典及新加坡等国家的监察制度。第十章至第十四章是以国家监察实务为主线展开，对廉政监察、效能监察及预防监察、巡视制度、容错机制进行了系统阐述。

本教材在编写过程中有以下特点：

1. 前沿性。教材探讨了公共管理领域的新议题——国家监察改革，梳理了监察体制的发展过程及最新发展成果，具有重要的运用价值。

2. 理论性。在总结国家监察领域最新学术成果与实践的基础上，较为全面地介绍了国家监察的基础理论、主要内容与分析方法等，深化了读者对相关理论知识的认识。

3. 实践性。以中国古代思想制度与西方公共管理理论为基础，重点把握当前中国的国家监察改革实践，增加中国特色的巡视、容错等相关监察制度的论述，且在每章节安排了最新相关案例，具有很强的现实性与针对性，以帮助读者深刻理解国家监察实践。

4. 系统性。本书以公共管理学理论为基础，以国家监察改革实践为研究对象，以国家监察过程为主线，系统梳理了境外国家监察的经验，研究内容基本涵盖了国家监察的各个领域，构建了一个相对系统完整的知识体系。

本书可作为高等院校公共管理类专业本科生以及研究生、MPA 学员的教材，也可以为国家监察实践者及其他人员提供理论上的支持。

本教材由杜兴洋副教授担任主编，负责提出并拟定编写大纲，组织协调全部编写工作，最后统稿、改写、定稿。具体参加教材各章编写的是：杜兴洋（第一章、第三章、第四章、第八章、第九章、第十一章、第十四章）；李明强（第五章、第七章、第十章）；庞明礼（第六章、第十二章）；田进（第二章、第十三章）。

在本书即将付梓之际，对武汉大学出版社，特别是朱凌云编辑的大力支持和帮助表示由衷的感谢！在本书写作过程中，我们参阅了大量中外文文献，吸收了许多中外学者的研究成果，在此一并致谢！同时，由于时间和水平有限，书中必然有不当甚至错误之处，欢迎专家和读者批评指正！

编　者

2019 年 4 月

目　录

第一章
绪　论

国家监察体制改革是完善社会主义特色治理的重要一环，也是完善国家权力监督体系的重要组成部分。国家监察在权力的监督方面具有其他监督主体所不具备的特殊优势，在国家治理活动和监督体系中发挥重要作用。本章将从监察的基本概念出发，比较行政监督、行政监察、国家监察的区别与联系，从而进一步界定国家监察的内涵，分析国家监察的地位和作用，剖析增设国家监察的必要性，试图进一步加深对国家监察的了解。

第一节　国家监察概述

国家监察是依法依规对公权力行使者用权目的、行为方式、运行过程、价值所向的规范化和惩戒性监督，在理顺监察权与党的执政权、人大的立法权、政协的参政权、政府的行政权、司法机关的司法权等关系的基础上①，我们需要了解行政监督、行政监察、国家监察等相关概念，以及它们之间的联系与区别，从而对国家监察的内涵有更清晰的认识。

一、行政监督与行政监察

监督（Supervision），通常释义为"监察、督促"。在我国，"监督"一词最早见于《后汉书·荀彧传》"古之遣将，上设监督之重，下建副二之任，所以尊严国命，谋而鲜过者也"②，具有"察看、管理"的意思。

---

① 石亚军、卜令全、陈自立：《国家监察体制：全域立体监察模式的构建》，《中国行政管理》2017 年第 10 期。

② 《后汉书》卷 100，《二十五史》第 2 卷，上海古籍出版社、上海书店 1986 年版，第 243 页。

（一）行政监督

行政监督的概念具有广义和狭义之分。广义的行政监督是指国家机关、政党、社会舆论等依法对行政机关及其公务人员的行政行为所实施的监察、检查和督促活动。① 狭义的行政监督则是指行政机关对机关内部机构及其工作人员的行政行为所实施的监察和督促。一般而言，我们认为行政监督是指国家机关、政党、社会团体和公民依据有关的法律法规，对国家行政机关及其工作人员的行政行为进行的监察、检查和督促活动。②

按行政监督主体划分，行政监督可以划分为政党监督、立法监督、司法监督和行政机关的内部监督。

（1）党对行政活动的监督，即政党监督。现代社会的政治是政党政治。在资本主义国家，政党监督（包括执政党和在野党）主要是通过议会中的较量与斗争，实现对行政机关的控制与监督。我国是社会主义国家，政党监督主要是由执政党来实施的，具体由各级党委对行政机关及其工作人员贯彻党的路线、方针、政策进行监督。在我国，政党对国家行政机关及其管理活动的监督，除共产党的监督外，还有各民主党派的监督，我国各民主党派主要是通过自己的组织和成员及其在人民政协的活动对国家行政机关及其工作人员实施监督，它是对共产党的监督的必要补充。政党监督属于政治监督。

（2）立法机关对行政活动的监督，即立法监督。在资本主义国家，立法监督主要是依据宪法和法律，由议会针对行政机关所通过的议案形式来实现对国家行政机关及其官员的监督，它反映了立法机关对行政机关的制衡关系。在我国，立法监督是指各级人民代表大会及其常务委员会对国家行政机关及其工作人员的行政活动实施监督。监督方式主要有法律监督、工作监督和人事监督。立法监督属于权力监督，体现人民主权原则。

（3）司法机关对行政活动的监督，即司法监督。在资本主义国家，司法监督主要是通过司法机关行使司法审查及依法审判行政案件等手段来实现，它的实质是司法权对行政权的制衡。我国的司法监督是指司法机关，即人民法院和人民检察院，依照法律法规对国家行政机关及其工作人员的行政活动所实施的监督，包括司法审查与行政诉讼等内容。司法监督属于法律监督，体现法律

---

① 张郐：《行政监督的伦理基础》，《求索》2007 年第 1 期。

② 徐双敏、李明强：《行政管理学》，科学出版社 2008 年版，第 197 页。

至上的原则。①

（4）国家行政机关对行政活动的监督，即行政机关的内部监督。行政机关的内部监督是行政机关的自身责任监督，它作为行政管理活动的内容之一，有效的维持着行政系统内部的有序和高效。在我国，行政机关内部监督是指国家行政机关内部的监察部门、审计部门的专门监督以及上下级、平级国家行政机关之间的相互监督。具体包括行政复议制度、审计监察制度、行政监察制度。

（二）行政监察

行政监察，即"监察行政"。行政监察就是各级政府通过所属专门机构（行政监察机关）对国家行政机关及其公务员和国家行政机关任命的其他人员贯彻执行和遵守法律法规纪律的情况进行监督的活动。② 行政监察是一种综合性的监督检查，一方面它监督、检查的范围是多角度、全方位的；另一方面是在检查过程中和检查之后，要根据检查结果做出奖惩处理。并且，由于行政监察的复杂性，使得行政监察的形式多样且灵活，并在某一时间段内有所侧重。从监察形式来说，行政监察对监察对象的行政行为实行的监督，主要是通过执法监察、廉政监察、效能监察、预防性监察等形式。

（1）执法监察。执法监察是监察机关依法对行政机关及工作人员贯彻、执行国家政策、法律法规和各种行政命令的情况进行系统监督、检查的一种职能活动。执法监察对监察对象的执法监督贯穿整个执法过程的各个环节，既注重事前对违法违纪现象的防范，又注重执法过程中的跟踪检查、纠偏，更注重事后的检验、考核和对违法违纪行为的惩处。

（2）廉政监察。廉政监察是监察机关依法对行政机关及其工作人员的各种腐败行为进行监督、纠举和惩戒的一种职能活动。它的主要任务是针对各种行政管理活动中存在的以权谋私、贪污、行贿受贿等腐败现象，通过行政监察机关行使监察职能，调查行政机关及其工作人员执行廉政制度的情况，并查处各种贪污、贿赂、以权谋私等违法违纪案件。与此同时，廉政监察还注重对机关及其工作人员的廉政教育。

---

① 朱厦飞：《比较视域下完善我国行政监察体制研究》，河南大学 2011 年硕士学位论文，第 10 页。

② 欧阳庆芳：《国家治理视野下的纪检监察研究》，华中师范大学出版社 2016 年版，第 17～18 页。

（3）效能监察。效能监察又称勤政监察，它是指监察机关依法对国家行政机关和国家公务员的各种失职、渎职行为和事件进行监督、纠举和惩戒的一种职能活动。行政管理活动是一项复杂的工作，必须注重效率和效力，然而行政管理活动中各种失职，渎职，违反行政法规、规章、制度，有令不行、有禁不止的问题，阻碍了行政效率的发挥。效能监察正是针对行政管理活动中存在的各种失职、渎职行为，查处各种失职、渎职案件，从而保证行政机关间各部门、各环节协调一致，保障行政工作有序、高效进行。

（4）预防性监察。预防性监察是监察机关通过采取思想教育、道德规范及制度完善等措施以预防行政机关及其工作人员违法或不合理行使职权的一种前置监督机制。其实质是增强权力对于腐败的"免疫力"，隔离腐败"传染源"。预防性监察能增强公职人员抵制腐败的能力，甚至减少、消除腐败行为发生，是一种未雨绸缪，防患于未然的监察形式。

（三）行政监督与行政监察的区别

行政监督与行政监察在日常运用中往往是互相替代使用的，因为单就词义来说，行政监督与行政监察都包含监察、督促的涵义，但是，当"行政监察"作为一个专有名词时，它与"行政监督"却是既有联系，又有区别的。

首先，从逻辑思维的概念角度分析，"行政监督"比"行政监察"包含的范围更广，"行政监察"被包含于"行政监督"之中，即二者的关系是一个概念的外延包含于另一个概念外延之中的种属关系。

其次，二者监督主体的范围不同。行政监督的主体包括国家权力机关、行政机关、司法机关、执政党、人民群众、新闻舆论等，而行政监察的主体则是国家行政监察机关。

再次，二者监督权限的性质不同。行政监督既包括具有监督权的职能部门的监督，同时也包括不享有监督权的群众性监督。这种社会监督使人民群众能通过一定的渠道对国家行政机关及其工作人员的行政活动进行监督，督促其改进工作作风，提高工作效率。它是社会主义民主的具体体现，但它作为一种群众性监督，不享有监督权。而行政监察则是由专门的行政监察机关来行使监督职能，依法享有监督权。

最后，行政监察在概念的涵义上要更具体些。行政监察作为国家行政管理活动的一种具体职能行为，它主要侧重于"察"，且通过法律的方式确定了一整套包括检查、调查、处理等程序与工作范围的规范。而行政监督在概念的涵义上则更广泛，且具有一定的"随意性"，它在多数情况下侧重于"督"。

二、行政监督与国家监察

国家监察与行政监督虽然都包含有"监督""检查"的意思，但是两者的内涵、监督手段、监督对象、监督权属性等都存在区别。

目前，随着我国国家监察体制改革的推进，我国的权力监督体系逐步实现从行政系统内部监察机构的行政监督过渡到独立的国家监察机关的国家监察。尤其是设立国家监察委员会作为最高监察机关，统一行使国家监察权，使得国家监察变成一种"大监察"。具体来说，国家监察与行政监督的区别体现在以下几个方面：

首先，实施主体不同。行政监督主体包括国家权力机关、行政机关、司法机关、国家监察机关、执政党、人民群众及新闻舆论等，而国家监察主体是权力机关产生、专门独立的国家监察机关（国家监察委）。

其次，作用对象不同。行政监督对象是国家行政机关及其工作人员的行政行为，而国家监察对象是所有行使公权力的公职人员，除了行政监察的对象外，还包括人大、法院、检察院、政协、人民团体及其工作人员，以及医院、学校等事业单位及其工作人员等。

最后，权力属性不同。行政监督既包括职能部门的监督，涉及监察权、行政权、立法权与司法权，也包括不享有监督权的群众性监督。而国家监察机关所实行的监察权不同于立法权、行政权、司法权。国家监察机关实质上就是"反腐败工作机构"，与纪委合署办公，代表党和国家行使"监督权"，"是政治机关，不是行政机关、司法机关"①。

此外，监察委员会可使用的监察手段也比行政监督更为丰富，国家监察法规定有十二种调查处置措施。当然，"国家监察"与"行政监督"在监察的程序、法律责任等方面也有较大不同。

三、国家监察的含义

国家监察是指国家监察机关依法对所有行使公权力的公职人员进行监察、调查。国家监察概念主要包括以下几个方面的内容：

第一，国家监察是根据宪法规定，由国家最高权力机关依法确定的权力。根据《中华人民共和国监察法》的规定，"各级监察委员会是行使国家监察职

---

① 陈瑞华：《论国家监察权的性质》，《比较法研究》2019 年第 1 期。

能的专责机关"①，"中华人民共和国国家监察委员会是最高监察机关"②。同时，对国家监察机关的产生、组织成员及机构设置、监察职能、运行程序、监察机关内部上下级间关系等方面也有明确规定。依照法律赋予监察权的监察机关行使监察权具有强制性，可以对违法违纪的监察对象予以监督和惩戒。

第二，国家监察的对象是全部行使公权力的公职人员。《中华人民共和国监察法》第十五条规定："监察机关对下列公职人员和有关人员进行监察：（一）中国共产党机关、人民代表大会及其常务委员会机关、人民政府、监察委员会、人民法院、人民检察院、中国人民政治协商会议各级委员会机关、民主党派机关和工商业联合会机关的公务员，以及参照《中华人民共和国公务员法》管理的人员；（二）法律、法规授权或者受国家机关依法委托管理公共事务的组织中从事公务的人员；（三）国有企业管理人员；（四）公办的教育、科研、文化、医疗卫生、体育等单位中从事管理的人员；（五）基层群众性自治组织中从事管理的人员；（六）其他依法履行公职的人员。"按照国家监察法所固定下来的监察对象，极大地弥补了以前行政监察体制存在的监察范围过窄的问题，实现了党内监督与国家监督全覆盖。

第三，国家监察的目的主要是通过监察机关行使监督、调查、处置职责实现。《中华人民共和国监察法》第十一条对国家监察机关的职责作了规定，即监督职责是指监察委员会代表党和国家，依照有关法律法规，监督所有公职人员行使公权力的行为是否正确，确保权力不被滥用。履行监督职责的方式包括教育和检查。调查职责是指调查公职人员贪污贿赂、滥用职权、权力寻租以及浪费国家资财等职务违法和职务犯罪行为。处置职责是指对公职人员不同程度的失职、违法、犯罪行为，采取相应的问责、处分、提出公诉等措施。

第四，国家监察的目的是加强对权力的监督，防止腐败滋生。国家监察的监督范围是多角度、全方位的。从总体功能上讲，有政治功能、经济功能、文化功能、社会功能等；从管理方式上讲，有计划、组织、控制、指挥、协调、沟通、监督等职能。国家机关及其工作人员实现这些功能的全过程，都需要监察机关的监督检查。另外，监察机关可以对公职人员的违法违纪行为进行事实调查，并能够依照法律程序对违法违纪行为做出处理。比如，对遵纪守法、廉洁奉公者要直接或建议给予表彰和晋升；对违法违纪、贪污受贿、滥用职权者要进行查处，严重的移交司法机关审理。可见，通过国家监察，既可以搞好廉

---

① 《中华人民共和国监察法》第三条。
② 《中华人民共和国监察法》第七条。

政建设，还有利于提高国家机关及其工作人员的工作效率。

国家监察是一项复杂的监督工作，为了防止公权力的滥用，国家监察工作需在我国相关法律规范下，按照《中华人民共和国监察法》的具体规定发挥监察机关的作用，实现监察对象全覆盖、监察内容全方位、监察手段多样化，真正将国家监察机关打造为我国的反腐利刃。

第二节　国家监察的地位和作用

国家监察作为行政监督体系中的重要组成部分，在其中扮演着重要的监督者角色；同时，我国将国家监察委员会设立为国家监察专责机关，并规定其独立于其他国家机关来行使监察权，这从某种意义上来说国家监察在整个国家的治理过程中占有特殊地位，并发挥着不可替代的作用。

一、国家监察的工作方针和基本原则

国家监察权的行使必须按照法律法规的要求，同时还需要遵循科学的工作方针和工作原则，对此，我们有必要了解国家监察的工作方针和工作原则。

（一）国家监察的工作方针

国家监察的工作方针是指导监察工作开展的总则，涵盖了监察工作的方方面面，具有指导工作实践的作用。为了深化国家监察体制改革，加强对全体公职人员的监督，深入开展反腐败工作，把权力放在笼子里，《中华人民共和国监察法》第六条就国家监察的工作方针做了明确规定，监察工作方针主要包括三个方面内容：

1. 强化问责、标本兼治

《中华人民共和国监察法》第六条规定："国家监察工作坚持标本兼治、综合治理，强化监督问责，严厉惩治腐败。"这一规定体现了党的十九大报告"坚持无禁区、全覆盖、零容忍，坚持重遏制、强高压、长震慑"的要求，指明了"不敢腐"的问题。自党的十八大以来，反腐败斗争一路高歌猛进，然而当前我国涉嫌贪污贿赂、滥用职权、玩忽职守、权力寻租、徇私舞弊等腐败行为仍屡见不鲜，反腐形势依然十分严峻。我们必须坚持反腐败永远在路上，加强对腐败行为的监督和问责；必须坚持标本兼治，从根源上杜绝腐败行为滋生。

2. 深化改革、健全法制

《中华人民共和国监察法》第六条规定："深化改革、健全法治，有效制约和监督权力。"这主要讲的是"不能腐"的问题。它不仅仅是国家监察体制改革和监察法的任务，其他各项深化改革任务和法律制定、修订工作都或多或少与此相关。监察法之所以规定这个内容是为了完成我们反腐败的重要任务，同时，还因为看到反腐败必须动员各方面广泛参与，建立起规范权力运行的制度机制。因此，我们必须通过立法把行之有效的改革举措以法律的形式固化下来，形成监督合力，增强监督实效，让权力得到约束。只有全面深化各项改革举措，形成相互制约的监督体系，才能真正构筑起不能腐的堤坝，确保党和人民赋予的权力真正用来为人民谋利益。

3. 加强教育、弘扬优秀传统

《中华人民共和国监察法》第六条规定："加强法治教育和道德教育，弘扬中华优秀传统文化。"这主要讲的是"不想腐"的问题。习近平总书记强调"把法治中国建设好，必须坚持依法治国和以德治国相结合，使法治和德治在国家治理中相互补充、相互促进、相得益彰"①。法律和道德都有规范社会行为、调节社会关系、维护社会秩序的作用，在国家治理中都有其地位和功能。法律是维持社会稳定的准则，是成文的道德；道德是社会行为规范的准则，是内心的法律。任何时候都必须既讲法治又讲德治，重视发挥道德教化作用，引导全社会培育和践行社会主义核心价值观，树立良好道德风尚，防止封建腐朽思想滋生。将弘扬中华优秀传统文化作为监察工作方针，就是落实党中央的决策部署，从中华民族历史文化中汲取智慧，从实际出发实现监察工作理念思路、体制机制、方式方法的与时俱进。

（二）国家监察的基本原则

国家监察的基本原则，是指贯穿于整个监察过程中必须遵循的主要规律。确立国家监察的基本原则，除了坚持党的领导、民主集中制等共同原则，还应当具有监察部门所特有的原则。这些原则是行使行政监察权必须遵循的原则，必须适用于国家监察的各个方面，并贯穿于国家监察的全过程。

1. 依法独立行使监察权原则

《中华人民共和国监察法》第四条规定："监察委员会依照法律规定独立行使监察权，不受行政机关、社会团体和个人的干涉。"这里包含两方面的内

---

① 何鼎鼎：《人民日报：让法治与德治相得益彰》，人民网，http：//opinion. people. com. cn/n1/2016/1226/c1003-28975271. html。

容：第一方面，监察委员会独立行使监察权，不受其他主体的干涉。这里的"干涉"主要是指监察人员依法行使监察职权不受行政机关、社会团体和个人利用职权或者采取不正当手段影响。第二方面，监察委员会依法独立行使监察权，即监察委员会履行职责必须严格依照法律进行活动。

2. 监察工作实事求是原则

国家监察机关处理其他机关及工作人员的违法违纪行为，必须以事实为依据，坚持实事求是的原则。这是我国监察工作实践的经验总结。《中华人民共和国监察法》第五条将这一根本经验用法律条文的形式固定下来，并把它视为监察工作的一项基本原则。按照"以事实为根据，以法律为准绳"的社会主义法制原则和辩证唯物主义认识论的指导，监察工作中也必须要求监察机关行使职权时将坚持实事求是作为一项基本原则。具体要求就是，监察机关在开展工作，尤其是查处违法违纪案件中，要尊重客观事实，一切从实际出发，必须要深入细致地调查研究，广泛、充分地了解、收集有关的材料和证据，并且认真分析，反复验证，去伪存真，杜绝先入为主，主观臆断。这样才能做出符合实际的判断，做出正确的处理，从而保证监察工作的质量，防止发生差错，使处理的监察事项经得起现实和历史的检验。

3. 法律面前人人平等原则

《中华人民共和国监察法》第五条规定：监察工作"在适用法律上一律平等，保障当事人的合法权益"。这项原则是公民在法律面前一律平等的社会主义法制原则在国家监察工作中的具体体现。"在适用法律上一律平等"，是指监察机关对所有监察对象，不论民族、职业、出身、性别、教育程度都应一律平等地适用法律，不允许有任何特权。具体来说它包含以下几个层面：任何监察对象的合法权益都平等地受法律的保护；任何监察对象都必须遵守法律，不得有超越法律的特权；一切违法违纪行为都必须受到追究。"保障当事人的合法权益"，是指要严格遵循相关法律规定，不得违法侵犯公民、法人和其他组织的合法权益。这里的"当事人"，既包括被调查人也包括涉案人员等其他人员。根据法律面前人人平等这一原则，监察机关对于一切监察对象的合法权益都要依法保护，绝不能因为监察对象的地位、身份、职务等的不同而有所区别，应切实做到秉公办事，执纪公平。

4. 惩戒与教育相结合的原则

惩戒与教育相结合，宽严相济。惩前毖后、治病救人，是我们党的一贯方针，是我们党从丰富的实践经验和深刻的历史教训中总结出来的。历史证明，只有坚持这一方针，才能达到既严明法纪、又团结同志的目的。监察委员会除了依照宪法、监察法和有关法律法规，监督所有公职人员行使公权力的行为是否正确，党和国家的路线方针政策是否贯彻落实，更重要的是通过对公职人员违法违规行为的检查和惩处，达到纠正国家机关及其工作人员的不良行为，减少和铲除以权谋私、滥用权力的官僚主义等腐败现象，以使国家机关及其工作人员接受教训、改进工作，更好地行使人民赋予的权力。为此，监察机关要坚持惩戒与教育相结合，一方面要求对违法违纪的监察对象，要严格执行法律。在弄清事实的基础上，根据违法事实和情节，给予适当的处分。另一方面还要求具体分析其错误性质、情节和严重程度，耐心地帮助其认识错误，做好思想政治工作。坚持两手抓，即一手抓制裁，一手抓教育，二者相结合，既制裁犯错者，又教育其他人。

二、国家监察的地位

国家监察的地位是指国家监察在行政监督体系、国家治理活动中所处的位置，以及它的不可取代性和重要性。具体表现在以下两个方面：

（一）国家监察在行政监督体系中的重要地位

国家监察是行政监督体系的一种重要形式，有着其他监督方式不可替代的作用。当前，有不少学者提出监察权是有别于立法权、司法权、行政权的第四项权力，认为"监察权能有效对前三项权力进行监督制约，与之形成具有中国特色的社会主义监察体系"①，另外，还有学者提出"五权"概念，即：立法权、行政权、监察权、检察权与审判权②。这充分证明了国家监察在行政监督体系中占有重要地位。

从与其他监督形式的比较来看，国家监察作为能够独立行使监督权的制度，有监督系统内的监督形式无法替代的功能。具体来说：

其一，从国家监察与政党监督的比较来看，在我国，政党监督主要是指中国共产党通过制定路线、方针、政策，重大行政人事任免进行监督。从监督范围上说，国家监察是对所有行使公权力的公职人员进行监察，而党的监督范围

---

① 姬亚平、吉亮亮：《国家监察委员会的设立与运行制度研究》，《财经法学》2018年第1期。

② 江国华：《国家监察体制改革的逻辑与取向》，《学术论坛》2017年第40期第3卷。

只包括所有党员，它只能对所有党员的行为进行监督。从法律依据来说，政党监督是按党章办事，对党员违反政纪的行为只能依据党章给予党纪处分，国家监察则能够依据宪法、党纪法规和《中华人民共和国监察法》行使监督、调查、处置职能，对违法乱纪的所有公职人员进行调查，甚至移送国家司法机关接受法律的制裁。目前各级纪委和监察委合署办公，但并不意味着二者已合并为一了。事实上，纪委和监察委合署办公是"一套班子一套人马"①，将执纪与执法职责统一行使，但保留了二者的独立性，保持了各自在监督体系中的不同地位。

其二，从国家监察与立法监督的比较来看，立法监督是我国国家法制体系中层次最高、最高权威的监督，具有全局性、抽象性与概括性较强的特点。而国家监察则主要是对公职人员行使权力的行为进行监督，调查公职人员有没有违法行为和违反职务行为。因而，首先，二者在监督对象上有所不同，立法监督是将其产生的国家机关及其任命的公职人员作为监督对象，国家监察则是对所有行使公权力的公职人员进行监督。其次，二者监督的方式也不一样，权力机关主要是通过听取工作报告、汇报、质询、特定问题调查、罢免等方式监督被监督对象是否存在问题，而国家监察则主要是通过谈话、讯问、询问、查询、冻结、调取、查封、扣押、搜查、勘验检查、鉴定、留置等手段进行监察。再次，二者监督的内容存在差异，立法监督主要是对行政首长的履职情况实施监督，国家监察则主要对所有公职人员的职务犯罪和职务违法进行调查，开展廉政建设和反腐败工作。最后，二者的监督目的各有侧重，立法监督的目的是维护国家民主制度和法制，防止国家权力被滥用，国家监察则是加强党对反腐败工作集中统一领导，防止腐败滋生，维护宪法和法律尊严。

其三，从国家监察与司法监督的比较来看，我国的司法机关主要是指人民法院、人民检察院两大类。首先，二者对公职人员的违法行为的处理程序不同，司法监督依据法律规定可直接对违法行为实施检查职能，国家监察则是需要国家监察机关对于涉嫌职务犯罪的行为进行调查后移送检察机关依法审查，提起诉讼，由人民法院负责审判。其次，二者监督调查内容不同，司法监督主要是对已颁布的有关法令、法规或具有普遍约束力的决定、命令等执行情况进行检查，而国家监察则是对涉及职务违法的行为及工作人员进行教育和处罚。最后，二者监督的行为特点不同，司法监督的审理过程必须严格按法律条文，

---

① 任建明、杨梦婕：《国家监察体制改革：总体方案、分析评论与对策建议》，《河南社会科学》2017年第25期第6卷。

具有"被动"和"拘于条款"的特点，国家监察则是主动的，且在处理具体事件时，监察机关可在法律、法规允许范围内"自由裁量"。

其四，从国家监察与行政监督的比较来看，行政监督指行政主体基于行政职权依法对行政相对人是否遵守行政法规范和执行行政决定等情况进行的监督检查，也叫行政检查，只是对行政机关和工作人员的监督。由于第一种行政监督本质上属于行政管理职能和行政执法活动的组成部分，所以一般行政法上的行政监督主要是指对行政主体及其工作人员。从监督对象来说，国家监察包含了行政监督的对象。而从监督效果来看，行政监督主要是通过行政系统内部的监察部门来加强自身的监督，改进工作办法，极大地提高行政效率，国家监察则主要是加强对行政权力的监督，推进行政机关的法治化进程，提高反腐效能。

其五，从国家监察与新闻监督、社团监督等社会监督形式比较来看，国家监察的监督层次更高，它以所有公职人员为监督目标，要求国家行政机关及工作人员遵守纪律和法律，目的是惩治腐败、维持国家秩序与法律尊严。社会监督则主要是监督国家监察机关对职责的执行和监察工作是否透明、公正，是民主政治的体现。

（二）国家监察在国家治理中的重要地位

国家监察委员会作为独立行使监察权的国家监察机关，与国家行政机关、司法机关、立法机关共同构成了新的国家权力体系，并且由于国家监察的特殊性质，决定了国家监察在国家治理活动中占据重要地位。

1. 国家监察是实现依法治国的重要保证

随着社会主义法制的不断完善，国家权力机关制定的法律、法令，最高行政机关制定的行政法规、决定和命令，最高司法机关制定的司法解释等各种具有约束力的法律规范都将以规范化的形式颁布，并纳入法制轨道。首先，国家监察机关作为独立的权力机关，其监察权的确立、履职活动的每一个环节都在《中华人民共和国监察法》中做出了明确规定。其次，国家监察机关必须严格依照宪法及相关法律、法规对所有公职人员的违法行为进行检查和监督。由此，国家监察既能够保证其他国家机关及其工作人员公权力的行使都在法律、法规的规范下进行，也能确保国家机关的法令、命令正确实施。

2. 国家监察是国家公职人员清正廉洁的保证

《中华人民共和国宪法》明确规定：一切国家机关和国家工作人员必须接

受人民的监督, 努力为人民服务。① 从根本上说, 国家公职人员是受人民委托管理国家, 必须为国家利益与人民利益服务, 国家工作人员不得违背这一原则。然而, 在现阶段, 还很难确保国家公职人员不出现贪污腐败的思想, 做出有损国家利益的违法行为。设置国家监察机关, 通过惩教结合和全程监督的方式, 确保所有公职人员从思想上确立 "人民公仆" "不想腐" 的意识, 对公职人员以权谋私、贪污受贿等腐败行为的惩处保证公职人员 "不敢腐", 从而确保国家机关及其工作人员的廉洁, 维护改革开放的大局, 保证经济建设的健康发展。

3. 国家监察是加强社会主义法制的重要环节。社会主义法制是社会主义国家制定的体现广大人民意志的法律制度, 包括立法、执法、守法三个方面。监察是健全、完善政治管理活动的一个重要组成部分, 贯穿国家政治活动的全程。虽然其他国家机关也负有监督的职责, 但国家监察所具有的完整性、全面性和规范性是其他国家机关在履行监督职能时所不具备的, 具体来说立法机关主要侧重于 "立法" 部分的监督, 行政监督则侧重于 "执法" 层面的监督, 但国家监察则是综合监督、调查、惩戒、教育等多种职能, 依法对国家公职人员的职务行为进行监督, 涉及 "执法" "守法" 等法制环节。从这个意义上来看, 没有国家监察, 国家的管理活动是不完整的, 国家的监督体系也是不健全的, 社会主义法制也就不完整, 而且也难以实现。

三、国家监察的作用

国家监察的作用, 是指国家监察机关通过履行监察职能, 加强对公职人员监督, 惩教结合以提高公职人员的素质和能力, 促进国家行政机关的高效运行。国家监察的作用是通过监察机关及其工作人员严格履行职责来实现的, 根据《中华人民共和国监察法》对监察机关职责的规定, 国家监察的作用可归纳为以下几个方面:

(一) 惩治腐败, 加强廉政建设

国家机关及其工作人员廉洁奉公, 全心全意为人民服务是国家机关及其工作人员必须具备的素质, 也是其履职的宗旨, 是最基本的要求。然而, 现阶段, 少数公职人员仍然存在贪污受贿、以权谋私、挥霍浪费和严重官僚主义等现象, 严重损害了政府权威及形象。因此, 加强对公职人员的监督, 严惩贪污

---

① 《中华人民共和国宪法》第二十七条第二款。

腐败行为，加强廉政建设是刻不容缓的事情。

首先，国家监察通过履行监督、调查、处置职能，监督公职人员廉洁从政的情况，对于有可能存在的贪污受贿、权力寻租、利益输送等涉嫌职务犯罪的行为进行调查，并依法对其存在的违法行为给予相应的处分。这一完整的国家监察体系，极大地提高了监督的效率，更重要的是国家监察惩教结合的工作原则，严厉惩处公职人员的贪腐行为，并注重对廉政思想的灌输和教育，从根本上提高了国家机关及其工作人员的政治素养，形成了"不想腐""不能腐"的思想。

其次，推进廉政建设。除了充分发挥国家监察的教育、惩治作用外，廉政建设还应将政府预防腐败部门，人民检察院的反贪、职务犯罪预防部门等力量整合，合力打好反腐败这场战争。

（二）权力制约，推进政治体制改革

国家监察体制改革是一项事关全局的重大政治改革，而政治改革的核心问题是权力问题。孟德斯鸠说过"一切有权力的人都容易滥用权力，这是亘古不变的一条经验"①。

为了实现权力制约，党的十八大报告指出"要健全权力运行制约和监督体系，确保决策权、执行权、监督权既相互制约又相互协调，确保国家机关按照法定权限和程序行使权力"②。将国家监察委员会作为国家监察的专责机关独立行使监察权，一方面，保留行政机关、立法机关和司法机关的监督职能，形成三者之间互相监督、相互牵制的格局。与此同时，国家监察权的行使还能对立法权、行政权、司法权的行使形成有效的监督和制约。另一方面，国家监察委对所有行使公权力的公职人员进行全覆盖式的国家监察，能够及时发现监察对象可能存在的滥用权力的行为，并进行惩治教育，有效地引导国家权力各司其职，在合法的轨道中运行。

开展国家监察活动，通过整合行政监督、立法监督、司法监督、政党监督、社会监督等力量，让滥用权力、越权等违法行为得到有效约束和监督，监督主体之间形成有效的"监督网络"，逐步完善国家权力监督体系，形成具有中国特色的监督体系。

---

① 梁志平：《法辩》，贵州人民出版社 1992 年版，第 212 页。

② 《党的十八大工作报告》，http://www.qziedu.cn/djgz/lrxx/2017-05-04/6965.html。

(三) 完善监督，提高监察效率

国家机关履行职能的效率受国家机关工作人员的素质、运行制度、组织机构等内外因素的影响。提高国家监察机关的监察效率，保证监察健康、有效运转，必须通过各种途径，不断改善监督，提高工作效能。

首先，国家监察坚持监督全覆盖，规范职务行为。国家监察机关依照已有的监督法规、规章，依法履行对全体公职人员的监督、调查、教育等职能，引导各级国家机关及其工作人员在法律允许的范围内各司其职。其次，国家监察的监督结果赏罚分明。国家监察机关对于在监督监察过程中发现的先进部门和个人，除作为内部先进宣传和表彰外，其优秀表现还将成为未来晋升、提薪的依据。而对于监察过程中存在的贪污受贿、以权谋私、失职渎职等违法违纪行为，监察机关会深入调查其违法违纪行为的情况，并将调查结果移交检察院，交由人民法院进行审判，让其接受违法违纪后果。

国家监察机关监察权的行使，对于规范公职人员的行为，促进其尽忠职守、积极向上的工作态度具有重大意义。而且，完善的国家监察除提高监督的效率，还可促进国家权力的法制化、高效化、规范化。

第三节　国家监察的意义

深化监察体制改革的目标就是要整合反腐败资源力量，加强党对反腐败的集中统一领导，建立集中统一权威高效的国家监察体制。因此，设立国家监察委员会作为监察的专责机关，对所有行使公权力的公职人员进行检察、督促，对加强党对反腐败工作的集中统一领导，构建集中统一、权威高效的中国特色国家监察体制等方面具有重要意义。①

一、国家监察能加强党对反腐败工作的集中统一领导

坚持党的领导是中国特色社会主义最本质的特征。国家监察制度作为中国特色社会主义制度的重要组成部分，要充分发挥国家监察制度的优势，最为关键的是要坚持党的全面领导。《中华人民共和国监察法》就明确规定："国家监察委员会领导地方各级监察委员会的工作，上级监察委员会领导下级监察委

---

① 任进：《中国特色国家监察体制的法治保障》，《行政管理改革》2018 年第 4 期。

员会的工作。"① 监察委员会和纪委都实行以垂直领导为主的双重领导体制,更好地维护党中央对全国反腐败工作的集中统一领导。

新成立的国家监察委员会是与行政机关、司法机关平行的国家监察机关,它由各级人民代表大会产生,对各级人大负责,并接受人大的监督。由于监察委员会新国家机关的性质,必然要涉及机构整合问题。将政府系统的监察、预防和检察院系统的反贪、反渎、预防机构整合为监委会一个机构是一项复杂的系统工程,涉及各个机构权力资源的重新分配,各个机构工作人员的调整,以及机构职责的重新定位等问题。因此,必须由一个权威力量来领导监察体制的改革,以保证改革沿着正确的方向前进。改革开放以来的历史和实践表明,只有坚持党的全面领导,改革才能稳步推进,顺利进行。

监察委员会与纪委合署办公,坚持"一套班子,两个机关",履行党的纪律检查和国家监察两项职能,极大地加强了党对国家反腐败的集中统一领导。由于党的纪律检查委员会直接对党中央负责,接受党中央的监督,而党的纪律检查委员会又与国家监察委员会合署办公,这将更有利于整个国家监察体系接受党中央的领导,贯彻党中央的思想路线和政治路线,更好地贯彻落实习近平总书记对全面从严治党的战略部署,更好地把党的领导贯穿于纪检、监察的全过程,完善党对监察部门的思想引领。更重要的是这使得国家监察工作在党直接领导下,依托纪检与司法,代表党和国家对所有公职人员进行监督,既调查职务违法行为,又调查职务犯罪行为,有效地将行政监察、政府预防腐败机关和检察机关查处污贿赂及预防职务犯罪等工作力量整合,实现党内党外、党纪国法监督的全覆盖,共同形成国法与党纪相辅相成、党外与党内双管齐下的反腐败治理网络。②

二、国家监察是健全党和国家监督体系的重要保证

党内监督是永葆我党肌体健康的有力武器,关乎党自身的兴衰成败和国家民族的前途命运。一直以来,我党始终坚持从严治党,始终坚持党风廉政建设和反腐败体制机制创新,始终坚持高压惩治腐败,始终坚持增强执政党自我净化、自我完善。然而,我党仍面临自我监督这一挑战。想要实现党的历史使命,保持党的活力,就必须解决党内自我监督的难题,并坚持以党内监督带动

① 《中华人民共和国监察法》第十条。
② 吴建雄:《监察委员会的职能定位与实现路径》,《中国党政干部论坛》2017年第2期。

其他监督，完善国家权力监督体系。

习近平在十八届中央纪委三次全会上发表重要讲话指出，"经过各级党委、政府和纪检监察机关共同努力，党风廉政建设和反腐败斗争取得了新进展"，"坚决查处腐败案件，坚持'老虎'、'苍蝇'一起打"①。然而，随着形势发展，党内监督覆盖不到或者不适用于执行党纪的公职人员仍有存在，因此，我们必须要重新构建国家监察体系，将所有公职人员纳入党的监督范围。再者，我们国家原有的监察体制存在一些问题：第一，监察范围过窄。现有的监督体系已经实现了党内监督全覆盖，但其他监督主体主要在机关内部发挥作用，例如，行政监察机关主要负责监察行政机关的工作人员，以及任命的工作人员，对其他国家机关及其工作人员的监督不足。第二，反腐败力量分散。反腐败一直是各国家机关监督的重点，然而，在原有的监察体制下，反腐败职能都是分别行使，党的监督主要是依照党章党规对党员的违纪行为进行审查，行政监察主要是依照行政监察法对行政机关及其工作人员的违纪违法行为进行监察，司法监督则主要是依照刑事诉讼法对国家工作人员职务犯罪行为进行查处，彼此间既有交叉，又有空白。第三，缺乏集中统一的领导。党对反腐败工作集中统一领导的体制机制不够健全，制度优势还未能转化为治理效能，需要组建行使国家监察职能的专责机关。②

为此，实行国家监察，设置专门的国家监察机关，将行政机关内部的行政监察、预防腐败部门和检察机关查处贪污贿赂、失职渎职及预防职务犯罪部门等工作力量整合，可以有效解决当前反腐败力量分散、党纪法规衔接不畅等问题。而国家、省、市、县监察委员会与党的纪律检查委员会合署办公，可以使国家监察的对象实现全覆盖，补齐过去监察范围过窄的"空白"。这有助于进一步强化党对反腐败斗争的统一领导，构建党统一指挥、全面覆盖、权威高效的监督体系，促进国家公职人员依法履职、秉公用权。

三、国家监察是加强公权力监督的重大制度创新

国家监察体制改革是坚持走中国特色社会主义监察道路，确立中国特色社会主义监察体系的创制之举，是党和国家自我监督的重大创新发展。我们党在长期执政过程中积极聚焦反腐败斗争现实问题，敢于冲破保守、封闭的观念束

---

① 《习近平：使纪律真正成为带电的高压线》，新华网，2014 年 1 月 14 日。
② 马怀德：《国家监察体制改革的重要意义和主要任务》，《国家行政学院学报》2016 年第 6 期。

缚，打破不合时宜的体制机制，充分体现了我党的与时俱进与"四个自信"。

设立国家监察委员会作为专责国家监察机关是对当代权力制约形式新的探索。自秦朝御史制度开始，中国古代监察制度历经三国两晋南北朝和唐代的发展，到宋元明清时期趋于完备，并逐渐形成一套自上而下的独立于行政权的监察体系。国家监察委员会成为与行政机关、司法机关相并列的独立行使国家监察职能的专责机关，这与中国古代监察制度有异曲同工之妙，与西方国家"三权分立"体制下监察隶属于立法机关或者行政机关的模式也完全不同。①首先，国家监察委员会独立行使监察权，不受其他国家机关及个人以任何形式或手段的影响与干涉；其次，强调党的领导地位，国家监察委与党的纪委合署办公，强化了党对国家监察工作集中的统一的领导；再次，国家监察实行监察对象全覆盖，同时把党内监督同国家监察以及其他监督形式整合，构建了权威高效的监督体系；最后，国家监察机关还注重运用法治思维和法治方式行使职权，具有鲜明的中国特色。

设立监察机关，将所有公职人员纳入监察范围是在汲取中华民族历史文化智慧、总结治国理政经验基础上提出的重大举措，体现着中华民族优秀传统文化的精髓，是对中国特色社会主义监督制度的丰富发展，是对权力制约体制的新探索，具有鲜明的时代特色和中国特色。

四、国家监察有利于推进国家治理体系和治理能力现代化

党的十八届三中全会提出全面深化改革的总目标，就是完善和发展中国特色社会主义制度、推进国家治理体系和治理能力现代化。深化国家监察制度改革，设立国家监察委员会就是推进国家治理体系和治理能力现代化的重要举措。国家监察推进国家治理体系和治理能力现代化，关键是在治国理政方面形成一套完备的、成熟的制度，通过有效运转的制度体系，实现对国家和社会的治理。

形成权威高效的监督体系是推进国家治理体系现代化的重要内容。《中华人民共和国监察法》指出国家监察体制改革的目的是"加强对所有行使公权力的公职人员的监督，实现国家监察全面覆盖，深入开展反腐败工作，推进国家治理体系和治理能力现代化"②。建立国家监察委员会，形成对所有公职人

---

① 《深化监察体制改革 推进试点工作之三 完善党和国家的自我监督》，中国纪委监察部网站，2017 年 7 月 10 日。

② 《中华人民共和国监察法》第一条。

员监督全覆盖的体制机制；将纪委监察委合署办公，让纪检、监察两项职责同向发力，有效推动构建党统一指挥、全面覆盖、权威高效的监督体系。同时，深化纪律检查体制改革，始终坚持运用法治思维和法治方式推动改革，推进双重领导体制具体化、程序化、制度化，全面加强和改进新形势下的党内监督，促进国家治理体系的完善和发展。

制定监察法，弥补反腐败国家立法不完备的短板是实现国家治理体系现代化的主要举措。对于指导反腐败工作的法律条文、指导意见或工作条例在过去很长一段时间内不断被提及，然而，却没有单独的、完善的反腐败立法。立法机关制定《中华人民共和国监察法》，弥补了我国过去反腐败国家立法不完备的短板。以此同时，在最新的宪法修正案中还明确了国家监察委员会作为国家监察机关的法律地位。按照现有的监察法，国家监察的监察对象是所有行使公权力的公职人员；赋予监察机关必要的调查权限和手段，并采用留置取代"两规"；创制政务处分，弥补了纪、法中间的空白地带，既调查职务犯罪行为，又查处职务违法行为；规范工作流程，形成监察委员会调查、检察院起诉、法院审判的体制机制，使各环节相互衔接相互制衡，确保了反腐败斗争在规范化、制度化、法治化轨道上行稳致远。①

实行国家监察将党内法规与国家法律有效衔接，把执纪与执法贯通起来，保证了党内监督和国家监察无缝衔接，实现党、国家、社会各项事务治理制度化、规范化、程序化，确保党在反腐败斗争轨道上有法可依，这有利于完善和发展中国特色社会主义制度、推进国家治理体系和治理能力现代化。

☞ **本章小结**

实行国家监察制度，制定《中华人民共和国监察法》科学地回答了公权力由谁来监督、监督谁、监督什么、怎样监督等问题。并通过将国家监察与其他监督主体的监督相比较，体现出国家监察在惩治腐败、促进廉政建设，改革管理、提高工作效能和推进政治制度改革等方面，具有其他监督形式无法替代的功能。

国家监察专责机关（国家监察委员会）是独立于行政机关、检察机关、审判机关与军事机关的第五个国家机关。首先，国家监察的监督对象全覆盖，

---

① 马森述：《用习近平新时代中国特色社会主义思想武装头脑 在新起点上把国家监察体制改革推向前进》，《中国纪检监察报》2019年3月14日。

是其他国家机关所不具备的，同时，国家监察能够对其他机关及其工作人员的廉政情况和履行职务情况行使监督、调查、处置等职能，且国家监察机关收集调查到的证据能作为证明材料被司法机关采纳。其次，国家监察权的行使有综合性、长期性、强制性等特点，而其他国家机关的监督职能多是分散的，效能较低。最后，国家监察权的行使有明确的法律规范，《中华人民共和国监察法》对国家监察机关的职责、工作方针和工作原则、机关设置和组织内部人员的构成及上下级关系、履职程序、保障制度等都做了明确说明，而其他机关的监督则主要是依靠抽象的法律、法规。

《中华人民共和国监察法》将党纪国法有机衔接。在执行层面，监察委员会成立之后，监察法和党的纪律相衔接，也与刑法、刑诉法相衔接；在纪检监察机关内部，将进一步实现执纪与执法贯通；在监察机关与司法、行政机关之间，也将实现权力衔接与制约。同时，加强党内监督，提高党的执政能力和治国理政水平，坚持党管干部原则，坚决依规依法对违纪违法干部做出处理，对党员干部和其他公职人员的腐败行为进行查处，在全党和全体公职人员中树立有权必有责、用权受监督的理念，进而不断提高他们的思想政治素质、科学文化素质和工作本领。

总之，深化国家监察体制改革，建立国家监察委员会实行国家监察，深入对公权力的监督，对于加强党的领导，建立权威高效的监察体系，扩大监察范围，丰富监察手段，提高监督机构的独立性和权威性，保障监察机关监督权的权威性，整合反腐败力量，推进国家治理体系和治理能力现代化等方面具有现实意义。

☞ 关键术语

行政监督；行政监察；国家监察；国家监察委员会；国家监察原则；监察的意义

☞ 练习与思考题

1. 行政监督的类型有哪些？
2. 简述行政监督与行政监察的区别与联系。
3. 简述行政监察与国家监察的区别与联系。
4. 如何理解国家监察的具体含义？

5. 国家监察的基本原则是什么？

6. 如何理解国家监察的地位和作用？

7. 如何理解实施国家监察的重要意义？

☞ **案例**

中共中央办公厅印发《关于在全国各地推开
国家监察体制改革试点方案》

2017 年 10 月 29 日，中共中央办公厅印发《关于在全国各地推开国家监察体制改革试点方案》（以下简称《方案》），部署全国范围内深化国家监察体制改革的工作。

首先，《方案》强调，在总结北京市、山西省、浙江省改革试点工作经验基础上，要在全国各地推开改革试点，并就今年年底明年年初召开的省、市、县人民代表大会上产生三级监察委员会，确保改革有序深入推进。

其次，《方案》指出，党中央决定，在继续深化北京市、山西省、浙江省试点改革工作的同时，还要在其他 28 个省（自治区、直辖市）设立省、市、县三级监察委员会，并完善相关机构的职责、人员构成及调查的权限和手段，建立与执法机关、司法机关的协调衔接机制。

最后，《方案》要求，加强党对试点工作的集中统一领导，试点省（自治区、直辖市）党委对试点工作负总责，并由党委书记担任深化监察体制改革试点工作小组组长。另外，试点地区纪委要做好试点方案的组织实施和具体落实。其他各有关单位也要协调配合，确保试点任务按时完成。

（资料来源：http://www.xinhuanet.com/politics/2017-10/29/c_1121873321.htm）

请思考：

1. 根据上述材料谈谈你对深化国家监察体制改革的认识。

2. 谈谈设立国家监察委员会的意义是什么。

第二章

国家监察理论基础

国家监察作为正常的政治体系运转不可或缺的一个重要组成部分，既是一个国家的政治体系存在和维系的前提，又是其治理过程的必然产物。国家监察要能真正发挥作用，必然离不开一定的理论作为支撑。最初，政治学的相关理论为国家监察的存在和发展提供了坚实的理论基础，但是随着监察领域的扩大和治理范围的拓宽，国家监察进一步的研究和完善还需要运用和借鉴更多其他学科的相关理论，如经济学、伦理学、管理学等。本章将重点讲述国家监察的马克思主义理论基础、政治学基础、伦理学基础、经济学基础。

第一节　国家监察的马克思主义理论基础

国家监察作为国家权力的组成部分，其性质是由国家的阶级本质和整个政治制度的性质决定的。我国是无产阶级专政的社会主义国家，这一国家本质为我国国家监察提供了最根本的法理依据。马克思主义的创始人在创立自己的国家理论时，把人民监督视作新型无产阶级国家的重要基石。建立以人民监督为核心的国家监督制度，是社会主义国家监督制度的本质特点和根本内容。

一、马克思和恩格斯的国家监察理论

（一）"社会公仆"蜕变的原因

马克思主义反对一切抽象的、形而上的人性论，指出了人实际上是"一切社会关系的总和"，对人的认识要放在具体的历史环境中去，人在不同的历史条件和环境下有不同的行为表现，单纯的"性善"或"性恶"论不仅在理论上存在着缺陷，而且也难以解释复杂的社会现实。马克思主义的人性观为我们正确分析和理解人性提供了科学的理论基础，同时也为我们分析国家监察提供了理论上的依据。

既然人是一切社会关系的总和，对人的行为的认识和考察要放在一定的社会关系中去，当社会关系在调整和变化时，人的行为表现一般也会有所不同，这就是有些人有时大公无私、有时却损人利己的原因。马克思主义的制度设计者同资产阶级的制度设计者不同的是，后者仅考虑到"人性恶"，而马克思主义者在进行制度设计时，不仅要考虑"人性本恶"，同时也要考虑到"人性本善"以及其他具体环境和条件。马克思主义者所设计出来的制度不仅可以使人能在成本—收益的利益原则下行事，而且也可以使人在非利益化的道德原则下行事。

恩格斯在《法兰西内战》导言中总结出了防止"社会的公仆"蜕化为"社会的主人"的措施。无产阶级专政的性质决定了社会主义国家的公务人员，是代表广大人民群众的根本利益，受人民委托、为人民服务的人民公仆。但是经济发展的不同程度和水平决定了社会公仆发展的复杂性，他们有发生腐化变质的可能性和危险。由于无产阶级在取得政权后，必须保留国家这种统治形式，国家政权也只能由少数公职人员去担任。恩格斯认为国家是一个祸害，"国家最多也不过是无产阶级在争取阶级统治的斗争胜利以后所继承下来的一个祸害；胜利了的无产阶级也将同公社一样，不得不立即尽量除去这个祸害的最坏方面，直到在新的自由的社会条件下成长起来的一代能够把这全部国家废物完全抛掉为止"①，但其消亡又是一个长期的过程，所以，在无产阶级取得胜利以后，依然存在着新的国家机关及其工作人员脱离社会大多数群众，成为高居于社会之上的主人的可能性。所以马克思、恩格斯多次阐述在新的政权产生以后怎样防止公务人员从"社会的公仆"变为"社会的主人"，为国家监察的制度设计提供了理论基础。

（二）人民行使罢免权是最好的监督形式

马克思和恩格斯在总结巴黎公社政权建设的历史经验时曾表示，人民群众掌握监督权是实现人民群众当家做主的根本保证之一。马克思说，以前总有一种错觉，认为行政和政治管理是神秘的事情，是高不可攀的职务，只能委托给一个受过特殊训练的阶层。"现在这种错觉已经消除。彻底清除了国家等级制，以随时可以罢免的勤务员来代替骑在人民头上作威作福的老爷们，以真心的负责制来代替虚伪的负责制，因为这些勤务员经常是在公众监督之下进行工

---

① 《马克思恩格斯选集》第2卷，人民出版社1972年版，第336页。

作的。"① 马克思曾高度赞扬巴黎公社创造的、由选民直接选举产生对选民负责，并且可由选民随时撤换的公社委员这种政权形式"是伟大的创举"，是"真正无产阶级的政权"。无产阶级胜利后虽然也要国家管理机关，要中央管理职能，不过行使这些职能的人已经不能够像在旧政府机器里面那样使自己凌驾于现实社会之上了，"因为这些职能应由公社的官吏执行，因而总是处于切实的监督之下"②。

恩格斯深刻分析了无产阶级建立国家后为什么还要大力加强国家监督这一问题。他根据巴黎公社的经验指出，工人阶级在成为统治阶级后，是不能继续运用旧的国家机器进行管理的，它必须在打碎旧国家机器的基础上建立无产阶级自己的国家机器，这一新的国家机器和以往旧的国家机器的根本区别之一就是它自己的所有代表和官吏毫无例外地可以随时撤换，来保证自己可能防范他们。即无产阶级掌握对国家工作人员的罢免权，是无产阶级巩固统治的根本措施，这一措施对防止工人阶级的国家官僚主义、腐败行为是必不可少的。可见，马克思、恩格斯始终强调监督罢免权在无产阶级掌握自己的政权中的头等重要意义。这是因为，选举权作为代议制民主的基础，是资产阶级民主政治的主要内容，但是它并不是无产阶级民主的全部内容。早先的资产阶级民主只热衷于选举，对于被选举的人是不是始终为选举者的利益服务，则不是资产阶级民主所能解决的，无产阶级的真实民主就不但注重选举，而且关注在选举之后对被选举者的监督和罢免，以保证他们按选民的意志办事。

二、列宁的国家监察理论

十月革命胜利后，列宁根据俄国社会主义国家政权建设的实践经验，从专门监督方面深入探讨了社会主义国家的监督问题，丰富和发展了马克思主义的监督理论，为社会主义国家监察机制的形成和发展做出了重大的贡献。

(一) 职务监察

列宁认为，国家机关及其领导人员的一项重要职责是就法律法令和决定的执行情况对行政机关进行检查监督。列宁在《关于副主席（人民委员会和劳动国防委员会副主席）工作的决定》、《关于人民委员会和劳动国防委员会副主席分工的建议》和《关于人民委员会副主席和主席的工作制度的建议》等著作中强调，由副主席专门负责的基本工作是检查法令、法律和决定的实际执行情况，确定最佳的机关文办制度并加以监督，每位副主席都要对机关进行检查。每周或每两周检查某一部分，通过亲自向各人民委员及其副手作指示，以及对其上层和基层机构进行考察，直接监督各人民委员部及其机构等。可以看出，列宁认为，各行政机关对下级行政机关的工作进行检查和监督，是国家管理的一项重要职能，也是国家机关领导者的一项重要职责。

（二）专门监察

列宁在领导国家政权建设过程中非常重视国家机关系统内部专门监督机构的监督作用。1918 年 5 月，根据列宁的建议，决定建立国家监察部，作为行政系统内部的专门监督机构。1919 年 5 月，决定在国家监察部下设立中央控告检查局，专门接受审理群众对国家机关工作人员滥用职权、渎职和违法行为的控告和检举。1920 年 2 月，又根据列宁的建议，在国家监察部的基础上成立了工农检察院，以便更好地发挥专门监督机构作用和吸收更多工农群众参加监督工作。1923 年 4 月，联共（布）党的十二次代表大会根据列宁的建议，正式通过了中央监察委员会与工农检察院合并的决定，使党政监督机构合一，对国家监察制度进行了改革。列宁认为，工农检察院的主要职责是通过检查和调查的方法对一切国家机关、经济机关和社会团体的工作实行监督，同一切机关中的官僚主义作斗争，监督和检查中央、地方苏维埃政权机关对国家法律法令和决定的执行情况等。

第二节　国家监察的政治学基础

政治学是以研究权力及其制约的问题作为核心内容。政治学研究在很大程度上是从属于对权力制约的理性论证以及对权力制约有效方式的探讨。当政治学家们在探寻科学合理的权力运行机制时，实际上他们所思考的是如何把公共权力置于有效的监督之下，或是通过精心设计出来的政治体制，使政治权力受到难以回避的制约。而国家监察就是一种很好的权力制约机制。因此研究国家监察就必须要研究政治学的相关理论。

一、权力的概念及特点

（一）权力的概念

对政治学来说，权力制约是与权力的存在联系在一起的。有了权力就必须有权力的制约与之相伴随，否则，权力就会变质、异化。权力是政治学的基本概念之一，但到目前为止，政治学家们对权力的定义有许多种。在中国古代典籍中，"权"有两个基本含义，一是衡量审度，二是制约别人。在英语表述中，权力从两个角度得到理解和阐释：（1）power to，即做某事的能力，或者得到想得到的东西的能力；（2）power over，即对某人的控制能力。西方思想家对"权力"下了诸多定义，霍布斯（Hobbes）认为权力是行动者与行动对象之间的因果关系，"行动者的权力和有效的动因是一回事"。罗素（Bertrand Russell）认为，"权力可以定义为有意努力的产物"。韦伯（Weber）把权力定义为"在社会交往中一个行为者把自己的意志强加在其他行为者之上的可能性"。拉斯韦尔（Harold Laswell）和卡普兰（Caplan）则认为，"权力是施加影响力的特例：这是借助制裁背离拟行政策的行为来影响他人的决策的过程"。有的学者将各种权力的定义大致分为四类：力量说、能力说、控制说和关系说。① 这些定义的共同之处是把权力看成是一个人对于他人的控制和影响力，这就指明了权力在人际关系中的特征。

在政治分析中，权力通常也被认为是一种关系，即凌驾于他人之上的影响他人行为的能力，换句话说，权力就是使他人不以其选择而行事。在一般的政治学研究中，权力首先被看成是一种关系，是一种人对人的制约关系，是权力施动者对受动者的制动关系，同时受动者也对施动者和权力过程具有能动的反作用；其次，权力被认为是一种能力，是一个人或者机构对另一个人或者机构的驾驭能力和制约能力；最后，权力也被看作是一种工具。权力作为一种工具手段，是行使权力、执行政策的载体和依托。

（二）权力的特点

权力是政治的核心概念，权力现象广泛存在于社会生活的各个方面。不同生活领域的权力现象分别被称为政治权力、经济权力、社会权力、宗教权力等。根据权力主体的不同，还可以区分个人权力、组织权力和政府权力等。

尽管权力的定义不同，但是权力在实际运行过程中显现了一些共同的特征，正是这些特征构成了国家监察发挥作用的理论前提。具体来说，权力主要有以下的一些特点：

1. 强制性

人作为现实的有生命的存在，有着自身的特殊需要、特殊利益和特殊意

① 林吕建：《权力错位与监控》，中国方正出版社1996年版，第17~18页。

志。而且，在这些需要、利益和意志之间，以及在不同的人、不同的集团之间的需要、利益和意志之间，必然会经常性地发生矛盾和冲突。为了维持社会稳定和实现公共利益，就需要权力，使得一些人改变自己的意志和行为，从而服从另一些人的意志和行为。所以权力是一种要求服从的强制力量，它一般通过严密的组织，以行政的、经济的、法律的、军事的等多种手段作为备用，奖励和惩罚是它的基本原则。为了实现服从，暴力往往是后盾。因此，权力的存在和行使本身就体现着一种强制性。

2. 扩张性

权力具有自我扩张和膨胀的能力，它的应用边际直到遇到阻力和反弹而不能前进为止。而有权力的人总是倾向于滥用权力，孟德斯鸠认为："一切有权力的人都容易滥用权力，这是一条万古不易的经验"，"有权力的人们使用权力一直到遇到界限的地方才休止"①。所以，绝对的权力意味着绝对的腐化。正由于此，限制和约束权力才成为政治学的一个普遍议题。

3. 排他性

权力是一种支配力量，掌握了权力，也就掌握了社会的支配力量。掌握了社会的支配力量，也就意味着在社会价值和利益分配中处于优势地位。权力作为一种支配力量，倾向于排除其他力量的介入。政治合作和妥协往往是在权力资源和能力不足的时候才有必要和可能。掌握权力的人，一般也不希望其他力量介入而发生影响，所以，专权既是某些政治领袖个性的结果，也是权力的特性使然。正由于此，国家监察的制度设计才有了更加重要的意义，而不同权力之间的制约与平衡才成为防止专权最有效的手段。

4. 利益指向性

人们结成社会关系的基本动因是为了实现自己的需要，"把人和社会连接起来的唯一纽带是天然必然性，是需要和私人利益"，因而人与人的关系本质上是利益关系，而错综复杂的社会关系也必然要体现为各种不同的利益。正因为如此，人类社会中才有了经济利益、政治利益、文化利益、个人利益、群体利益、民族利益、阶级利益、阶层利益、国家利益等形形色色的利益。而任何权力运作的背后都会涉及利益关系，即一种权力的行使是有利益指向性的。

还有的学者认为权力有可交换性："无论是什么权力，一旦进入流通领域作为交换对象用于交换，它便被物化了。权力的可交换性为权力腐败的存在提

---

① 孟德斯鸠:《论法的精神》上册，商务印书馆 1982 年版，第 154 页。

供了一种解说。"① 但是张康之教授认为"公共的是非交换的",不仅指公共权力不能交换,而且一切与公共权力相联系的因素都是不可交换的。因为,任何公共的因素进入了交换关系,都会在公共权力上造成偏差,一旦打开了缺口,很快就会形成一种难以控制的公共权力与其公共性质异质化的趋势。② 所以,权力是不可交换的。

二、权力制约权力

随着社会的发展,权力的种类在不断地增加,权力结构变得越来越复杂。尽管这些权力是在公共性的前提下发育起来的,但权力结构的复杂化和权力种类的多样化却使权力制约成为一个重要问题。

以权力制约权力是通过两种方式实现的:一是由一种高级的权力监督低级的权力;二是平行权力层级之间的监督与制约。这一种机制可以存在于民主社会,也可以存在于专制社会,不过在两种社会中的分权程度和保障目的有所不同。

在专制社会中,最高君主的权力一般是集中而不分散的,对这种权力一般没有有力的监督。但是最高君主不可能事必躬亲,总揽一国所有必要的统治权力和处理所有的统治事务。他不得不让其他人参与到统治系统之中,赋予他们一定的权力,让他们处理一定的事务。但是,他又可能怀疑他们为他服务的品质和能力,于是分散他们手中的权力,设立一定的监督机构对他们进行监督或使他们相互监督和制约。中国自秦朝以降的绝大多数朝代在权力设置时都意识到分权和设立监察官员的必要性。皇帝以下的各级权力多有分立,如秦在中央设三公九卿。丞相掌行政,太尉掌军事,御史掌监察。秦以前御史以正职为主而以监察为次,秦御史则以监察为主而以它职为次。秦朝建立了一套监察机构,负责对自中央至地方的所有政府机构及其官员的行为进行监察、纠举、弹劾。御史大夫及其统率的监察官,都是对皇帝直接负责的,上至丞相、太尉,下至基层官吏,受其监督。当然,监察官也互相监督,以防止蒙蔽圣听擅权专断的行为发生。丞相及其他官员发现监察官违背圣命或违法作乱,可以直奏皇帝。监察制度历代不废,不过具体做法有所不同而已。

西方现代立宪政体实行的分权制衡原则就是将政府职能与权力分配给不同部门,并使各部门之间的权力相互平衡和制约。有关思想可以追溯到波里比阿

---

① 陈奇星等:《行政监督论》,上海人民出版社 2001 年版,第 24 页。
② 张康之:《公共行政中的哲学与伦理》,中国人民大学出版社 2004 年版,第 56 页。

（Polybius）和亚里士多德（Aristoteles）。亚里士多德指出："一切政体都有三个要素，作为构成的基础，一个优良的立法家在创制时必须考虑到每一要素，怎样才能适合于其所构成的政体。……三者之一为有关城邦一般公务的议事机能（部分）；其二为行政机能部分……其三为审判（司法）机能。"

但是亚里士多德尚未明确提出权力制衡原理。古希腊政治学家波里比阿是政治学说史上第一个明确提出权力制衡思想的人。为了使他关于权力制约的思想得以实施，他做出了混合整体的设计，提出了把君主制、贵族制和民主制三种政体的因素和优点结合起来。在波里比阿看来，罗马共和制就是执政官、元老院、保民官三者的权力互相配合与制衡的政体。国家的这三种机关相互牵制，以达到平衡，防止某一种权力无限扩张。

把权力制约理论体系化的是近代的思想家们，特别是洛克和孟德斯鸠在这方面做出了突出的贡献。

洛克（John Locke）、孟德斯鸠（Montesquieu）等资产阶级思想家继承古代的分权制衡思想，设计了适用于民主政体的有关制度。洛克《政府论》中从主权在民的原则出发，阐述了权力分立的主张，并进一步引发出对权力的限制问题。在洛克的制度设计中，立法权是最高的权力，但是他最担心的还是"执行权"的滥用，因此他提出"在一切情况和条件下，对于滥用职权的强力的真正纠正办法，就是用强力对付强力"[①]。

孟德斯鸠在国家权力制约与分权理论方面比洛克又前进了一步。他主张防止权力滥用的最有效的办法是用权力约束权力，建立一种能够以权力制约权力的政治体制。其基本的做法是，立法、行政、司法三权分立，分别由不同的部门或不同的人去行使，各部门之间权力大致平衡，互相制约，司法独立并具有某种形式的司法审查权力。当然，在现实中，三权是交织的，但是仍没有达到混然一体或相互包容的程度。分权制衡是针对一个不能完全信任的政府所采取的旨在防止专制、腐败和不当行为的制度设计。这一点与专制社会下的分权制约有些类似，但是二者的区别是明显的。西方分权制衡制度是建立在资产阶级民主的基础上，并且强调最高权力的分立与相互制衡。

社会主义中国也建立了一套权力制约机制。这其中有人民代表大会及其常务委员会对行政机关、审判机关、检察机关以及监察机关的监督，也有审判、检察和监察机关对国家机关及其工作人员的监督。我国的以权力制约权力的制度与西方资本主义国家有关制度不同的是，第一，它是建立在社会主义民主的

---

① 洛克：《政府论》下篇，北京商务印书馆 1995 年版，第 95 页。

基础之上的，它的目的是保证人民赋予的权力不被滥用，保护人民群众的利益不受侵害。第二，这一制度的原则是分工制约，而不是西方国家的分权制衡。

三、权利制约权力

以权利制约权力的理论源于社会契约的人民主权思想。按照社会契约的政治理论，个人权利是先于任何形式的国家而存在的。英国启蒙思想家洛克认为，政治社会是人们通过正式的承诺和契约而成立的。在政治权力出现以前，人们所处的自然状态虽然自由，但存有不便。人们享有的权利不稳定，特别是对财产的享有很不安全，存在着可能受到别人侵犯的威胁。因而，人们决定放弃自然状态中相对自由的生活，甘愿同其他人一起加入社会。政治社会的目的就是保护人们的自由、生命与财产不受侵犯，政府的成立就是为了弥补自然状态中的不便。

人民主权学说的代表人物是卢梭（Rousseau），他提出"人是生而自由的，但却无往不在枷锁之中"，强烈主张"主权在民"。卢梭设想，全体人民定期集会而成为主权者共同体来决定公共事务，是阻止政府篡权及蜕化倾向的办法。汉密尔顿也承认，在组织一个人统治人的政府时，最大困难在于必须首先使政府能管理被统治者，然后再使政府管理自身。毫无疑问，依靠人民是对政府的主要控制。洛克认为不但国家权力要相互制约，而且它们都要接受人民的制约。

以权利制约权力的涵义在于，在正确理解权利与权力的关系的基础上，恰当地配置权利，以使它能够起到一种限制、阻遏权力之滥用的作用。这里包含着两重意思：

1. 消极制约。承认公民的权利，例如财产权、人身自由权和隐私权等，政府权力不能逾越它的界限而侵入公民的权利领域。这样，公民的权利对于政府滥用权力起着一种阻碍与制约的作用，但是权利所起到的这种制约作用，是一种消极的制约作用。也就是说，在这里，公民的权利作为一种标识，提醒政府注意到不要逾越权力的法定界限。几乎所有的公民权利都具有这种消极的制约作用。

2. 积极制约。一些公民权利不仅具有这种消极的制约作用，而且具有一种积极的制约作用，也就是说，当政府逾越权力的法定界限、滥用权力或有不当行为时，这些权利可以保证公民做出一些积极的反抗，迫使政府收回它的权力触角或改变不当行为。如公民对政府某些行为提起行政诉讼的权利，这种起诉权利提供了一种撤销或改变政府机构某些行为的机会。这些权利要发挥积极的制约作用，有的需要与公共权力内部的制约机制相配合，而有的却可以单独发挥这种作用，法律赋予了这种权利改变或影响公共权力关系的能力，例如选举权、言论自由权、结社权、知情权等。

以公民权利制约政府权力这一机制的实质是使公民成为监督政府的力量。以权利制约权力是一种民主性质的监督，只有在一个民主社会中才能实现。以权利制约权力，以承认公民权利为根本前提，以保护公民权利为最终目的，只有民主社会才会重视和建设这种机制。民主原则表明，以权利制约权力这一机制具有正当性的基础。这一机制充分体现了制约权力的根本目的。一般认为，民主的两种形式为直接民主和间接民主。直接民主意味着公民直接掌握对公共事务的决策权和管理权。间接民主意味着公民委托其中的一部分公民行使这些权力。但是，直接民主只是在古代城邦国家出现过。在一个略微复杂一些的国家里所能实行的民主形式只能是间接民主。我国也是如此。我们通常说民主就是"人民当家作主"。这一形象化的说法只是表明了权力的最终归属——"一切权力属于人民"，并不意味着由人民直接行使一切统治权力。在日常生活中，掌握决策和管理权的是少数人所组成的政府机构及其官员，而不是人民。普通公民经常处于统治权力的支配之下，是政府管理的对象。那么，民主体现在何处呢？很显然，民主就体现在公民对于他们委托出去的权力的制约中，体现在他们享有的一些能够起到制约作用的权利上。换言之，民主的实质在于以权利制约权力。我们衡量一个国家的民主发达程度，不仅要看它的法律所表明的统治权力的最终归属，更要看普通公民以权利制约权力的实现程度。

第三节　国家监察的伦理学基础

权力只是权力腐败产生的必要条件，权力是否会导致权力腐败，离不开对权力载体的人的分析。政治学研究权力制约的实践（权力制约权力，即"权力制衡"）使得权力体系变得迟钝而短视，人们只关注权力是否得到了制约，而忘记了权力的服务对象和权力所代表的根本利益，因此必须在政治学之外寻求权力制约的新途径。人性假设和权力的道德制约就成为国家监察伦理学基础的主要内容。

一、人性假设

政治制度的设计和构建离不开对人性的本源分析，没有对人性的一种前提假设，任何一门社会科学是不可能建立起来的。甚至可以如是说，忽视人性的制度设计本来就是不科学的，对人性的探讨成为学科建立的基石和完善的标志。"性善论""性恶论""人性二重论"的主张者基于自己的人性假设，提出了相应的制度设计：借教化以"养"善性、假权力与法制以制衡恶性和因人与环境的不同设计弹性而灵活的制度。

（一）人性善

孟轲认为，人之善性是生而有之，是源于先天具有的善端。"人性之善也，犹水之就下也，人无有不善，水无有不下。"① 至于世上有不善之人，非他本性，环境使然也。因此人有利他本性，恶是不尽善性，利欲"陷溺其心"的结果。为此，人要寡欲诚身，自反（省）养气，以修养而成圣贤。圣贤当然可以把握自我，管理天下。"仁、义、礼、智"是人所具有的"四端"。只要努力学习和修养四端，"人皆可以为尧舜"。问题在于，大人和小人有区别，劳心者和劳力者有区别，"劳心者治人，劳力者治于人"。"恻隐之心，人皆有之；羞恶之心，人皆有之；恭敬之心，人皆有之；是非之心，人皆有之……仁义礼智，非由外铄我也，我固有之也，弗思耳矣。"正因为人性本善，孟子主张借教化以维持统治秩序，他相信人能够自觉遵从道德约束。

（二）人性恶

荀况则以人的生理本能为逻辑起点对人性恶进行了论证。"今人之性，生而有好利焉，顺是，故争夺生而辞让亡焉；生而有疾恶焉，顺是，故残贼生而忠信亡焉；生而有耳目之欲，有好声色焉，顺是，故淫乱生而礼义文理亡焉。"② 因此，"人之性恶，其善者伪也"。"故必将有师法之化，礼义之有，然后出于辞让，合于纹理，而归于治。"在他看来，人性本恶，善良是伪装的，只有通过教育的感化、礼义的引导才能"化性起伪"。同为人性恶的主张者，韩非子却强调用外在的法律约束和官员的管理，来制约人的自利趋向。人"皆挟自为心也"，为了私利人们彼此攻击，惟有"法""术"才是长久统治之道。

西方性恶论的主张者更是不乏其人，无论是古希腊的亚里士多德，还是近代的马基雅维利、霍布斯、洛克、孟德斯鸠、汉密尔顿，无一不是这一论调的捍卫者和追随者。亚里士多德认为，"人是天生的政治动物"，人性中有着对

---

① 金良年：《孟子译注》，上海古籍出版社 2004 年版，第 232 页。
② 杨柳桥：《荀子诂译》，齐鲁书社 1985 年版，第 647 页。

权力不可避免的贪欲，人性中含有兽性的成分。"目的证明手段合理"的阐述者马基雅维利对此也深信不疑。他认为，人类天生都是见利忘义的，其一切行为无一例外地是为了满足自私的无止境的超越自身能力所及的欲望，所有人皆无道德可言。霍布斯更是直言不讳：人都是自私自利残暴好斗且有趋利避害之本能，人之好恶以是否有利于自我保存为标准，权势欲成为人类共有的普遍意向，而人常受到自我内心无止境欲望的驱使，从而使人的激情常凌驾于人的理性之上而不能自已。为了获得权势必然导致争斗，如此这般，政治家们宣扬的自由而平等的自然状态只能是战斗状态。正如卢梭所言：人性的首要法则是要维持自身的生存，人性的首要关怀是对其自身所应有的关怀。美联邦党人汉密尔顿、麦迪逊都接受了他们的性恶论论调：人类互相仇杀的倾向是如此强烈，以致在没有充分机会表现出来时，最琐碎、最怪诞的差别就足以激起他们不友善的情感和最强烈的冲突。如果人人都是天使，就不需要任何政府了，如果是天使统治人，就不需要对政府有任何外来的或内在的控制了。因而，只有建立权力控制机制才能制约人性的弱点，保证社会不受丑恶人性的损害。

（三）人性是社会关系的总和

人性乃人的属性，是人之为人而区别于动物的规定性，包括人的生物属性、社会属性和思维属性。生物属性即体性，社会属性为德性，思维属性为才性。人是生物进化的结果，人的生物属性成为社会属性的自然前提。因此，人的自然需要是一个基本的事实，人的社会需要则展示着人性的丰富性。同时，人性又是发展变化的，不同的历史时代，人性有不同的内容。在阶级社会中，阶级性成为人性的重要表现。即使是个人的人性也是具有可塑性的，在教育和环境的影响下会发生变化。人性就不是一种凝固不变的属性。

马克思主义从社会关系的维度出发使人性得以回归和统一，揭示了人性的本质。首先马克思主义反对一切抽象的人性论，指出人是一切社会关系的总和，对人性的考察应置之于具体的社会关系和具体的历史条件和背景下，而不能单纯或抽象地讨论人性善恶，因为即使同一人在不同的历史条件下行为表现也会迥异。其次，马克思主义在分析人类本性时，应用了辩证唯物主义的观点：物质基础决定了人类的行为，"道德人"要在一个社会普遍存在，行善的行为要成为社会里通行的行为模式，离不开坚实的物质基础。否则，行善只能是偶尔的或一时的行为。再次，马克思主义从真实的人性出发，承认了人是利己的，但不代表人性就是恶的。马克思主义认为只有利己主义的个人才是现实的人，人们奋斗所争取的一切，都同他们的利益有关。把人和社会连接起来的唯一纽带是天然必然性，是需要和私人利益，是对他们财产和利己主义个人的保护。

因此，人性是社会关系的产物，在什么样的社会关系中，就有与这种社会关系相适应的人性以及对人的教育和控制要求。

二、公务员的人性分析

（一）道德人

在我国，"道德人"人性假设源于"性善论"。从性善论出发，孟子提出了"仁政"的思想，他说是"以惟仁者宜在高位"，"君好仁，天下无敌"，"以德服人者，中心悦而诚服也"。受"性善论"思想影响，孟子之后中国哲学史上许多哲学家也都从道德的角度认识人性、认识官僚，认为"官为民主"。在传统意识看来，"官"是公正和道德的化身，在这种意识的长期影响下，中国人至今仍有很深的"道德人"情结，这种情结使人们一直都把"道德人"作为社会运作的人性假设。国家公务人员作为所有公共管理参与主体中最为主要的主体和公共利益的代表，人们更是给予其"道德人"的人性要求和期望。

在西方，苏格拉底（Socrates）认为人的道德来源于一个永恒的、普遍的善性，并进一步提出了"美德即知识"、"无人有意作恶"的观点。柏拉图（Plato）的关于"善"的理论也认为在世界万事万物之后，有一绝对的"善"理念存在，每一种事物和技术之所以是好的，每个人之所以有不同的美德，皆因为有了"善"的理念。近现代的思想家们也从不同角度表达了人性善的思想。如培根（Francis Bacon）认为，善性是人性中固有的倾向，是人性的本质。亚当·斯密（Adam Smith）更是在其早于《国富论》的道德哲学名著《道德情操论》一书中说：无论人们会认为某些人怎样自私，这个人的天赋中总是明显地存在着这样一些本性，这些本性使他关心别人的命运，把别人的幸福看成是自己的事情，虽然他除了看到别人幸福而高兴以外，一无所得。这种本性就是怜悯或同情，就是当我们看到或逼真地想象到他人的不幸遭遇时所产生的感情。总之，自古以来西方的哲学家和政治学家们也认为人都是有道德的，具体表现就是人都有同情心和正义感，人的行为具有利他主义倾向。

基于以上思想根源，无论在东方还是西方，人们都很容易地把"道德人"的人性预设到国家公务人员身上，认为既然国家的目的是维护公共利益，而不是谋取私利，那么国家公务人员作为国家公共利益的代表，就应该具有较高的政治思想觉悟，应该大公无私、全心全意为社会服务，为人民服务，应该公正、廉洁。

（二）经济人

以美国著名经济学家詹姆斯·M. 布坎南（James McGill Buchanan）和戈登·塔洛克（Gordon Tullock）为代表的公共选择学派将"经济人"假说由经济市场行为分析推广到政治市场行为分析，认为政治市场上政治家从事政治活动的目的也是追求自身利益的最大化。在政治市场上活动的主体主要是选民、利益集团、政治家及政府官员，他们的活动行为同经济市场上主体的活动行为一样，都受自利动机支配，政治主体不是为了追求真善美而参与政治活动，而是为了追求自身利益而参与政治活动。在公共选择理论看来，由于国家公务人员也持有一种追求个人利益或效用最大化的"经济人"观念，因而其追求的目标就既不可能是公共利益，也不是机构效率，而是个人的效用。例如，布坎南指出："简单而直接的观察表明，政治家和官僚……的行动与经济学家研究的其他人的行动并无不同。"[①]这也就是说，人们在经济活动领域中的行为方式和在政治活动领域中的行为方式没有什么根本的不同，只是他们的此类行为要比在经济市场活动中更要隐蔽和复杂。"经济人"的假设是从公共管理的基本要素入手来否定和怀疑公共管理的公共性质的，即首先把国家公务人员说成是同私人领域中追求经济利益最大化的人们一样的"经济人"，然后在这个基础上，指出国家公务人员的行为也属于经济人的行为，其在公共领域中的活动也是为了追求自己的个人利益。

（三）公共人

公共选择理论的经济人假定变二元人性为单一人性，变人的多重需求为单一需求，变公共产品为私人物品。从方法论上看，由于陷入分析的表面化和片面性，得出的结论与客观现实难以吻合。虽然"经济人"假设对于理解政府中普遍存在的腐败问题是一个有效的解释框架，但是，这不能证明这种理论就是科学的，更不应当从"经济人"的假设出发而做出一种片面的客观化设置，

---

① 詹姆斯·M. 布坎南：《自由、市场和国家》，北京经济学院出版社 1988 年版，第 24 页。

即强化国家公务人员行使权力的外在约束机制。①

以詹姆斯·L. 佩里（James L Perry）等为代表的学者就对"经济人"的单一人性假定提出了质疑，认为在公共服务领域中公务人员普遍存在一种"公共服务动机"，他们关注公共利益，热衷于参与公共事务的管理，并通过服务于公共事业和社会利益而获得满足感。对于具有"公共服务动机"的公务人员来说，个人效用的提升并不重要，提升公共利益和实现社会价值才是其投身公共事业的主要目标。

因此，张康之教授提出了"公共人"理念，他认为"公共人"是国家公务人员应具有的特性。公共领域是"公共人"活动的领域，这也就像私人领域是"经济人"的活动领域一样。"公共人"在公共领域中只能以谋取公共利益为目的，公务员就是"公共人"的典型代表，当公务员在政治活动中"公共人"的一面表现得愈是纯粹，他就会愈合乎公共领域的要求，就愈适宜于在公共领域中承担维护公共利益的责任，越符合公共职业精神。"公共人"是人民的代表、公仆或代理人。作为代理人，"公共人"失去了只有在市场经济中才能实现的独立个人利益的理由与机会，正因为如此，社会才应该支付其自身及其无独立行为能力的家庭成员的生存和发展费用，以保证"公共人"能够专心致志地从事公共活动。"公共人"追求的目标就是使社会公共利益最大化，一个人不能一方面选择了公共行政的职业，另一方面又渴望着追求个人利益的最大化。

如若把公务员看作是"公共人"而不是"经济人"，我们就会寻求行政道德的建设，就会提出"以德行政"的要求。②

三、公共权力的道德制约

（一）公共权力的公共性

公共权力承担着将不同的利益主体整合为社会共同体，从有差别的具体利益抽象提炼公共利益的职能，这种职能的行使是以社会中的一部分人对另一部分人的控制为条件的。因而，公共权力一旦生成会凌驾于社会个体权力之上，

---

① 张康之：《寻找公共行政的伦理视角》，中国人民大学出版社 2002 年版，第 150 页。

② 张康之：《寻找公共行政的伦理视角》，中国人民大学出版社 2002 年版，第 164 页。

与大众相分离，并超脱于各个阶级和阶层的利益冲突，服务于社会公共利益。公共权力主体应公正地协调和维护国家的公共利益，合理地支配社会公共资源，彰显出公共权力的公共性。

公共权力的公共性指的是抽象权力和运行在正确轨道上具体权力的公共性，具体权力和抽象权力是一致的，它们具有同质性，都显示出公共权力的公共性。公共权力的公共性体现在公共管理领域中就是公共利益的实现，公共权力的公共性与公共领域的公共性是同时出现的，于是公共性构成了公共权力的合法性基础。

为维护权力的公共性，防止权力行使的随意性或被滥用，人们往往用法律制度去约束各种权力运行方式和权力关系，加强权力的法律化或制度化。而法律化、制度化的权力掌握在具体权力主体手中，必须要体现在具体的管理活动中才能起作用，因而法律的调节在某种程度上是有限的。为加强权力的公共性，规范权力的各种具体运行方式和权力关系以及权力主体自身的主观因素，防止权力在实际运用中的随意性或被滥用，还必须加强公共权力主体的内在道德的自律。

然而，近代社会，人们忽视了权力的道德制约，走上了一条法律制度绝对化的道路，否认道德约束机制与法律制度之间的互补，在政治实践中在错误的方向上走得很远。在社会主义市场经济建设中，公共行政的发展要求探寻一条法制建设与道德建设共长之路，在行政体制、行政法律和行政道德的互补中，实现行政行为的廉洁、高效。①

（二）市场经济条件下的道德制约

近代社会中，早期的资产阶级思想家们对权力的公共性做出了充分的理论证明，形成了主权在民的思想共识。但在实践上，理论的明确性受到了挑战，权力本来属于人民，但却为少数人所窃取，权力本来应当为公共利益服务，却经常地被用于谋取私利。

市场经济的出现，使公共领域与私人领域分离开来。在这种公共领域与私人领域的分化中，私人领域可以不受公共领域的干扰，在平等自由的条件下借助于竞争的动力得以发展；公共领域作为一个相对独立的领域，不直接作为个人利益争端的一方存在，因而能够为私人领域提供公正需求，在私人领域的利

---

① 张康之：《公共行政中的哲学与伦理》，中国人民大学出版社 2004 年版，第 111 页。

益冲突和矛盾中较好地维护公共利益。

然而，实际上权力与人民在实践上的背离并未从根本上得到解决。反而，由于公共领域与私人领域的分离，致使公共领域与政治领域出现重合，公共管理走向政治化。公共领域中的行为准则往往从属于政治原则。凡是受到政治侵蚀的领域，道德因素总是受到排挤。可见，在公共管理的领域中，权力的道德约束受到忽视是与政治排挤道德相关联的。公共管理的政治化以及政治对道德的排挤，造成了公共管理的官僚主义化和公共权力的被滥用，以至于人们希望在公共管理的制度设计上进行重新调整，力图使公共管理脱离政治，避免政治纷争的干扰，从而解决公共管理中出现的问题。

近年来，我国也有人不断提出公共管理科学化，倡导公共管理的非政治化，批评公共管理中的一党专政，甚至把一切腐败的根源归因于公共管理中的党的一元化领导，认为是党为腐败筑起了一道保护屏障。其实这并不是问题的根本症结。就其思维逻辑来看，它是政治领域与经济领域的分化、公共领域与私人领域的分化思维逻辑的继续，即要求公共管理与政治相分离。如果这些分离能够解决权力运行中的问题，公共管理的领域中存在的官僚主义、以权谋私等权力腐败问题早就解决了。一些发达国家不是力图用"三权分立"制度、"多党制"等来解决政治与公共管理的分离吗？但在这些国家的实践中，公共管理中的腐败并未得到根除，甚至没有实质性的改观。

因此，在公共管理的制度设计中，追求"分化"并不是一条完善的思路。应该把一切对于调节权力有着积极意义的道德因素综合到制度设计的方案中，由此所建立的公共管理体制才会更有益于权力运行机制的健康发展，道德在权力的制约中才能够发挥积极作用。所以，在公共管理中，引进道德的因素，建立行政道德的规范体系，并为行政道德发挥作用提供环境支持，是公共管理制度创新的必要出发点。由于市场经济的发展，不同领域之间的交叉融合，已经成为一个新时代的特征，所以，在公共管理中，引进行政道德，使其在与法律制度的相互补充中实现对公共权力的有效约束，是市场经济发展的新要求。

第四节　国家监察的经济学基础

当把经济学"经济人"的人性假设由经济领域推广到政治领域后，对公共权力的制约就有了与政治学和伦理学不一样的理论视角。追求公共领域中个人权益的最大化也为公权力的滥用和腐败提供了强有力的理论解释，因此，如何治理腐败，实现国家监察制约权力的作用，就需要从经济学中寻求理论支撑。

一、寻租理论

寻租理论诞生于 20 世纪 60 年代中期。1967 年，公共选择理论的创始人之一戈登·塔洛克（Gordon Tullock）发表了《关税、垄断和偷窃的福利成本》一文。在这篇开拓性论文中，作者敏锐地看到形成垄断地位也需要投入资源这一事实，指出在垄断形成之前，当事人为达到目的会采取各种方法，包括雇人游说、贿赂官员等，从事这些活动自然需要付出代价、花费资源，而这些资源原本可以用于创造新增财富的生产活动，这样从全社会角度来看这部分资源就是一种损失，由此造成的社会福利损失理应计入垄断的总福利损失，因此，垄断造成的社会福利损失远大于人们通常所说的"哈伯格三角形"那一部分，还应加上用于垄断形成过程中的那些资源成本。当事人在垄断形成过程中的活动，实际上就是寻租活动，只是塔洛克在这篇论文中并未使用"寻租"（rent seeking）这个词，但是他的整个分析思路和方法就是后来发展起来的寻租理论的基本思想和方法。

寻租作为一个理论概念，直到 1974 年安妮·克鲁格（Anne O. Krueger）发表《寻租社会的政治经济学》一文后才正式确立。克鲁格的主要研究领域是国际贸易及经济增长问题，她是在探讨保护主义的贸易政策对一国经济的影响时提出"寻租"概念的，发明"寻租"一词可以说是她研究成果的一个副产品。在《寻租社会的政治经济学》一文中，她主要致力于对发展中国家贸易战略的选择与经济增长、就业增长之间关系的研究，在分析发展中国家限制进口所引发的一系列经济后果中，她发现存在着大量的寻租活动，进而从发展中国家贸易政策对经济增长造成的影响角度指出，寻租活动造成社会资源的巨大浪费。

从本质上讲，寻租是一种非生产性利润的再分配活动，它本身并不新创社会利益，相反却给社会造成了多个方面的资源浪费。寻租活动有三个共同特征：一是它们造成经济资源配置的扭曲，阻碍了更有效的生产方式的实施；二是它们本身白白地浪费了社会的经济资源，使本来可以用于生产性活动的资源浪费在这些无益于社会发展的活动上；三是这些活动还会导致其他层次的寻租或避租。如果政府官员在这些活动中享受了特殊利益，他们的行为就会扭曲，因为这些特殊利益的存在会引发下一轮追求公共权力的非生产性竞争。由此可见，寻租活动不仅浪费了大量的经济资源，而且是社会腐败产生的根源之一。

二、公共选择理论

公共选择理论认为政府官员是理性经济人，把政治过程看作是市场过程。市场上的每一个人都有各自的效用函数，这些效用函数或价值判断之间没有高下优劣之分，只要交易达成，就意味着交易双方的福利状态得到了促进，或至少任何一方的福利不会受损。同样的，政治也是一种复杂的交易过程。只不过市场过程的交易对象是私人产品，而政治过程交易的对象是公共产品。进入政治领域的人们也有各自不同的价值观和偏好，这些价值观和偏好都应受到承认和尊重。总之，政治制度就是一个市场，一切活动都以起码的个人成本—收益计算为基础。

国家公职人员是公共权力的实际拥有者，公共权力的非公共运用有着深刻的经济学根源，其内在的诱致力量是利益。作为国家公职人员，始终存在角色的冲突和利益的矛盾。政府公职人员在行使公权力的过程中，要坚持公共利益最大化原则，而不能因为个人私利影响权力的行使。然而，作为"理性经济人"，他必然有其自身的利益，他在行使私权的过程中追求个人利益最大化。用公权谋取私利，导致公共权力的非公共运用，就会产生腐败。国家公职人员作为理性经济人，其职业特点决定了"权钱交易"的易致性。

公职人员在合法行使权力的过程中，其收益基本上是确定的，按国家规定领取工资，而成本是不确定的，是消极地应付工作还是积极地投入，个人的成本大不相同。而在不合法的成本收益分析过程中，公职人员违法行为所付的成本是受法律制裁的风险，而收益是公共权力对象受益者对他的回报。因此，在法制不完善的国家，公职人员违法犯罪的法律风险并不大，以权谋私就成为低风险高回报的行为。在这样的情况下，公职人员的犯罪几率会大大增加，公共权力必然被严重腐化。公共选择理论认为保证官员忠诚于公共利益的最好方法仍要借助于外部制衡结构，这种有效的外部制衡结构要能真正触动官员的私利。正是基于这种考虑，才有了后来西方吏治中的一方面"高薪养廉"，另一方面对不合格的官员依据法律进行的最严厉的处罚。公共选择理论是从经济利益的角度分析权力的滥用、腐败的横行和政治监督的必要性的。

三、委托—代理理论

委托—代理理论兴起于 20 世纪 60 年代末 70 年代初。委托—代理关系是指一个人或一些人委托其他人根据委托人利益从事某些活动，并相应地授予代理人某些决策的契约关系。在这一契约关系中，能够主动设计契约形式的当事人称为委托人，被动地接受或拒绝契约形式的当事人称代理人。

政府是人民按照自己的意志，通过契约而组成政府，然后委托政府来治理国家。而国家、政府却没有按照公共权力委托人的意愿办事，采取了不当代理甚至不法代理的行为，从而导致公共权力委托代理运行失灵下异化行为的产生。

在公共事务领域，如果信息是完全对称的，那么，民众与官员之间形成的隐含公共权力委托代理契约的链条无论有多长，他们双方对各自的行为特征及其公共权力的执行结果都完全了解。此时，民众和官员作为经济人的本性使他们具有充分的理性和无限的计算能力，公共权力委托代理运行不会失灵。但是，如果信息是不完全的和不对称的，委托人无法根据自身所获得的信息监督代理人的行为，而代理人也会采取种种行动以规避委托人的监督，出现所谓的道德风险①和逆向选择②，从而导致公共权力异化。

委托人和代理人的目标函数不一致也是导致公共权力异化的一个重要原因。正如"经济人"假设理论指出，委托人和代理人都是追求个人利益的最大化。这两相对立的利益构成了博弈的双方，委托人要追求自身利益的最大化，就必须通过契约的形式激励和监督代理人的行为。

四、新制度经济学理论

罗纳德·科斯（Ronald Coase）、道格拉斯·诺斯（Douglass C. North）等新制度经济学家创始人，建立了"制度—个人选择—经济和社会结果"的分析框架，在这一框架中，制度约束和塑造个人选择，而经济和社会结果则是无数的个人行为汇合起来的结果。在这里，制度是人类设计出来塑造人们互动行为的一系列约束，或者说是约束个人行为的各种正式规则和非正式规则的集合体。制度通过影响人们对各种行动方案的成本和收益的计算而最终影响个人选择。它为个人行为提供了激励机制、机会结构和约束机制。个人选择就是在制度这只既有形又无形的手的指引下完成的。而长期的经济和社会绩效乃是无数的个人行为聚集的结果。

---

① 所谓道德风险是指委托人利用信息的不对称性，通过减少自己的资源投入或采取机会主义行为以实现自身效用极大化的目的，从而影响组织效率。

② 逆向选择是指在建立委托代理关系之前，代理人就事先掌握了一些委托人所不知道的私人信息，代理人可以利用这一信息优势签订对自己有利的契约。

新制度经济学的研究认为腐败是公职人员及其工作单位运用公共权力和公共资源谋取私利的行为，按照新制度经济学的观点，它实际上是公职人员包括自然人和法人和那些参与腐败交易的人的理性选择，是通过对腐败成本和收益比较后做出的一种合乎理性的选择，其动机是追求个体利益最大化。在这个过程中，制度通过影响个人对成本和收益的计算而最终影响着个人选择。

运用新制度经济学研究腐败的成因可以有两种不同的做法：一种做法是从现行制度结构在激励机制、机会结构和约束机制等方面的缺陷的角度分析腐败滋长蔓延的原因，这是一种偏重于宏观分析的方法。另一种做法是分门别类地研究各种不同形式腐败产生和蔓延的具体制度安排上的诱因，进而探求防治对策，这是一种偏重于微观和中观分析的方法。

☞ 本章小结

国家监察的理论基础主要有两个方面：一是有关国家监察产生的理论；二是有关国家监察有效运作的理论。前者从发生的角度回答了国家监察为什么要存在以及存在的重要性，后者从发展的角度回答了国家监察体系如何设计、运作才能保证国家公务人员合理、合法行使公共权力，做到廉政、勤政。当然这种划分不可能在两者之间画一条泾渭分明的界线，实际上，这两者有很大的交叉和重复的地方。本章主要从马克思主义理论、政治学理论、伦理学理论、经济学理论来分析国家监察的必要性和相关的制度设计。

马克思主义的创始人在创立自己的国家理论时，把人民监督视作新型无产阶级国家的重要基石。建立以人民监督为核心的国家监督制度，是社会主义国家监督制度的本质特点和根本内容。政治学是以研究权力及其制约的问题作为核心内容。政治学家们在探寻科学合理的权力运行机制时，实际上他们所思考的是如何把公共权力置于有效的监督之下，主要有两条途径即权利制约权力和权力制约权力。人性假设和权力的道德制约是国家监察伦理学基础的主要内容。伦理学首先对人性有不同的假设，然后根据不同的人性假设就会有相应的监察制度，伦理学家认为道德对权力的制约是一条重要途径。国家监察研究的重要内容之一就是制约腐败，而经济学中的寻租理论、委托—代理理论及公共选择理论都从"经济人"的假设出发，对腐败产生的根源以及治理腐败的有效路径做出了深刻的理论分析。

☞ 关键术语

公共权力；公民权利；经济人；公共人；道德制约；寻租；委托代理；制度

☞ 练习与思考题

1. 国家监察的马克思主义理论基础是什么？
2. 国家监察的政治学基础是什么？
3. 权力有什么特点？
4. 国家监察的伦理学基础是什么？
5. 人性假设的内容是什么？
6. 公共权力的道德制约有哪些？
7. 国家监察的经济学基础是什么？
8. 腐败是如何产生的？

☞ 案例

十九届中央纪委三次全会今召开，为啥说反腐败斗争取得压倒性胜利

"党内政治生态展现新气象，反腐败斗争取得压倒性胜利，全面从严治党取得重大成果。"在 2018 年 12 月 13 日召开的中共中央政治局会议上，党中央对反腐败斗争和全面从严治党做出新的重大判断。这是对各级纪检监察机关坚持全面深化改革，一体推进党的纪律检查体制改革、国家监察体制改革和纪检监察机构改革取得重要阶段性成果的褒扬。

党的十九大以来，全国共查处扶贫领域腐败和作风问题 13.31 万个、处理 18.01 万人；中央首次开展脱贫攻坚专项巡视，重点对被巡视党组织落实脱贫攻坚政治责任情况进行监督和督促，坚决纠正可能影响脱贫成效和群众获得感的突出问题；实名通报曝光扶贫领域典型案例，中央纪委分 4 批对 29 起扶贫领域腐败和作风问题典型案例点名道姓进行公开通报曝光，不断强化警示震慑，释放从严执纪的强烈信号。2018 年 1 月至 10 月，中央纪委国家监委网站"群众身边的腐败和作风问题监督举报曝光

专区"分 4 批集中通报曝光了 64 起典型案例，充分发挥教育警示震慑作用。党的十九大以来，截至 2018 年 11 月，全国共查处群众身边腐败和作风问题 23.87 万个，处理 31.6 万人。

一年来，中央和各级纪检监察机关始终自觉同党中央保持高度一致，坚持以习近平新时代中国特色社会主义思想为指导，贯彻落实党的十九大全面从严治党战略部署，一体推进不敢腐、不能腐、不想腐，驰而不息深入推进党风廉政建设和反腐败斗争。把党的政治建设摆在首位，坚定不移践行"两个维护"，坚决整治群众身边腐败和作风问题，切实增强群众获得感幸福感安全感。

（资料来源：人民网，https://www.hubpd.com/c/2019-01-11/784019.shtml? from = groupmessage，2019 年 1 月 11 日）

请思考：

1. 结合案例，分析反腐败斗争取得压倒性胜利的原因有哪些？
2. 结合案例，谈谈你对反腐败斗争取得压倒性胜利的看法。

第三章
国家监察思想

十八大以来，党中央不断完善党纪法规，持续推进国家监察体制改革。国家监察思想，是对以习近平为核心的党中央在继承中国古代监察思想、马列主义监察思想和中国共产党历代领导人的监察思想的基础上，关于建立健全国家监察体制的新理念新观点新举措的高度概括和总结，具有非常丰富的内容，它既继承和发展了马克思主义和中国共产党的廉政理论，又为夺取反腐败斗争压倒性胜利提供了指导思想，还为世界其他国家的廉政建设贡献了中国智慧和经验。

第一节　国家监察思想的形成背景和理论源流

国家监察思想是以习近平为核心的党中央提出的关于健全国家监察体制的一系列新思想的概括和总结，是在世情、国情、党情发生重大变化的背景下，在继承和发展中国古代优秀监察思想、马列主义行政监察思想和中国共产党历代领导人的监察思想的基础上形成的。

一、国家监察思想

国家监察思想是对党中央在深入推进反腐败斗争的伟大实践中，在继承中国古代监察思想、马列主义监察思想和中国共产党历代领导人的监察思想的基础上，深刻总结管党治党经验教训和准确研判新时期反腐败斗争形势而提出的关于建立健全国家监察体制的一系列新理念新观点新举措的高度概括和总结，是习近平新时代中国特色社会主义思想的重要组成部分，是马克思主义监察理论与全面从严治党的战略部署相结合的理论创新成果，深刻阐释了新时代国家监察的重大理论和实践问题。深入学习领会、准确把握和贯彻落实国家监察思想，既有利于丰富和发展党的廉政理论，又对夺取反腐败斗争压倒性胜利、促进反腐倡廉建设向纵深发展和加强党的长期执政能力建设具有重要意义。

本书之所以使用国家监察思想这一概念来概括和表述以习近平为核心的党中央关于国家监察的一系列新理念新观点新举措，主要有以下三个方面的依据：

国家监察思想是习近平新时代中国特色社会主义思想的重要组成部分。"四个全面"是习近平新时代中国特色社会主义思想所明确的中国特色社会主义事业的战略布局，其中，全面从严治党是三大战略举措之一。党中央和习近平总书记十分重视反腐败工作，改革国家监察体制，是实现全面从严治党目标的战略举措，是夺取反腐败斗争压倒性胜利的必然要求。

国家监察思想是关于建立健全国家监察体制的一系列新理念新观点的概括。十八大以来，习近平曾多次召开重要会议对国家监察体制改革进行顶层设计和做出重要部署，他还先后在党的十八届六中、七中全会，十九届一中、二中、三中全会，十八届中央纪委六次、七次全会，十九届中央纪委二次全会上发表了一系列重要讲话，深刻阐释了深化国家监察体制改革的重要意义、根本目的、主要任务等，科学回答了为什么改、为谁改、怎么改等重大问题，为国家监察体制改革指明了方向。国家监察思想正是对这一系列重要理念、观点和举措的高度概括和总结，有利于健全国家监察体制。

国家监察思想是夺取反腐败斗争压倒性胜利、构建国家监察体制的指导思想。进入新时代，我国反腐败斗争形势依然严峻，腐败对党和国家构成了最大威胁。不能腐、不想腐的体制机制尚未形成，实现法治反腐、制度反腐任重而道远。在原有的监察体制下，监督力量分散、监督范围偏窄、监督对象有限、监督程序复杂、监督效能低下，亟需改革。深化国家监察体制改革，涉及政治体制、政治关系、政治权力，需要于法有据，需要加强顶层设计和组织协调，尤其需要以科学的思想理论作为指导，否则，国家监察体制改革将难以进行。在此背景下，国家监察思想成为推进反腐败斗争和深化国家监察体制改革亟需的指导思想。

二、国家监察思想形成的背景

国家监察思想的形成有着复杂的国际国内背景：国际形势正发生着深刻变化，我国发展面临着严峻的外部环境，中国特色社会主义进入新时代，国内反腐败斗争形势依然严峻。

（一）世情：国际形势正在发生深刻复杂的变化

当前，我国面临的国际形势正在发生着深刻复杂的变化，世界多极化和经济全球化持续发展，从大局上看，虽然和平与发展仍是时代主题，但当今世界的政治、经济、军事、宗教、环境等问题依然突出，恐怖主义、霸权主义、贸易保护主义、领土争端等问题严重威胁着世界的和平与稳定。我国发展面临着严峻的外部环境，以美国为首的西方敌对势力对我国进行政治上的恐吓、经济上的打压和意识形态同化的渗透，周边一些国家频繁在南海、台湾、钓鱼岛等问题上挑起领土主权争端。面对深刻复杂演变的国际形势，习近平强调，要坚定不移走自己的路，要树立世界眼光，更好把国内发展与对外开放统一起来，不断扩大同各国的互利合作，共同应对全球性挑战①。这就需要我们党必须全面从严治党，健全国家监察体制，不断增强党的执政能力。

（二）国情：中国特色社会主义进入新时代

十八大以来，我国顺利完成"十二五"规划和实施"十三五"规划，我国经济社会发展取得了历史性成就。但是，社会的基本矛盾的变化并没有改变我国的基本国情。我国正处于社会转型期，全面建成小康社会正处于决胜阶段，全面深化改革进入了深水区，经济发展进入了新常态。在这一重要历史阶段，机遇与挑战并存，发展不平衡不充分，社会矛盾不断涌现，对党和国家工作提出了新要求，这促使我们党加强反腐败斗争、健全国家监察体制，以提高党的领导水平和治理能力。

（三）党情：反腐败斗争形势依然严峻复杂

进入新时代，我们党依然面临着"四大考验"和"四大危险"的严峻挑战。2012年11月15日，习近平在新一届中央政治局常委见面会上指出："一些党员干部中发生的贪污腐败、脱离群众、形式主义、官僚主义等问题，必须下大气力解决。"腐败既影响国家的生死存亡，又损害广大人民群众的切身利益。习近平强调："人民群众最痛恨腐败现象，腐败是我们党面临的最大威胁。"② 加快健全国家监察体制和监督体系，是全面从严治党和夺取反腐败斗争压倒性胜利的必然要求。

三、国家监察思想的理论源流

国家监察思想形成的理论源流主要包括中国古代优秀监察思想、马列主义

---

① 习近平：《在中共中央政治局第三次集体学习时的讲话》，《人民日报》2013年1月30日，第1版。

② 《中国共产党第十九次全国代表大会文件汇编》，人民出版社2017年版，第54页。

监察思想和中国共产党历代领导人的监察思想。

（一）中国古代优秀监察思想

习近平特别注重继承、发展和运用中国古代优秀廉政文化和监察思想，他指出："要积极借鉴我国历史上反腐倡廉的宝贵遗产。研究我国反腐倡廉历史，了解我国古代廉政文化。"① 古代的优秀监察思想是国家监察思想的重要理论源流之一。

中国古代监察思想源远流长，内容丰富，是中华民族传统廉政思想的重要组成部分，可将其概括总结为以下几个方面：第一，制定和完善监察法规。战国法家思想非常重视对官员的监督，强调"明主治吏不知民""明法而以制大臣之威"。② 汉代的王符认为："法者，君之命也。"③ 很多朝代通过制定监察法规以加强对官员的监督。汉代制定的《御史巡察诸郡九条》和《刺史六条问事》，为官员监察提供了法律依据。唐朝制定了《监察六法》《四十八法》等。宋朝制定了《庆元条法事类》《宋大诏令集》和《监司互察法》等。明朝制定了《宪纲总列》和《大明诰》等。清朝制定的《钦定台规》成为我国封建社会监察法规的典范。第二，强化监察机构的系统性和独立性，实行垂直监察。古代历朝的监察系统都实行垂直领导体制，由中央监察机构垂直领导地方监察机构，并逐步实现监察机构完全独立于其他政府机构，成为专门的监察机构，如魏晋时期御史台成为与行政、司法、军事等独立机构平行的专司监察的机构，直接听命于皇帝，不受其他权力的干预。④ 第三，强化监察权的集中与独立，扩大监察权的范围。唐朝实行一台三院制，使得监察的范围几乎涉及所有的国家机关。宋朝将御史台和谏院共同组成监察机构，实行"台谏合一"。⑤ 明朝监察机构的人员在执行公务时不受任何官员的干涉，直接对皇帝负责。清朝将六科划入都察院，把科道合并，将都察院设置成最高一级的监察

① 《习近平谈治国理政》第一卷，外文出版社 2014 年版，第 390 页。

② 王先慎撰，钟哲点校：《韩非子集解》卷五《南面》，中华书局 1998 年版，第 118 页。

③ 王符著，汪继培笺，彭铎校正：《潜夫论笺校正》卷五《衰制》，中华书局 1985 年版，第 239~243 页。

④ 欧阳庆芳：《国家治理视野下的纪检监察研究》，华中师范大学出版社 2016 年版，第 73 页。

⑤ 王明高：《新时代中国国家监察体制的重大创新和伟大实践》，《人民论坛·学术前沿》2018 年第 5 期。

机构。第四，严格选拔和考核监察官员。历代统治者都重视监察官员的选拔，如御史作为监察官员，必须德才兼备、公正廉洁。唐代制定了回避制度，如宰相之子不得为谏官等。

（二）马列主义的监察思想

1. 马克思、恩格斯的监察思想

坚持人民主体地位。马克思、恩格斯认为，腐败是在私有制、阶级和国家产生之后发生的。在原始社会，氏族首领由人民选举产生并受到人民的监督，没有腐败产生的客观条件。但随着社会的发展，统治阶级利用国家这一工具占有公共资源，以权谋私，腐败也随之产生。他们认为，消除腐败需要消灭私有制，建立人民当家作主的无产阶级专政政权，无产阶级建立的政权应当是廉洁政府，廉洁政府本质上是人民的政府。人民的监督是预防腐败的关键，人民要有选举权，人民可以根据自己意愿选举能够真正代表人民利益的人进入国家机关，人民也可以罢免以权谋私、贪污腐败的公职人员。

加强对权力的监督。马克思、恩格斯认为，无产阶级政党对腐败并没有天然的免疫力，无产阶级政党和国家也会不可避免的存在腐败问题。他们认为，为了预防腐败的产生，防止国家公职人员由"社会公仆"转变成"社会主人"，就要加强对公共权力的监督和约束，加强对国家公职人员的监督，严肃党纪、党风，保证国家公共权力公开运行，以保障人民群众的知情权和监督权。国家公职人员不论职位高低，都要和普通劳动工人领取一样的工资，不能享有任何特权，以遏制腐败的产生。

2. 列宁的监察思想

从严治党。列宁认为，应该建立一个坚强的、有铁的纪律的、受人民群众爱戴的无产阶级政党，只有这样才能保证苏维埃政权不变色。他提出了一系列从严治党的措施：一是提高入党标准；二是严肃党纪，清除不合格的党员；三是加强对党员干部的教育；四是加强反腐败立法，利用法律惩治腐败分子，执政党要带头守法；五是党政分开，政务公开透明，以杜绝官僚主义和腐败问题；六是精简国家机关，合并工作性质相近的机关，撤销不作为的机关；七是完善领导机制，坚持个人负责与集体领导制相结合；八是完善干部制度，实施任职回避制度等。

建立健全监督监察机制。列宁高度重视监督机制的构建和国家监察制度在反腐败中的作用。为了防止党员滥用权力，列宁成立了监察委员会，由最能严格执行监督任务的党员组成，实施垂直领导体制，监委与其同级的党委相平行，在职权范围内有权对同级的党委进行监督，以实现相互制约监督。在人员的选拔与任用上，列宁指出，不仅要思想品格过关，政治素养高，还要有较高的工作水平与能力。1923 年，列宁将党的检察机关和国家的检察机关合并，成立"中央监察院—工农检察院"，以加强对党和国家的全面监督。列宁也特别重视发挥人民群众和新闻舆论的监督作用，规定人民群众可以行使罢免权，可以对党内专门机构进行监督。

（三）中国共产党历代领导人的监察思想

1. 毛泽东的监察思想

发挥人民群众和民主党派的监督作用。毛泽东非常重视发挥人民群众的监督作用。1945 年 7 月，黄炎培在延安问毛泽东共产党能不能跳出"历史周期律"，毛泽东说："我们已经找到了新路，我们能跳出这周期律。这条新路就是民主。"① 他认为，贯彻群众路线，可以防止党和国家机关工作人员独断专行、脱离群众、脱离集体领导、破坏党和国家的民主制度。② 毛泽东还非常重视民主党派的监督作用，他指出，各政党互相监督，共产党可以监督民主党派，民主党派也可以监督共产党。③

加强党内民主监督制度建设。毛泽东认为，民主集中制是民主的最好形式，不管在党内还是在党外，都要有充分的民主生活，要在党内贯彻民主集中制。他主张要搞"群言堂"，不搞"一言堂"，要经常开展批评和自我批评。为加强党内监督，毛泽东提出，须制定一种较详细的党内法规，以统一各级领导机关的行动。中华人民共和国成立后，面对党员干部出现的权力腐败问题，毛泽东采取整党整风的治党方式，提出坚持思想整顿和组织整顿相结合。在毛泽东的领导下，党中央建立了党内巡视制度、党委集体领导制度、民主生活会制度等对党员干部进行有效的监督。

加强监督监察制度建设。从建党之初到中华人民共和国成立之后，毛泽东始终重视根据不同时期面临的形势加强党的监察制度建设。1927 年，党的五大选举产生了中央监察委员会作为党的纪律检查机构，同年 6 月，《中国共产党第三次修正章程决案》中专列了"监察委员会"一章。中华苏维埃临时中央政府成立后，中央苏区建立起了一套工农民主政权的监察制度。1933 年 9

① 金冲及：《毛泽东传》（上），中央文献出版社 2004 年版，第 16 页。
② 《共和国档案》，团结出版社 1996 年版，第 97 页。
③ 金冲及：《毛泽东传》（上），中央文献出版社 2004 年版，第 680 页。

月，中共中央做出《关于成立中央党务委员会及中央苏区省县监察委员会的决议》。1945 年 6 月，党的七大党章专设"党的监察机关"一章，规定成立党的中央监察委员会和各地方党的监察委员会。中华人民共和国成立后，成立了中央及各级党的纪律检查委员会。

2. 邓小平的监察思想

加强思想政治教育。邓小平高度重视对党员干部的思想政治教育。他认为，教育和法律是反腐败的两个重要手段，教育是反腐败的基础工作，教育可以分为思想教育和道德教化两种，教育可以提升党员干部的政治觉悟，筑牢其拒腐防变的思想防线。邓小平强调，要加强党员干部的思想政治教育，使党员干部加强在马克思主义理论、共产主义理想信念、党的宗旨和纲领、党的作风和纪律等方面的学习，督促党员干部保持社会主义崇高道德和共产主义远大理想，保持艰苦奋斗、密切联系群众的优良传统，遏制他们的腐败动机，增强他们抵御腐败思想的能力，确保党组织的纯洁性。

坚持制度反腐和法制反腐。邓小平高度重视通过完善制度和法律规范解决腐败问题。他认为，要实现社会主义民主的制度化、法律化，制度问题带有根本性和长期性，"廉政建设要作为大事来抓。还是要靠法制，搞法制靠得住些"①。在他的倡导下，党中央制定了《中华人民共和国行政监察条例》，将行政监察纳入法制化轨道，党的十一届三中全会决定重新设立中央纪律检查委员会，作为党的专门监督机构。邓小平认为，党的各级监察机关的建立和健全，对于反对党内不良倾向的斗争具有重大的意义。邓小平还倡导废除干部职务终身制、健全领导干部的选拔及任职制度等，为加强党的建设、监督权力和防治腐败提供了制度保障。

3. 江泽民的监察思想

必须从严治党。江泽民十分重视反腐和监察工作。他在党的十五大上指出，从严治党是保持党的先进性和纯洁性，增强党的凝聚力和战斗力的重要保证。2000 年 1 月，江泽民在中纪委四次全会上指出，从严治党，必须全面贯穿于党的思想、政治、组织、作风、纪律和制度建设的各方面工作。

标本兼治，综合治理。江泽民认为，党的监察工作必须要坚持标本兼治、综合治理的原则，其中，教育是基础，法制是保证，监督是关键。首先，要加强对党员干部的思想教育，"要从思想上筑牢反腐倡廉、拒腐防变的堤防，着力在解决世界观、人生观、价值观问题上下功夫，教育和引导广大党员干部加

---

① 《邓小平文选》第 3 卷，人民出版社 1993 年版，第 379 页。

强思想政治修养，坚定理想信念，锻炼意志品质，提高精神境界"①。其次，要健全行政监察法制，深化行政监察体制改革，标本兼治。1997 年制定的《中华人民共和国行政监察法》，是我国第一部行政监察法律，标志着我国行政监察工作的基本法制的确定，为我国的行政监察工作提供了法律依据。最后，要加强党内监督，完善党内监督制度体系，拓宽监督渠道。江泽民强调，要建设党风廉政责任制度，加强对权力的制约和监督，建立结构合理、配置科学、程序严密、制约有效的权力运行机制。

4. 胡锦涛的监察思想

将反腐倡廉放在更加突出的位置。党的十六大之后到十八大，胡锦涛高度重视党风廉政建设和反腐败斗争。胡锦涛在党的十七大报告中指出："中国共产党的性质和宗旨决定了党同各种消极腐败现象是水火不相容的。"② 胡锦涛创造性地提出了反腐倡廉建设的概念，将反腐倡廉贯穿到政治、经济、社会和文化建设"四位一体"的格局中，并将反腐倡廉建设单独作为党的建设内容，形成了党的建设新格局，丰富和创新了党的反腐倡廉思想，完善了反腐倡廉理论体系。

建立健全惩治和预防腐败体系。胡锦涛在继承中国共产党历代领导人反腐倡廉思想的基础上，提出了新时期反腐倡廉的"十六字方针"，即"标本兼治、综合治理、惩防并举、注重预防"，这一方针还被写入了党章。针对反腐败，胡锦涛强调："要强化权力制约和监督，深化改革和创新体制，努力形成拒腐防变教育长效机制、反腐倡廉制度体系、权力运行监控机制。"③ 胡锦涛高度重视反腐败制度建设，提出要建立教育、制度、监督并重的惩治和预防腐败体系。胡锦涛还首次提出要加强廉政文化建设，从文化的层面推进党风廉政建设和反腐败斗争，建立起思想道德教育的长效机制。

第二节　国家监察思想的主要内容和特点

国家监察思想的内容十分丰富，包括坚持党的领导、加强对权力运行的制约和监督、强化党的自我监督、深化国家监察体制改革等诸多方面，也具有鲜

---

① 江泽民：《在中央纪委第五次全体会议上的讲话》，《人民日报》2000 年 12 月 27 日，第 1 版。

② 《十七大以来重要文献选编》（上），中央文献出版社 2009 年版，第 42 页。

③ 《胡锦涛文选》第 3 卷，人民出版社 2016 年版，第 44 页。

明的特点，体现了战略、创新、辩证、法治和底线思维。

一、国家监察思想的主要内容

国家监察思想内容丰富，主要包括要坚持党对国家监察工作的领导、加强对权力运行的制约和监督、强化党的自我监督、深化国家监察体制改革，以夺取反腐败斗争压倒性胜利等。

（一）坚持党对国家监察工作的领导

"党是领导一切的。"① 十九大将新时代发展中国特色社会主义的基本方略概括为"十四个坚持"，第一个坚持就是要坚持党对一切工作的领导。2018年3月，第十三届全国人大一次会议通过的《宪法》修正案明确把"中国共产党领导是中国特色社会主义最本质的特征"写入总纲，以国家根本法的形式对党的领导核心地位作进一步确认。

健全国家监察体制，是反腐败工作从治标转向治本的关键，是事关全局的重大政治体制改革，必须坚持党的领导。十八大以来，正是由于坚持党的领导，反腐败斗争才形成压倒性态势。此外，《中华人民共和国监察法》（以下简称《国家监察法》）第一章第二条规定："坚持中国共产党对国家监察工作的领导……构建集中统一、权威高效的中国特色国家监察体制。"该法把党对监察工作的集中统一领导机制固定下来，为国家监察工作的顺利推进提供了坚强的法治保证。

（二）加强对权力运行的制约和监督

1. 制约和监督权力是反腐倡廉法规制度建设的关键

权力是一把双刃剑，用得好，可以为人民某幸福；用得不好，就会危害党、国家和人民的利益。十八大以来，习近平总书记从反腐倡廉的全局分析了加强权力运行制约和监督的重要性，他指出，制约和监督权力，是反腐倡廉法规制度建设的关键。权力与腐败之间存在着密切的因果关系，权力是否能够得到合理的分配、权力的使用是否受到约束、对权力使用者的监督是否及时到位，直接决定腐败问题是否会产生。因此，为了防止腐败问题的发生，必须要通过建立健全相关的法律法规，使权力的配置、使用、监督等得以依法进行，从而在最大程度上降低权力被滥用的可能性。

---

① 习近平：《在全国组织工作会议上的讲话》，人民出版社2018年版，第2页。

2. 把权力关进制度的笼子里

习近平高度重视通过不断完善制度和法律规范强化对权力运行的制约和监督，用制度遏制和防止腐败。为了更好地对权力的使用加以规范，习近平强调，要把权力关进制度的笼子里，形成不敢腐的惩戒机制、不能腐的防范机制、不易腐的保障机制。在"笼子"如何建设的问题上，习近平认为，严格实行法治是根本办法，只有严格实行法治才能防止权力被滥用。

3. 健全权力运行制约和监督体系

习近平认为，要抓住治权这个关键，按照相互制约、相互协调的原则配置权力，构建严密的权力运行制约和监督体系。对此，需要做好以下方面的工作：首先，要通过促进立法、行政、司法等多部门之间的协调，增强监督合力。其次，要减少权力运行制约和监督的体制机制障碍。再次，要实现权力运行的公开透明，建立权力清单，完善责任追究机制。习近平强调，要让人民监督权力，让权力在阳光下运行。

4. 抓住"关键少数"，破解一把手监督难问题

习近平曾多次在党的中纪委全会上强调要加强对领导干部这个"关键少数"的监督。在十八届中纪委二次全会上，习近平指出："要加强对一把手的监督，认真执行民主集中制，健全施政行为公开制度，保证领导干部做到位高不擅权、权重不谋私。"① 在十八届中纪委三次全会上，习近平指出："要强化监督，着力改进对领导干部特别是一把手行使权力的监督。"② 在十八届中纪委五次全会上，习近平指出："一把手位高权重，一旦出问题，最容易带坏班子、搞乱风纪。"③

5. 增强人民群众的监督主体作用

习近平非常重视发挥人民群众对广大党员干部的监督作用。他认为，人民拥护和支持是党执政最牢固的根基，从严治党必须依靠人民，只有让人民来监督党和政府，党和政府才不会懈怠。党的十八届三中全会提出："坚持用制度

---

① 习近平：《在十八届中央纪委二次全会上的讲话》，《人民日报》2013 年 1 月 23 日，第 1 版。

② 习近平：《在十八届中央纪委三次全会上的讲话》，《人民日报》2014 年 1 月 15 日，第 1 版。

③ 习近平：《在十八届中央纪委五次全会上的讲话》，《人民日报》2015 年 1 月 14 日，第 1 版。

管权管事管人，让人民监督权力，让权力在阳光下运行。"① 关于如何接受人民监督，习近平强调要拓宽人民监督渠道。此外，习近平要求党员干部要积极主动地听取和采纳人民提出的意见。

（三）强化党的自我监督

1. 党内监督是全面从严治党的重要保障

长期以来，党内存在的党员干部贪污腐败、无视组织纪律等突出问题，均与党内监督不力密切相关。关于党内监督，习近平强调，在所有的监督形式中，党内监督是第一位的、是最基本的，尽管外部监督是不可缺少的，但党内监督更具有根本性。此外，坚持民主集中制是党内监督的核心。民主集中制是党的根本组织原则和领导制度。加强党内监督，最根本的是要认真落实党的民主集中制，既要保障党员民主权利，充分发扬党内民主，鼓励讲真话，又要进行正确的集中，防止议而不决、决而不行，推动一把手带头自觉执行民主集中制。②

2. 加强作风建设和反腐败斗争，保持党同人民群众的血肉联系

习近平高度重视党的作风建设和反腐败斗争，高度重视党同人民群众的血肉联系。他指出，作风问题，本质上是党性问题，核心是党和人民群众的关系问题，根本是始终保持党同人民群众的血肉联系。从十八大之后的"打铁还需自身硬"，到十九大的"打铁必须自身硬"，两个字的转变，体现了习近平强化作风建设和全面从严治党的决心和自信。

十八大以来，以习近平同志为核心的党中央紧紧抓住作风建设这条主线，坚持不懈纠正"四风"，以零容忍的态度反腐，使腐败现象蔓延的势头得到一定遏制。同时，习近平清醒地认识到作风建设仍缺乏管长远、固根本的制度。为确保作风改进常态化、规范化、长效化，习近平指出，作风建设永远在路上，必须抓常、抓细、抓长，持续努力、久久为功。他强调，加强反腐败斗争，必须紧扣保持党同人民群众血肉联系这个关键。

3. 加强党内法规制度建设

十八大以来，以习近平同志为核心的党中央与时俱进，废止了不适应的法

---

① 《中国共产党第十八届中央委员会第三次全体会议公报》，《人民日报》2013 年 11 月 13 日，第 1 版。

② 任仲文：《学习习近平总书记系列讲话精神》，人民日报出版社 2014 年版，第 389 页。

规，修订了《中国共产党廉洁自律准则》等法规，制定了《中国共产党党内监督条例》等党内法规，不断健全党内规则体系。习近平非常重视党内法规制度的落实和相关责任追究。习近平认为，法律制度具有根本性、稳定性、长期性，要确保各项法规制度落地生根，通过严肃追究主体责任、监督责任、领导责任，充分发挥法规制度在反腐倡廉中的作用。①

4. 强化巡视监督，发挥从严治党利器作用

纪委在监督方面具有不可替代的作用，习近平要求纪委能够在全面从严治党中强化监督执纪问责。巡视监督作为一种重要的监督形式，在反腐倡廉中发挥了重要作用。习近平高度重视巡视监督在反腐败和管党治党中的重要作用，他指出，巡视制度可以有效、管用，关键是要用好。就如何做好巡视工作，习近平强调，要加强组织领导，创新巡视形式，将巡视全覆盖和专项巡视相结合，加强"回头看"，拓展巡视监督内容，深入推进省区市巡视工作，发挥巡视遏制震慑作用。要督促被巡视党组织担负起管党治党责任。要推动巡视工作制度化、规范化，将巡视组的领导制度、工作内容和工作方式等做出了规定，巡视制度不断得以完善。

（四）深化国家监察体制改革

1. 建立健全国家监察体系

构建国家监察体系，是以习近平为核心的党中央做出的重大决策部署。2016 年 1 月 12 日，习近平在十八届中纪委六次全会上提出，要坚持党对反腐败工作的统一领导，扩大监察范围，整合监察力量，健全国家监察组织架构，形成全面覆盖国家机关及其公务员的国家监察体系。国家监察不同于其他形式的外部监督，其实质是属于党和国家的自我监督。十八大以来，党内监督不断得到强化。目前，党内监督已实现全覆盖，而现行的行政监察主要限于对行政机关及其工作人员的监督，二者不相匹配。通过改革构建国家监察体系，对党内监督达不到的地方，或者不适用执行党的纪律的公职人员，依法实施监察，实现与党内监督全覆盖相匹配的国家监察全覆盖，从而确保公权力真正用来为人民谋利益。②

① 习近平：《在中共中央政治局第二十四次集体学习时的讲话》，《人民日报》2015年 6 月 28 日，第 1 版。

② 何艳：《国家监察体制改革走的是新时代创新之路》，《中国纪检监察》2018 年第6 期。

2. 制定《国家监察法》

十八大以来，习近平高度重视运用法治思维和法治方式，强调"凡属重大改革都要于法有据"。2017 年 1 月，习近平在十八届中央纪委七次全会上提出："推动制定国家监察法，筹备组建国家监察委员会。"① 2017 年 10 月，习近平在十九大上再次强调要制定国家监察法。2018 年 3 月，《中华人民共和国宪法修正案》对监察委的地位、名称、人员组成、任期任届、领导体制等做出规定。《中华人民共和国宪法修正案》增加"监察委员会"一节，为设立国家和地方各级监察委员会提供了根本法保障，为制定监察法提供了宪法依据。2018 年 3 月 20 日，《国家监察法》产生。该法对监察委的职责、监察范围、监察权限、监察程序等做了明确规定，为国家和地方各级监察委员会依法履职提供了法律保障。

3. 成立监察委员会

习近平非常重视监察委员会的成立。在十八届中纪委六次全会上，以习近平为核心的党中央审议通过了深化国家监察体制改革方案和试点方案。2016 年 12 月，试点工作开始展开。2017 年年初，山西、北京和浙江相继成立了监察委员会，国家监察体制改革试点工作取得阶段性成果。2017 年 10 月，习近平在十九大上提出，将试点工作在全国推开。2017 年 11 月，监察委员会在全国各地陆续成立。根据《深化党和国家机构改革方案》，国家监察委员会整合监察部、国家预防腐败局的职责，最高人民检察院查处贪污贿赂、失职渎职以及预防职务犯罪等反腐败相关职责，同中纪委合署办公，履行纪检、监察两项职责，实行一套工作机构、两个机关名称。监察委员会的成立，促进了反腐败工作由治标向治本转变。

4. 建设一支忠诚、干净、担当的纪检监察队伍

习近平高度重视纪检监察队伍的建设，他指出，各级纪委要以更高的标准、更严的纪律保持队伍纯洁，努力建设一支忠诚、干净、担当的纪检监察队伍。② 各级纪委要通过严格的自我管理与教育，提高自身政治与思想水平，在此基础上，努力建设好自身队伍，不断提升队伍的整体监察能力。纪检监察队伍的建设，需要建设高素质、专业化的领导干部队伍。对此，习近平指出，要

---

① 习近平：《在十八届中央纪委六次全会上的讲话》，《人民日报》2016 年 1 月 13 日，第 1 版。

② 习近平：《在十八届中央纪委六次全会上的讲话》，《人民日报》2016 年 1 月 13 日，第 1 版。

注重培养专业能力、专业精神，提高监察队伍适应新时代要求的能力。做到严管和厚爱结合、激励和约束并重，完善干部考核评价机制，建立激励机制和容错纠错机制，旗帜鲜明地为那些敢于担当、踏实做事、不谋私利的干部撑腰鼓劲。①

二、国家监察思想的主要特点

国家监察思想具有鲜明的特点，体现了战略、创新、辩证、法治和底线思维。

（一）战略思维

国家监察思想体现了战略思维。首先，国家监察思想是站在加强党的全面领导、厚植党的执政基础的战略高度提出的。习近平指出，得民心者得天下，一个政党的前途命运取决于人心向背。习近平强调要自觉接受人民监督，厚植党执政的群众基础。其次，国家监察思想是从"四个全面"战略布局的战略全局出发提出的。推进"四个全面"战略布局离不开全面从严治党的保障，而全面从严治党则需要加快建立完善的监察体系，这些都是国家监察思想的主要内容。再次，国家监察思想是围绕实现夺取反腐败斗争压倒性胜利和实现中华民族伟大复兴的战略目标提出的。面对复杂严峻的反腐败斗争形势，中国共产党必须要从严管党治党，以坚若磐石的决心夺取反腐败斗争压倒性胜利，从而带领人民实现中华民族伟大复兴的中国梦。

（二）创新思维

国家监察思想体现了创新思维。十八大以来，习近平在监察方面提出了一系列新理念新观点新举措，开创了国家监察工作的新局面。国家监察思想的创新性具体表现为：一是对反腐败斗争的形势做出了新判断。习近平指出，反腐败压倒性态势已经形成并巩固发展，反腐败斗争的形势依然严峻复杂。二是表明了反腐倡廉的新意志。习近平强调，要以零容忍态度，把反腐败斗争进行到底。三是在监察体制机制方面不断创新。在习近平亲自设计部署和坚强领导下，党中央深化纪律监察体制改革，增强纪委的权威性和独立性，创新完善巡视制度，创新党内监督规制，建立党风廉政建设责任制，深化国家监察体制改

① 《中国共产党第十九次全国代表大会文件汇编》，人民出版社2017年版，第51~52页。

革，成立监察委员会。四是不断完善和创新法律法规。以习近平为核心的党中央，新制定了《国家监察法》等法律法规，为监察工作提供了法律依据。五是创新了国家监察工作的指导思想。国家监察思想作为构建国家监察体制的一系列新思想的概括，为推进国家监察工作提供了指导思想。

（三）辩证思维

国家监察思想体现了辩证思维。十八大以来，习近平在全面从严治党和领导国家监察工作的过程中表现出了明显的辩证思维，具体而言：一是体现了对立统一的辩证思维。习近平在全面治党和领导国家监察工作中，坚持依法治党和依德治党的辩证统一，坚持治标与治本的辩证统一，坚持党委主体责任和纪委监督责任的辩证统一，坚持理论与实践的辩证统一。二是体现了主次矛盾的辩证思维。习近平要求在从严治党中要处理好主次矛盾的辩证关系，既要坚持"两点论"，坚持"老虎""苍蝇"一起打，又要坚持"重点论"，抓住主要矛盾，抓住制度建设这个根本，抓住从严治党这个关键，抓住领导干部这个"关键少数"。三是体现了"长"与"常"的辩证思维。习近平强调，要认识到作风问题和反腐败工作的长期性和复杂性，反腐倡廉关键就在"常""长"二字。①

（四）法治思维

国家监察思想体现了法治思维。十八大以来，习近平高度重视法治思维在国家监察工作中的运用，强调要全面依法治党，具体表现在：一是健全党内法规制度体系和国家监察法规。习近平多次强调"凡属重大改革都要于法有据"，以习近平同志为核心的党中央，以"合法性"为出发点，以实现法治化为目标，新修订了《中国共产党廉洁自律准则》《中国共产党纪律处分条例》和《中华人民共和国宪法》，新制定了《国家监察法》等法律法规，为国家监察工作提供了法律依据。二是严格执纪问责。习近平高度重视作风建设和反腐败斗争中的执纪问责，多次强调要以零容忍的态度反腐败，增强纪委的权威性和独立性，严肃党的纪律，严格查处党内违法违规现象。三是强化党员干部的法治观念。习近平强调要引导党员干部增强党纪法规意识，提高运用法治思维的能力。

---

① 习近平：《在十八届中央纪委二次全会上的讲话》，《人民日报》2013 年 1 月 23日，第 1 版。

（五）底线思维

国家监察思想体现了底线思维。十八大以来，习近平在治国理政中多次强调，要坚持底线思维，不回避矛盾，不掩盖问题，凡事从坏处准备，努力争取最好的结果。① 国家监察思想所体现出的底线思维具体表现为：一是坚守道德底线。习近平指出，干部廉洁自律的关键在于守住底线。做人要有底线，要坚守道德底线。做官先做人，党员干部更要坚守道德底线，坚守道德底线，才能做到一身正气。二是坚守纪律底线。习近平高度重视加强纪律建设和强化监督执纪问责，他指出，党纪就是红线，纪律面前一律平等，党要管党、从严治党首先要严明纪律。② 要守住纪律底线，要把党的纪律和规矩挺在前面，用纪律和规矩管住大多数，使所有党员干部严格执行党规党纪。三是坚守法律底线。习近平强调，各级领导干部不能逾越法律底线，要依法用权，防止徇私枉法。③

第三节　国家监察思想的重要意义

国家监察思想具有重要的理论意义、实践意义和世界意义。它继承、发展和创新了马克思主义监察思想和中国共产党的廉政理论，有利于夺取新时代反腐败斗争压倒性胜利、促进反腐倡廉建设向纵深发展，有利于提高党的执政能力、取信于民、巩固党的执政地位，有利于树立新型大国形象，为国际社会治理腐败贡献中国智慧。

一、国家监察思想的理论意义

国家监察思想具有重要的理论意义，它既继承和创新了马克思主义监察思想，又丰富和发展了中国共产党的反腐廉政理论。

---

① 马宏伟：《底线思维内含高线追求（思想纵横）》，《人民日报》2018 年 6 月 14 日，第 7 版。

② 习近平：《在十八届中央纪委五次全会上的讲话》，《人民日报》2015 年 1 月 14 日，第 1 版。

③ 习近平：《在中央全面深化改革领导小组第十次会议上的讲话》，《人民日报》2015 年 2 月 28 日，第 1 版。

（一）继承和创新了马克思主义监察思想

国家监察思想是对马列主义监察思想和中国共产党历任领导人的监察思想的继承和创新。习近平在继承党的历代领导人的监察思想的基础上，在深入分析当前世情、国情、党情、民情和反腐败斗争新形势的前提下，以马克思主义基本理论为指导，与时俱进，提出了一系列关于监察的新理念新观点新举措，例如"打铁必须自身硬""要坚持'老虎''苍蝇'一起打""把权力关进制度的笼子里""以零容忍的态度惩治腐败""构建党统一指挥、全面覆盖、权威高效的监督体系"等。习近平所提出的有关监察的新思想，是在继承马克思主义监察思想的基础上形成的新的监察思想，是一次重大的理论创新，符合中国当前的反腐倡廉国情，得到了广大人民群众的拥护。

（二）丰富和发展了中国共产党的反腐廉政理论

从中国共产党成立开始，党的历代领导人以马克思主义理论为指导，结合实际、与时俱进，不断取得新的反腐倡廉理论成果，形成了内容丰富、逻辑体系系统完整的中国特色反腐倡廉理论体系。毛泽东在革命时期和中华人民共和国建立后提出要发扬民主、由人民监督政府、开展批评和自我批评、保持"两个务必"的作风等，奠定了反腐倡廉的理论基础。邓小平结合改革开放的新形势提出要坚持制度反腐、将反腐贯穿改革开放全过程等，丰富和发展了党的反腐倡廉理论。江泽民结合市场经济新形势提出要"治国必先治党，治党务必从严"、加强思想道德和法制教育等，丰富和发展了党的反腐倡廉理论。胡锦涛在十六大以后提出要建立教育、制度、监督并重的惩防腐败体系等，进一步发展了党的反腐倡廉理论。十八大以来，习近平结合反腐败斗争新形势，围绕监察提出了一系列新思想，形成了国家监察思想，科学回答了新时代如何加强反腐倡廉建设等一系列问题。国家监察思想与中国共产党的反腐倡廉理论既一脉相承，又与时俱进，做到了继承和创新的辩证统一。

（三）丰富了中国特色社会主义理论体系

十八大以来，面对复杂严峻的国内外环境和反腐败斗争形势，在继承马克思、恩格斯、列宁的监察思想和中国共产党历任领导人的监察思想的基础上，党中央与时俱进，围绕党内监督和反腐败工作提出了一系列新理念新观点新举措，形成了国家监察思想。十九大将习近平新时代中国特色社会主义思想确立为实现中华民族伟大复兴的行动指南。习近平新时代中国特色社会主义思想由一个总任务、"八个明确"和"十四个坚持"共同构成，其中"十四个坚持"就包含坚持全面从严治党，不断强化党内监督。按照这一逻辑，国家监察思想属于习近平新时代中国特色社会主义思想的重要组成部分，是马克思主义中国化的新成果，丰富了中国特色社会主义理论体系。

二、国家监察思想的实践意义

国家监察思想具有重要的实践意义，它既有利于夺取新时代反腐败斗争压倒性胜利、促进反腐倡廉建设向纵深发展，又有利于提高党的执政能力、争取人民信任、巩固党的执政地位。

（一）有利于促进反腐倡廉建设向纵深发展

实践是理论的基础，理论对实践具有重要的指导作用。在反腐败形势依然严峻，腐败产生的原因、领域、方式等出现了新特点的背景下，推进新时代反腐败工作，需要以科学的理论为指导。十八大以来，习近平立足于党和国家反腐败现状，提出了一系列新理念新观点，形成了习近平国家监察思想。首先，习近平阐述了反腐败的重要性和必要性。他指出，如果任由腐败问题愈演愈烈，最终必然亡党亡国。其次，习近平正确分析了当前的反腐败形势。他指出，当前，反腐败斗争形势依然严峻复杂。再次，习近平明确了党中央的反腐败态度。他强调，要以壮士断腕的决心，把反腐败斗争进行到底。最后，习近平提出了一系列反腐败的新思路、新举措。例如，健全权力制约和监督体系，通过巡视全覆盖等加强党内监督，将党内监督与国家监察相结合，成立监察委等。

（二）有利于巩固党的执政地位，取信于民

历史经验表明，一个政党和政权的前途命运最终取决于人心向背，人民群众是历史的主体，是党巩固政权的基础和力量来源，只有保持党同人民群众的血肉联系，才能进一步巩固党的执政地位。腐败会直接或间接损害广大人民群众的利益，会使党失去广大人民群众的支持。人民群众最痛恨腐败现象，腐败会影响党员干部队伍的凝聚力和战斗力，会削弱党的领导水平和执政能力，关系到党的生死存亡和国家的安危。中国共产党作为执政党，要想带领全国人民实现中华民族伟大复兴的中国梦，就必须要自觉治理腐败和提高治理能力。十八大以来，习近平高度重视反腐倡廉在巩固党的执政地位中的重要作用。国家监察思想阐述了反腐倡廉的重要性，正确分析了当前的反腐败斗争形势，表明

了党中央以零容忍态度反腐败的决心和信心，指明了新时代夺取反腐败斗争压倒性胜利的方向和道路，有利于加强党的政治、思想、作风和反腐倡廉等建设，有利于争取人民的信任、巩固党的执政地位。

三、国家监察思想的世界意义

国家监察思想具有重要的世界意义，它既有利于向世界树立新型大国形象，又能为国际社会治理腐败贡献中国智慧和经验。

（一）有利于向世界树立新型大国形象

当前，中国积极参与国际事务，为世界的和平与发展做出了巨大贡献，中国的国际地位和影响力显著提高。但同时，当今世界上还有很多国家和人民对于中国共产党、中国人民、中国文化等缺乏了解，对中国的民主法治、生态环境、公民素质等存在片面认识。中国要融入世界，同时也要让世界了解中国。在复杂多变的国内外环境中，中国只有抓住机遇，奋发有为，解决好深层次矛盾和问题，才能在国际竞争中处于更加主动的地位，才能提高国际地位。办好中国的事情，关键在党。十八大以来，以习近平为核心的党中央以零容忍的态度和壮士断腕的决心开展党风廉政建设和反腐败斗争，形成了反腐败斗争压倒性态势，保持了党的先进性和纯洁性，用实践证明了习近平国家监察思想的科学性和有效性。国家监察思想，向世界展示了中国共产党反腐的决心和信心，赢得了国际社会广泛赞誉，向全世界树立了中国负责任的新型大国形象。

（二）为国际社会治理腐败贡献中国智慧和经验

国家监察思想是在反腐败斗争的实践中形成的重大理论，为国际社会反腐败提供了中国智慧，得到了国际社会的赞扬。2014 年，在 APEC《北京反腐败宣言》中，中国第一次以国际文件的形式明确提出加强反腐败追逃追赃等务实合作的"中国主张"。经过几年带头实践，中国开展的国际追逃追赃工作取得举世瞩目的成绩，所倡议的反腐败追逃追赃国际合作也得到了国际社会的广泛认可。① 2016 年，G20 杭州峰会通过了《二十国集团反腐败追逃追赃高级原则》等，标志着中国在倡导和引领国际反腐新秩序建立的道路上迈出了坚

---

① 滕抒：《引领反腐败国际合作的"中国方案"——从北京反腐败宣言到 G20 反腐败行动》，人民网，http：//fanfu. people. com. cn/n1/2016/0921/c64371-28730075. html。

实步伐。2017 年召开的《联合国反腐败公约》第七届缔约国大会上，中方有关国际反腐合作的理念与方案写入了大会最终决议中，成为会议的一项重要成果。[①] 2017 年 11 月，习近平在中国共产党与世界政党高层对话会开幕式上的主旨讲话中强调，中国将不断为世界贡献智慧。这是一个负责任大国领袖对世界的承诺，表明中国将继续努力为国际反腐贡献中国智慧。

☞ 本章小结

学界目前关于国家监察思想的研究还比较少，本教材在充分借鉴国内学术研究成果的基础上提出，所谓国家监察思想，是对党的十八大以来以习近平为核心的党中央在坚持和发展中国特色社会主义的实践中，在继承中国古代监察思想、马列主义监察思想和中国共产党历代领导人的监察思想的基础上，深刻总结管党治党经验教训和准确研判新时期反腐败斗争形势而提出的关于建立健全国家监察体制的一系列新理念新观点新举措的系统概括和总结。

国家监察思想的主要内容包括坚持党对国家监察工作的领导，加强权力运行的制约和监督，把权力关进制度的笼子里，强化党的自我监督，深化国家监察体制改革，形成全面覆盖国家机关及其公务员的国家监察体系等。国家监察思想体现了战略、创新、辩证、法治和底线思维等特征。

国家监察思想具有十分重要的理论意义、实践意义和世界意义。其理论意义在于它继承和创新了马克思主义监察思想，丰富了中国共产党的反腐思想。其实践意义在于它为夺取新时代反腐败斗争压倒性胜利提供了指导思想，有利于促进反腐倡廉建设向纵深发展，有利于提高党的执政能力、争取人民的信任、巩固党的执政地位。其世界意义在于它有利于向世界树立新型大国形象，为国际社会治理腐败贡献中国智慧和经验。

☞ 关键术语

国家监察思想；国家监察；党内监督；权力制约和监督；监察体制改革；监察委；国家监察法

---

① 樊海旭、常红：《世界瞩目中国共产党反腐败新气象》，人民网，http：//world.people.com.cn/n1/2018/0114/c1002-29763582.html。

☞ 练习与思考题

1. 如何理解国家监察思想的内涵？
2. 国家监察思想的时代背景和理论渊源有哪些？
3. 国家监察思想的主要内容包括哪些？
4. 国家监察思想具有哪些特点？
5. 国家监察思想的重要意义有哪些？

☞ 案例

任务统一部署 力量统筹调配 工作一体推进
——杭州整合"三个全覆盖"监督资源

自 2017 年始，杭州市纪委以监察体制改革试点为契机，尝试将巡察监督、派驻监督和监察这三支力量有机统筹，形成巡视、派驻、监察合力，进一步增强监督实效。

巡察瞪大眼睛 派驻找准抓手 监察攥指成拳

2017 年，杭州市委巡察组第二轮巡察进驻市红十字会后，发现了该会干部刘某违反廉洁纪律、组织纪律等问题线索。驻市卫计委纪检监察组立即与巡察组对接，并在市纪委第二纪检监察室的协调指导下，很快从公安、机关事务管理等部门取得了相关证据。"如果没有巡察组的问题线索和市纪委二室的执纪监督，单靠派驻纪检组力量解决这个问题难度很大。"驻杭州市卫计委纪检监察组副组长殷永富感触颇深。三支监督力量的统筹运用，打"配合仗"，实现了 1+1+1>3 的效果。

派驻纪检监察组对派驻单位的政治生态更加熟悉，对于该行业、领域的党风廉政建设情况掌握更为深入全面，但是调查手段有限。巡察组发现线索能力强，纪委执纪监督部门有权威、经验丰富手段多。"一只手伸开是五个指头，攥紧就是一个拳头。巡察、派驻、监察三支力量统筹起来，借巡察瞪大眼睛，借监察挺直腰杆，借派驻找准抓手，减少外来掣肘，实现了监督效能最大化。"驻杭州市卫计委纪检监察组组长王秀清说。

定期会商 协作联动 提升监督效能

"监委的监督不能自成一体，更需要突出协作联动。明确定期会商、任务交办、协作联动三项工作机制，确保执纪监督室与派驻（出）机构加强日常交流协作，推动协同作战，才能齐心协力做好监督工作。"杭州市纪委监委有关负责人认为，巡察监督和派驻监督共同为监察安上了千里眼、顺风耳。

杭州市纪委监委召开例会，由纪委机关执纪监督室牵头，召集部分派驻机构针对特定事项或者共性问题通报信息、共同研判，已成常态。

杭州市纪委监委新出台巡察监督、派驻监督和监察监督协作办法。办法明确规定，监察监督部门收到巡察方案后，应及时梳理被巡察单位和领导班子及其成员的廉情信息，向巡察办反馈相关情况，派员参加巡察动员会、巡察意见反馈会，持续跟踪、监督巡察问题整改工作。派驻机构协助巡察办督促整改工作落实。

"巡察监督、派驻监督和监察三支监督力量统筹使用，形成监督合力，构建相互联动、相得益彰的监督格局，是进一步完善党和国家监督体系、形成监督合力的重要举措和创新探索。"杭州市纪委监委有关负责人表示。

（资料来源：中央纪委国家监委网站，http://www.ccdi.gov.cn/gzdt/jctzgg/201805/t20180522_172297.html）

请思考：

案例中，杭州整合"三个全覆盖"监督资源的举措反映出了国家监察思想的哪些内容？

第四章
中国古代国家监察制度

中国的监察制度有着悠久的历史，以史为鉴、革故鼎新，对健全和完善中国特色社会主义国家监察制度，具有一定的参考、借鉴意义。本章中国古代监察制度的研究上溯先秦，下至明清，以中国古代中央和地方监察制度的演变、体制变迁、职能作用为主线，对御史制度、刺史制度、谏官制度、六科给事中制度等进行介绍。

第一节　先秦时期的监察制度

先秦时期是中国政治、经济、文化形成的重要阶段，对后世影响深远。在夏商时期，已经有了监察雏形的存在。到了周代，法家诸子的思想成为早期监察思想的源头。自管仲发端，子产、邓析、李悝、商鞅等继而行之，至韩非集大成，从理论和实践两个方面完成了封建监督制度的催产工作。

一、商代"三风十愆罪"

商代惩治职官犯罪，主要包括三个方面：其一为巫风罪，近似现代的玩忽职守，构成侮职罪；其二为淫风罪，近似现代的失职罪，构成渎职罪；其三为乱风罪，即犯上作乱。

由巫风、淫风和乱风等衍生出了"十罪"：恒舞于宫、酣歌于室、殉于货色、恒于游畋、侮圣言、逆忠直、远耆德、比顽童等。这些都是当时职官的主要罪行。① 而当时针对这"十罪"实施的刑罚主要有两种：凡是不匡正卿士和邦君的错误行为，一律要处以墨刑，并要使之受教于下士，此外还有放逐的处罚。

---

① 蔡放波：《中国行政制度史》，中国科学文化出版社 2003 年版，第 137 页。

二、西周时期的监察制度

西周时期国家的管理与宗法制相结合，依靠血缘的亲疏远近对贵族的等级、权力和财产进行管理和划分。同时，礼制与分封制相辅相成，对统治阶级在政治、经济、文化、饮食、出行等诸多方面进行管理，这成为当时监察的依据和基本内容。为了维护宗法制和礼制，在国家组织中出现了具有监察职能的御史、大宰、小宰、宰夫等官职，这些官职以审计的方式进行监察。对地方的监察，主要通过监国制度、天子巡狩制度和朝觐制度。监国制度是周天子向诸侯国派遣监国使臣，监视诸侯国君。巡狩制度是周天子定期到诸侯国巡视，监察政绩，并在这一过程中施行赏罚，奖勤罚懒。朝觐述职是各诸侯国定期朝见周天子并汇报封国政事，周天子通过汇报上来的政绩对各级官员进行考核和监督。

三、春秋战国时期的监察制度

东周分为春秋和战国两个阶段，在这一时期周天子失去天下共主的地位，礼乐制度崩坏。各诸侯国为了富国强兵，不断施行改革，废除了世卿世禄制，建立了封建官僚制度，以郡县制取代分封制。这为监察制度的建立提供了组织条件。管仲、商鞅、荀子、韩非子等法家学派的代表人提出了"治国之本在于治官""事断于法，法不阿贵"等监察思想，并提出建立专门、独立的监察机构，任用谏臣监督朝政等监察理念，为监察制度提供了理论依据。

在中央，早期仅作为史官的御史监察职权不断加强。各诸侯国设置谏官，专司谏净，从而广开言路，察补政缺。在地方，一是巡行和巡县制度。诸侯国君吸取周天子巡狩天下的经验，采取了巡行和巡县制度。诸侯国君巡视地方，相国、郡守巡视郡县，加强农业生产的管理，考察官员政绩，澄清吏治，惩处不法，选才任能。二是上计制度。上计制度由朝觐述职制度演变而来，各级地方官吏将所辖区域的各种政绩上报，上级以此为依据对其进行考核和监督。三是派员暗访，诸侯国君派员查访地方官吏，调查其是否有不法言行。

春秋战国时期，负责监察的官职，如御史、谏官已经开始设立；监察的形式既有各诸侯国自上而下的监察，也有地方的监察。但尚未产生专职机构，严格意义上的监察制度并未形成。这一时期的监察制度尽管很不完备，但是统治者为建立监察制度而进行的努力，以及加强监察职能的尝试，体现了"清吏贵监"的思想，所以我们认为先秦时期是我国行政监察的萌芽阶段。

第二节　秦汉时期的监察制度

秦朝建立后，创立了影响中国两千余年的皇帝制度和专制主义中央集权制，以及与之配套的监察制度。秦朝二世而亡，汉朝继承了这些制度，并加以巩固，使监察制度确立下来，并对后世产生深远影响。研究一个时代的监察制度，必须对这个时代的行政体制有所了解。因此首先对秦汉时期政权结构进行简述，在此基础上，对御史制度、刺史制度这两个极具代表性的监察制度进行介绍。

一、秦汉时期的政权结构

（一）秦代政权结构

公元前221年，秦国奋六世余烈，结束了持续数百年的列国纷争，建立了中国历史上第一个大一统的封建君主专制主义中央集权国家。

秦始皇建立了皇帝制度，确立了至高无上的皇权。秦王嬴政将上古三皇五帝的称号合二为一，自称"始皇帝"。在皇帝制度下，全国的政治、经济、军事、立法、司法、监察等权力集于一人之手，实现了君主一人专制独裁。在中央以三公九卿制作为中央官制。三公为丞相、太尉和御史大夫。丞相是最高行政长官，辅佐皇帝处理全国政务。太尉是最高军事长官，治军领兵，但秦朝太尉一职仅为虚职，并未授予。御史大夫为"贰丞相"，主要职责是辅佐丞相，另外司掌监察百官，举劾非法。丞相有失则递补为丞相，这也是对相权的制约和监督。九卿指奉常、郎中令、卫尉、太仆、廷尉、典客、宗正、治粟内史、少府。其中，奉常掌宗庙礼仪；郎中令掌宫殿及诸门户；卫尉掌宫中守备屯兵；太仆掌车马；廷尉掌刑狱；典客掌诸归义蛮夷；宗正掌宗族事务；治粟内史掌谷货；少府掌山泽税收。

在地方全面实行郡县制。秦朝建立伊始，丞相王绾提议承周制，分封诸王子以镇天下。廷尉李斯建议实行郡县制。秦始皇听从李斯建议，分天下为三十六郡，郡设郡守、郡尉、郡监等官职。郡下设县，县级设县令、县尉和县丞。在基层设置乡、亭、里、什、伍等基层组织。

（二）汉代政权结构

秦失其鹿，天下共逐之。汉朝建立之后，在政治制度上基本承袭秦制，但也有相应的变化。在中央继续实行丞相、太尉、御史大夫为中枢职官的三公制度。三公制度作为官僚制度的核心，其沿革变化对整个官僚体制以及监察体制有重大的影响。汉初丞相为百官之首，总领政事，秩万石。太尉品秩与丞相相同，但只管军事，不干预政事。御史大夫主管监察，协助丞相，秩二千石。汉代九卿与秦略有不同，分别是太常、光禄勋、卫尉、太仆、廷尉、大鸿胪、宗正、大司农、少府，依次负责祭祀、门房言、门卫屯兵、车舆、刑罚、外交礼仪、宗族事务、政府财务、皇家财务。

西汉武帝时，为强化君权，选拔贤良担任侍中、给事中等高级侍从官职组成"中朝"，充当皇帝的参谋、顾问。以丞相为首和御史大夫为副的中央政府机关则为外朝，失去议政权退居执行政务的地位。汉成帝时，御史大夫更名为大司空，增秩同丞相，分丞相职权，原有监察职责交给御史中丞。东汉光武帝时，为巩固君权，司空变为主管水木之官。御史台从宫内搬到宫外，置署办公，称为"御史台"。自此，御史中丞成为御史台主官，御史台成为相对独立于行政系统的外部监察机关。

汉代的地方政府分为郡、县两级，除此之外还有刘姓诸王的郡国。汉初刘姓诸王政权与中央政权平级，汉景帝平定"七王之乱"后，削弱封国权力，使其成为受中央领导的一级地方行政单位，与郡平级。汉代郡长官为太守，秩二千石，地位与九卿平等。太守属官有丞、五官掾、主簿、督邮、诸曹掾，分别负责辅佐太守、春秋祭祀、文书、监察各县和各类行政事务等。

二、秦汉时期御史制度

秦代御史府是中央监察机关，御史大夫为长官，御史中丞为副长官，另设一名御史丞、侍御史若干辅助御史大夫监察百官。御史大夫位列上卿，秩二千石，主要是辅佐丞相总理国政，还掌管监察百官、制诏和百官奏章。御史中丞是御史大夫的主要属官，秩千石，身处宫廷，是皇帝近臣，有"贰大夫"之称。因为御史大夫的主职是辅佐丞相，所以御史中丞是御史府实际上的长官。御史丞的职责无史料记载。侍御史负责管理政府公文、律令文件、档案和户籍等资料。在地方上，秦代全国实行郡县制，为了实现对地方各级政权的监督，在地方设置监郡御史，也称监御史。监郡御史隶属于御史大夫，代表皇权监察地方官员，属于地方专职监察官。在监御史中，另有差遣御史，往返中央和地方，负责核查地方狱讼和上奏文书。

汉承秦制，中央监察机构仍为御史府（东汉称为御史台），但经历了由大夫制向中丞制的转变。汉代为了削弱以丞相为主，御史大夫为副的相权，加强君权，先是设置内外朝，将御史大夫归于外朝，御史中丞至于内朝，使二者相脱离。后改御史大夫称谓、官阶及职权，使御史中丞独立于行政系统之外，专职负责御史台。这是中国历史上首次正式出现的相对独立的专门监察机构。在地方，汉初天下初定，为了百姓的休养生息，施行无为而治的治国方略。并且因为地方上分封刘姓诸王，施行郡国并行的制度，因此中央对地方的监察相对忽视。这大大削弱了中央对地方的控制，激化了中央与地方割据势力的矛盾，地方吏治日趋腐化。汉惠帝时，部分地区恢复了御史郡监制度，两年一轮，以避免监郡御史做大，但并未能扭转地方吏治腐化的状况，监御史勾结郡守祸害一方的现象时有发生。因此汉文帝时命丞相派遣属官巡视各地，监察地方官员，并监督监郡御史。这一措施属于行政系统内部临时性派遣巡查，并无定制，不能从根本上解决地方吏治日趋恶化的问题。到汉景帝时，随着经济的发展，地方豪强势力增强，并与地方官员勾结，侵害百姓，兼并土地，不尊法纪的现象愈演愈烈。

三、汉刺史制度与《刺史六条问事》

面对复置的监郡御史未能扭转地方吏治糜烂的状况，元封元年（前110年），汉武帝下诏废除诸州监御史制度。元封五年（前106年），汉武帝"初置刺史部十三州"，"掌奉诏条察州"，"周行郡国，省察治状，黜陟能否，断治冤狱"。从此，州部刺史制度正式取代了监御史制度。

汉代刺史，秩六百，有常设的办公机构，主要监察二千石的地方官员，直接对皇帝本人负责。为了防止刺史权力的膨胀，西汉时严格限制了刺史职权的范围，专门颁布《刺史六条问事》，具体内容如下：一条，强宗豪右，田宅逾制，以强凌弱，以众暴寡；二条，二千石不奉诏书，遵承典制，倍公向私，旁诏守利，侵渔百姓，聚敛为奸；三条，二千石不恤疑案，风厉杀人，怒则任刑，喜则淫赏，烦扰刻薄，剥截黎元，为百姓所疾，山崩石裂，妖祥讹言；四条，二千石选署不平，苟阿所爱，蔽贤宠顽；五条，二千石子弟恃怙荣势，请托所监；六条，二千石违公下比，阿附豪强，通行货赂，割损政令也。

刺史一旦过问这六条之外的事，即被视为"逾越故事，信意举劾，妄为苛刻"，要受到严惩。这在赋予刺史监督地方长官权力的同时，又避免了监督权的滥用，保证了地方行政不受干扰。

此外，汉武帝将原来"治巫蛊之狱"、维护京城治安的司隶校尉改为常设监察官职，掌管京师附近七郡及京师百官的监察职权。

秦汉时期的监察制度，在维护国家统治、澄清吏治上起到了重要作用。但这一监察制度是建立在皇权基础上的，其监察的对象是百官，缺少对权力中心"皇权"的必要的制约。因此，尽管存在监察制度，国家政权难以避免"其兴也勃焉，其亡也忽焉"的历史规律。

第三节　隋唐时期的监察制度

隋朝的建立，结束了自两晋以来270多年的割据局面，重新建立了统一的封建专制主义中央集权制国家。为了巩固统治，隋朝在承袭东汉监察体制的基础上，进行了大量改革。并且，以科举制取代九品中正制，初步建立了中国古代的文官制度，客观推进了监察制度的发展。但隋朝政权短暂，唐朝在其基础上继承和发展，使中国古代监察体制渐趋成熟。

一、隋唐时期的政权结构

（一）隋代政权结构

隋朝结束南北朝以来割据对峙的局面后，"依汉、魏之旧"，建立了以三省六部制为核心的中央政府结构。在中央机构中，设置尚书、中书（内史）、门下三省，并设御史台为中央监察机关。中书省是中央制令机关，负责起草皇帝诏令；门下省是侍奉谏议机关，掌管审查政令和封驳等事务；尚书省是执行机关，负责管理全国政务。三省长官内史令、纳言、尚书令同为宰相。隋炀帝时，增设谒者台、私隶台二台，与御史台合称三台。在地方上，隋文帝时将传统的州、郡、县三级改为州、县两级制，取消郡，以州直接统县。各州的长官为刺史，职责等同于太守。隋炀帝大业三年（607年），又重新改州为郡，改刺史为郡守，实行郡、县两级制。改革之后，郡守只掌管民政，不再掌握军权。在郡一级另外设置都尉掌管军事。

（二）唐代政权结构

唐朝政权结构沿袭隋朝，但又有所调整。唐朝依旧实行三省六部制，中书省首长为中书令，门下省主管长官为侍中，尚书省长官为尚书令。三省分别负责决策、审议和执行，三者职权合并等同于汉朝宰相的完整职权。中书省设中书令为正长官，中书侍郎为副长官，其下设中书舍人，员额七八人。中书省需要发布政令时，由中书舍人拟撰，拟定的诏书经皇帝批准后，交由门下省，这就是所谓的"定旨出命"。门下省设侍中为长官，其下设门下侍郎、左散骑常侍、左谏议大夫、给事中等属官，其主要职责是对中书省政令的审核，未经门下省审核通过的政令，将原诏书批注送还，即为"封驳"，所有政令必须经门下省副署才能正式生效。此外，门下省同样具有监察职权，左散骑常侍、左谏议大夫等官职同样也是监察官，但与御史台相比，门下省的监察职权侧重于对政令、朝政的监察。诏书经中书定旨门下副署之后送尚书省，尚书省仅有执行命令之权。尚书省是全国最高行政机关，尚书省共分六部，即吏部、户部、礼部、兵部、刑部、工部。六部制度，从唐代一直施行到清代末年。唐代设御史台，即三省六部一台，御史台为独立机构，不属三省。唐代地方设置州县，县是最低一级行政机构。县以上设州，唐代的"州"与汉代的"郡"是平等的。唐代州的行政长官为刺史，有别于汉代刺史的监察职权，与太守职权相当，管理地方政务。

二、唐代御史台三院制和十道监察

（一）御史台三院制

唐代御史制度有了长足的发展，在御史台下设台院、殿院、察院，三院分工明确，互相配合，共同负责管理本机构内部的各项事务。三院分别由侍御史、殿中御史、监察御史掌管，统称"三院御史"。三院中，台院是御史台的基本组成部分，设侍御史，从六品下，主要职能是推鞫、弹劾、常驻衙门和总理一切庶务。侍御史中资历最深的，称为"端公"，决定衙门内一切事务。设主簿一人，从七品下，"掌印及受事发辰、苟检稽失、兼知府厨及黄卷"①。录事二人，从九品下，辅佐主簿，掌官署簿籍。殿院初设殿中侍御四人，正八品上，贞观二十二年（648年）增设二人，品秩升为从七品上，掌管对朝廷大型朝会、出巡的礼仪，长安、洛阳两京不法之事的监察职权。此外，殿院还设令史八人，书令史十人。察院设监察御史，正八品上，主管监察百官，巡查地方郡县，纠察刑狱，整肃朝廷礼仪。

（二）唐代十道监察

唐代中央对地方的监察有两种，一是御史台不定期派遣监察御史出巡州县，二是派遣官员到地方巡回监察。唐代的巡回监察制度经历了一个从差遣到常设监察官员的演变过程。唐太宗贞观元年（627年），依据山河形势，将全

---

① 《旧唐书·职官志三》。

国分为十道监察区。唐玄宗时，设立十五道采访处置使，每道置采访使一人。西安洛阳以御史中丞领导，其余诸道一般为本道大州刺史或大都督府长吏兼任。天宝末年，采访使又兼黜陟使。十道不是常设地方一级监察机构，没有固定的机构和人员。十五道采访处置使设置后，有了治所和印信，是地方一级监察机构，权力极大。安史之乱后，因中原用兵，在地方设置节度使，总揽军政大权。许多节度使还兼任采访使，使中央对地方的监察失去控制。在唐中后期，设置巡院作为中央监察地方的常驻机构。

三、唐代谏官制度

唐代初期的统治者由于亲眼见证隋朝的灭亡，以隋亡为教训，重视谏官的作用。唐代谏官的职能主要有以下三点：一是参与决策，规谏失误。二是上言封事，规谏朝廷过失。三是充任知匦使，受理冤滞诉状。唐太宗曾言：“每思臣下有谠言直谏，可以施于教政者，当拭目以师友待之。”① 唐玄宗也非常重视发挥谏官的作用，“励精听纳”。“贞观之治”“开元盛世”，无不与谏官有着密切关系。

唐代的谏官主要有散骑常侍、谏议大夫、左右补阙和左右拾遗。散骑常侍分左右，左散骑常侍隶属门下省，右散骑常侍隶属中书省。左散骑常侍二人，正三品下，“掌规讽过失去，侍从顾问”②。

唐高宗武德年间（622 年），置谏议大夫四员，正五品上。武则天神龙元年（705 年）谏议大夫隶属于中书省。唐玄宗开元年间谏议大夫归属门下省。唐德宗时，将谏议大夫分为左右，加置八员，四员隶属门下省为左谏议大夫，四员隶属中书省为右谏议大夫。后唐武宗时，将谏议大夫升为正四品下。谏议大夫的主要职责是“掌侍从赞相，规谏讽谕，凡谏有五：一曰讽谏，二曰顺谏，三曰规谏，四曰致谏，五曰直谏”③。

唐代补阙的主要职能是弥补皇帝的过失，拾遗的寓意是提醒皇帝忘记了什么，避免造成损失。左右补阙、左右拾遗为武则天所设立，左右补阙各二员，从七品上，左右拾遗各二员，从八品上。左拾遗、左补阙隶属于门下省，右拾遗、右补阙隶属于中书省。唐代补阙、拾遗品级虽然较低，但职能重要。《旧唐书》卷43《职官二》载：补阙、拾遗之职，“掌供奉讽谏，扈从乘舆。凡

---

① 《贞观政要》卷 1《政体第二》。
② 《新唐书》卷 47《百官志》。
③ 《旧唐书》卷 43《职官二》。

发令举事，有不便于时，不合于道，大则廷议，小则上封。若贤良之遗滞于下，忠孝只不闻于上，则条其事状而荐言之"。左右拾遗，"掌供奉讽荐，行立次左右史下。仍附于令"①。

总体而言，唐代的监察制度比前代更加紧密，机构设置也更加趋于细致。设置了负责中央和地方监察的御史三台，还在地方设置了常设的十道监察。除此之外，设置了专门负责言谏的散骑常侍、谏议大夫、拾遗，察补朝廷过失，并且对皇权起到了一定的制约作用。这既反映了唐初政治的清明，也反映了唐代监察机构的完备成熟。唐朝自"安史之乱"后由盛转衰，节度使作为地方军政长官削弱了中央的权威，最终朱温代唐称帝，拉开了五代十国的序幕。

第四节 宋元时期的监察制度

宋元时期的监察制度日趋强化，在宋朝已经有了台谏合一的趋势，在元朝时台院与谏院合并，实现了台谏合一。

一、宋元时期的政权结构

（一）宋代政权结构

公元 960 年，后周禁军统帅、殿前都点检赵匡胤在陈桥驿发动兵变，建立宋朝，史称北宋。北宋政权结构最主要的特点是加强中央集权、抑制相权和重文抑武。为了避免地方割据和权臣弄权，宋朝对国家的行政权力、军事权力和财权进行了分割。宋朝中央虽然仍设三省，但只有中书省单独取旨，即政事堂，门下省、尚书省不再干预政事。中书省长官中书门下平章事为宰相，副职参知政事。全国军务由枢密院总理，与政事堂共称"二府"。宋朝的财权，由三司掌管，即户部司、盐铁司和度支司。

宋代的官制，官、职、权相分离。官仅为定级别、定俸禄的标准。职仅为具有文学才华的各级官员的荣誉称号。而真正的权力，只有获得某种差遣才能获得。宋初御史台都不设定员，皆为兼官。御史大夫虽然是御史台主官，但不是正员，也不常设，只是一种加官的空衔。按宋朝官制，检校、兼权、试秩三种都不算正员，御史大夫正属于检校系统。御史台由御史中丞主领，御史中丞无正员，多是中书和门下省官员兼任。其他御史，如侍御史、监察御史，也以

---

① 《通典》卷21《官职三》。

他官兼任，这使得御史台形同虚设。

宋代地方政府分为三级。最高一级路，相当于唐代的道。中间一级州、府、军、监相当于唐代的州府。最低一级仍是县。宋代削武将兵权，授予某州督军等职，另派文官到地方知某州事，知某府事。这些文官本是中央官员，到地方也是临时差遣，但到清代知州知府则成为正式官名。宋代还在各州设通判，又称监州，与知州同领州事，具有与知州相同的处理州事的权力，且具有监督知州的责任。宋代地方，另有四个中央派遣的监司官，帅、漕、宪、仓，分别负责地方的军事、赋税、司法和救恤。

（二）元代政权结构

1279 年，蒙古灭南宋，改国号为"大元"，成为我国历史上规模空前庞大的统一大帝国。元朝建立后，忽必烈"遵用汉法"的治国方针，使得秦汉以来的中央集权制达到了新的高度。在中央，中书省一省制替代三省制，中书省统领六部，主持全国政务。中书省长官为中书令，统领百官决断庶务。下设左右丞相，正一品，统领六部官员及各司。中书令有缺，则领中书省事，辅佐天子。平章政事四员，从一品，可参与所有军国大事。左右丞各一员，正二品，作为副宰相协助处理政务。参知政事二员，从二品，同为副宰相，但地位略低于左右丞。设枢密院主管全国军事。元代御史台的地位与总政务的中书省、秉兵权的枢密院地位并重。这三大机构构成了元朝中央机构的主体。忽必烈曾说："中书朕左手，枢密朕右手，御史台是朕医左右手的。"[1] 在地方上，元代为了统治极其广阔的土地，将原本中央派出机构"行中书省"改为常设的地方最高一级行政机关。行省下的行政区划分路、府、州、县四级。与行省制度相匹配，又设立行御史台，监察地方。在行台之下，设诸道肃正廉访司，作为地方基层监察组织。

二、宋代监察组织体制和台谏合一的开端

宋代御史台仿唐制，在御史台内设三院。《宋史·职官四》有记载：（御史台）其属有三院：一曰台院，侍御史隶焉；二曰殿院，殿中侍御史隶焉；三曰察院，监察御史隶焉。虽然制度与唐朝相同，但宋初御史台"无定员，无定职"，员额也大大减少。唐代御史台侍御史有六人，而宋代仅设一人；唐代殿院侍御史有九人，宋代减至二人；唐代监察御史十五人，宋代仅有六人。

---

① 叶世奇：《草木子》卷 3 下《杂制篇》。

但宋代御史吏员的比例比汉唐增多，御史台大量的具体事务由吏员掌管。到宋神宗元封五年（1082年）御史台定员分职，御史编制总共十员。御史中丞为台长，置一人，从三品。台院置侍御史一人，从六品，掌管台院事务。殿中置殿御史二人，正七品，掌管百官礼仪。察院监察御史六人，从六品，分察六部及百官，纠察谬误，大事弹劾，小事举正。御史台除三院御史外，还设法官一人，从八品，掌检详法律。主簿一人，从八品，掌受事收发，勾稽簿书。宋代御史台官少吏多，三院组织结构趋向合并。

宋初因循旧制，设置谏议大夫、补阙、拾遗为谏官。谏官又分左右，左属门下，右属中书。宋代言谏系统按言谏和审驳两大职权分别设在谏院和门下省。宋真宗天禧元年（1017年），谏院单独设置，不再隶属于门下、中书两省。另设门下后省，以给事中为长官，掌管文书封驳。自此谏院成为完全独立的中央言谏机关，门下后省也获得相对独立的地位。谏官脱离三省、脱离宰相独立出来。谏院设知院六人，以两省官担任。其中，左右谏议大夫各一人为长官，从四品；左右司谏各一人，正七品；左右正言各一人，从八品。随着宋代谏院获得独立地位，谏官也不需要宰相推荐，转由皇帝亲授，并把举发臣下不法行为也列入谏官的职责范围。谏官不仅能规劝皇帝，而且有权监督宰相等官员。为了加强对宰相及百官的监督，在谏院下又设鼓院和检院。门下后省设左散骑常侍一人，给事中四人，左谏议大夫、左司谏、左正言各一人，其职权是："同掌规谏讽谕。凡朝政阙失，大臣及百官任非其人，则论奏而驳正之。凡章奏，日录目以进，考其稽违而纠治之。"[①] 元封施行新官制后，封驳司归门下后省，门下后省成为专司审驳事宜的言谏机构。

宋代台谏机构虽然并立，但在职责上开始相互渗透，趋向合一。其标志是允许台官言事和谏官弹劾。台官言事，在唐代就有，但唐代御史所谓"言事"，主要还是在于"击官邪"，且没有专门的言事御史。允许谏官弹劾，是台谏职责合一的标志。本来谏官主要职责是纠正天子过失，而不是纠劾百官的，但在宋代发生变化，谏官往往行使御史职权。谏官职责转变的关键过程有两个：一是谏净对象的改变，即谏官由对君主规谏讽谕转为对百官过失的弹劾。二是平时拥有对百官的监察权。宋元祐元年，右司谏王觌言："谏官职事，凡执政过举，政刑差谬，皆得弹奏。"[②] 宋朝允许谏官弹劾，这是统治者鉴于唐末五代君弱臣强的混乱局面，力图防止大臣擅权而采取的措施，力图加

---

① 《文献通考》卷50《官职四》。

② 《宋会要·职官》三之五四。

强谏官的力量遏制大臣。但宋朝台谏机构并未合一，谏官、御史职责各有侧重，谏官以论政为主，台官以弹劾为主。

三、元代监察机构和台谏合一

元代御史台机构继承了唐宋体制，但又有所不同。唐宋御史台下设台院、殿院、察院，元代不再设台院，把台院的职权并入察院，又将殿院改为殿中司。取消台院，反映了御史台结构从三院制向一院制过渡的趋势。改制后的元代御史台职官设置为：台内官员设左右御史大夫二员，为台长，其中以右御史大夫为御史台之首。右御史大夫品秩空前提高，与中书省平章政事、枢密院知院同等，均为从一品官员。御史中丞二员，正二品，为御史台副长官，必要时可主持台务。中丞之下设侍御史二员，从二品；治书御史二员，正三品。殿中司仅设殿中侍御史二员，正四品。台院职权并入察院，监察御史人数激增，由宋代六员达到三十二员。元代御史台职权范围极宽。《蒙兀儿史记》卷104《崔彧传》记载："（崔彧）由刑部尚书拜御史中丞，彧言台臣于国家政事得失，民生休戚，百官正邪，虽王公将相，亦宜纠察。"

元代地方监察随行省制度的设立出现了新的特点。其中最具代表性的是行御史台。行御史台是中央御史台的分设机构，作为地方最高监察机构，与地方最高行政机关行中书省不是隶属关系，而是平行关系，同时也是监督与被监督关系。元代监察法规进一步将这种关系以法律形式确定下来。行御史台除不设殿中司外，其结构与御史台相仿。

宋代的监察制度虽然出现了台谏职责合一的趋势，御史台系统与谏官系统的职权开始混杂，但台谏两个机构仍然并立。到元代，台谏制度完全合一。一方面，元代罢门下省，仅保留给事中，而且给事中不再有谏正封驳的职责。另一方面，元代也不设谏院，谏官既罢，谏职便转移到御史身上。至此，御史既领纠劾，又兼言谏。台谏合一是中央集权制度发展的必然结果。它使得监察权得到高度集中，皇权便于直接控制监察机关，因此这种制度被明清两朝所沿用。

宋元时期有相对完备的监察制度，但两宋积弱，元朝国祚不长，其原因并不在于监察制度本身，而在于两朝的政治制度。于宋朝而言，一方面宋朝开国就定下"崇文抑武"的国策，主张"与士大夫共天下"，对犯事官员处置力度不够，以贬谪为主，缺乏足够的威慑性；另一方面，宋朝"冗官"，侍御史、监御史等监察官职多为兼任，有名无实难以起到监察的作用。元朝重视监察，右御史官阶比同丞相，对地方检察机关采取垂直领导体制，实现台谏机构职能合一，坚持监察官自选，其体制更趋严密和科学。但是元朝区别对待蒙、汉的民族政策使其统治根基不稳，尽管有严密、科学的监察制度，仍无法避免元末吏治不清、官吏鱼肉百姓的状况。

第五节　明清时期的监察制度

明清时期，对皇权有制约作用的宰相制度被废除，权分六部，建立起围绕皇权的秘书机构内阁作为中央决策机构，专制主义中央集权制达到顶峰。与之对应，在六部设六科给事中，另设都察院，行政监察制度进入严密阶段。

一、明清时期的政权结构

（一）明代政权结构

公元 1368 年，朱元璋推翻了元朝统治，建立了明朝。明朝的政权结构以"胡惟庸案"为界，分为两个阶段。明朝初年，国家政权结构承袭元制，并结合汉唐体制，中央设中书省、都督府、御史台三大机构，分掌全国行政、军事与监察。洪武十三年（1380 年），朱元璋因左丞相胡惟庸造反，废除中书省及丞相，只保留仅有书记职责的七品京官中书舍人。门下省退处无权，给事中很少行使封驳权，形同虚设。尚书省不设正长官尚书令和副长官左右仆射，改由六部分头负责。唐代六部第一个司为本司，如户部第一个司为户部司，吏部为吏部司，其余亦然。但在明代，各部本司升为部长，六部尚书各部所属，这些二品大员已是当时最高官阶。撤销了御史台，另设都察院作为全国最高监督机构，六部与都察院并称七卿。七卿之外，另有通政司、大理院，合称九卿。通政司管奏章，大理院管司法平反。明朝政府是个多头政府，各部长官并列，互不管辖，一切权力归于皇帝。为了处理政务，明代另设内阁作为皇帝的秘书机构，遴选大学士作为参谋。

值得一提的是，自明朝开始，官员的选拔任免开始注重流品。流品，简而言之就是政治出身，通过科举中进士、做翰林的官员为清流，自当浮在上面，得以出任高官；而举人、秀才为浊流，沉淀在下边，多以胥吏为开端，难以出任高官。明朝以前，基层官员有其上升途径，只要有才能，可以直达中枢。但明朝之后，举人、秀才为主的基层官员的上升途径基本被断绝，而清流官只要不触怒皇帝、违反法律，基本都能出任高官。

（二）清朝政权结构

清代政权机构基本沿用明代制度，为了加强集权的需要又有所改动。清代中央最高行政机构是内阁。清顺治十五年（1658 年）设置内阁，为正二品衙门，设大学士为内阁长官，各兼尚书衔并以皇宫内四殿二阁名加殿阁衔，例如中和殿大学士、文渊阁大学士等。乾隆时改为三殿三阁制。内阁主要负责全国政务、经济、军事等事务。雍正时设置军机处，为中央枢要机关，军机处负责为皇帝草拟谕旨、处理奏章、参决机要。军机处建立后，国家大政方针的制定归军机处负责，内阁的权限减少，主要负责行政事务。内阁与军机处本质上都是皇帝的秘书机构，负责为皇帝草拟文书和参谋决策。清代中央行政机构仍为六部，中央监察机构为都察院，与明代类似。

二、明代都察院与六科给事中的创置

（一）明代都察院

明清时期是我国行政监察制度的严密阶段，御史台是明初中央"三大府"统治结构中的监察机关。御史台设左、右御史大夫（从一品），御史中丞（正二品），侍御史（从二品），治书侍御史（正三品），殿中侍御史（正五品），察院监察御史（正七品）。

朱元璋废除中书省和丞相制后，对掌管监察的御史台产生怀疑，罢设御史大夫，以左右中丞、侍御史掌管御史台。不久又撤销御史台，于洪武十五年（1382 年）正式创设都察院，设置监察都御史主管全国监察事务。新设的都察院降为七品衙门，主官由从一品降至正三品。后因顾忌大臣专权，将监察都御史定为正二品，与六部尚书品秩相同。至此实现了御史台机构的台、殿、察合一，结束了自唐代开始的御史台三院制。又罢设谏院，设六科给事中，作为六部的独立监察机构；地方设十三道巡按御史和各省提刑按察司，同时设督抚，形成地方三重监察网络。

按照级别和职权，都察院管理可以分为三类。第一类是都察院的高级官员，也称为坐堂官。包括正副都御史和金御史，其地位比同前代的御史大夫、御史中丞和侍御史。第二类是都察院直属办公机构的官员，包括经历、都事、司务、照磨、司狱。他们是坐堂官直属办公机构的办公人员，参与院务工作。第三类是直接负责监察的专职监察官，即监察御史。他们组织上隶属都察院，但在进行监察的过程中，具有较强独立性，可不受上级干涉独立行事，有事可单独进奏。

（二）明代六科给事中

明初仍设给事中等谏官机构，先后隶属承敕监、通政司，后独立设置谏院。明太祖废丞相和中书省后，权分六部。六部成为独立部门，直接对皇帝负责。为了防止六部权力过大威胁皇权，朱元璋于洪武十五年（1382年）裁谏官，设六科给事中来监察六部和百官。六科给事中是直属皇帝的独立监察机关，主掌监督六部百司。六科给事中作为对中央六部的监察机构，和十三道监察御史作为对地方的监察机关并行，并称科道。其组织结构为：吏、户、礼、兵、刑、工六科。各科设都给事中、给事中等职。其定制以后成为独立机构，直属天子，都察院无权领导六科。六科给事中既有规谏封驳的职责，又有弹劾百官的职责，但更偏重于弹劾不法，其职司与御史几乎相近。总的来说，六科给事中有以下五项职权：言谏权、封驳权、弹劾权、监督狱讼权、廷推权。六科给事中兼掌封驳和纠弹之权，与御史职权同一化，因此到了清代科道合一，六科给事中隶属于都察院。

三、清代《钦定台规》和《都察院则例》

清代监察继承了明代的制度，又结合满族贵族原有的官制进行改革。全国监察的最高机关是都察院。由于清代内阁掌管了承旨出政大权，六科失去封驳职权，造成无事可做，最终并入都察院，改为都察院给事中，科道正式合一。地方上都察院对地方实行分道监察。清代分十五道监察区，按行省分设十五道监察御史。清代监察最突出的特点是制定了较为完整的监察法典：《钦定台规》和《都察院则例》。因为在宋朝之前，监察法规的制定发展缓慢，基本上停留在地方检察法的制定，缺少中央层级的监察立法。

《钦定台规》（以下简称《台规》）是我国封建社会中最为完整的一部监察法典。《台规》由清高宗乾隆八年（1743年）钦定，后又有重修、增辑。《台规》的主要内容分为"训典""宪纲""六科""各道""五城""稽察""巡察""通例"八个大类，每类下分若干小类。台规的具体内容如下：训典主要是清朝皇帝对监察机构和监察事项的敕令，有圣制、圣谕、上谕等目；宪纲主要是关于都察院机构设置、职能和任务的规定，有序官、陈奏、典礼、考绩、会谳、辩诉六目；六科是六科给事中共同职掌和分科职掌的权限规定；十五道监察及稽察宗人府御史、稽察内务府御史等通掌和分掌职权、任务及办事原则；五城是关于五城察院的监察条例及事项；稽察是都察院派员专察某些特殊机构的制度；巡察是御史巡察地方的制度，有漕运、盐粮、游牧等；通例是关于御史官员选拔、升转、礼节的规定，分考选、升转、仪注、公署等。

《台规》纲目清晰，规则明确，内容广泛，涉及了清代监察制度的各方面。《台规》意义在于：首先，确立了监察机构的性质和职能，即皇帝控制下的整肃吏治、监察百官的独立机构。其次，确定了监察机构的监察对象和任务。重点监察宗族大臣，再是诸臣百官。再次，严格规定了监察纪律。《台规》对监察官的监察纪律做了如下规定，严禁奏事不实，严禁徇私阿党，严禁泄露机密，严禁贪赃受贿。最后，《台规》还发展了历代监察法中关于监察官员任用的原则、方法等。

《都察院则例》是在《钦定台规》颁布后，都察院制定的若干则例的汇编，是都察院实施监察的细则规定。《都察院则例》内容大致分为五类：封驳陈奏敕令及其规定；考课的规定，如京察大计的监察规定；各道巡察规定，如漕粮、漕运、盐课等规定；考试规定，如岁科、乡试、会试考卷磨勘等；各科考核、奏效等具体执行规定，以及稽考等方面的程序规定等。

明清时期，监察机构、职官和监察法律不断发展，使监察体制日趋严密，这是专制主义中央集权制达到顶峰的表现。这些制度、法律都是围绕着皇权创设的。相应地，明清两朝兴衰的关键节点也与当时国家统治者的贤愚基本吻合。

☞ 本章小结

中国古代监察制度紧随政治制度的变革而改变。对中国古代监察制度的研究，能够加深对中国历史的认同感和归属感，从古人的政治智慧中汲取养分，同时建立制度自信。总的来说，中国古代监察制度有以下四个特点：一是监察机构的独立性。从春秋战国中国监察制度的萌芽开始再到汉唐监察制度的建立，以至后世诸代，中国古代监察机构从行政系统中剥离出来，并成为能与最高行政机关、军事机关并立的监察机关。二是监察方式的多样性。中国古代监察的监察方式，在中央既有御史的言谏、又有谏官的封驳，在地方还有巡视监察、中央派驻监察等方式，建立起了从中央到地方完备多样的监察体系。三是监察制度的法律化。中国古代监察重视监察制度的法律性，通过法律确保监察能涤清吏治，但又能避免监察权力的滥用。从汉代《刺史六条》、《监御史九条》到唐代《巡察六条》，最后到明清的《宪纲条例》、《钦定台规》，监察法律经历了从无到有，从简至全的过程。四是监察内容的全面性。中国古代监察，不只是对行政机关廉洁、效率等的监察，还包括以封驳、规谏等形式对关系国家、百姓的立法、军事、经济、司法等监察，因此中国古代监察实际上是对整个国家的监察。

但是仍有其弊端存在，这也是历朝历代虽然重视监察，且监察制度不断完善，却仍无法摆脱朝代更替历史规律的原因。那是因为中国古代的政治制度是围绕皇权展开的，因此监察制度的设计和安排都是为了维护皇权稳固，皇权的行使不受监察。监察机构和监察官员的品阶，总体上是不断下降的，进而形成了"位卑权重"、围绕皇权的监察体系，在这种体系中，监察部门、监察官员的监察权力都来源于皇权。这种监察体系监察的对象是百官，缺少对皇权的有效制约。"以史为鉴，可以知兴替"，中国古代监察制度给后世监察制度设计最大的启示是设置专门、独立且高品阶的监察机构，监督一切国家权力的行使，将权力装进笼子里。

☞ 关键术语

御史制度；谏官制度；台谏合一；科道合并；三省六部制

☞ 练习与思考题

1. 简述我国古代御史制度的发展脉络。
2. 简述我国古代巡视制度的起源及发展。
3. 我国古代监察制度体现了什么样的发展趋势？
4. 简述我国古代监察制度的演变历程。
5. 我国古代监察制度不断完善，但为什么在王朝末期，吏治不清，腐败横行？

☞ 案例

褚遂良（596—685 年），字善登，杭州钱塘人，博涉文史，尤工隶书，为"唐初四大家"之一。唐太宗时，历任起居郎、谏议大夫，以黄门侍郎入相，又拜中书令。

作为起居郎时，秉直笔记载皇帝的言语行事，"且记善恶，以为鉴诚"。唐太宗曾问褚遂良："朕有不善，卿必记之耶？"褚遂良回答说：

"臣职当载笔，君举必记。"诸遂良作为起居郎尽职直笔，转官谏议大夫，更能直言规谏。在规谏唐太宗时，诸遂良提出"诤臣必谏其渐"的道理。所谓"必谏其渐"，即谏诤一定要抓住苗头。这是诸遂良规谏唐太宗的一项重要原则。

最能反映诸遂良谏诤"必谏其渐"的一件事情，是他规劝唐太宗任命幼年皇子作为地方都督、御史的做法。唐太宗有14个儿子，除了太子和早逝的几个皇子外，大多幼年被任命为都督、刺史等地方长官。如太宗第五子李祐，贞观二年（628年）被任命为邠州都督，十年为齐州都督，私募剑士，谋杀劝谏之臣，起兵造反。唐太宗第六子李愔，贞观七年为襄州刺史，经常无理殴杀所部县令，又畋猎无度，不避乔稼，为百姓所怨恨。诸遂良作为谏议大夫，上疏唐太宗："刺史郡帅，民仰以安。得一善人，部内苏息；遇一不善，合州劳弊。""陛下儿子内年齿尚幼，未堪临人者，且留京师，教以经学。一则畏天威，不敢犯禁；二则观足朝仪，自然成立。因此积习，自知为人。审堪临州，然后遣出。"诸王之中"唯二王稍恶，自余餐和染教，皆为善人。则前事已验，惟陛下详察。"太宗看了奏章后，接纳并施行了诸遂良的规谏。自此之后，唐太宗在位时再无皇子作恶的事情发生。

请思考：
1. 案例中诸遂良所担任的官职哪些与监察有关，职责、品秩是什么？
2. 案例中诸遂良劝谏的原则与当代中国哪种监察方法类似？
3. 案例中规谏形式的监察与当代我国监察最本质的区别是什么？

第五章
国家监察制度的发展及演变

中国共产党自诞生以来，就非常重视监察工作。中国共产党能够以星火燎原之势取得中国革命的胜利，以空前绝后的成绩创造中国发展的奇迹，监察制度功不可没。在本章中，将以时间为脉络，对新民主主义革命时期党内监察和共和国建设时期行政监察的制度设计和有效形式等进行介绍，着力描述其发展和演变的图谱。

中华人民共和国行政监察体制的发展大体分为三个阶段：1949 年 10 月 21 日至 1959 年 4 月 28 日的创建阶段、1986 年 12 月 2 日至 2004 年 9 月 6 日的恢复和重建阶段、2004 年 9 月 6 日至 2018 年 3 月 11 日的完善阶段。

第一节　新民主主义革命时期的监察制度

在新民主主义革命时期，中国共产党在艰苦卓绝的斗争中，为了凝聚党的力量，严格党的纪律，维护党的统一，贯彻党的正确路线，非常重视党内监察和行政监察。因为在新民主主义革命时期，中国共产党尚未取得国家政权，因此在这个阶段的监察以党内监察为主。

一、中国共产党成立到大革命时期（1921—1927 年）

从 1921 年中共一大召开到 1927 年大革命失败，这一时期是党的监察制度从借鉴苏俄到自我探索的重要时期。在这一阶段，监察思想的萌芽开始产生，并付诸实践，产生了中国共产党历史上第一个监察机构并初步确立了党内监察机制。

1921 年党的一大对党的纪律、党的组织结构和入党的条件等规定，体现了党内监察思想的萌发。在 1922 年党的二大时，通过了中国共产党历史上第一个章程，其中专门列出"纪律"一章，对党内的政治纪律、组织纪律和保密纪律，以及违纪处分都做出了严格规定。其具体内容有以下几个方面：强调了全党对中央、下级对上级、少数对多数必须服从的原则；明确了各级组织之间、个人与组织之间的监督问题；初步探寻了组织巡视制度。党章中明确规定"中央执行委员会得随时派员到各处召集各种形式的临时会议，此项会议应以中央特派员为主席"①。

之后，中共三大、四大，中国共产党对党章中关于党的纪律和组织等方面的内容均进行了修订，对党内监察工作进行了初步的规定和尝试，但并未设置专门的党内监察机构。

1927 年中共五大参照俄共（布）中央监察委员会设立了中共中央监察委员会。监察委员会由 7 名委员和 3 名候补委员组成。对党章进行了修改，增设"监察委员会"一章，对机构的设置、机构的职权进行了规定：监察委员会成立的目的，是为了巩固党的一致和权威；各级监察委员会由同级代表大会产生；中央、省级监察委员不得由同级党的委员兼任；中央、省级监察委员可列席中央及省级委员会议，有发言权但无表决权；监察委员有保留意见权。

二、土地革命时期（1927—1937 年）

大革命失败后，为了应对白色恐怖，发展革命力量，中国共产党调整了党内监察内容和监察机构，建立了党内巡视监察制度。

（一）监察内容的调整

这一时期，党内监察的内容调整主要包括三个方面：首先是加强纪律监察。强调了党内组织纪律尤其是保密纪律，党员必须绝对服从于党组织的领导和安排。所有违规、违纪者都要从严惩办，包括停止职务、开除党籍等。为了提高党员队伍的素质，提高了入党标准，对发展党员提出了新的要求：要有坚强的阶级觉悟、政治认识，能在党的支部工作，是斗争中的积极分子。其次是纠正党内错误思想。土地革命时期，党的工作重点从农村转移到城市，革命的环境、革命的方式出现了变化，党员队伍中农民出身的党员增加并占据多数。在这种情况下，个人主义、平均主义、非组织观点等非无产阶级思想开始出现。为了应对这种情况，党向各级组织和全体党员提出了纠正党内错误思想的任务，通过思想教育使党员的思想和党内生活政治化、科学化。再次是改造党组织。土地革命时期，为了壮大革命队伍，扩大根据地范围，党员的人数不断

---

① 中央档案馆：《中共中央文件选集》第 1 册，中共中央党校出版社 1982 年版，第 62 页。

增加，组织管理的层级和规模不断扩大。这导致党员队伍的素质降低，上下级党组织的关系不密切，党的活动不规范等。因此，加强了党的支部建设和支部工作，实现"一切工作归支部"，并全力配备支部书记。

（二）监察机构的调整

1928 年，中共六大在莫斯科召开，并修改了党章。鉴于白色恐怖下，党的各级组织受到破坏，监察委员散居各地，中共中央认为"监察委员会似已成为不必要的组织"①，因此将"监察委员会"一章删去，监察机构也未选举。取而代之，设立了中央审计委员会，对各级党委财政、会计及机关工作，尤其是党的经费使用进行监督。审计委员会仍由各级党的代表大会产生，但职权范围与监察委员会相比只限于财政、经费使用。党内纪律监察的权力，由各级党委行使。由于中央审计委员会监督的范围过于狭窄，作用有限，党的七大后，不再设立审计委员会。

为了加强纪律监察，对党内不法分子起到威慑作用，1931 年 6 月中共中央在上海设立中央特别工作委员会。1933 年 1 月，中共中央迁至瑞金苏区后，中央特别工作委员会被撤销。特别工作委员会与监察委员会相比，有四个特点：成立的目的不同，前者是处理党员违纪行为的预审机构，后者是为了严肃党的纪律并维护党的权威；权力来源不同，前者由党的委员会选举，后者由各级党员大会选举；性质不同，前者是调查违纪党员的临时机构，后者是常设的监察机构；运作方式不同，前者是党委下属的工作部门，后者与各级党委基本平行。

1927 年八七会议之后，革命的重心从城市转移到了农村，革命根据地如雨后春笋，不断被建立起来，党员队伍随之壮大。与此同时，共产国际做出了在苏区建立监察委员会的指示。为了适应新的革命形势，加强对党内的监督，1933 年 7 月，中共中央做出了《关于成立中央党务委员会及中央苏区省县监察委员会的决议》。决议指出，新机构的任务是对党章、党的决议执行情况进行监察，对各种不良倾向、官僚主义、腐败现象等进行处理。中央党务委员会在党的全国代表大会召开前是最高党纪处理机关，县监察委员会是负责受理基层党组织和党员对区委做出的决议不服的上诉复议机关。从根本上来说，中央党务委员会及省县监察委员会并没有独立于各级党委，而是各级党委下设的监

---

① 中共中央组织部、中共党史研究室、中央档案馆编：《中国共产党组织史资料（8）》，中共党史出版社 2000 年版，第 158 页。

督机关，在党委领导下展开工作。党的七大之后，中央党务委员会撤销。

（三）党内巡视制度的建立

土地革命时期，中国共产党的革命力量由一个个彼此被分割、包围的革命根据地组成。为了确保党的决议、方针、政策在各革命根据地被贯彻和落实，加强党内监督，中央建立了巡视制度，各级党的机构不定期派专员到各地发现问题、解决问题。

巡视制度的内容包括以下几个方面：选拔干部，纠正干部任用中存在的问题；通报、解释中央政策文件精神；处理突发重大事件；调查地方党组及党员，决定其委任安排；考察地方情况，指导共青团工作；检查党组领导成分及其领导方式。

巡视员的职权有以下几个方面：巡视员是中央对党组考察、指导工作的"全权代表"；列席巡视的党组织的组织会议；在获得派出党组织的授权前提下，有权改组巡视区域内的党组织；在所要指导的机关遭到破坏时，经上级机关同意可筹建新的机关；经上级党组织同意可提出解决所巡视区域内党内纠纷的意见。巡视员在当时的革命形势下，不是中央和地方的"交通员"，而是联系中央和地方的"中间组织"。

三、抗日战争及解放战争时期（1937—1949 年）

1935 年艰苦卓绝的红军长征结束，同年华北事变爆发，全国掀起了抗日救亡运动的高潮。新的革命形势下，建设一个领导全民族解放运动的政党是当务之急。

（一）中国共产党六届六中全会

抗日战争全面爆发后，加强自身建设成为中国共产党领导全民族抗战的迫切要求。针对王明违反组织纪律和张国焘叛党的事件，中国共产党对党内监察进行反思，并于 1938 年 9 月召开了扩大的六届六中全会。

会议重申了民主集中制原则，强调加强党的领导，加强党的团结，坚决反对破坏党的组织纪律的错误倾向。会议同时制定了党内法规，使监察工作走向正规。会议对监察机构的设置和产生进行了规定：党委之下设立的监察委员会由全员代表大会选举产生；拥有三年党龄以上的党员方可被选举为监察委员；监察委员会受双重领导，其决议需经当地党委批准，上级监察委员会有权改变或取消下级监察委员会的决定；各级党委成员的处分由党委或党员代表大会决定，并报上级党委批准。

监察委员会的职能主要有 5 个：监察各种党的机关、党的干部及党员的工作及对党的章程、决议执行情况；审查党的机关的各种账目；管理审查并决定对于党员违犯党章党纪的处分或取消其处分；审查并决定要求恢复党籍或重新入党者之党籍；监察党员关于破坏革命道德的行为。

（二）延安整风运动

1941 年 5 月，毛泽东在延安高级干部会议上演讲《改造我们的学习》，拉开了整风运动的大幕。整风运动是更为深刻的党内监察，是我党在党内监察上的创新之举。通过整风运动，党确立了实事求是的思想路线，全党干部思想焕然一新，全党空前地团结在一起。

整风运动的宗旨是"惩前毖后，治病救人"，其主要内容是反对主观主义以整顿学风、反对宗派主义以整顿党风、反对党八股以整顿文风。整风期间，毛泽东亲自担任中共中央总学习委员会主任，领导全党高级干部学习马克思列宁主义，先后发表了《改造我们的学习》《整顿党的作风》《反对党八股》《学习和时局》等重要著作。

延安整风运动与监察工作的任务是内在一致的，解决了党内主观主义、宗派主义、党八股等不正之风。同时，其目标与监察工作也是一致的，"惩前毖后，治病救人"同样也是监察工作的根本目标所在。并且，整风运动通过学习教育的方法，使全党保持思想的先进性，起到了预防监察的作用。

（三）中国共产党第七次全国代表大会

1945 年 4 月，中共七大第一次独立自主地制定了党章。在监察方面，深入总结了党内监察的经验教训，全面规划了党内监察的机制。

党的七大党章取消了审计委员会，党内监察机构恢复为监察委员会。党章中专设"党的监察机关"一章。党章规定："党的中央委员会认为必要时，得成立党的中央监察委员会及各地方党的监察委员会。"① 其产生方式、职责和领导方式如下：各级监察委员会由本级党的全体会议选举产生，地方选举结果需经上级批准；监察委员会负责决定或取消对党员的处分，受理党员的控诉；各级监察委员会在各级党委的指导下开展工作。

党的七大召开时，正处于抗日战争的后期，紧接着是解放战争。在这不稳

---

① 中国革命博物馆：《中国共产党党章汇编》，人民出版社 1979 年版，第 60 页。

定的外部环境下，党的监察机构并未成立，其工作主要由各级党委负责。1949年10月1日中华人民共和国成立，标志着中国新民主主义革命取得了决定性胜利。中国共产党作为执政党，开始领导全国人民进行社会主义建设。1949年11月9日，中共中央做出了《关于成立中央及各级党的纪律检查委员会的决定》，成立中央纪律检查委员会，地方纪律检查委员会也陆续建立。这表明中国共产党党内监察进入一个新的阶段，并与行政监察一道，为共和国的建设保驾护航。

第二节　创建阶段的行政监察制度

中华人民共和国成立后，在行政系统内设置了专门的监察机关，建立了行政监察制度。创建阶段的行政监察制度，经历了两个阶段。

一、行政监察制度的确立（1949—1954 年）

从1949年11月到1954年9月这段时间是我国行政监察事业的初创阶段。其主要标志是监察机构的建立、领导管理体制的确立、监察制度的制定和全国监察网络的形成。

1949年10月1日，根据相关法律、法规，在政务院下设人民监察委员会，负责监督政府机构及其公务人员履职情况。1950年，政务院批准了《人民监察委员会试行组织条例》，在全国各级政府及各部门设立监察机关，全国范围的行政监察系统初步建立。1951年，政务院通过了《各级人民政府监察委员会设置监察通讯员试行通则》，初步建立了行政监察制度。这些关于设立行政监察机关的法规和法令，使得当时全国范围内建立起了系统的监察体系。

监察系统实行双重领导，监察委员会受同级政府领导和上级监委指导。在行政关系方面，地方监委列入同级人民政府的行政机构和行政人员的编制序列；上级监察机关对下级监察机关的指导，主要就监察工作方面的政策、方针和具体业务进行指导；监察委员会的任务是保护人民和国家的利益，纠举、监察国家机关及其工作人员的不法行为；监察委员会接受社会各界对违法失职行为的控告；监察委员会监察方式包括检举、纠正、惩处、建议表扬；监察委员会对中央机关和国营企业部门及其高级工作人员的监察，需经中央人民委员会和政务院核定处理；监察委员会行使的监察权在确定监察对象有犯罪嫌疑时，则移交监察机关办理。

二、行政监察制度的调整和撤销（1954—1959年）

（一）行政监察制度的调整

1954年9月，《中华人民共和国宪法》颁布，政务院改组为国务院，人民监察委员会改组为中华人民共和国监察部。改组前后变化如下：大区监察委员会随行政大区的撤销相应撤销；县市区政府内不设监察机构；一些国务院部委的监察机构实行垂直领导。

1954年12月17日，监察部发出《关于调整地方各级监察机构及其有关事项的通知》，对地方各级监察机构的设置和职权进行调整。文件要求地方监察机构精简机构，集中力量，适度扩大地方县级以上监察机构，并加强对其干部的管理工作。对工作特别需要的县（市）政府，由上级政府派驻监察组，受上级监察机关垂直领导。

1955年10月国务院颁布《监察部关于中央和地方财经部门监察机关组织设置及对现有监察室（局、司）进行调整的方案》具体规定了需垂直领导的监察机构。铁道部、财政部和商业部下设的监察局受监察部垂直领导，重工业部、煤炭工业部、电力工业部、石油工业部、第一机械部、第二机械部、铁道部等13个部下设的监察局对所属各级监察机关实行垂直领导。

1955年11月2日，根据1954年宪法和当时国务院组织法的规定，国务院常务会议批准了《中华人民共和国组织简则》。该文件规定，监察部的任务是维护国家法纪，贯彻政策法令，保护国家财产；监察的对象是各级政府的行政部门以及国营、公私合营企业和合作社；监察机构的管理方式是地方人民政府和上级监察机关双重领导。

（二）行政监察制度的撤销（1957—1959年）

1957年，在"左"的指导思想影响下，国家的民主法律建设受到冲击和破坏，行政监察也受到波及。1958年，行政监察机关因实行"垂直领导"和推行"事先监督"，其工作受到严厉批评："垂直领导"下的监察机关脱离了同级党政机关的行政领导；"事先监督"超越了监察机关的职权范围，干预了行政部门的工作。

1959年4月，中共八届七中全会讨论了撤销监察部的问题。此后，全国人大通过了国务院提交的撤销监察部的申请，将监察工作交由有关国家机关负责，各级监察部门业务和人员并入同级党的监察委员会；重点企事业单位的监察工作，由党的中央监委派驻机构并负责。自此，党的监察组织负责全国党、政监察工作，行政监察暂时取消。

第三节　恢复重建阶段的行政监察制度

一、恢复阶段的行政监察制度（1986—1990）

1978 年党的十一届三中全会作出了工作重心转移的重大决策，全党全国的工作重心转移到了以经济建设为中心的正确轨道上来，国家的政治生活也逐渐走向正常，社会主义现代化建设、民主和法制建设被提上了议事日程。

1986 年 2 月六届人大四次会议上，有代表提议：在国务院和县级以上各级人民政府，设立国家行政监察机关。同年，经国务院提出议案，全国人大六届常务委员会批准，决定恢复国家行政监察体制，设立监察部。经筹备，到 1987 年 7 月 1 日，监察部恢复对外办公。

1987 年 8 月，国务院发出通知，要求全国县以上人民政府设立行政监察机关。到 1988 年，经各级党政机关人员补充，各级行政监察机关基本建立起来。同年 5 月，监察部在国务院下属 46 个部委设立了派驻监察局或监察专员办公室。至 1988 年年底，全国各地基本完成了县以上各级监察机关的组建工作，国务院所属部门和直属机构建立了派出监察局或监察专员办公室，所属企事业单位建立了内部监察机构。地方及县市政府也建立了监察机构，在工作需要的乡镇、街道也建立了专门的机构或派驻专职监察人员。1988 年 8 月 18 日，为了配合监察机关工作，中纪委和国务院监察部联合发出通知，要求逐步撤销省级政府部门党的纪检组，并组建行政监察机构。

1990 年 11 月 23 日，在总结以往监察经验的基础上，国务院通过了《中华人民共和国行政监察条例》（以下简称《条例》）。《条例》明确规定：监察机关是人民政府行使监察职能的专门机构，负责对国家行政机关及其工作人员和国家行政机关任命的其他人员执行国家法律、法规、政策和决议、命令的情况以及违法违纪行为进行监察。监察机关对本级人民政府和上级监察机关负责并报告工作，监察业务受上级监察机关领导。监察机关依照国家法律、法规和政策独立行使职权，不受其他行政机关、社会团体和个人的干涉。监察机关的主要职责是：监督检查国家行政机关及其工作人员和国家行政机关任命的其他人员执行国家法律、法规和政策以及决定、命令的情况；受理国家行政机关及其工作人员和国家行政机关任命的其他人员违反国家法律、法规以及违反政纪行为的检举、控告；调查处理国家行政机关及其工作人员和国家行政机关任命的其他人员违反国家法律、法规以及违反政纪的行为；受理国家行政机关工作人员和国家行政机关任命的其他人员不服从行政处分的申诉以及法律、法规规定的其他由监察机关受理的申诉。《条例》的发布实施，标志着我国行政监察工作的初步法治建设大致完成，它为加强行政监察、改善行政管理、提高行政效能、促进国家行政机关、国家公务员和国家行政机关任命的其他人员廉洁奉公、遵纪守法，提供了法律的保障。

二、重建阶段的行政监察制度（1990—2004 年）

（一）纪检、监察合署运作

1992 年 10 月，党的十四大指出，要切实加强各级党组织和纪律检查机关对党员干部的监督，强化行政监察机关的职能。行政监察机关设立后，与党的纪律检查机关并立，在诸多方面存在交叉重叠。

为了简化机构、厘清职责、提高效率，1992 年年底中共中央、国务院决定纪检、监察机关合署办公，实行一套班子两种职能。1993 年 1 月 7 日，中纪委和监察部率先完成合署运作，地方各级纪委、监察厅（局）的合署工作逐步跟进。纪检、监察合署，基于三个"有利于"的原则，即有利于中央和各级党委的统一领导，强化纪检、监察的职能；有利于国务院和各级政府对行政监察工作的指导；有利于精简机构和人员，避免不必要的职权、工作交叉。

合署办公主要针对党政机关，企业事业单位则根据自身工作需要和现实情况决定是否合署。地方各级纪检、监察机关因级别层次、工作内容等方面各有特点，因此应因地制宜，可以合署为一，也可以领导合署，机关分开，不必完全上下同构。合署后的监察部仍然属于国务院序列，接受国务院领导，对国务院负责。地方各级监察机关合署后，仍是各级政府的组成部分，继续实行由所在政府和上级纪检监察机关的双重领导体制。

纪检、监察合署后，在党中央和国务院的领导下，形成了以经济建设为中心，以人民群众的支持为依靠，以纠正不正之风、查处违法违纪、强化廉洁自律为目标的新格局。在新的格局下，纪检监察工作为改革开放抵制西方腐朽思想的侵蚀，消除腐败现象，提高政府权威，促进经济发展做出了极大贡献。

（二）《行政监察法》颁布

1997 年 5 月 9 日，第八届全国人民代表大会常务委员会通过了《中华人民共和国行政监察法》（以下简称《行政监察法》）。这部《行政监察法》是我国第一次以法律形式对行政监察的目的、监察机关的性质、监察机关的职权、监察机关的原则和工作方法进行规定。

《行政监察法》总则指出：行政监察的目的是"为了加强监察工作，保证政令畅通，维护行政纪律，促进廉政建设，改善行政管理，提高行政效能"；监察机关的性质是"人民政府行使监察职能的机关，依照本法对国家行政机关、国家公务员和国家行政机关任命的其他人员实施监察"；监察机关的职权是"监察机关依法行使职权，不受其他行政部门、社会团体和个人的干涉"；监察机关的工作原则和工作方法是"监察工作必须坚持实事求是，重证据、重调查研究，在适用法律和行政纪律上人人平等"，"监察工作应当实行教育与惩处相结合、监督检查与改进工作相结合"，"监察工作应当依靠群众"。

《行政监察法》对监察机关和监察人员、监察机关的职责、监察机关的权限、监察程序和法律责任进行了具体规定。

《行政监察法》第二章对监察机关和监察人员进行了相关规定：中央监察机关主管全国的监察工作，县级以上地方各级监察机关负责本行政区域内监察工作并施行双重领导；地方监察机关经本级政府同意，可向政府所属部门派出监察机构或监察人员，派出的监察机构或人员，对派出的监察机关负责并报告工作；对监察人员的素质、业务能力、任免和回避原则进行了规定，监察人员依法执行职务受法律保护，并受监察机关监督。

《行政监察法》第三章对监察机关的监察对象和监察范围进行了规定：国家监察机关对国务院各部门及其国家公务员、国务院及其各部门任免的其他人员、省（自治区、直辖市）人民政府及其领导人员进行监察；地方监察机关对本级人民政府各部门及其国家公务员、本级人民政府及其各部门任免的其他人员、下一级人民政府及其领导人员进行监察；上级监察机关可办理下级监察机关管辖范围内的监察事项，监察机关之间对监察范围存在的争议由共同的上级监察机关确定。

监察机关在行使监察职责时，履行以下职责：检查国家行政机关在遵守和执行法律、法规和人民政府的决定、命令中的问题；受理对国家行政机关、国家公务员和国家行政机关任命的其他人员违反行政纪律行为的控告、检举；调查处理国家行政机关、国家公务员和国家行政机关任命的其他人员违反行政纪律的行为；受理国家公务员和国家行政机关任命的其他人员不服主管行政机关给予行政处分决定的申诉，以及法律、行政法规规定的其他由监察机关受理的申诉；法律、行政法规规定由监察机关履行的其他职责。

《行政监察法》第四章对监察机关的权限进行了规定：1. 检查权，包括查阅和复印材料、要求解释和说明问题、责令停止违法违纪行为。2. 调查权，包括暂予扣留、封存与案件有关的材料，责令涉嫌单位和涉嫌人员保全与案件有关的财务，责令有违反行政纪律嫌疑的人员在指定时间、地点解释和说明问题，建议暂停有严重违反行政纪律嫌疑的人员职务，查询案件涉嫌单位和涉嫌人员在金融机构的存款和提请法院予以冻结。3. 建议权，在监察机关检查、调查的基础上，就一定的事项向被监察部门和人员或者有处理权的有关机关提出处理问题改进工作的建议。4. 决定权，对违反行政纪律的，依法给予警告、记过、记大过、降职、撤职、开除；对违反行政纪律取得的财务，依法没收、追缴或责令退偿。并且，监察机关的领导人员可以列席本级人民政府的有关会议，监察人员可以列席被监察部门的与监察事项有关的会议。监察机关对控告、检举重大违法违纪行为的有功人员，可以依照有关规定给予奖励。

《行政监察法》第五章对行政监察过程中例行监察和对违反行政纪律进行调查的程序进行了规定；对立案调查的案件办案程序、办案期限和撤销进行了规定；对监察机关作出监察建议和监察决定的程序、送达方式、接受反馈进行了规定；对不同级别监察机关作出的监察决定、监察建议的权限以及对监察决定、监察建议的复议、复核程序进行规定；对超出监察机关职权范围的案件的处理程序进行规定。

《行政监察法》第六章对行政监察主体和客体的法律责任进行规定。被监察的部门和人员，存在下列任一情况，由主管机关或者监察机关责令改正并对部门给予通报批评，对负有直接责任的主管人员和其他直接责任人员依法给予行政处分：隐瞒事实真相、出具伪证或者隐匿、转移、篡改、毁灭证据的；故意拖延或者拒绝提供与监察事项有关的文件、资料、财务账目及其他有关材料和其他必要情况的；在调查期间变卖、转移涉嫌财物的，拒绝就监察机关所提问题作出解释和说明的；拒不执行监察决定或者无正当理由拒不采纳监察建议的；有其他违反本法规定的行为，情节严重的。另外，对申诉人、控告人、检举人或者监察人员进行报复陷害的，依法给予行政处分；构成犯罪的，依法追究刑事责任。为了防止监察权的滥用，对监察权进行了制约，监察人员滥用职权、徇私舞弊、玩忽职守、泄露秘密的，依法给予行政处分；构成犯罪的，依法追究刑事责任。监察机关和监察人员违法行使职权，侵犯公民、法人和其他组织的合法权益，造成损害的，应当依法赔偿。

第四节　完善阶段的行政监察制度

行政监察制度恢复、重建之后，在维护政府廉洁、保证政令畅通、促进勤政高效等方面起到了重要的作用。进入 21 世纪之后，随着经济社会发展带来的巨大变革对行政监察提出了新的要求。为了应对这种要求，国务院于 2004 年出台了《中华人民共和国行政监察法实施条例》，全国人大常委会于 2010 年对《中华人民共和国行政监察法》进行了修订，这均使我国的行政监察制度更能适应社会发展，更趋于完善。

一、行政监察体制的初步完善（2004—2010 年）

2004 年 9 月 6 日，国务院第 63 次常务会议审议并通过了《中华人民共和国行政监察法实施条例》（以下简称《条例》），共五章四十四条，并于 2004 年 10 月 1 日起施行。《条例》对 1997 年颁布的《中华人民共和国行政监察法》中关于派出机构和监察人员、监察机关的权限、监察程序进行了阐释说明。

《条例》扩大了监察的对象，明确了保密制度、特聘监察员和经费预算的设置。条例在总则中规定，《中华人民共和国行政监察法》和《条例》的适用对象是指国家行政机关和法律、法规授权的具有管理公共事务职能的组织以及国家行政机关依法委托的组织及其工勤人员以外的工作人员；《中华人民共和国行政监察法》第二条所称"国家行政机关任命的其他人员"，是指企业、事业单位、社会团体中由国家行政机关以委任、派遣等形式任命的人员；建立举报保密制度，严禁向被举报单位、被举报人泄露举报人的信息，并对检举重大违法违纪行为的有功人员可以给予奖励；监察机关根据工作需要，可以在国家行政机关、企业、事业单位、社会团体中聘请特邀监察员；监察机关履行职责所必需的经费，列入本级财政预算。

《条例》对派出的监察机构和监察人员的管理、职责和权限进行了规定。《条例》第二章中规定：监察机关派出的监察机构或者监察人员对派出它的监察机关负责并报告工作，并由派出它的监察机关实行统一管理；派出的监察机构和监察人员应履行的职责包括检查工作、受理检举和控告、调查违反行政纪律的行为、受理申诉、督促被监察部门建立廉政勤政等规章以及其他派遣它的监察机关交办的事项；派出的监察机构或者监察人员行使与派出它的监察机关相同的权限。

《条例》对监察机关在监察过程中监察材料、追缴财务、获得其他部门协助以及监察决定等方面的权限进行了阐释和规定。《条例》第三章规定：监察机关为履行职责，有权要求被监察的部门和人员全面、如实地提供与监察事项有关的文件、资料、财务账目以及其他有关的材料；与案件有关的财物，监察机关有权责令案件涉嫌单位和涉嫌人员在调查期间妥善保管，不得毁损、变卖、转移；对暂停职务的情形和作出暂停职务决定的有关部门进行了明确；对监察机关在履行监察职能过程中需要其他部门协助的情形进行了规定；对监察机关作出监察决定的情形、程序及处理存在异议的监察决定的程序进行了规定。

《条例》对监察机关确定监察事项、调查取证、作出监察决定和监察建议、接受申诉、变更或撤销监察决定或建议这一系列程序进行了阐释和说明。在《条例》第四章中，行政监察的检查事项，由监察机关根据本级人民政府或者上级监察机关的部署和要求以及工作需要确定，并对"重大监察事项"、"重要、复杂案件"进行了说明；对监察机关立案调查、调查取证、回避、调查时限和终止调查的程序进行了说明；对"重要监察决定"、"重要监察建议"的概念进行阐释，并对做出监察决定、监察建议以及申诉的程序进行了规定；对移交案件的程序进行规定，监察机关移送案件，应当制作移送案件通知书。

二、行政监察体制的最终完善（2010—2018 年）

2010 年 6 月 25 日，第十一届全国人民代表大会常务委员会第十五次会议通过《全国人民代表大会常务委员会关于修改〈中华人民共和国行政监察法〉的决定》，修改后的《中华人民共和国行政监察法》自 2010 年 10 月 1 日起施行。这是我国《中华人民共和国行政监察法》的第一次修改，修改的内容主要体现在四个方面：明确行政监察的对象；为检举、举报者撑起保护伞；纠风工作法制化；理顺监察管理体系。

明确行政监察的对象，扩大了监察对象的范围。在此次修改中，"行政处分"修改为"处分"，第十五条、第十六条中的"国家公务员"修改为"公务员"，第三十七条中的"国家公务员"修改为"国家行政机关公务员"。这意味着，行政监察的对象不再局限于行政系统内部，对于中国共产党、人大、政协机关、检察机关、民主党派，行政监察部门同样具有监察职权。增加一条，作为第五十条："监察机关对法律、法规授权的具有公共事务管理职能的组织及其从事公务的人员和国家行政机关依法委托从事公共事务管理活动的组织及其从事公务的人员实施监察，适用本法。"这项条款的增加，将不在国家机关序列但涉及公共事务管理的组织也纳入行政监察的范围中来。

为检举、举报者撑起保护伞，保护其合法权益和人身安全。将第六条修改为："监察工作应当依靠群众。监察机关建立举报制度，公民、法人或者其他组织对于任何国家行政机关及其公务员和国家行政机关任命的其他人员的违反行政纪律行为，有权向监察机关提出控告或者检举。监察机关应当受理举报并依法调查处理；对实名举报的，应当将处理结果等情况予以回复。"该条修改，扩大了举报人的范围，将法人和其他组织纳入进来。明确了监察机关必须受理举报并调查处理，特别强调了对于实名举报的案件应当予以回复。增加一款，作为第二款："监察机关应当对举报事项、举报受理情况以及与举报人相关的信息予以保密，保护举报人的合法权益，具体办法由国务院规定。"此外，增加一条，作为第四十六条："泄露举报事项、举报受理情况以及与举报人相关的信息的，依法给予处分；构成犯罪的，依法追究刑事责任。"以法律形式对举报人的合法权益进行保护，并对泄露举报事项、举报受理情况以及举报人信息的单位或个人予以严惩。

纠风工作法制化。将第十八条修改为"监察机关对监察对象执法、廉政、效能情况进行监察"，并增加一款，作为第二款："监察机关按照国务院的规定，组织协调、检查指导政务公开工作和纠正损害群众利益的不正之风工作。"这项修改表明，监察工作的内容，已经不仅仅局限于对监察对象工作是否遵守法律、法规、命令等，效能、工作作风等更深层次的内容已经被纳入。

理顺监察管理体系。对监察法第八条第二款进行了修改，修改为："监察机关派出的监察机构或者监察人员，对监察机关负责并报告工作。监察机关对派出的监察机构和监察人员实行统一管理，对派出的监察人员实行交流制度。"这强调了对派出的监察机构和监察人员的统一管理，并实行交流制度，保证了派出的监察人员公正客观、不受外部因素干扰，确保监察工作的顺利进行。将第二十二条修改为："监察机关在办理违反行政纪律案件中，可以提请有关行政部门、机构予以协助。"并增加一款，作为第二款："被提请协助的行政部门、机构应当根据监察机关提请协助办理的事项和要求，在职权范围内予以协助。"这扩大了参与协助的部门范围，从原有的"公安、审计、税务、海关、工商行政管理等机关"扩大到所有相关行政部门或机构，并规定被提请协助的行政部门、机构需要在职权范围内予以协助。此外，首次规定行政监察的信息公开，增加一条作为第二十七条："监察机关应当依法公开监察工作信息。"

《中华人民共和国行政监察法实施条例》的颁布和《中华人民共和国行政监察法》的修订，是党和国家与时俱进，健全行政监察工作的重要举措。这一时期的监察制度，承上启下，在不断完善行政监察工作的同时，为国家监察的发展奠定了坚实基础。

☞ 本章小结

新民主主义革命时期，中国共产党的监察工作以党内监察为主。在这一时期，为了增强党的凝聚力、向心力和战斗力，中国共产党构建了党内监察机制，创建了党内监察机构，为中国革命的胜利奠定了基础。这一时期的监察工作，重点在党的纪律、党的领导方式、党员的标准、党员的作风和党的经费使用等。监察方式既有常态化的监察、党内巡视制度，又有如"延安整风"这种全党学习的浪潮。并且，监察工作的部署并不是一成不变的，而是随着革命形势和外部环境的变化进行适时调整，在不同时期各有侧重，走出了一条符合中国革命实际的监察道路，为中华人民共和国成立后行政监察发展提供了借鉴和指引。

中华人民共和国的监察制度，行政监察和党内监察是并举的，本章着重介绍了中华人民共和国的行政监察体制。中华人民共和国行政监察体制的发展大体分为三个阶段：1949 年 10 月 21 日至 1959 年 4 月 28 日的创建阶段、1986 年 12 月 2 日至 2004 年 9 月 6 日的恢复和重建阶段、2004 年 9 月 6 日至 2018 年 3 月 11 日的完善阶段。在发展和演变的过程中，确立了明确的监察对象和监察权限，同时形成了有中国特色的纪检、监察合署办公的体制，并对行政监察的相关法律法规进行修订，这为之后国家监察体制的确立奠定了基础。

2017 年 1 月 19 日，中央政治局常委、中央纪委书记王岐山在十八届中央纪委七次全会的报告中指出，将在十三届全国人大一次会议审议通过国家监察法、设立中华人民共和国国家监察委员会。2018 年 3 月 11 日，第十三届全国人民代表大会第一次会议通过《中华人民共和国宪法修正案》，在"国家机构"中增加一节"监察委员会"，设置中央和地方监察委员会，并对其地位、编制、职权等进行规定。中华人民共和国监察委员会是国家最高监察机关，负责全国监察工作，领导地方各级监察委员会的工作。中华人民共和国监察委员会由全国人民代表大会产生，对全国人民代表大会及其常委会负责，并接受监督。自此，我国的行政监察进入了国家监察的新阶段。

☞ **关键术语**

中央监察委员会；中央审计委员会；党内巡视制度；延安整风；纪检监察合署

☞ **练习与思考题**

1. 土地革命时期，党内监察工作的机构、内容变动有哪些？
2. 土地革命时期，巡视制度的内容和职权有哪些？
3. 简述新民主主义革命时期监察制度的演变历程。
4. 简述中华人民共和国行政监察体制的演变历程。

☞ **案例**

中国改革开放腐败第一案
——王仲走私腐败案

王仲 1927 年生于天津蓟县一个贫农家庭，1949 年加入中国人民解放军，同年加入中国共产党。1976 年起历任海丰县委副书记、书记、县革委会主任等职，1981 年调任汕头政法委员会副主任。改革开放初期，在经济大潮的冲击下，王仲迷失了党性，人生发生了重大转折。

海丰毗邻港澳，赴港澳谋生者达三十万人之众。改革开放后，两地社会、经济往来密切，往返两地探亲的人员日益增多。1979 年红草公社一广播员欲赴港探望父母亲，希望早日获得审批。在经人介绍认识王仲后，多次去王仲家中嘘寒问暖，在发现王仲家中缺少电视机后，广播员用一台十七英寸的黑白电视换取了早日赴港的机会。此后，类似通过向王仲行贿获得早日赴港机会的事情时有发生。

1980 年 7 月至 8 月间，海丰严打走私，查获赃物在汕尾镇堆积如山。本在"养病"的王仲"病中惊坐起"，多次赴汕尾镇视察。在此期间，王仲在缉私仓库为所欲为，各种生活用品和奢侈品都被其收入囊中。"上有所好，下必甚焉"，王仲带头侵吞缉私物资，败坏了党纪国法，一批干部腐化堕落，缉私人员知法犯法，走私活动日益猖獗。

王仲为了方便自己窃取缉私赃物,将家属子女安排到重要的政法岗位。其妻子原本不符合重新安排工作的政策,王仲先是将其安排在海丰县文化局,后又将其调到汕头民政部门。王仲子女凭借其权力,都被安排到政法部门。就这样,王仲一家形成了一条抢私、藏私、贩私的利益链条。

1980年3月,王仲东窗事发,被要求停职交代问题。王仲得知消息后,企图对抗组织调查,多次召开家庭会议,串供并转移赃物,企图以"牢固"的家庭关系顽抗到底。王仲案受到时任中央纪委第一书记陈云的极大关注,多次听取案情汇报并先后派一百多人次调查此案。面对其他人的求情,陈云认为在改革开放的关键时期,为了改革开放的大局和人民群众的信任,应严格按照党纪国法处理王仲。后经办案人员调查,王仲共贪污赃物价值1.9万元,赃款4.5万元且分散于不同人名不同储蓄所。这些赃物赃款的价值,在当时相当于一个普通干部100年的工资收入。后经汕头中级人民法院判决,判处王仲死刑,剥夺政治权利终身。王仲不服,提出上诉,经广东省高级人民法院终审判决,驳回上诉,维持原判,并报经最高人民法院核准。1983年1月18日,汕头举行1.7万人参加的宣判大会,会后将罪犯王仲押赴刑场,执行枪决。

(资料来源:高伟:《利剑高悬——建党以来十大腐败案件剖析》,中国方正出版社2013年版)

请思考:

1. 结合案例,王仲在本案中违法违规行为有哪些?
2. 结合案例,简述处理该案件的程序有哪些?
3. 结合案例与历史背景,简述监察工作恢复重建的必要性。

第六章

国家监察组织

国家监察组织是国家监察体制的重要组成部分，各级监察委员会是行使国家监察职能的专责机关。监察机关依照宪法赋予的权力，对所有行使公权力的公职人员（以下称公职人员）进行监察①，以促进公职人员廉洁、高效工作和保证国家行政目标的实现。本章主要分析国家监察组织的性质、特征，以及监察组织的领导管理体制和原则，研究监察组织的设置和管辖。

第一节　国家监察组织概述

一、国家监察组织的性质及其特点

（一）国家监察组织性质

我国宪法规定，国家监察委员会对全国人民代表大会和全国人民代表大会常务委员会负责②，县级以上地方各级人民代表大会常务委员会监督本级行政区域内监察委员会的工作③。由此表明，监察工作应在全国人民代表大会及地方各级人民代表大会的领导和管理下进行。另外，《中华人民共和国监察法》（以下称《国家监察法》）第三条规定，"各级监察委员会是行使国家监察职能的专责机关"，监察委员会不是行政机关、司法机关，而是实现党和国家自我监督的政治机关，其实质是党领导下的反腐败工作机构。④ 监察委员会依法

---

① 《中华人民共和国监察法》第三条。
② 《中华人民共和国宪法》第一百二十六条。
③ 《中华人民共和国宪法》第一百零四条。
④ 范进学、张玲玲：《国家监察体制改革的宪法问题》，《学习与探索》2019 年第 2 期。

行使的监察权，不是行政监察、反贪反渎、预防腐败职能的简单叠加，而是在党直接领导下，代表党和国家对所有行使公权力的公职人员进行监督，既调查职务违法行为，又调查职务犯罪行为，依托纪检、拓展监察、衔接司法，实际上是新的拓展、新的开创，实现了"一加一大于二、等于三"，监督对象和内容多出了一块，有新内容，是新创举，与司法机关的职权、性质有着根本不同。①

为了保证国家监察职能能够有效实施，国家在地方各级设立监察委员会，作为各级人民代表大会专司监察工作的职能部门。在各级人民代表大会的统一领导下，依法对公职人员执行法律法规、政策以及决定和命令等情况以及违法违纪行为进行监察，以改善和加强公职人员的管理，提高工作效能，推进廉政建设，保障社会主义建设事业的顺利进行。

（二）国家监察组织的特点

国家监察机关与其他国家机关相比，有其自身独具的特点：

1. 国家监察机关是国家机构的重要组成部分。国家监察机关由人民代表大会产生，受其领导并接受其监督。② 而监察委员会与党的纪律检查委员会合署办公，形成了以党领导为首行使国家监督与监察的工作。一方面，监察委员会由人大产生赋予其法律形象，另一方面，是在党的领导下所产生的政治形象。国家监察机关在党和人大的双重领导下行使自身的监察权，由此可见，国家监察机关的地位与其他国家机关相比有着本质的区别。

2. 国家监察机关在行使国家权力时具有专门性和独立性，这一特征与其他的国家机关有着明显的不同。国家监察机关是行使国家监察职能的专责机关，而纪委是党内监督的专责机关，两者的职能相互对应。国家监察机构行使的是调查权，不同于侦查权；监察的对象是国家行使公权力的所有人，而不是普通的刑事犯罪嫌疑人；调查的内容是职务违法和职务犯罪，而不是一般刑事犯罪行为。③

3. 监察机关是对其他国家机关进行控制与制约的监督部门，其监督检查

---

① 中央纪委国家监委法规室：《〈中华人民共和国监察法〉释义》，中国方正出版社2018年版，第61～64页。

② 《中华人民共和国监察法》第八条、第九条。

③ 刘艳红：《职务犯罪案件非法证据的审查与排除——以〈监察法〉与〈刑事诉讼法〉之衔接为背景》，《法学评论》2019年第1期。

的内容还覆盖了其他国家机关的各项管理活动。除了国家公务员法所规定的国家公职人员之外，还包括以下五大类：一是由法律授权或者由政府委托来行使公共事务职权的公务人员；二是国有企业的管理人员；三是公办的教育、科研、文化、医疗、体育事业单位的管理人员；四是基层群众性自治组织中的管理人员；五是其他依法履行公职的人员。① 国家监察的全覆盖，必然要求国家监察机关及其工作人员不断提高监察管理专业化的程度和宏观管理水平。相应地，也要求提高自身的专业知识和综合管理能力，才能对其他国家机关及其工作人员有效地实施监督。所以，监察机关及其工作人员有效的综合管理能力，是监察机构应具备的又一显著特点。

二、国家监察组织的领导管理体制

国家监察领导管理体制，是国家监察机关在履行监察职能时所涉及横向与纵向之间的领导关系。其核心问题是如何处理同级人民代表大会与监察委员会体系内部的两种不同领导关系。根据国家监察机关的性质和特点，确保监察机关依法独立行使职权，充分发挥监察机关在监督管理工作中的积极有效的作用，我国国家监察机关建立了符合自身特点的双重领导管理制度。

（一）国家监察机关实行双重领导管理体制

我国监察机关实行双重领导管理体制，是指全国人民代表大会产生的国家监察委员会，县以上地方各级人民代表大会产生相应的地方监察委员会。《国家监察法》第八条规定："国家监察委员会由全国人民代表大会产生，负责全国监察工作。"地方各级监察委员会对本级人民代表大会及其常务委员会和上一级监察委员会负责，并接受其监督。② 国家监察委员会领导地方各级监察委员会的工作，上级监察委员会领导下级监察委员会的工作。③

（二）双重领导管理体制的内容

1. 地方各级人民代表大会对监察委员会的领导

地方各级人民代表大会是各级监察委员会产生的权力机关，监察委员会依

---

① 《中华人民共和国监察法》第十五条。
② 《中华人民共和国监察法》第九条。
③ 《中华人民共和国监察法》第十条。

照法律规定独立性行使监察权，不受行政机关、社会团体和个人的干涉。① 由此决定了国家监察机关是在各级人民代表大会的领导下开展工作，各级监察委员会应当接受本级人民代表大会及其常务委员会的监督。② 人民代表大会对监察机关的领导主要体现在以下几个方面：听取和审议专项工作报告、组织执法检查、就监察工作中的有关问题提出询问或者质询等。

2. 上级监察委员会对下级监察委员会的领导

《国家监察法》规定，中华人民共和国国家监察委员会是最高监察机关。省、自治区、直辖市、自治州、县、自治县、市、市辖区设立监察委员会。③ 地方各级监察委员会负责本行政区域内的监察工作，除了依法履行自身的监督、调查、处置职责外，还应对本行政区域内下级监察委员会的工作实行监督和业务领导。④ 这样有利于全国监察工作的统一部署，对于监察工作的统一步调、统一执纪有着积极的作用。同时，有利于贯彻党中央反腐倡廉的领导要求，对推进我国治理体系与治理能力现代化有着重要意义。

根据党的十八届三中全会通过的《中共中央关于全面深化改革若干重大问题的决定》精神，监察机关的重要监察事项，如重要案情，重要的检举、控告，重要案件的立案，重要执法检查项目的立项，在报告本级人民代表大会的同时，必须向上级监察机关报告或备案。上级监察机关对下级监察机关的领导，一方面可以避免地方保护主义对监察机关执纪办案的干扰，另一方面有利于加强上级监察机关对下级监察机关履行监察职责的情况的监督。

随着廉政建设和反腐败斗争的深入发展，迫切需要加强上级监察机关对下级监察机关的业务领导，这就要求监察工作在实践中进行调查研究，不断总结经验，完善上级监察机关对下级监察机关领导的有关制度，丰富领导的内容，切实履行《国家监察法》规定的"上级监察委员会领导下级监察委员会的工作"的职责。

三、国家监察组织与其他监督部门的关系

《国家监察法》的颁布，赋予了国家监察机关党纪反腐、政务反腐、刑事

---

① 《中华人民共和国宪法》第一百二十七条。

② 《中华人民共和国监察法》第五十三条。

③ 《中华人民共和国监察法》第七条。

④ 中央纪委国家监委法规室：《〈中华人民共和国监察法〉释义》，中国方正出版社2018年版，第83~86页。

反腐、预防腐败和反腐败国际司法协助五大职能,它具有监督和检查所有行使公权力人员的行为是否符合国家的法律、法规和政策的权力。这些规定,从性质上把监察机关与其他监督部门的监督方式和监督职能区别开来,是对新时期国家监督体系进一步的补充、完善和强化。国家监察机关同纪检机关、司法机关、业务监督部门的任务、职责既有联系和相同点,又有显著区别。它们的工作目的都是为了巩固安定团结、维护社会稳定,以利于社会主义建设事业。但其工作对象、范围和各自的活动方式、工作手段、工作性质都各有不同,它们分别是执行党纪、政纪、法律法规的专门机构。

(一)国家监察机关与纪检机关的关系

为全面深化改革,国家监察机关与党的纪律监察机关合署办公实行两大原则:一是坚持"业务上以监察委员会为主",二是实行"有分有合"的工作机制。①

1. 坚持"业务上以监察委员会为主"。首先,国家监察委员会与党的纪律检查委员会的合并,将原来隶属于行政内部的党的纪律委员会提高到国家的权力机关的层面,其地位和职权有着极大的强化。其次,党的纪律检查委员会的监督对象仅限于中国共产党党员,行政监察对象仅限于国家行政机关工作人员,而国家监察是对所有行使公权力的公职人员进行检查监督。再次,监察委员会的监督属于国家法律层面,涉及立法、执法、司法各个领域,而党的纪律检查委员会监督则属于党内监督,其监督与国家监察委员会相比,对法律实施的影响较小。

2. 实行"有分有合"的工作机制。所谓"分"是指"在党的统一领导下实行'双向负责,各司其职'";所谓"合"是指办公上的合作、业务上的合作、信息的共享等。既要充分发挥纪委的党内监督作用,又要保证国家监察机关依法独立行使职权。

(二)国家监察机关与国家司法机关的关系

国家监察体制的改革,最大的亮点是将检察机关行使的反贪、反渎与职务犯罪侦查权"转隶"到监察机关,整合行政监察、预防腐败与职务犯罪侦查

① 李红勃:《迈向监察委员会:权力监督中国模式的法治化转型》,《法学评论》2017年第3期。

等职权后建立起来的监察委员会，其行使的监察权是党纪、政务和刑事监督合二为一。[①] 对于需要追究法律责任的，移送司法机关依法处理；人民法院审理的案件，需要给予监察对象政纪处分的，移交监察机关处理。在案件查处过程中，如查出监察对象不但违反了政纪，而且触犯了刑律，监察机关就应同司法机关密切配合，弄清案件的事实和性质，然后按照政纪和国家法律法规分别做出处理和判决。在实际工作中，有些触犯刑律的案件，开始由监察机关立案调查，在弄清案件性质后再由司法机关立案侦察，依法做出判决。

（三）监察机关与其他业务监督部门的关系

其他业务监督部门，主要有审计、工商、税务、物价、海关、安全技术鉴定、环境保护等业务监督部门，这些部门都从不同的角度履行各自的监督职能。从广义讲，这些业务监督部门都属于行政监督的范畴，具有监督管理职能，在实际工作中，监察机关与各业务监督部门要互相配合，加强协作。监察机关与审计等其他业务监督部门的分工，不是工作范围的分工，而是工作层次的分工。监察机关所实施的是对监督者的综合监督，因此，监察机关要处理好同其他业务监督部门的关系，不要干预业务监督部门日常职责范围的业务工作，但对带倾向性的问题，监察机关可以同业务监督部门一起调查，也可以单独调查。对专业性强的案件，监察机关应主动听取业务部门和专家的意见，同业务监督部门共同履行监督管理职能。

第二节　现行国家监察组织的机构设置

一、国家监察组织机构设置的法律依据和有关规定

（一）国家监察组织机构设置的法律依据

2018 年《中华人民共和国宪法》（以下简称《宪法》）修正案的颁布，确立了监察委员会作为国家权力机关的法律地位。《国家监察法》第三条规定："各级监察委员会是行使国家监察职能的专责机关，依照本法对所有行使

---

① 范进学、张玲玲：《国家监察体制改革的宪法问题》，《学习与探索》2019 年第 2期。

公权力的公职人员进行监察，调查职务违法和职务犯罪，开展廉政建设和反腐败工作，维护宪法和法律的尊严。"可见，《宪法》是国家监察机关设置的根本法律渊源，《国家监察法》是《宪法》国家监察条款的法律延伸，是国家监察机关机构设置的具体法律依据。

（二）监察组织机构设置的有关规定

《宪法》赋予了国家监察机关设立的法律依据和保障，任何组织和个人非经法律程序不得随意撤销、合并监察机关。《国家监察法》规定：国家监察委员会负责全国监察工作①，地方各级监察委员会由本级人民代表大会产生，负责本行政区域内的监察工作②。国家监察委员会领导地方各级监察委员会的工作，上级监察委员会领导下级监察委员会的工作③。

条文中涉及监察机关组织机构设置的规定主要有两个含义：

1. 我国监察机关依照宪法对我国行政区域的划分，从中央到地方建立中央、省、市（地）、县四级纵向关系，这是国家监察系统各层级之间所建立的相互关系的构成形式。监察机关的最高层级是国家监察委员会，负责制定监察工作的总目标及其方针、政策、规定、条例等；省、自治区、直辖市级监察机关，负责制定具体监察目标，执行国家监察委员会的决策、命令，协调指挥下级监察机关的工作；地级市监察机关负责贯彻执行上级监察机关的方针、决策、决定，组织协调和指挥本区域范围的工作等；县级基层监察机关则根据监察工作的方针、政策、任务，因地制宜地开展工作，负责监察计划、任务的落实。国家监察委员会派驻国务院下属的各部委中的监察机关，主要是负责部委机关中的监察工作，这类监察机关和分布在全国各地的直属企业、事业单位内部的监察组织，是国家监察机关的重要组成部分，负责完成基层监察机关的监察任务。

2. 在国家权力机关中每个层级所管辖范围内，按工作区域或者按部门和行业设立监察机关。从目前各级监察机关的机构设置来看，省级监察机关的组织形式是省级人民代表大会所产生的监察委员会。这样的组织结构，可根据各地各部门的实际情况，更好地执行上级决策，履行监察职责，实现工作目标，发挥监察职能。如果各个监察组织分工明确，协调配合，互相支持，则可实现

---

① 《中华人民共和国监察法》第八条。
② 《中华人民共和国监察法》第九条。
③ 《中华人民共和国监察法》第十条。

有效监督。但分设的横向机构，必须注意两个问题：一是全局观念。按照行政区域划分建立的监察机构，易产生地域观念，甚至不顾整体利益，搞地方保护主义，因而必须特别强调全局观念，以保证整体监察目标的实现。二是机构设置要从实际出发，每个层级监察组织机构的设置要根据实际工作的需要，从本地区的实际出发，以充分发挥组织作用为原则。

（三）国家监察的组织体系

所谓国家监察的组织体系，是指为了实现共同目标，完成共同任务，按照一定规则程序排列组合开展工作的整体。一般情况下，每个监察组织，其内部机构大体由若干业务职能机构和辅助职能机构组成，其中业务职能机构包括举报和申诉的受理、监督检查、调查处理、宣传教育等直接履行监察专业职能的机关。辅助职能机关包括承担调查研究、文书档案、财务、后勤管理等工作的职能机关。

同其他行政组织一样，不同层次的监察组织体系，其内部机构的组成可以不同，但就其基本功能而言，都应具有决策指挥系统、执行系统、信息系统和参谋咨询系统等。

决策指挥系统是监察组织体系的司令部。决策机构必须掌握监察工作全局，负责统一领导和指挥监察机构内各部门的工作，是整个监察活动的中枢与指挥中心，对监察组织来说，是至关重要的机构。

执行系统是按监察职责分工设置的若干职能机构，是监察机关中具体实施监察业务工作的部门。执行机构负责所辖监察业务范围内的事务，进行专门性问题的处理，实现监察组织目标，组织实施决策、命令、决定，以及制定具体措施，完成监察任务，并向决策指挥系统提供情况和反映意见。

信息系统是协助指挥系统进行决策和领导的综合业务部门，其主要任务是获取与处理信息，其中包括在监察系统内部沟通上下信息，传递上级文件、知识、会议精神和下级的计划、总结、请示、统计报表等；围绕中心工作，为实现监察工作的总目标，有目的地开展调查研究，获取第一手信息资料；通过受理举报、申诉、执法检查，直接向群众查访等方法，捕捉案件信息，掌握违法违纪案件线索等。

咨询参谋系统是为了促进监察工作的决策科学化，在各级监察机关设立的咨询机构。它的作用，一是为各级监察机关提供咨询，通过调查研究，为工作决策提供意见、方案、信息，并对决策进行论证，有利于监察机关做出正确决策。二是对监察机关的工作实施监督，有利于监察机关依法监察，正确执行监察工作的方针、政策。三是为群众提供监察工作的咨询服务，沟通监察机关同人民群众的联系。为了真正发挥咨询参谋机构的作用，通常由监察机关聘任政策水平高，坚持原则，秉公办事，热爱监察工作的人员参加咨询工作。

二、现行国家监察组织的设置

（一）我国现行监察组织的设置——国家监察委员会

2018 年 3 月 20 日，十三届全国人大第一次会议审议通过了《中华人民共和国监察法》，设立国家监察委员会，标志着中国特色国家监察体制的形成。中央纪委国家监委组织机构包括：内设职能部门、直属单位和派驻纪检监察组。内设职能部门具体为：办公厅、组织部、宣传部、研究室、法规室、党风政风监督室、信访室、中央巡视工作领导小组办公室、案件监督管理室、第一监督检查室至第十一监督检查室、第十二审查调查室至第十六审查调查室、案件审理室、纪检监察干部监督室、国际合作局、机关事务管理局、机关党委、离退休干部局等 31 个厅、室、局。

（二）地方各级人民政府监察组织

地方各级监察组织是指省、自治区、直辖市的监察委，设区的市、自治州、盟的监察委和县、自治县、不设区的市、市辖区的监察委三级。①

1. 地方各级监察组织内部机构的设置

省、自治区、直辖市的监察委机关内部一般设有办公厅、组织部、宣传部、研究室、党风政风监督室、信访室、案件监督管理室、审查调查协调指挥室、监督监察室、审查调查室、案件审理室、纪检监察干部监督室、信息技术保障室、机关党委、离退休工作办公室等内部职能机构。②

市、盟、自治州的监察委机关内部一般设有办公室、组织部、宣传部、研究室、党风政风监督室、信访室、案件监督管理室、案件审理室、监督监察室、干部室、机关党委等内部职能机构。

县、县级市、旗、市辖区的监察委机关内部一般设有办公室、纪检监察室、监督监察室、案件审理室、信访室（举报中心）、机关党委等内部职能

---

① 《中华人民共和国监察法》第七条。
② 中央纪委国家监委网站，http://www.ccdi.gov.cn/xxgk/zzjg/201905/t20190505_193379.html。

机构。

各地方根据自身情况进行调整，内部机构设置不搞统一模式，不要求上下对口。

2. 监察组织内部职能机构的主要职责

办公厅（室）：负责机关日常运转工作；筹备组织重要会议、活动；组织起草中央纪委国家监委有关文件文稿；督促检查有关工作部署的落实情况等。

研究室：负责纪检监察工作及有关政策问题的调查研究；负责纪检监察工作的理论研究；协同有关部门起草重要文件。

组织部：负责纪检监察系统领导班子建设、干部队伍建设和组织建设的综合规划、政策研究、制度建设和业务指导；根据干部管理权限承办有关干部人事工作；组织和指导纪检监察系统干部教育培训工作等。

党风政风监督室：负责综合协调贯彻执行党的路线方针政策和决议、国家法律法规等情况的监督检查；综合协调党的政治纪律和政治规矩执行、贯彻落实中央八项规定精神、纠正"四风"工作、整治群众身边和扶贫领域的腐败和作风问题；综合协调党内监督、问责等方面工作等。

案件审理室：按照管理权限，负责审理公职人员违法违纪案件；审理下级监察机关报送的案件。

信访室：负责受理对党的组织、党员违反党纪行为和对行使公权力的公职人员职务违法、职务犯罪行为等的检举、控告；受理党员对中央纪委作出的党纪处分或者其他处理不服的申诉、监察对象对国家监委作出的涉及本人的处理决定不服的复审申请；综合分析信访举报情况；接待群众来访，处理群众来信和电话网络举报事项等。

纪检监察干部监督室：负责监督检查纪检监察系统干部遵守和执行党的章程和其他党内法规，遵守和执行党的路线方针政策和决议、国家法律法规等方面的情况；受理对有关纪检监察领导干部涉嫌违反党纪、职务违法和职务犯罪等问题的举报，提出处置意见并负责问题线索初步核实及立案审查调查工作等。

（三）派出监察机关和派出监察人员

《国家监察法》第十二条规定："各级监察委员会可以向本级中国共产党机关、国家机关、法律法规授权或者委托管理公共事务的组织和单位以及所管辖的行政区域、国有企业等派驻或者派出监察机构、监察专员。监察机构、监察专员对派驻或者派出它的监察委员会负责。"其目的是充分了解分散在不同机关、组织中的监察对象的情况，使监察机关对行使公权力的所有人进行卓有成效的监察。

派出的监察机关的设立原则是"根据工作需要"，监察委派驻监察机关的设置主要以监察对象的数量和监察任务的繁重程度为标准。根据这一精神，监察委在各个部门设立中央纪委国家监委派驻纪检监察组，负责实施对驻在部门的各职能部门及其工作人员的监察。监察部派驻情况有以下四种：

第一，对监察对象较多，监察任务繁重的行政机关，如公安部、教育部、外交部、财政部等，采取派驻监察组的方式。

第二，对监察对象大多在本机关驻京单位，监察工作量较小的行政机关，如审计署、人事部等，采取派出监察人员，设立监察组的形式。

第三，对实行行业管理的一些经济部门，如铁道部、邮电部、中国人民银行等，考虑到其监察对象范围广泛，监察工作量繁重，采取派驻监察组的方式。

第四，在监察对象比较少，监察任务相对较少的单位，没有派出监察机关或监察人员。在这些部门，由该部门主管干部、人事工作的机构负责履行监察职能。监察委对其进行业务指导。

派驻机构实行统一名称、统一管理，称为"派驻纪检监察组"。派驻纪检监察组共同设置内设机构，履行纪检、监察两项职能，实现监督全覆盖。派驻机构对派出机关负责，受派出机关直接领导。派驻机构按照干部管理权限和派出机关的授权履行监督、执纪、问责和监督、调查、处置职责。驻在单位具有行业管理职能的，派驻机构可以根据授权对驻在单位管理的行业、系统实施党内监督和国家监察。

三、监察组织系统功能的发挥

国家监察系统组织结构对应于国家各个党政机关组织结构，其系统具有纵横交叉的特点，这些机构彼此之间互相关联、互相制约、互相作用。监察系统最高领导机关是国家监察委，其下有省、市、县级监察机关和派出机构。而每个层级又由若干个并列机构组成。要使这一庞大而复杂的监察系统的功能得到全面、正确的发挥，必须实行分级目标管理，注意整体结构的协调和谐，建立和完善工作法规与制度。

（一）实行分级目标管理

监察组织是国家行使监察职能的专门机构，其职能是：通过对所有公职人员执行国家法律、法规、政策和决定、命令的情况以及违法违纪行为进行监察，加强行政管理，提高行政效能，促进政府为政清廉，建立廉洁高效的行政体系。监察组织工作目标十分明确，为了实现这一目标，各层级监察组织必须共同努力。由于各层级监察组织所处的环境、条件、地位各不相同，其具体目标必然会有所不同。要使各级监察组织的工作围绕总目标，又能根据其自身的情况确定具体目标，则必须实行分级目标管理。

实行分级目标管理必须注意：一是总目标必须十分明确，各级监察组织才能依据系统的总目标来确定自身的具体目标；二是分级管理目标必须与各级监察组织所既有的权力相一致；三是实行分级目标管理，不仅使各级监察机构明确自己的职责，而且各级之间的关系都应明确，纵横联系渠道都要畅通。

（二）注意整体结构的协调和谐

监察系统是由各层级的监察组织组成的完整统一整体，只有使这个整体协调和谐，才能发挥最佳效能。要使整体协调和谐，最重要的条件是系统内信息的流通要准确、快捷。监察系统的各级机构之间要靠双方的信息联结，通过信息的输入、输出，使其职能得到协调与均衡发展，实现上级对下级的领导管理，以使整个体系协调运转。科学发展到今天，社会活动节奏越来越快，如果监察系统的信息流通跟不上发展要求，会对监察效率的提升、执法人员的行为带来影响。

为了整体系统内部协调有序的发展，要处理好上下层级之间、各部门之间的关系。在上下层级的关系上，应避免超越中间层而直接指挥更低层的机构，使中间层机构失去应有的作用，给工作造成混乱。在部分与部分、部分与整体间的关系上，不能随意扩大或缩小原有机构中的责权，或者任意改变机构职权的划分等，造成各部分间的失衡，破坏原有整体结构的协调和谐。

（三）建立和完善工作法规和制度

国家监察的主要职责就是对监察对象是否依法依规办事进行监督，这就要求监察机关及其工作人员必须以有关法律、法规等作为自己的行为规范，并且依法处理好监察机构内部、外部的关系。要做到这点，必须为实现监察目标的需要，建立和完善监察系统的工作法规和制度，保证监察系统内各机构及其工作人员正确履行职责。

更为重要的是，作为庞大而又复杂的国家监察系统，在自身的监察工作中，要作到有条不紊、步调一致，就必须建立和完善监察工作法规和制度，使各级监察机构工作规范化，以保证监察系统内决策的贯彻执行，命令的畅通无阻。可以说，没有健全的工作法规和制度，就不可能保证监察系统整体以及各部分的正常运转，也就不可能发挥监察组织系统的功能。

第三节　监察管辖

一、监察管辖的概念和特点

（一）监察管辖的概念

1. 监察管辖的概念

监察管辖，是指对某个监察对象确定由哪一级或者哪一个监察机关实施监察和哪一级或者哪一个监察机关对哪些特定监察事项有权进行管辖的法律制度，是在监察系统内部划分监察对象和决定监察案件受理上的分工和权限的制度。监察管辖权与监察权既有联系又有区别。监察权是国家赋予监察机关对监察对象的违纪行为实施监察的权利；监察管辖权是指对某些监察对象或监察事项在监察机关内部由哪一级或者哪一个监察机关实施监察。一方面，监察机关依法拥有监察权是确定管辖权的前提，凡是不属于监察机关行使监察权范围的事项，监察机关无权管辖。而另一方面，管辖权是监察权的进一步落实，监察权必须通过管辖权来行使和体现。

因此，凡是确定某一监察机关对某些监察对象有管辖权，这个监察机关就有权对该监察对象实施监察，同时也有义务实施监察。对属于自己管辖范围内的监察对象的违纪行为不依法监察，或对不属于自己管辖的监察对象的违纪行为实施监察都是违背法律规定的。《国家监察法》第十六条对管辖中的一些办事原则作了规定，即："上级监察机关可以办理下一级监察机关管辖范围内的监察事项，必要时也可以办理所辖各级监察机关管辖范围内的监察事项。监察机关之间对监察事项的管辖有争议的，由其共同的上级监察机关确定。"

2. 监察管辖的特点

第一，监察管辖权的划分是由监察组织的性质所决定的。

监察具有内部监督管理性。监察机关属于国家权力机关，是对所有行使公权力的人员和事务实施监督管理的机关；同时，监察具有国家意志性。监察所要体现的国家意志，是通过监察权制约公共权力的滥用和越权。因此，监察组织的管理体制体现在：各级监察机关在本级人民代表大会和上一级监察机关领导下，主管本级区域的监察工作，既要对一部分监察对象进行监察，又要对下级监察机关的监察业务实施领导。

第二，监察管辖权具有双重性。

某一监察对象由某一监察机关实施管辖；同时上一级监察机关有权对该监察对象实施管辖。前者是指依据级别管辖所确立的基本管辖制度，后者是指依据裁定管辖所确立的特殊管辖制度。依据特殊法优于普通法的原则，前者服从于后者。

第三，监察管辖权是职权和职责的统一。

监察组织对其管辖范围内的监察对象行使监察权，既是监察机关的权力，又是其应尽的职责和义务。监察管辖权的依法行使过程就意味着其职责履行的过程，放弃职权意味着放弃职责。可见，监察管辖权是职权和职责的统一。

（二）管辖与相关概念的联系和区别

1. 管辖与主管

管辖是解决监察系统内部各机关之间的职权分工问题，主管是解决监察机关与司法机关、行政机关的人事部门在实施监督活动时的权限划分。二者的关系是：主管是关系的前提，是主管的体现和落实。即只有确定了监察事项是由监察机关主管，然后才能确定哪些监察事项是由哪一级、哪一地区的监察机关管辖；但是确定了监察事项归监察机关主管后，如不确定归哪一具体监察机关管辖，主管就不能有效落实，甚至会落空。

2. 监察对象与监察管辖

监察对象和监察管辖是两个既有联系、又有区别的问题。前者研究的是哪些组织和个人是监察的对象，后者研究的是监察机关对不同的监察对象实施监察的权限分工。从两者之间关系的角度分析，监察对象的确定是监察管辖确定的前提，而监察管辖的划分则使监察对象管辖具体化；从监察法律关系角度分析，监察机关与监察对象所形成的法律关系和监察管辖所构建的法律关系，均为内部法律关系。但是，两者还是有区别的，监察机关与监察对象之间所确立的法律关系，是基于公民担任行政职务或被行政机关任命而产生的、由监察法律规范和国家公务员法律规范所调整的法律关系；监察管辖所确立的法律关系是基于监察组织内部的中央与地方、上级与下级以及同级监察机关之间发生的、由组织法监察法所调整的法律关系。

3. 管辖权与案件查办权

对某些监察对象的管辖权，是某一监察机关对检查权、调查权、建议权、行政处分权的享有资格，它包括监察的全部职能。案件查办权包括受理权、立案权、调查权和处分权。受理权、调查权由有管辖权的监察机关享有，而重要、复杂案件的立案权、处分权，应报经本级人民政府和上一级监察机关备案和同意。可见，有管辖权不一定拥有案件查处权的全部。

（三）监察管辖的意义

第一，有利于形成上下全面覆盖的监察体系，监察机关之间相互协调，确保对所有公职人员进行全面有效的监督；第二，保障广大人民群众对所有公职人员及其他组织检举、控告的权力，使国家监察深入民心，提高政府的公信力；第三，对于监察对象不服给予处分的情况，可通过申诉来维护自己的合法权益；第四，便于监察机关与其他监督机关的分工合作，提高工作效率，形成监督合力。

二、监察管辖的基本原则

基本原则的涵义即为根本规则、准则。监察管辖的基本原则的效力贯穿监察管辖的始终，既是监察管辖内容的本质性体现，也是监察管辖合乎规律的要求，同时又是监察人员在监察活动中所奉行的政策选择，当监察管辖的有关规定不甚具体、明确的情形下，或者发生不一致与冲突时，管辖原则就显得更为重要。

（一）级别管辖与地域管辖相结合的原则

监察委员会实行的是级别管辖与地域管辖相结合的原则，该原则是监察机关对监察事项的一般管辖原则，各级监察委员会按照干部管理权限对本辖区内的监察对象依法进行监察。① 首先，与我国干部管理权限相适应，各级监察组织管理本辖区内的监察对象，是其应有的职权和职责；其次，有利于监察组织对违法违纪行为的检查、调查和处理，可以有效地节省监察组织的人力、物力，提高工作效率。

（二）提级管辖原则

提级管辖是对分级管辖的补充，主要针对一些难度较大的监察事项。从实

---

① 中央纪委国家监委法规室：《〈中华人民共和国监察法〉释义》，中国方正出版社2018 年版，第 115 页。

践来看主要限于以下几种情况：其一，上级监察机关认为在其所辖地区有重大影响的监察事项；其二，上级监察机关认为下级监察机关不便办理的重要复杂的监察事项，以及下级监察机关办理可能会影响公正处理的监察事项；其三，领导机关指定由上级监察机关直接办理的监察事项。①

三、级别管辖

（一）级别管辖的涵义

级别管辖，是指根据监察机关的级别确定其管辖范围。它是划分上下级监察机关之间实施监察权限的方式。级别管辖主要解决不同级别的监察机关分别管辖哪些监察对象。

级别管辖的涵义是：级别管辖是监察管辖的基本形式，它是依据监察对象的直接行政隶属关系而确立的，是我国国家行政体制和国家监察体制的特点的体现。我国各级行政机关及其公务员是按照行政隶属关系实行分级管理的，而监察机关作为国家机构的一个权力机关，理应按照行政隶属关系实行分级管辖制度。具体而言，某一监察机关管辖的监察对象是其所在地的行使公共权力的所有人员。

（二）级别管辖的范围

《国家监察法》第十五条规定了国家监察委的管辖范围，依照本条规定，国家监察机关的监察对象可分为以下几大类②：

1. 公务员和参公管理人员，这是监察对象中的关键和重点。根据公务员法的规定，公务员是指依法履行公职、纳入国家行政编制、由国家财政负担工资福利的工作人员。主要包括 8 类：

中国共产党机关公务员。包括：中央和地方各级党委、纪律检查委员会的领导人员；中央和地方各级党委工作部门、办事机构和派出机构的工作人员；中央和地方各级纪律检查委员会机关和派出机构的工作人员；街道、乡、镇党委机关的工作人员。

人民代表大会及其常务委员会机关公务员。包括：县级以上各级人民代表

---

① 魏琼：《我国监察机关的法理解读》，《山东社会科学》2018 年第 7 期。
② 中央纪委国家监委法规室：《〈中华人民共和国监察法〉释义》，中国方正出版社 2018 年版，第 105~114 页。

大会常务委员会领导人员，乡、镇人民代表大会主席、副主席；县级以上各级人民代表大会常务委员会工作机构和办事机构的工作人员；各级人民代表大会专门委员会办事机构的工作人员。

人民政府公务员。包括：各级人民政府的领导人员；县级以上各级人民政府工作部门和派出机构的工作人员；乡、镇人民政府机关的工作人员。

监察委员会公务员。包括：各级监察委员会的组成人员；各级监察委员会内设机构和派出监察机构的工作人员，派出的监察专员等。

人民法院公务员。包括：最高人民法院和地方各级人民法院的法官、审判辅助人员；最高人民法院和地方各级人民法院的司法行政人员等。

人民检察院公务员。包括：最高人民检察院和地方各级人民检察院的检察官、检察辅助人员；最高人民检察院和地方各级人民检察院的司法行政人员等。

中国人民政治协商会议各级委员会机关公务员。包括：中国人民政治协商会议各级委员会的领导人员；中国人民政治协商会议各级委员会工作机构的工作人员。

民主党派机关和工商业联合会机关公务员。包括中国国民党革命委员会中央和地方各级委员会，中国民主同盟中央和地方各级委员会，中国民主建国会中央和地方各级委员会，中国民主促进会中央和地方各级委员会，中国农工民主党中央和地方各级委员会，中国致公党中央和地方各级委员会，九三学社中央和地方各级委员会，台湾民主自治同盟中央和地方各级委员会的公务员，以及中华全国工商业联合会和地方各级工商联等单位的公务员。

2. 法律、法规授权或者受国家机关依法委托管理公共事务的组织中从事公务的人员。这主要是指除参公管理以外的其他管理公共事务的事业单位，比如医院、学校等单位的工作人员。在我国，事业单位人数多，分布广，由于历史和国情等原因，在一些地方和领域，法律、法规授权或者受国家机关依法委托管理公共事务的事业单位工作人员，其数量甚至大于公务员的数量。由于这些人员也行使公权力，为实现国家监察全覆盖，有必要将其纳入监察对象范围，由监察机关对其监督、调查、处置。

3. 国有企业管理人员。根据有关规定和实践需要，作为监察对象的国有企业管理人员，主要是国有独资企业、国有控股企业（含国有独资金融企业和国有控股金融企业）及其分支机构的领导班子成员，包括设董事会的企业中由国有股权代表出任的董事长、副董事长、董事，总经理、副总经理，党委书记、副书记、纪委书记，工会主席等；未设董事会的企业的总经理（总裁）、副总经理（副总裁），党委书记、副书记、纪委书记，工会主席等。此外，对国有资产负有经营管理责任的国有企业中层和基层管理人员，包括部门经理、部门副经理、总监、副总监、车间负责人等；在管理、监督国有财产等重要岗位上工作的人员，包括会计、出纳人员等；国有企业所属事业单位领导人员，国有资本参股企业和金融机构中对国有资产负有经营管理责任的人员，也应当理解为国有企业管理人员的范畴，涉嫌职务违法和职务犯罪的，监察机关可以依法调查。

4. 公办的教育、科研、文化、医疗卫生、体育等单位中从事管理的人员。作为监察对象的公办的教育、科研、文化、医疗卫生、体育等单位中从事管理的人员，主要是该单位及其分支机构的领导班子成员，以及该单位及其分支机构中的国家工作人员，比如，公办学校的校长、副校长，科研院所的院长、所长，公立医院的院长、副院长等。公办教育、科研、文化、医疗卫生、体育等单位及其分支机构中层和基层管理人员，包括管理岗六级以上职员，从事与职权相联系的管理事务的其他职员；在管理、监督国有财产等重要岗位上工作的人员，包括会计、出纳人员，采购、基建部门人员涉嫌职务违法和职务犯罪，监察机关可以依法调查。此外，临时从事与职权相联系的管理事务，包括依法组建的评标委员会、竞争性谈判采购中谈判小组、询价采购中询价小组的组成人员，在招标、政府采购等事项的评标或者采购活动中，利用职权实施的职务违法和职务犯罪行为，监察机关也可以依法调查。

5. 基层群众性自治组织中从事管理的人员。作为监察对象的基层群众性自治组织中从事管理的人员，包括村民委员会、居民委员会的主任、副主任和委员，以及其他受委托从事管理的人员。根据有关法律和立法解释，这里的"从事管理"，主要是指：救灾、抢险、防汛、优抚、扶贫、移民、救济款物的管理；社会捐助公益事业款物的管理；国有土地的经营和管理；土地征用补偿费用的管理；代征、代缴税款；有关计划生育、户籍、征兵工作；协助人民政府等国家机关在基层群众性自治组织中从事的其他管理工作。

6. 其他依法履行公职的人员。本条是兜底条款。为了防止出现对监察对象列举不全的情况，避免挂一漏万，监察法设定了这个兜底条款。但是对于"其他依法履行公职的人员"不能无限制地扩大解释，判断一个"履行公职的人员"是否属于监察对象的标准，主要是其是否行使公权力，所涉嫌的职务违法或者职务犯罪是否损害了公权力的廉洁性。

四、裁定管辖

（一）指定管辖

1. 指定管辖的涵义

"指定管辖"，是指根据上级监察机关的指定而确定监察事项的管辖机关。"报请提级管辖"，是指监察机关因法定事由可以报请上级监察机关管辖原本属于自己管辖的监察事项。这通常是由于两个以上监察机关对监察对象的管辖问题发生纠纷或因特殊情况无法行使管辖权时，才由上级监察机关确定由哪个监察机关管辖。《国家监察法》第十六条第三款规定："监察机关之间对监察事项的管辖有争议的，由其共同的上级监察机关确定。"其涵义为：（1）监察机关之间对管辖范围有争议，既包括发生争议的监察机关都想管辖的情况，也包括有关的监察机关都不想管辖的情况，即称之为都想作为的情况或都不想作为的两种情况。（2）"共同的上级监察机关"是指共同的上一级监察机关。即指同发生管辖争议的两个或两个以上监察机关均有领导关系的上一级监察机关。因此，必须注意这里的"上一级"机关和上级机关是有所不同的，"上一级"机关要求仅高一个层级。当然，依据法律规定共同的上一级监察机关对于具体的有管辖权争议的机关来说可能不是仅仅高一个层级的问题。如一省的两个市的监察机关就管辖发生争议，其共同的上一级监察机关是该省的省级监察委；不同省的两个市监察机关发生管辖争议的，其共同的上一级监察机关是国家监察委。（3）两个或两个以上监察机关对同一监察事项的管辖权发生争议时，报请它们共同的上一级监察机关指定管辖。上一级监察机关指定管辖行为的做出，必须遵循合法与适当的原则。（4）指定管辖行为在法律上具有确定无疑的效力，即一经指定，负有管辖之责的监察机关即被确定，被指定的监察机关无权改变这一指定或将管辖权移交其他监察机关。

2. 发生指定管辖的原因

（1）监察机关职责不清，对监察事项的管理上互相交叉，因此，表现在对监察对象的管辖上也必然互有交叉，权责不明确。（2）由于监察机关之间对管辖的规定有着不同理解而引起争议。（3）由于某一监察事项可能涉及几个地区、几个部门。（4）由于行政区划正在变动或者由于两个以上监察机关辖区界限未能划分清楚。（5）由于个别监察机关对管辖的监察事项相互推诿或者相互争夺管辖权。

（二）移转管辖（管辖权的转移）

1. 移转管辖的涵义

移转管辖，是指上级监察机关依照法律规定，办理下一级监察机关管辖范围内的监察事项和在必要条件下办理所管辖各级监察机关管辖范围内的监察事项。《国家监察法》第十六条对移转管辖作了明确规定："上级监察机关可以办理下一级监察机关管辖范围内的监察事项，必要时可以办理所辖各级监察机关管辖范围内的监察事项。"移转管辖包括下述涵义：

第一，移转管辖是在具有隶属关系的上下级监察机关之间进行，是级别管辖的一种补充或变通措施。其目的是为了补充级别管辖在管理具体监察事项时的不足。移转管辖的监察事项的管辖权必须是没有发生争议的，明确无疑的。即在移转前，享有管辖权的监察机关是具体明确的。

第二，移转管辖有两种情况，一是下级监察机关经上级监察机关同意后，向上级监察机关移转；二是由上级监察机关主动指定，将下级监察机关管辖的监察事项交由自身管辖。可见，下级监察机关只有提出移转管辖的建议权，而没有决定权。

第三，移转管辖主要指移转到上一级监察机关。将管辖权越级移转，必须有充分的理由和必要的依据。"必要时"主要是指：上级监察机关认为有重大影响的监察事项；下级监察机关不便办理或无力办理的重要、复杂的监察事项；有下级监察机关直接办理会影响公正处理的监察事项；上级监察机关认为应由其办理的其他监察事项。监察法对"必要时"仅做了原则性规定，对"必要时"的理解和把握，要由监察机关自由裁量。

第四，上级监察机关办理下级监察机关管辖范围内监察事项，既指办理特定监察事项的全部工作内容，也就是全部移转；也指办理特定监察事项的某一部分工作内容，也就是部分移转。

2. 发生移转管辖的原因

第一，这是由于我国监察双重领导体制决定的。即监察机关对本级人民代表大会负责并报告工作的同时，监察业务受上级监察机关领导。移转管辖是上级监察机关对下级监察机关业务领导的具体体现，是双重领导体制中体现上级监察机关领导的重要内容，有利于上级监察机关加强对下级监察机关履行职责的指导和支持。

第二，由于监察管辖制度以级别管辖为主，下级监察机关在办理监察事项时必然会遇到涉及其他层级范围内的监察事项，或者遇到同级政府对监察事项的不当干预，通过移转管辖则能较好地解决办理监察事项过程中遇到的复杂问题。

☞ 本章小结

国家监察组织是国家监察体制的重要组成部分。从中央到地方分别设立中央、省、市（地）、县四级监察机关，监察组织的设立对我国全面深化改革、推进治理体系和治理能力现代化，深入开展反腐败工作有着重要的意义。

本章从国家监察组织的性质和特征入手，阐述国家监察组织的领导管理体制以及与其他国家机构间的关系，进一步研究国家监察组织的机构设置，并从管辖的范围、原则等几方面来分析监察管辖的内容，为了解我国监察组织体系提供了参考。

☞ 关键术语

监察机构；监察机构领导管理体制；监察机构组织原则；监察组织；监察管辖；级别管辖；裁定管辖

☞ 练习与思考题

1. 监察机构的性质及特点是什么？
2. 如何理解监察机构的领导管理体制及其内容与作用？
3. 监察机构的组织原则是什么？
4. 监察组织内部所包含的系统有哪些？
5. 如何发挥监察组织的系统功能？
6. 监察管辖的基本涵义是什么？
7. 监察管辖的基本原则有哪些？
8. 裁定管辖的具体内容有哪些？

☞ 案例

长春长生"问题疫苗案"背后的腐败和渎职

2018 年 7 月 15 日长春长生问题疫苗被国家药监局曝光，习近平主席对吉林长春长生生物疫苗案件做出重要指示，长春长生生物科技有限责任公司违法违规生产疫苗行为，性质恶劣，令人触目惊心。有关地方和部门要高度重视，立即调查事实真相，一查到底，严肃问责，依法从严处理。

根据指示，国务院派出专门调查组对事件进行了全面调查，中央纪委国家监委开展了监管责任调查和审查调查工作，并派出调查组进驻长春长生生物科技有限责任公司进行立案调查。吉林省成立省、市两级案件查处领导小组，配合国务院调查组做好相关工作，并结合此案件全面排查高风险药品企业。

8月16日国务院调查组基本查清违法违规生产狂犬病疫苗的事实，并公布"一查到底"的处理结果，对6名中管干部做出予以免职、责令辞职、要求引咎辞职等处理，对涉嫌职务犯罪的原国家食品药品监督管理总局党组成员、副局长吴浈给予开除党籍处分并移送检察机关依法审查起诉。同时，有关部门和地方根据调查认定事实，依规依纪依法对涉及原国家食品药品监管总局、国家药监局、吉林省各级药品监管部门、长春市人民政府、长春市高新技术产业开发区管委会等42名非中管干部进行了严肃处理。

在这起企业违法生产、监管者失察失职、个别人渎职犯罪的案件背后，是监管不到位等诸多的漏洞，也是疫苗生产流通使用等制度方面的缺陷。因此国务院常务会议提出，完善相关法律法规，健全最严格的药品监管体系，完善疫苗全链条监管和电子追溯等制度，堵塞监管漏洞，推动国产疫苗技术升级，切实保障人民群众用药安全。重典治乱一查到底才能让人放心，去疴除弊完善机制才能让长春长生的乱象不再重演。

（资料来源：央视国际网，http：//news. cctv. com/2018/07/23/ARTIVTXkc3EDFlB 2oT3jlVtl180 723. shtml）

请思考：

1. 请用监察管辖的相关内容，分析各级监察机关在"问题疫苗事件"的行为表现。

2. 讨论：监察机关与其他国家机关之间是什么关系？

第七章

国家监察职权

任何一个机关要正常履行职责，都必须拥有一定的职权。国家监察机关的职权是根据国家监察机关的性质、任务和作用，由国家通过立法程序赋予国家监察机关的一定监察权力。对国家监察机关的职权做出明确规定，使其依法享有专门的监察职权，明确其职责和法律责任，是国家监察机关有效发挥职能作用所必须的重要保证和基本条件。

第一节　国家监察职权概述

国家监察职权内涵丰富，是国家监察体系的重要组成部分。监察职权是根据宪法和法律，在遵循特定原则的基础上设立的，有着和以往行政监察职权不同的性质和特点。

一、国家监察职权的含义与特点

（一）国家监察职权的含义

国家监察职权是指国家监察机关在其职责范围内对监察对象的违法违纪行为进行监察时，依法享有的一种权力，即国家监察机关对所有行使公权力的公职人员依法行使监督、调查职务违法和职务犯罪行为、开展廉政建设和反腐败工作的权力。国家监察职权的行使是国家监察机关深入开展反腐败工作，维护宪法和法律的尊严，正常履行职务，实现职能的必备手段。

（二）国家监察职权的特点

1. 监察职权具有独立性

在国家监察委员会体制下，监察权与审判权和检察权平行，属于独立的宪法权。① 监察机关是行使国家监察职能的专责机关，法律赋予了其查处职务违法和职位犯罪的专门权力。各级监察机关在履行职责时，都必须遵循社会主义法治原则的基本要求，严格依法开展活动，既不能超越和滥用职权，违反法律规定，也不能不担当、不作为，更不允许利用职权徇私枉法，放纵职务违法犯罪行为。这里的独立性主要是指，监察机关在其职权范围内依法行使监察权时，不受行政机关、社会团体和个人利用职权、地位，或者采取其他不正当手段干扰、影响监察人员依法行使职权的行为。例如，利用职权阻止监察人员开展案件调查，利用职权威胁、引诱他人不配合监察机关工作，等等。

2. 监察职权的行使主体具有特定性

我国国家监察职权的行使主体是国家各级监察机关，即国家监察委员会及其派出机构、地方各级监察委员会及其派出机构。监察法规定，各级监察委员会是行使国家监察职能的专责机关，明确了监察委员会在国家机关中的地位和作用。同时，根据党中央关于深化国家监察体制改革的部署，监察机关与党的纪律检查机关合署办公，实现了党对国家监察工作的领导。纪委是党内监督的专责机关，将监察委员会定位为行使国家监察职能的"专责机关"与纪委的定位相匹配。可见，监察委员会作为行使国家监察职能的专责机关，与党的纪律检查机关合署办公，是实现党和国家自我监督的政治机关，是一个监督机关，它并不是政府的职能部门，也不是司法机关。

3. 监察职权的适用对象具有全面性

国家监察职权适用的对象是特定的。监察法确定的监察对象，符合我国的政治体制和文化特征，体现了制度的针对性和操作性。监察对象主要包括六类：一是公务员和参公管理人员。二是法律、法规授权或者受国家机关依法委托管理公共事务的组织中从事公务的人员。三是国有企业管理人员，主要是国有独资企业、国有控股企业及其分支机构的领导班子成员。四是公办的教育、科研、文化、医疗卫生、体育等单位中从事管理的人员。五是基层群众性自治组织中从事管理的人员，包括村民委员会、居民委员会的主任、副主任和委员等。六是其他依法履行公职的人员。② 从上述国家监察职权的适用对象可以看出，监察体制改革全面填补国家监督的空白。过去行政监察的对象主要是行政机关的工作人员，现在各级监察机关对所有行使公权力的公职人员进行监督，

---

① 王迎龙：《监察委员会权利运行机制若干问题之探讨——以〈国家监察法（草案）〉为分析蓝本》，《湖北社会科学》2017 年第 12 期。

② 《中华人民共和国监察法》第十五条。

适用范围更具有全面性。

二、国家监察职权的性质

（一）国家监察职权是法制性监督权力

国家监察机关是依法行使监察权的专责机关，法律赋予了其代表党和国家对所有行使公权力的公职人员进行监督，既调查职务违法行为，又调查职务犯罪行为。监察机关对所有行使公权力的公职人员进行的监督是一种法制监督。

1. 监察的主体、客体和对象有严格法律限定

我国有关法律、法规、条例规定，实施监察职能的主体为监察机关，其他任何机关都不享有监察机关的专有职权；监察权力客体限定为所有行使公权力公职人员执行国家法律、法规、政策、决定和命令的情况以及职务违法和职务犯罪行为；监察对象限定为所有行使公权力的公职人员，即上述六类公职人员。

2. 监察主体的职责和权力有严格法律限定

监察主体的职责和权力有严格的法律限定，依法对所有行使公权力的公职人员进行监督、调查职务违法犯罪、开展廉政和反腐败工作。这些规定既为监察机关依法监察提供了法律根据，同时也为被监察对象维护自身合法权益，防止监察机关滥用权力提供了法律保障。

3. 履行国家监察职责的方式有法律做出规定

国家监察对监察对象既是一种制约又是一种支持和促进。各级监察机关履职的方式包括对公职人员开展廉政教育，对其依法履职、秉公用权、廉洁从政从业以及道德操守情况进行监督检查，揭露和查处错误的行为。更为重要的是，监察机关要通过调查和处置各类职务违法犯罪行为，实现国家监察全面覆盖，深化反腐败工作和提高工作效率，推进国家治理体系和治理能力现代化。因此，监察机关履行职责的方式是特别的，并由法律加以具体规定。

4. 监察程序由法律做出规定

监察机关的监察程序也是由法律做出具体规定的。监察机关的监察职权不是无限制的权力。监察法以法律的形式对各级监察机关的管辖范围及必须遵守的工作程序都做了具体的规定。这既保障了监察机关可以依法行使职权，同时又可以防止监察职权的滥用。

5. 监察决定和监察建议具有法律效力

监察机关依法做出的监察决定，提出的监察建议都具有法律约束力。《国

家监察法》第四十五条规定：对违法的公职人员可依法做出政务处分决定；对履行职责不力、失职失责的领导人员进行问责；对涉嫌职务犯罪的，将调查结果移送人民检察院依法审查、提起公诉；向监察对象所在单位提出监察建议。这些规定都体现了监察决定和监察建议具有法律效力，有利于规范和保障监察机关的处置工作。

（二）国家监察职权是强制性监督权力

必要的强制性是监察权力实现的保障，监察机关的监察活动具有法律赋予的强制力作保证，这种强制性表现在两个方面。

1. 具有不可阻扰性

监察机关拥有国家赋予的监督、调查和处置等专有职权，在行使监察职权时，可以依法采取一定的强制措施。这种强制性在其履职方式中体现得尤为突出，国家监察法对监察机关采用谈话、陈述和讯问、留置、查询、冻结、搜查、调取、查封、扣押、勘验检查、鉴定等措施做出了明确规定。其中，"留置"是典型的强制措施，当被调查人涉嫌贪污贿赂、失职渎职等严重职务违法或职务犯罪，监察机关已掌握其部分违法犯罪事实及证据，仍有重要问题需进一步调查时，经监察机关依法审批，可将其留置在特定场所。留置措施的运用，必须符合法律规定情形之一：涉及案情重大、复杂的；可能逃跑、自杀的；可能串供或者伪造、隐匿、毁灭证据的；可能有其他妨碍调查行为的。

2. 具有主导性

监察机关对监察对象的监督是一种主动行为，监察对象承担着使监察机关的主动行为能够实现的义务。也就是说，在法定的范围内，监察机关对监察对象行使监察职权时，监察对象只能配合，不得拒绝和阻扰，否则可视为是阻扰或抗拒行为，应承担相应的法律和责任。监察职权的主导性还表现在监察职权不允许随意让渡、抛弃或滥用，否则同样被视为违法失职和渎职行为，也应依法追究相应的法律和行政责任。

（三）国家监察职权是综合性监督权力

以往行政监察所监督的是国家行政机关及其工作人员的行政行为。在科学日益发达，经济蓬勃发展，社会不断进步的情况下，代表国家，体现国家意志，对社会政治、经济生活起调控和管理作用的国家机关的管理职能，也会随着具体管理对象的不同而出现差异，呈现多样性。国家机关管理职能的多样性，决定了国家监察的日趋综合性。

1. 监督对象包括所有行使公权力的公职人员

监察机关监督对象的范围，是所有行使公权力的公职人员。判断一个人是不是公职人员，关键看他是不是行使公权力、履行公务。监察体制改革以前，行政监察法规定监察对象主要是行政机关及其工作人员，导致监察体制机制存在着监察范围过窄的突出问题。现在，国家监察法明确规定了六大类监察对象，实现了监察机关监察对象的全覆盖，间接体现了监察职权的综合性。

2. 国家监察是对所有环节的监督

所有国家机关和社会组织在对国家事务和自身机构内部事务的管理都要经过五个相对独立又有机联系的管理环节，即信息、咨询、决策、执行和监督。国家专责的监察机关对监察对象的监察，包括了监察对象参与的全部管理环节，是综合性、全面性的监督。

3. 国家监察不局限于对当事人的处理

国家监察不局限于对当事人的处理。社会主义属性决定了我国的国家监察既是一种制约，又是支持和促进。它的任务不仅仅是发现和揭发错误，而且要善于防范和纠正错误。因此，国家监察不能只局限于对当事人的处理，以处置为终结。更重要的是，要从大量的违法违纪、失职、渎职的案件中总结违法违纪的教训，推广宣传优秀典型，提出预防整改的有效措施，达到纠举、惩戒违法违纪行为，促进廉洁建设的目的。

三、确立国家监察职权的原则

（一）与监察机关的性质相一致的原则

国家监察机关是行使国家监察职能的专责机关，这就从法律上确定了监察机关在位阶上与政府、法院、检察院平级，是独立于"一府两院"之外的专门负责查处职务违法和职务犯罪的国家机构。国家监察法及其他有关法律法规正是从监察机关的这一性质出发，确立并赋予监察机关一定的监察职能。过去行政监察的对象主要是行政机关的工作人员，检察院主要是侦办国家工作人员职务犯罪，不管职务违法行为。改革后，监察委员会依法行使的监察权，不是行政监察、反贪反渎、预防腐败职能的简单叠加，而是在党直接领导下，代表党和国家对所有行使公权力的公职人员进行监察。国家监察既调查职务违法行为，又调查职务犯罪行为，监察对象和内容更加全面，实际上是新的拓展和新的开创，与司法机关、行政机关的职权、性质有着根本不同。

（二）与监察机关的职责相适应的原则

职责与职权是相辅相成的，有职权就有职责。职责与职权之间存在着互为条件、互相依赖的辩证统一关系。职权以职责为依据，职责以职权为保证。赋予监察机关与其所承担职责相适应的权力是保证监察机关对监察对象实施有效监督和对监察对象合法权益实施有效保护的必要条件。为了保障监察机关有效地履行职责，国家监察法同时赋予了监察机关对违法违纪行为的监督、调查以及在调查基础上提出监察建议、做出监察处置的权力。

（三）与监察机关的职权相协调的原则

现代社会，国家管理活动具有专门性、复杂性和涉及领域广泛性的特点，这就要求建立一个由不同内容和方法所构成的监察体系，多角度、多方位对国家管理活动进行切实有效的监察。在我国，对国家机关及公职人员的监察也是多方面的，涉及多样化的内外部监察。在这种多元监察体系中，必须根据各个监察机关的性质和职责范围，分别确定其相应的权力，以保证各监察机关既有明确的分工，又协调一致，既要避免职责权力的重复交叉，又要防止存在空挡，以充分发挥各监察系统的职能，最有效地形成监察体系的整体合力。

第二节　国家监察职权的类型

国家监察工作的顺利开展需要国家监察职权的支撑，将监察机关拥有的监督权、调查权和处置权及其对应职责以法律形式予以明确，有利于将国家监察体制改革方案中关于监察委员会职权与职责的改革部署转化为国家意志，使监察委员会履职尽责于法有据。

一、监督权

监督是监察委员会的首要职责。监督权是指监察机关对监察对象依法履职、秉公用权、廉洁从政从业以及道德操守情况进行监督检查的权力。这一权力是监察机关开展工作常用的手段，是监察机关履行职责，完成任务的重要保证，也是及时发现问题，清除隐患，总结经验，表彰先进的重要措施。

监督权行使的主要内容与党内监督的内容相对应。在合署办公体制下，纪委的监督、执纪、问责与监委的监督、调查、处置是对应的，既有区别又有一致性，因而要落实它们的双重职责。其中，党内监督的主要内容包括：遵守党章党规，坚定理想信念，践行党的宗旨，模范遵守宪法法律情况；维护党中央集中统一领导，牢固树立政治意识、大局意识、核心意识、看齐意识，贯彻落实党的理论和路线方针政策，确保全党令行禁止情况；坚持民主集中制，严肃党内政治生活，贯彻党员个人服从党的组织，少数服从多数，下级组织服从上级组织，全党各个组织和全体党员服从党的全国代表大会和中央委员会情况；落实全面从严治党责任，严明党的纪律特别是政治纪律和政治规矩，推进党风廉政建设和反腐败工作情况；落实中央八项规定精神，加强作风建设，密切联系群众，巩固党的执政基础情况；坚持党的干部标准，树立正确选人用人导向，执行干部选拔任用工作规定情况；廉洁自律、秉公用权情况；完成党中央和上级党组织部署的任务情况。

监察机关行使监督权的措施包括教育和检查两类。廉政教育是防止公职人员发生腐败的基础性工作，是指以促进廉洁从政为目的多形式感化、教化活动。监督检查的内容是公职人员依法履职、秉公用权、廉洁从政从业以及道德操守情况，其方法包括列席或者召集会议、听取工作汇报、实施检查或者调阅、审查文件和资料等。此外，国家监察的监督方式也要参考党内监督的方式和要求。一般来说，党内监督的方式包括党委（党组）的日常管理监督、巡视监督、组织生活制度、党内谈话制度、干部考察考核制度、述责述廉制度、报告制度、插手干预重大事项记录制度，以及纪委的执纪监督、派驻监督、信访监督、党风廉政意见回复、谈话提醒和约谈函询制度、审查监督、通报曝光制度等。

总而言之，党内监督和国家监察都是中国特色治理体系的重要组成部分，一体两面，具有高度内在一致性。在合署办公体制下，纪检机关的监督和监察机关的监督在指导思想、基本原则上是高度一致的，目的都是为了惩前毖后、治病救人，抓早抓小、防微杜渐。党内监督的内容、方式和要求，也都适用于国家监察的监督。因此，应高度重视监察委员会的日常监督职责，把纪委监督与监委监督贯通起来，实现依规治党与依法治国、党内监督与国家监察的有机统一。

二、调查权

监察委员会的调查职权是依法揭露和查证违规违法犯罪行为，监督所有行使公权力的公职人员是否依法履职的法律手段，即调查职权是指监察机关对涉嫌职务违法和职务犯罪的监察对象进行调查的权力。① 调查公职人员涉嫌职务违法和职务犯罪是监察机关的一项经常性工作，是监察机关维护法律法规、对监查对象进行有效监督的一项重要方式，也是监察机关行使处置权的前提和必需手段。它体现了监察机关作为国家反腐败工作机构的定位，体现了监察工作的特色，能有效地强化不敢腐的震慑，减少和遏制腐败行为的发生。根据国家监察法的规定，监察机关对所有行使公权力的公职人员的职务犯罪行为都可进行调查，但是基于工作便利性和实效性，也可考虑部分职务犯罪的调查由有关机关负责。

监察机关行使调查权的主要内容包括涉嫌贪污贿赂、滥用职权、玩忽职守、权力寻租、利益输送、徇私舞弊以及浪费国家资财等职务违法和职务犯罪行为。这些行为都是党的十八大以来通过执纪审查、巡视等发现的比较突出的职务违法犯罪行为。"贪污贿赂"，主要是指贪污、挪用、私分公共财物以及行贿受贿等破坏公权力行使廉洁性的行为；"滥用职权"，主要是指超越职权，违法决定、处理其无权决定、处理的事项，或者违反规定处理公务，致使公共财产、国家和人民利益受损的行为；"玩忽职守"，主要是指公职人员严重不负责任，不履行或不认真、不正确履行职责，致使公共财产、国家和人民利益受损的行为；"权力寻租"，主要是指公职人员利用公权力，违反或规避法律法规，谋取或维护私利的行为；"利益输送"，主要是指公职人员利用职权或职务影响，以违反或者规避法律法规的手段，将公共财产等利益不正当授受给有关组织、个人的行为；"徇私舞弊"，主要是指为了私利而用欺骗、包庇等方式从事违法的行为；"浪费国家资财"，主要是指公职人员违反规定，挥霍公款，铺张浪费的行为。

监察机关在案件调查过程中需要注意，监察机关行使的调查权不同于侦查权。过去的监察体制中，检察机关和公安机关都享有侦查权，公安机关拥有一般案件的侦查权，检察机关拥有特定职务犯罪案件的侦查权。然而，监察体制改革后，监察机关的执法主体是与党的纪律检查机关合署办公的国家监察机关；监督调查对象是行使公权力的公职人员，而不是普通的刑事犯罪嫌疑人；调查的内容是职务违法和职务犯罪，而不是一般刑事犯罪行为。这就要求监察机关，既要依法收集证据，也要利用党章党规党纪、理想信念加强被调查人的思想政治觉悟，深挖思想根源，真心认错悔过，而不仅仅是收集证据，查明犯

---

① 吴建雄：《监察体制改革试点视域下监察委员会职权的配置与运行规范》，《新疆师范大学学报（哲学社会科学版）》2018 年第 5 期。

罪事实。

三、处置权

处置权是指监察机关对涉嫌职务违法和职务犯罪的监察对象进行调查之后，根据监督、调查结果，依照法定程序予以审查定性并对监察对象做出处分和处理的权力。监察机关的处置权可以说是监督制约调查活动的一种程序性设置，它有利于证据审查把关、保证办案质量、保障被调查人合法权益、维护公正执法。国家各级监察机关，如果只享有违法行为调查权，不具备查处和惩治监察对象的权力，难以具备权威性，不利于监察体制长效性的构建。我国监察体制改革后的目的很明确，即致力于建立集中、高效、权威的反腐败体系，在这种背景下，监察委员会应当具备处置权。国家监察意义上的处置权有两个重要特征，一是指对违法违纪人员进行处分的权力，二是初步查清犯罪事实后将其移送给司法机关处理的权力。

监察机关行使处置权的主要内容包括四类。第一，对违法的公职人员依法做出政务处分决定。监察委员会根据监督、调查结果，对违法的公职人员依照法定程序做出警告、记过、记大过、降级、撤职、开除等政务处分决定。第二，对履行职责不力、失职失责的领导人员进行问责。问责，是指监察委员会根据问责的有关规定，按照管理权限对不履行或者不正确履行职责负有责任的领导人员直接做出问责决定，或者向有权做出问责决定的机关提出问责建议，问责的对象是公职人员中的领导人员。第三，对涉嫌职务犯罪的，将调查结果移送人民检察院依法审查、提起公诉。对被调查人涉嫌职务犯罪，监察机关经调查认为犯罪事实清楚，证据确实、充分的，制作起诉意见书，连同案卷材料、证据一并移送检察机关依法审查、提起公诉。第四，向监察对象所在单位提出监察建议。监察建议是监察委员会依照法定职权，根据监督、调查结果，对监察对象所在单位廉政建设和履行职责存在问题等提出的。监察建议不同于一般的工作建议，它具有法律效力，被提出建议的有关单位无正当理由必须履行监察建议要求其履行的义务，否则，就要承担相应的法律责任。

惩戒与教育相结合，宽严相济是监察委员会开展工作的重要原则之一。这是从当前反腐败斗争形势依然严峻的实际出发而做出的，应将其运用到监察机关的处置工作中去，做到事实清楚、证据确凿、定性准确、处理恰当、程序合法、手续完备，使公职人员所受处分与其职务违法性质、情节、危害程度相适应。例如，监察机关根据调查结果，对有职务违法行为但情节较轻的公职人员进行处分时，可以按照管理权限，直接或者委托有关机关、人员，进行谈话、批评教育、予以诫勉等。对职务违法犯罪的涉案人员，积极配合检举、揭发被调查人，或者提供重要线索的，也可以在移送检察机关时提出从轻、减轻处罚的建议。

第三节　国家监察机关履行职权的措施

监察机关履行职权的措施，是指监察机关在进行监察活动时，依据法律法规，针对某种具体情况而对监察对象做出的能直接产生监察效果的处理办法。在某些情况下，监察机关在查办案件时，只有采取一定的监察措施，才能收集可靠证据、准确定性。基于特定情境的监察措施对于保证监察机关切实有效落实监督权、调查权、处置权，及时查明案件事实，保障被监察对象合法权益，惩处违法违纪者，充分发挥国家监察的职能作用等方面具有重大意义。

一、监察机关履行监督权的措施

《国家监察法》第十一条规定：监察机关的监督职责是对公职人员开展廉政教育，对其依法履职、秉公用权、廉洁从政从业以及道德操守情况进行监督检查。按照规定，监察机关履行监督权主要采取廉政教育和监督检查两种措施。

（一）廉政教育

廉政教育是指为促进廉洁而采取多形式的感化、教化活动。它是我国惩防体系中的重要一环，也是预防腐败现象产生的源头性工作。在廉政教育过程中，教育者和受教育者为了达到特定的教育目的会运用各种措施和手段。

1. 示范教育与警示教育相结合

一方面，通过示范教育学习代表性的廉政事迹或廉政行为。另一方面，采取学习警示教育资料、观看警示教育片、以案说法等形式，对国家公职人员进行警示教育，使其对贪腐反面人物和事件有了解、剖析、思考和总结。这种树立正反典型对公职人员进行廉政教育，是我国运用得比较成熟的一种廉政教育措施。

2. 灌输教育与自我教育相结合

灌输教育是教育者通过阐述某种思想理论去说服受教育人的教育方法，其基本原则是要做到以理服人，实事求是，通情达理。自我教育是伴随着自我廉政意识的发展而发展的，涵盖公职人员自我学习、自我修养、自我管理三方面。

3. 集中教育与日常教育相结合

集中教育是针对某一时期党和国家出现的突出问题而展开的重大教育部署，采用集中培训、集中观看、集中参观、召开座谈会、组织集中讨论等方式。日常教育是针对平常遇到的现实问题而开展的基础性教育，坚持"润物细无声"。廉政教育是一个潜移默化的过程，要建立长效机制，就必须把集中教育与日常教育结合起来，相互促进，潜移默化中扩大廉政教育社会影响力。

（二）监督检查

监察机关进行监督检查时，可以采取实地调查、列席会议、听取汇报、召开座谈会等方法了解情况；或者通过调阅被监察单位的有关文件、档案资料、工作计划、总结等文字材料来发现问题；还可以要求被检查单位按照监察机关的要求进行全面、实事求是的自查等。具体来说，一般采用以下四种方式。

1. 听取相关人员对检查事项所作的解释和说明

监察机关进行检查时，首先，要确定检查事项和内容。对此，有必要事先对所要检查的问题做出详细调查，列出可能涉及的有关人员及其基本情况。其次，要有计划、分时段的听取相关人员对检查事项做出的解释和说明。再次，对于关联人员的解释和说明，检查人员要分别做好检查笔录，并对解释和说明进行整理、归纳。

2. 查阅检查事项的相关文件、资料、账目

查阅事件相关文件是为全面了解所检查事项的真实情况。对此，检查机构应对获取到的涉及检查事项的有关文件、资料和财务账目进行认真的查阅，必要时可采用复印、拍照等手段保留资料。与此同时，还要注意辨析其相关资料的真实性和合法性，以防止检查工作出现重大误差。

3. 运用恰当的方式进行调查

为了把握好所检查问题的真实性，可以进行实地查验，了解事情发生的前因后果。另外，还必须做好勘验笔录，以备查证。必要时，还可以运用访谈或发放调查问卷的方式向群众了解详细情况，获取更多问题线索。此外，因纪委、监委合署办公，党内监督的方式和要求也适用于国家监察机关的监督检查活动。例如，可以运用巡视监督、组织生活制度、党内谈话制度等措施。

4. 召开有关检查事项的专门会议

召开专门会议，往往是为了理顺所查事项的总体情况。监察机关将涉及检查事项的有关部门及其相关人员组织在一起，就该项检查问题进行交流，分析

问题形成的深层原因，探讨解决问题的意见和建议。同时，相关人员的参与能保证有关事项的处理公平公正，也有利于提高监督效率。

二、监察机关履行调查权的措施

为了更好的行使法定职权、全面履行法定职责，国家监察法规定了监察机关在行使职权时，可以依法采取特定调查措施。国家监察法明确了 12 项调查措施，其中谈话、讯问、询问 3 项措施已经在实践中得到有效运用，查询和冻结、搜查、调取、查封、扣押、勘验检查、鉴定等措施是对行政监察法原有规定的完善，留置则是取代"两规"的一项全新创举。

（一）谈话

谈话是指监察机关依照法律法规，对可能发生职务违法的公职人员，进行谈话或者要求其说明情况。

谈话的前提条件是监察对象可能发生职务违法，具体来说，就是有相关问题线索反映，或者发生违法行为的苗头性、倾向性问题等。

谈话需要按照程序报批。谈话由监察机关相关负责人或者承办部门主要负责人进行，被谈话人所在机关、组织、企业等单位党委或者纪委的主要负责人陪同。

（二）讯问

讯问是指监察机关工作人员依法提问、被调查人如实回答，以取得口供及其他证据的过程。在讯问过程中，监察机关有权要求被调查人就涉嫌违法行为做出陈述。

讯问主要针对有职务违法行为，但尚不构成职务犯罪的公职人员。为了保障这项措施的实施，防止有的被调查人不配合，监察机关对被要求陈述的被调查人，在必要时可以出具书面通知。如果被调查人此时再不按照要求做出陈述的，应当追究其法律责任。

针对涉嫌贪污贿赂、失职渎职等职务犯罪的被调查人的讯问，只能由监察机关工作人员依法行使，不能委托给其他机关、个人行使。

（三）询问

询问是指在调查过程中，监察机关可以询问证人等人员。询问措施来源于纪检监察机关多年实践中运用的执纪审查手段。

采取询问的对象是证人等人员。证人，是指知道所调查案件真相的当事人以外的第三人。询问证人的过程中，证人有义务配合调查人员的询问，并可在单位、住处或者约定地点进行，监察机关也可以通知证人到场提供证言。

询问证人可分别单个进行，且应当告知证人提供不实证言或者隐匿罪证所要担负的法律责任。当查明证人有意作伪证或者隐匿罪证的时候，应当依法处理。

（四）查询与冻结

查询、冻结是指监察机关在调查案件时，为了收集、保全财产性证据，确保后续的追缴，可依照规定查询、冻结涉案单位和个人的存款、汇款、债券、股票、基金份额等财产。

执行查询、冻结措施，首先要求监察机关所调查的是涉嫌贪污贿赂、失职渎职等严重职务违法或者职务犯罪案件。其次是必须根据工作需要，即指涉案单位和个人为毁灭证据，有可能提取、转移财产，监察机关只能采取查询、冻结措施来防止这些情形的发生。

监察机关采取查询、冻结措施应当向银行或者其他金融机构、有关单位和个人出具书面通知。这些机构、单位和个人应当提供必要的协助，不能以任何理由拒绝和阻碍。对查明情况后与案件无关的，应三日内解除冻结，退还原所有人或者持有人。

（五）调取、查封和扣押

调取、查封、扣押是为收集、固定证据而采用的一种手段。对其范围、程序和保管及解除查封、扣押的要求做出规范，有利于确保监察机关正确行使调查权限，保护公民合法权益。

监察机关在调查过程中，可以调查涉案单位或人员的财物、文件和电子数据等信息，且需及时、全面、准确地收集、固定。对经查明与案件无关的，应在查明后三日内解除查封、扣押，退还给责任人。

（六）搜查

搜查是指监察机关对被调查人以及可能隐藏被调查人或者犯罪证据的人，可就身体、物品、住处和其他有关地方进行搜查。

监察机关进行搜查时，可提请公安机关配合。在搜查过程中，监察机关要规范搜查程序和要求，保障监察机关收集犯罪证据、查获被调查人，确保搜查严格依法进行，以顺利查明犯罪事实。监察机关的调查人员只有出于获取犯罪证据，查获被调查人的目的，才能对被调查人及可能隐藏被调查人、犯罪证据的地方进行搜查，而且搜查的地方必须是与所调查的案件有关。

（七）勘验检查

勘验检查是指监察机关在调查过程中，可以直接或者委派、聘请具有专门知识或有资格的人员进行勘验检查。

勘验检查，首先，需经监察机关相关负责人审批；其次，实施勘验检查的对象是涉案的有关场所、物品、人身等；再次，由监察机关工作人员直接进行，并邀请见证人在场；最后，对于勘验检查的时间、地点、对象、目的等情况应当制作笔录，并由参加勘验检查的人员和见证人签名或者盖章。

调查人员在执行勘验检查任务时，必须持有监察机关的证明文件，且应当与本案件无利害关系，要求做出真实的结论。被指派或者聘请参与勘验检查的人员只能就案件中的专门性问题做出结论，不能就法律适用问题做出结论。

（八）鉴定

鉴定是指监察机关在调查过程中，可以指派、聘请有专门知识的人对专门性问题进行鉴定，从而对案件事实做出科学的判断，准确地查明案情。

专门性问题，是指必须运用专门的知识和经验做出科学判断的问题。调查活动中，专门性问题主要包括：法医类鉴定、物证类鉴定、声像资料鉴定。此外，有的案件还需进行会计鉴定，例如对账目、表册、单据等书面材料进行鉴别判断。

鉴定人在运用科学技术或专门知识进行鉴别、判断后，应该出具鉴定意见。调查人员应对鉴定意见进行审查，必要时，可以提出补充鉴定或者重新鉴定的意见。被调查人对鉴定意见有异议的，可以申请补充鉴定或者重新鉴定。鉴定意见是证据之一，经审查核实后，即可作为定案依据。

（九）留置

留置是指监察机关在掌握部分被调查人违法犯罪事实，但有待查证问题时，可经依法审批，将其留置在特定场所。

采取留置措施，首先，所涉案件必须是贪污贿赂、失职渎职等严重职务违法犯罪。其次，针对掌握部分犯罪事实及证据，但仍有问题需要进一步调查的情况。再次，涉及案情重大、复杂，可能存在逃跑、自杀、串供或者伪造、隐匿、毁灭证据等有妨碍调查的行为。

留置是监察机关调查严重职务违法和职务犯罪的重要手段，审批程序和使用期限都有严格的限制，这就倒逼监察机关把基础工作做好。

三、监察机关履行处置权的措施

为了规范和保障监察机关的处置工作，既防止监察机关滥用处置权限，也保证监察机关依法履行处置职责，监察机关可根据监督、调查的结果，依法采取下列六种处置措施：

（一）"红红脸、出出汗"

所谓"红红脸、出出汗"，是指运用监督执纪"四种形态"不断净化政治生态的精神，主要针对违法情节较轻的公职人员，按照管理权限，采取谈话提醒、批评教育、责令检查、予以诫勉等处理手段。与调查措施中带有预防性质的提醒谈话相比，这里的提醒谈话属于调查之后的处理结果。对这种情形，监察机关可以直接做出上述处理，也可以委托公职人员所在单位、上级主管部门或者上述单位负责人代为做出。对谈话提醒、批评教育、责令检查、予以诫勉四种处理措施，监察机关应当结合公职人员的一贯表现、职务违法性质和情节轻重，经过严密的综合判断后做出决定。

（二）政务处分

监察机关对于违法的公职人员，依照法定程序做出警告、记过、记大过、降级、撤职、开除等处分决定。

对不同的公职人员，监察机关可以参照现行有关处分规定进行政务处分，如公务员有《公务员法》、行政机关公务员有《行政机关公务员处分条例》等。监察机关给予公职人员政务处分，应当坚持实事求是和惩前毖后、治病救人的原则，从实际出发，使公职人员所受的政务处分与其违法行为及其情节、危害相适应。

（三）问责决定和建议

对不履行或者不正确履行职责负有责任的领导人员，问责主体可按照管理权限对其直接做出问责决定，或提出问责建议。

问责的主体是监察机关，或者有权做出问责决定的机关。问责的对象是负有责任的领导人员，而不是一般工作人员，充分突出领导干部这个"关键少数"。问责对象也不是有关单位，因为监察对象是行使公权力的公职人员，而不是其所在单位。问责的情形是领导人员不履行职责或不正确履行职责，例如管理失之于宽松软、该发现问题没有发现、发现问题不报告不处置，造成严重后果的；推进廉政建设和反腐败工作不坚决、不扎实，损害群众利益的不正之风和腐败问题突出等。问责的方式上，监察机关按照管理权限直接做出通报、诫勉、组织调整或组织处理、处分等问责决定，或者向有权做出问责决定的机关提出问责建议。

（四）移送起诉

监察机关对于涉嫌职务犯罪的案件，经调查认为犯罪事实清楚，证据确实充分的，可制作起诉意见书，连同案卷材料，移送人民检察院依法审查，对于审查无异议的案件可提起公诉，接受人民法院的审判，而对于依法做出不起诉决定的案件，监察机关认为决定有错误的，可以向上一级人民检察院提请复议。

移送起诉包含四方面内容：主体是有管辖权的监察机关，包括接受指定管辖的监察机关；对象是涉嫌职务犯罪的被调查人，以及监察机关制作的起诉意见书、案卷材料、证据等；条件是经调查认为犯罪事实清楚，证据确实充分的；接受移送的主体是检察机关。

（五）提出监察建议

监察建议是指监察机关依法根据监督、调查结果，针对监察对象所在单位存在的问题，向相关单位和人员就其职责范围内的事项提出的具有一定法律效力的建议，即监察建议的相对人无正当理由必须履行监察建议要求其履行的义务，否则，就应当承担相应的法律责任。

一般来说，监察机关可就拒不执行或违反法律、法规，应予以纠正的；做出违反法律、法规或者国家政策的决定、命令和指示，应予以纠正或者撤销的；给国家利益和公民权益造成损害，需补救的；录用、任免、奖惩决定明显不适当，应予以纠正的；依法应给予处罚等问题提出监察建议。

（六）撤销案件

监察机关在调查过程中，发现立案依据失实，或者没有证据证明存在违法犯罪行为，不应对被调查人追究法律责任时，应及时终止调查，决定撤销案件，并将撤销原因和决定通知被调查人及其所在单位，在一定范围内为被调查人予以澄清。这项工作，对于保护公职人员的合法权利，及时终止错误或者不当调查行为十分有必要。值得注意的是，为保障被调查人的合法权益，一经发现不应追究被调查人法律责任，应当撤销案件，而其已经被留置的，监察机关应当立即报告原批准留置的上级监察机关，及时解除对被调查人的留置行为。

第四节　国家监察职权的法律保障和制约

为确保监察机关能够履行好监察职责，国家通过法律的形式赋予国家监察机关各项监察职能，并为其提供必要的手段和条件。然而，为确保职权得到正确、有效的行使，还必须采取相应的监督、制约措施。这是依法监察的必然结果，也是监察工作规范化、制度化的客观要求。

一、国家监察职权的法律保障

监察职权的法律保障是指在法律上明确规定的，为保证监察机关正常、有效行使职权的保障措施。

（一）对违反法律规定的部门和人员进行处置

《中华人民共和国监察法》第六十二条规定："有关单位拒不执行监察机关做出的处理决定，或者无正当理由拒不采纳监察建议的，由其主管部门、上级机关责令改正，对单位给予通报批评；对负有责任的领导人员和直接责任人员依法给予处理。"此外，《中华人民共和国监察法》第六十三条规定："有关人员违反本法规定，有下列行为之一的，由其所在单位、主管部门、上级机关或者监察机关责令改正，依法给予处理。"这些行为包括：第一，不按要求提供有关材料，拒绝、阻碍调查措施实施等拒不配合监察机关调查的；第二，提供虚假情况，掩盖事实真相的；第三，串供或者伪造、隐匿、毁灭证据的；第四，阻止他人揭发检举、提供证据的；第五，其他违反本法规定的行为，情节严重的。单独列出第五项，主要是考虑到监察事项所涉及的领域非常广泛，妨碍监察机关依法行使职权的行为也是多种多样的，不可能完全予以包容。故做出这一规定，以适应可能出现的需要。

（二）保护监察人员依法执行职务时的合法权益

监察机关的职责是通过监察人员执行职务实现的，监察人员在依法行使各项权力的过程中，其职务的行为受国家强制力的保护，任何组织和个人不得阻碍监察人员依法执行职务，否则，应承担相应的法律后果。

依法行使监察职权，主要包括三个方面的含义：第一，监察人员必须在法定职权范围内行使职权，否则就是越权行为，不受法律保护；第二，在适用法律上，监察人员从确立立案到做出监察决定，甚至于后续的复审、复核工作，都必须以法律、法规及国家政策为依据；第三，必须严格依照法定程序开展工作。

拒绝、阻碍监察人员依法执行职务是指拒绝、抵制或者以暴力、威胁、利用职权或其他方法干扰、影响监察人员依法行使职权的行为。如围攻阻挠、谩骂殴打监察人员开展案件调查，或者故意污蔑陷害、打压监察人员，使其民主、人身财产等权利受到损害。

（三）对申诉人、控告人、检举人和监察人员予以保护

监察人员在履行监察职能时，不可避免的会遭遇不同程度的抵抗，甚至于受到人生威胁，为此，行使监察权的机关及个人都必须得到保护。《中华人民共和国监察法》第六十四条规定："监察对象对控告人、检举人、证人或者监察人员进行报复陷害的；控告人、检举人、证人捏造事实诬告陷害监察对象的，依法给予处理。"

国家监察法中所提供的保障措施，主要包含两个方面的内容，一方面，法律保护监察对象的合法权利，禁止监察人员和其他案件相关人采用违法手段，诬陷监察对象；另一方面，法律坚决保护监察人员、证人、检举人等有关查明案件真相的人，打击一切采用暴力、威胁和阻止案件进行和损害监察人员的行为，我国宪法明确指出公民对于任何国家机关及其工作人员的违法失职行为，都有提出申诉、控告或者检举的权利，但不得捏造或者歪曲事实进行诬告陷害。

二、国家监察职权的制约

任何公权力的行使都必须受到相应的监督制约，保证公权力能够为公共利益服务。监察权也不例外，必须强化监察机关自我监督和制约，把监察机关的权力关进制度的笼子。

（一）建立健全必要的工作机制

1. 审批制度

这是指监察机关采取重要的监察措施，做出重要的监察决定，或是提出重

要的监察建议，必须严格按照程序开展工作，经过一定的程序进行审批，以保证上述行为的严肃性。审批制度是强化监察机关内部控制的体现，有利于防止因权力过于集中而引发的私存线索、串通包庇、跑风漏气、以案谋私等问题。

2. 监管、审理分开制度

案件监管、审理分由不同部门负责，强化案件监管、审理部门的制约作用。一是问题线索处置、调查、审理各部门各司其职，由监察机关领导班子分管；二是探索流程再造，由信访部门归口受理公职人员涉嫌违法犯罪的信访举报、分类摘要、案件移送；三是案件监督管理部门对问题线索实行集中管理、动态更新、定期汇总核对、全程监控；四是案件审理部门成立由2人以上组成的审理组，审理审查调查部门移送的案卷材料，提出审理意见。

3. 备案制度

这是指重要检查事项的立项，重要、复杂案件的立案和销案等都要上报备案，以接受本级人大和上级监察机关的监督。通过备案制度可以了解下级纪检监察机关办案进度，改正错误，保证办案质量。

4. 案件集体审理制度

对于立案调查的监察案件，需要做出定性处理的时候，应该经过集体审查、核议，并在集体审议的基础上做出相应决定，以防止由个人或少数人决定而导致在案件处理上出现偏差和错误。

5. 回避制度

监察人员办理的监察事项与本人或者近亲属有利害关系的，应当回避。《中华人民共和国监察法》第五十八条规定："办理监察事项的监察人员有下列情形之一的，应当自行回避：（一）是监察对象或者检举人的近亲属的；（二）担任过本案的证人的；（三）本人或者其近亲属与办理的监察事项有利害关系的；（四）有可能影响监察事项公正处理的其他情形的。"

（二）强化内外部的监督制约

1. 内部监督

监察机关的内部监督是指在监察机关内部设置专门监督机构，根据国家法律法规，对监察人员执行职务和遵守法律情况进行全面监督。主要分为专门机构的监督和上级机构的监督。

专门机构的监督。干部监督室是监察机关内部的专门监督机构，主要对监察人员执行职务和遵守法律情况进行监督。执行职务，是指监察人员代表监察机关行使职权、履行法定义务，其行为产生的法律后果由监察机关负责。遵守法律，是对监察人员的一般要求，不论是执行职务还是日常生活中，监察人员都应模范遵守国家法律法规，不打听、不干涉、不过问案件的调查审理，尤其是涉及近亲属的案件，要主动回避。同时，作为监察人员还得依法行使自己的权力，对于工作中出现的不当行为要积极申诉和追究责任。需要强调的是，监察人员的权力是党和人民赋予的，只能用来为党和人民做事。每一名监察人员都要深怀敬畏之心，加强党性锻炼，正心修身、淡泊明志、增强定力，经受住各种考验。

上级机关的监督。上级机关的监督是指具有隶属关系的上级监察机关对下级监察机关进行监督和业务领导。地方各级监察委员会主要是负责本行政区域内的监察工作，依法履行监督、调查、处置职责。上级监察委员会履行对下级的监督职能，是通过检查工作、受理复核申请等方式，发现下级监察机关存在的问题，并督促监督下级监察委员会及时纠正、严格依法办事，公正履职。所以，上级机关监督也是监察机关自我纠错的一种有效监督方式。

2. 外部监督

监察机关外部监督是指监察机关以外的监督主体，根据国家法律法规，对监察机关及其工作人员执行职务和遵守法律情况进行监察、检查督促和指导。外部监督的主体不仅有立法、司法及执政党等国家机关，还包括社会组织和公民个人。立法监督、司法监督、民主监督、社会监督和舆论监督并驾齐驱，构成了多样化、多极化的监督体系。

立法监督。这里所说的立法监督就是指人大的监督。监察委员会由人大产生，理应对其负责，受其监督。人大监督主要是听取和审议专项工作报告；组织执法检查，了解监察机关及其工作人员执行法律、法规的情况，进行评价，提出执法问题和改进建议；询问，各级人大常委会会议审议议案和有关报告时，本级监察委员会应当派有关负责人员到会，听取意见，回答询问；质询，一定数量的县级以上人大常委会组成人员联名，可以向本级人大常委会书面提出对本级监察委员会的质询案，由委员长会议或者主任会议决定交由受质询的监察委员会答复。

司法监督。司法监督就是国家司法机关对监察机关及其工作人员实行的监督。当监察机关实施法律需要协助时，当一项争端的发生并非监察人员的权限所能解决时，或者当监察人员在监察过程中有侵犯公民合法权益时，这时候就需要司法的介入。一旦监察人员有违法行为，法院便采取制裁行动。一旦权限被误用或滥用，法院便有最后的制裁权。监察机关必须受到法院的监督制约。

党的监督。党委和纪委合署办公体制下，监察机关必须在党委领导下开展工作，党委也必须加强对监察机关的管理和监督。党内监督的方式包括党委（党组）的日常管理监督、巡视监督、组织生活制度、党内谈话制度、干部考察考核制度、述责述廉制度、报告制度、插手干预重大事项记录制度，以及纪委执纪监督、派驻监督、信访监督、党风廉政意见回复、谈话提醒和约谈函询制度、审查监督、通报曝光制度等。

民主监督。民主监督一般是指人民政协或者各民主党派等主体对监察机关及其工作人员的工作进行的监督。

社会监督。社会监督一般是指公民、法人或其他组织依据法定的权利，必要时经过法定的程序，对监察机关及其工作人员的工作进行的监督。社会监督最直接和最广泛地体现民主权利，是公民参与国家管理、维护自身权益、监督鞭策国家机关及其公职人员的主要形式。

舆论监督。舆论监督一般是指社会各界通过广播、影视、报刊、杂志、网络等传播媒介，发表自己的意见和看法，形成舆论，对监察机关及其工作人员的工作进行的监督。

党的十九大报告指出，增强党自我净化能力，根本靠强化党的自我监督和群众监督。把监察机关的自我监督与民主监督、社会监督、舆论监督有机结合起来，形成发现问题、纠正偏差的有效机制，构建日臻完善的监督体系。

3. 特约监察员

规范和正确行使国家监察权，不仅需要强化自我监督，还要接受外部监督。中央纪委、国家监委依据国家监察法的有关规定，在总结特邀监察员工作有效做法和经验的基础上，决定建立特约监察员制度，充分彰显了纪检监察机关主动接受监督、自觉支持监督的鲜明态度。[1]

《国家监察委员会特约监察员工作办法》（以下简称《工作办法》）明确指出，特约监察员是国家监察委员会根据工作需要，按照一定程序优选聘请，以兼职形式履行监督、咨询等相关职责的公信人士。特约监察员主要从全国人大代表中优选聘请，也可以从全国政协委员，中央和国家机关有关部门工作人员，各民主党派成员、无党派人士，企业、事业单位和社会团体代表，专家学者，媒体和文艺工作者，以及一线代表和基层群众中优选聘请。[2] 同时，成为特约监察员以后，并不脱离本职工作岗位，工资、奖金、福利待遇由所在单位

---

① 段相宇：《国家监委特约监察员首次列席中央纪委全会》，中央纪委国家监委网站，http://www.ccdi.gov.cn/yaowen/201901/t20190112_186934.html。
② 《国家监察委员会特约监察员工作办法》第 2 条。

负责。

根据《工作办法》，特约监察员履行的职责包括：对纪检监察机关及其工作人员履行职责情况进行监督，提出加强和改进纪检监察工作的意见、建议；对制定纪检监察法律法规、出台重大政策、起草重要文件、提出监察建议等提供咨询意见；参加国家监察委员会组织的调查研究、监督检查、专项工作；宣传纪检监察工作的方针、政策和成效；办理国家监察委员会委托的其他事项。①

特约监察员的筛选要满足一定条件。第一，坚持中国共产党领导和拥护党的路线、方针、政策，走中国特色社会主义道路，遵守中华人民共和国宪法和法律、法规，具有中华人民共和国国籍；第二，有较高的业务素质，具备与履行职责相应的专业知识和工作能力，在各自领域有一定代表性和影响力；第三，热心全面从严治党、党风廉政建设和反腐败工作，有较强的责任心，认真履行职责，热爱特约监察员工作；第四，坚持原则、实事求是，密切联系群众，公正廉洁、作风正派，遵守职业道德和社会公德；第五，身体健康。如满足上述条件，还需由国家监委进行聘请，经过单位推荐、考察、确定聘请人员、备案、社会公布等程序。

总之，特约监察员是加强对监察机关及其工作人员监督的重要力量，要充分发挥其监督员、参谋员、联系员、引导员的作用，帮助纪检监察机关有效行使监察权。纪检监察机关也应加强工作平台建设和服务保障，为特约监察员充分履职创造良好条件。

☞ 本章小结

国家监察职权是国家监察机关在其职责范围内对监察对象的违法违纪行为进行监察时，依法享有的一种权力，也是国家监察机关有效发挥职能作用所必须的重要保证和基本条件。国家监察职权具有职权独立性、行使主体特定性、适用对象全面性的特点。作为依法行使监察权的专责机关，监察机关对所有行使公权力的公职人员进行的监察具备法制性、强制性和综合性的特征。国家监察职权始终遵循与监察机关的性质相一致、职责相适应、职权相协调的原则。

国家监察机关具有三大权力：监督权、调查权、处置权。监督权是监察委员会的首要权力，它是指监察机关对监察对象依法履职、秉公用权、廉洁从政

---

① 《国家监察委员会特约监察员工作办法》第9条。

从业以及道德操守情况进行监督检查的权力。调查职权是指监察机关对涉嫌职务违法和职务犯罪的监察对象进行调查的权力。处置权是指监察机关根据监督、调查结果，依照法定程序予以审查定性并对监察对象做出处分和处理的权力，是监督制约调查活动的一种程序性设置，有利于保证办案质量、保障被调查人合法权益、维护公正执法。

国家监察机关履行职权时可以采取多种措施。监察机关履行监督权主要采取廉政教育和检查两种措施。监察机关履行调查权时，可依法采取谈话、讯问、询问、查询、冻结、调取、查封、扣押、搜查、勘验检查、鉴定、留置等调查措施。监察机关根据监督、调查结果，可依法采取"红红脸、出出汗"、政务处分、问责决定和建议、移送起诉、提出监察建议、撤销案件等六种处置措施。

监察职权的行使必须要有一定的法律保障，以保证监察机关正常、有效的履行职责。为了防止监察人员滥用职权，保护监察对象的合法权益不受侵犯，监察职权也应受到严格的监督和制约，包括专门机构的监督和上级机关的监督等内部监督，以及立法监督、司法监督、党的监督、民主监督、社会监督和舆论监督等外部监督。

☞ 关键术语

国家监察职权；监督权；调查权；处置权；廉政教育；监督检查；留置；特约监察员

☞ 练习与思考题

1. 国家监察职权的特点是什么？
2. 国家监察职权的性质有哪些？
3. 确立国家监察职权的原则有哪些？
4. 国家监察的权限及其内容有哪些？
5. 国家监察机关履行职权的措施有哪些？
6. 国家监察职权有哪些法律保障？
7. 国家监察职权受哪些制约？

责任缺失 贻害一方

2018 年 8 月 29 日，曾在沅江市主政近十年的邓宗祥，因涉嫌严重违纪违法，接受纪律审查和监察调查。同年 11 月，邓宗祥被开除党籍开除公职，涉嫌犯罪问题被移送司法机关处理。

邓宗祥出生于安化偏远的马路镇云台村，从生产队会计干到沅江市委书记，也曾有过奋斗。但随着职务的提升，他对自己的要求越来越松了。"到沅江工作的后几年，我五十几岁了，觉得自己有一定的资历了，对工作的进取心差一些了，工作措施太软，不敢较真碰硬。"邓宗祥交代。

沅江下塞湖矮围问题出现后，省委省政府三令五申要求整治，但邓宗祥压根就没去真管真治，不敢承担一个地方主职领导的主体责任，导致整治流于形式。上梁不正下梁歪。邓宗祥带坏了风气，带坏了班子，破坏了政治生态，也为沅江系列腐败案埋下了祸根。2010 年以来，沅江市委、市政府多名党员领导干部"上行下效""你贪我腐"，相继因职务犯罪被追究刑事责任。

同时，随着邓宗祥职务的一步步调整与重用，他身边的商人老板也越聚越多。下塞湖案主要当事人夏顺安就是邓宗祥的"座上宾"。刚任沅江市市长时，邓宗祥结识了夏顺安，之后，夏顺安通过频繁走动"表心意"，攀附上了邓宗祥这棵"大树"。有了邓宗祥"站台"，相关职能部门非常"识相"，在下塞湖矮围事件上一概装聋作哑。从 2008 年起，夏顺安开始在下塞湖非法修建矮围，矮围规模越来越大，逐渐成为私人领地，非法捕捞养殖、盗采砂石等活动愈演愈烈。在邓宗祥的关照下，夏顺安还顺利当上省人大代表。2018 年 6 月 3 日，夏顺安因涉嫌贷款诈骗罪被公安机关立案侦查并刑事拘留。

沅江"下塞湖矮围"事件爆发后，邓宗祥不但不珍惜组织给予的机会，及时悔悟、讲清问题，反而漠视党的政治纪律和政治规矩，搞攻守同盟，对抗组织审查。多次把自己家里的有关财产凭证、收受他人的贵重物品悄悄转移他处，并与他人频繁串供，企图掩盖违纪违法事实，蒙混过关。

"如果让我重新再选一次的话，那我将毫不犹豫地选择主动向组织坦白自首，如实彻底交代问题；如果能再向前回一步的话，我将坚决拒收别人所送钱物，可惜过去是没有假设的，真是肠子都悔青了。"在留置接受调查期间，邓宗祥多次流下了忏悔的泪水。

"邓宗祥也好，夏顺安也罢，凡是在里面弄虚作假、欺上瞒下、收受财物的，不管涉及谁，一律从重处理。这是省委、省纪委监委的鲜明态度。"湖南省纪委监委有关负责人表示。

（来源：益阳日报，https：//m.yyrb.cn/html/iyrb/20190121/iyrb2191474.html）

请思考：

根据案例，监察机关对邓宗祥行使了哪些监察职权？采取了哪些监察措施？

第八章
国家监察的程序

监察工作必须严格按照法定程序进行展开，只有满足程序合法的要求，才能使得行为产生法律效果。本章从国家监察实务出发，主要介绍监督程序、受理报案和举报的程序、职务违法犯罪调查处理的程序以及受理复审与复核的程序。

第一节　监督职责的履行程序

监察的首要职责是监督。监察委员会不是单纯的办案机构。其代表党和国家，按照宪法、国家监察法以及其他法律法规的要求，监督所有公职人员正确行使权力，确保党和国家的路线方针政策贯彻落实，让权力在阳光下运行。监察机关履行监督职责的方式可以划分为开展廉政教育和实施监督检查，而监督检查又可以进一步细分为一般监督检查和专项监督检查。

一、监察机关廉政教育的程序

习近平总书记指出："推进反腐倡廉建设，必须坚持依法治国和以德治国相结合。规范人们的行为，规范社会秩序，不仅要确立与之相适应的法律体系，而且要形成与之相适应的思想道德体系。"[①] 加强思想道德和法律教育是反腐倡廉建设的必由之路。基于中央和地方实践，廉政教育的开展遵循四个方面的基本程序。

（一）明确廉政教育的对象

廉政教育的对象是廉政教育活动中承担学习任务和接受教育的人。国家监

---

① 《习近平：在十八届中央政治局第五次集体学习时的讲话》，中国共产党新闻网，2015 年 1 月 21 日。

察法的出台，将监察对象扩大至全体行使公权力的公职人员，廉政教育的教育对象也应从党员干部扩展至国家全体公职人员。2018 年 6 月，杭州市出台《关于推进全市公职人员廉政教育全覆盖工作的意见》，明文规定了廉政教育公职人员全覆盖，并且提出针对不同岗位和行业的公职人员，分层分类开展廉政教育。因此，为保证廉政教育的针对性和精细性，需对教育对象进行分层、分岗、分类：第一，分层施教，区分领导干部与普通干部、高级领导干部与一般领导干部层级，按需开展廉政教育，切实让每名公职人员都各取所需、各得其所；第二，分岗施教，要针对不同岗位不同特点，制定个性化廉政教育方案，人事岗位应加大廉洁用权教育力度，财务岗位应增加遵规守纪教育比重，切实使每个岗位人员都筑牢防线、守住关口；第三，分类施教，就是要切实掌握公职人员的思想底数和现实表现，把自觉遵规守纪与有违纪苗头的区分开来、把轻微违纪与严重违纪的区分开来，分类解决存在问题。①

（二）制定廉政教育的内容

廉政教育的内容是廉政教育活动中教育者和受教育者共同认识、掌握和运用的对象，具有明确的目的性和预设性。开展廉政教育，应将党章党规党纪教育，宪法、国家监察法等法律法规教育，思想道德教育，工作作风教育，理想信念教育等内容融入进去。恩格斯曾指出："我们的理论是发展着的理论，而不是必须背得烂熟并机械地加以重复的教条。"② 廉政教育内容的制定，首先要将理论与实际相结合，将当前反腐工作的最新理论、部署和单位工作实际结合起来，增强廉政教育的针对性和说服力，从根本上触动干部的内心，产生强大震撼力。其次，廉政教育的内容要贴近干部，既要讲好别人的事，也要多讲发生在干部身边的事，多讲正在发生的事，切实提高教育的吸引力。再次，要细化廉政教育的内容，廉政教育涵盖内容多、范围大，无法面面俱到，要真正讲清楚、讲透彻，就必须从细处着眼、小处切入，切实围绕是什么、为什么、怎么办等基本问题讲出深度，让干部产生深刻印象。

（三）实施廉政教育活动

廉政教育活动的开展，需要不断创新手段途径，克服廉政教育的惯性思

---

① 曹中胜、董志文：《以"精细化"提升廉政教育实效性》，《党建研究》2018 年第 1 期。

② 《马克思恩格斯选集》第 4 卷，人民出版社 1972 年版，第 681 页。

维。其一，对于传统有效的廉政教育形式要继续坚持。主要是通过继承和发扬自我教育、领导干部谈话和主要负责人讲党课等优良传统，在新形势下切实发挥这些方式的积极作用，更好地促进廉政意识的形成。同时还要结合教育对象的个人特点，赋予传统教育方法以新时代内涵，充分运用负面警示教育、约谈教育、廉政谈话等形式。其二，尊重群众首创精神。各地在探索中总结出了许多廉政教育的成功经验，如"以案说法""以案说纪""身边事教育身边人"等教育活动，对增强廉政教育的针对性起了积极作用，要及时进行筛选、提炼和总结归纳，使之成为各地通用的教育方法。其三，借鉴信息化手段，高度重视依托网络抓好廉政教育，借助微博、微信、客户端等平台，定期推送关于全面从严治党决策指示、党风廉政相关法规制度、正风反腐工作动态等，也可以将廉政理念融入卡通、动漫、游戏、图片等网络媒介，开展以廉政为主题的微电影、微广播创作活动，在寓教于乐中激励干部，提高廉政教育的渗透性。

（四）进行廉政教育的考核评估

对廉政教育进行考核和评估，是对廉政教育的实践活动进行全面客观地整理和分析的过程。开展廉政教育的考核，必须明确考核的目标、制定考核规则、落实考核程序、运用考核结果。通过对所搜集的廉政教育资料进行整理，对获取数据进行信息分析，可以发现被评对象的优点与缺点，诊断出受评对象现存的具体问题。在考核评估过程中，以国家和社会的要求和需要为标准，还能衡量当前公职人员廉政教育活动的实际效用和价值。考核评估的结果，在一定程度上反映了廉政教育工作在目标、内容和方法等方面的欠缺，能够指引相关单位及时进行适当、合理的调整，增强廉政教育的实效。此外，廉政教育评估体系的检测结果，往往会直接影响到受评对象的利益和形象，因而能激发教育客体的主体作用，引导受评对象追求积极的评估结果，激励公职人员恪职尽责地做好廉政教育评估体系的各项具体工作要求，产生更大的教育效果。

总而言之，廉政教育是一项基础而又复杂的工程，贯穿于干部培养、选拔、管理、任用等各个方面，只有不断强化廉政教育功能、提升廉政教育的认同度、增强廉政教育的实效性，才能最终将廉洁从政的价值追求内化为实现自身价值的内在激励，为中国特色社会主义事业建设一支高素质的基层干部队伍。

二、监察机关监督检查的程序

监督检查是指监察机关根据自己的职责和管辖范围，对被监察对象依法履职、秉公用权、廉洁从政从业以及道德操守情况进行检查的行为。监督检查可以分为两类：一是一般检查，二是专项检查。在中央和地方纪检监察实践中，精准扶贫、作风建设、民生政策资金等重点领域的专项检查比较普遍。监察机关必须按照规定程序开展工作，才能更好地保证检查活动依法、合理、及时、有效地进行。

（一）对需要检查的事项予以立项

立项就是确定检查项目，是监察机关依法对需要进行检查的事项进行确立所开展的活动，这也是进行监察的必经程序。通过开展检查活动，对相关管理情况进行全盘梳理，及时发现问题、准确分析问题，从而达到有效解决问题的目的。因此在确定检查项目时，应注意选择具有代表性、典型性的事项。立项的同时，还需要提交立项呈报报告，并由监察机关负责人进行审批。在制作立项报告时，应当对检查事项涉及单位、主要内容、法律依据等内容进行明确规定。在这里，我们所指的需要检查的事项必须是管辖范围内的国家公职人员在依法履职、秉公用权、廉洁从政从业以及道德操守情况中存在的问题，以及上级监察机关要求实施检查的和监察机关认为必须开展检查的问题。

（二）制定检查方案

在立项后，监察机关应当根据检查事项的性质、特点、复杂程度等情况及时抽调人员组成检查组。检查组应该按照检查的目的和要求，及时与业务主管部门进行充分沟通，在信息一致的前提下制定出具体的检查工作方案，保证检查工作能够有计划、有秩序地展开，增强检查工作的可预见性和可操作性，防止检查工作的盲目性和随意性，为之后监察机关顺利进行检查活动奠定基础。检查方案的内容应当比较详细，主要包括监督检查的指导思想、工作原则、目标任务、基本要求、检查方法、步骤、时间以及人员组成等方面。

（三）组织实施检查方案

在实施检查过程时，检查组应依据检查方案的工作思路，紧扣关键环节，有计划、分步骤地推进检查活动的展开。一方面，要通过视察了解和询问等方式积极了解被检查对象的有关情况。另一方面，则应将被检查部门的实际工作情况与有关法律、法规和人民政府的决定、命令进行对照分析，综合权衡，找出其问题和症结所在，深刻分析产生问题的原因，并给予有效的改进工作措施和意见，以使检查活动落到实处、达到实效。

(四)提出检查情况报告

通过对检查事项的认真检查，检查组应秉持实事求是的态度制作并提交高质量的检查情况报告。检查情况报告应以通过检查所认定的事实为基础，以法律、法规和中央决定、命令为依据。检查情况报告中应包含的内容有：被检查的部门或单位；检查开展的时间、目的要求、内容；检查核实的问题及其性质；被检查部门和有关人员的责任；被检查部门和有关人员对待检查存在问题和责任的态度，以及处理意见等。

(五)做出检查处理

监察机关依照法定的职权范围和法定程序，对检查发现的问题进行严肃处理。凡属监察机关法定职权范围内可处理的事项，由监察机关做出监察决定直接处理，需要进一步追究违法犯罪责任的，要予以立案；对属于被检查部门自身职责范围内的事项，或是属于其他有关部门职责范围内的事项，则应向被检查部门或有关部门提出监察建议。

一般情况下，监察机关可按照以上五个步骤推进监督检查工作的开展。但是，在涉及重要检查事项或是在检查中需要采取一些特别措施等情况下，则对监督检查的过程有特殊要求：一是重点检查事项的制度要求，在一般的情况下，监察机关可自行决定并组织实施检查事项的立项，但对于重大的或是涉及工作全局的重要检查事项的立项，则应当严格按照上报备案制度进行；二是采取有关措施的程序要求，监察人员在检查中所采取的措施，都具有法律效力，都必须遵守工作程序，例如要求被检查部门和人员提供与检查事项有关的文件、资料、财务账目等材料时必须出具立项检查通知书；三是检查处理结果的送达要求，监察机关做出的监察处理决定、监察建议应以书面形式送达有关部门或者有关人员，监察决定书和监察建议书都须经监察机关负责人签名并加盖公章。

第二节 检举、控告的受理程序

国家监察机关的重要职能之一，便是受理对国家公职人员涉嫌职务违法犯罪的检举、控告。做好检举、控告工作，对于保障人民群众充分行使民主监督权，防止矛盾和纠纷的升级，以及保持社会的安定团结具有重要意义。

一、受理检举、控告的概念与意义

对所有行使公权力的国家公职人员违法违纪行为的检举、控告，是及时揭露和惩处监察对象违法犯罪行为的有效手段，不仅能保证监察机关正确履职履责，还能在一定程度上形成示范作用，促进国家公职人员廉洁奉公、遵纪守法、勤政高效。

（一）受理检举、控告的概念

受理对监察对象职务违法犯罪行为的检举、控告，是指国家监察机关按照其职权承认检举、控告的有效性，并按照法定程序予以接受和处理的行为。监察意义上的检举，是指公民、法人或其他组织，向监察机关揭发其发现或者了解的监察对象涉嫌职务违法犯罪的线索和材料，并要求予以调查处理的行为。监察意义上的控告，是指公民、法人和其他组织向监察机关控诉监察对象侵害其合法权益的职务违法犯罪事项，并要求予以调查处理的行为。检举和控告有一定区别，检举一般是出于为维护国家、社会和人民利益而提出的处理要求，而控告一般是为了保护自身合法权益而提出的处理要求。检举人一般与事件无直接关系，而控告人则往往是自身权益受到侵害的人或者是受侵害人的代理人。

监察机关受理检举、控告作为一种法律行为，应具备的前提条件有：检举、控告的对象是监察对象；检举、控告的内容是涉嫌职务违法犯罪的行为；检举、控告所涉及的人和事，属于监察机关的管辖范围。监察机关对群众一般的来信来访的接收、处理，不能视为具有法律效力的受理。受理检举、控告也不等同于立案，它只是监察机关决定是否立案调查的前期工作。

（二）受理检举、控告的意义

1. 保障公民和其他社会主体的合法权益

国家宪法赋予公民检举、控告的基本权利，这是公民、法人和其他社会组织实施民主监督，更好地约束国家公职人员行为的重要途径。监察机关受理检举、控告，并依法进行调查、核实、处理的行为，是保障民主监督权利的有效途径，同时也有利于保护人民群众参与反腐败斗争的积极性，维护国家利益和集体利益。

2. 实现国家监察与群众监督相结合

监察机关可以通过人民群众的报案和举报的重要线索，发现和查处各种职务违法犯罪行为。监察工作的展开必须紧紧依靠人民群众的力量，而群众监督又需要由专门的监督机关进行依法处理，才能发挥其监督制约作用。监察机关受理检举、控告工作，是提高监管有效性，充分发挥民主监督作用的重要途径。

二、受理检举、控告的主要工作和流程

公民、法人或者其他组织进行检举、控告，所采用的主要方式是写信、面谈、打电话和网络举报。因此，监察机关受理检举、控告的主要工作就是对来信、来访、电话和网络举报进行处理，这也是监察机关受理检举、控告的经常性、基础性工作。

（一）办信、接访、电话举报和网络举报

1. 办信

办信是指群众通过信件将检举、控告材料邮寄到监察机关，监察机关收到群众来信后，按照有关规定、要求，对来信进行处理的过程。办信包括收信登记、送阅审批、转办催办、查办结案、复信回访等流程。

2. 接访

接访即接待群众来访，是指群众到监察机关设立或者指定的接待场所当面反映问题，监察机关直接听取来访人员反映情况，并按有关规定、要求对反映问题进行处理的过程。接访的程序包括登记、接谈、归口处理。

3. 接听举报电话

接听举报电话是指监察机关从举报人打来的电话中听取举报，并按有关规定予以处理的过程。监察机关接听电话举报，应认真听取，如实记录，并询问清楚，有条件的可以录音。对紧急、重要的情况要及时向领导报告，并采取措施快速处理。对应由其他部门受理的问题，引导举报人向有关部门反映。

4. 处理网络举报

处理网络举报是指举报人登录监察机关的举报网站、手机客户端、微信公众号等进行举报投诉后，监察机关对网络举报进行下载、导入处理系统，并进行整理和处置的过程。处理网络举报的流程包括举报投诉登记、转办督办、结果审核、答复举报人等方面。

（二）来信、来访、电话举报和网络举报的处理

《国家监察法》第三十五条规定："监察机关对于报案或者举报，应当接

受并按照有关规定处理。对于不属于本机关管辖的，应当移送主管机关处理。"根据规定，监察机关对人民群众的报案或者举报应当接受，并按照监察机关内部职责分工，由信访部门负责统一接受群众的来信来访和报案、举报材料，逐件登记并分类摘要后，再按照程序报批和办理。因而，对于来信、来访、电话和网络举报所反映的多种多样问题，监察机关受理检举、控告的工作部门必须进行认真的辨别与筛选，根据检举、控告的内容，依照归口办理、分级负责的原则，明确予以受理或不予受理。

对属于监察机关受理范围的控告、检举，可分情况做如下处理：对属于本级监察管辖的，转交本机关有关职能部门或派驻机构办理；对其中急待查明、易查易结以及打击报复举报人的违纪问题，报经监察机关领导人批准，受理控告、检举的职能部门可以进行初查，直至立案调查；对不属于本级监察机关管辖的，应移送有管辖权的主管机关办理；对于重要的控告、检举，应及时向本机关负责人报告，以其他方式处理。

对于不予受理的控告、检举，一般可做如下处理：告之控告、检举人向有处理权的机关反映，并做好解释工作，对于其中的重要问题或紧急事项，可以协助其联系受理机关或者报告有关领导后再做处理；对于不予受理的信函，可转交有处理权的机关处理，并函告控告、检举人，其中重要问题或紧急事项应报告有关领导。

三、作好检举、控告工作的基本要求

各级监察机关信访部门的建立，为及时、正确处理检举和控告做出了重大贡献。一是为查处职务违法犯罪案件提供了大量线索；二是通过受理检举、控告工作，不断得到有关国家公职人员违法违纪的大量信息；三是接待和正确处理了许多集体上访，切实把矛盾化解在基层。实践证明，要履行好受理检举、控告的职责，必须做到以下几点：

（一）实事求是，以事实为依据

这是监察机关做好受理检举、控告工作的根本前提。对检举、控告的问题，必须抱以慎重的态度，对相关问题进行认真的研究和分析，在未弄清事实真相前，切忌感情用事和凭主观臆断办事。

（二）把问题解决在基层和初始阶段

这对于防止矛盾升级减少越级上访，营造良好的经济发展环境具有重要意

义。对检举、控告的一般要求是，问题在哪里出现就在哪里解决，矛盾不上交。对集体上访更要深入细致地做好工作，及时解决问题。

（三）把解决实际问题与思想教育相结合

对报案人、举报人所提出的合理要求，凡能解决的，应尽快帮助解决；在短期内，难以及时解决的，要耐心、细致地就相关情况及规定向其进行明确说明；对于不合理的要求，要积极主动地通过说服教育，提高相对人的认识和觉悟。

（四）对检举、控告人实施保护

公民、法人和其他组织可以依据宪法所赋予的民主权力，向监察机关检举、控告监察对象的职务违法犯罪行为，更好地发挥群众在全面从严治党中的作用。监察机关应当建立严格的保护制度与措施，严禁泄露举报事项、处理情况以及与举报人相关的信息。这样有利于保护检举、控告人及近亲属的安全，也有利于保护人民群众与职务违法犯罪作斗争的积极性。

1. 建立严格的保密制度

应设立检举、控告接待室，接受当面检举、控告应单独进行，无关人员不得在场；受理来信、来访、电话举报和网络举报工作，严防泄密或遗失检举、控告材料；对检举、控告人的姓名、工作单位、家庭住址等有关情况及检举、控告内容必须严格保密，严禁透露给被检举、控告单位和人员以及其他任何单位和人员；检举、控告材料列入密件管理，不得私自摘抄、复制、扣押、销毁；检举、控告材料，除查处案件工作需要外，不得向有关人员出示，因查处案件工作需要出示的，必须经本委、部（厅、局）主管领导批准，并隐去可能暴露检举、控告人的身份的内容；严禁将检举、控告材料转给被检举、控告单位或被检举、控告人；未经检举、控告人同意，不得公开检举、控告人的姓名、工作单位及其他有关情况。

2. 建立严肃的责任追究制度

监察机关工作人员无意或故意泄露控告、检举情况的，应追究责任；指使他人打击报复，或者被指使人、被指使单位的主要负责人和直接责任人员明知实施的行为是打击报复的，均以打击报复论处。打击报复检举、控告人的，监察机关应分不同情况处理：其一，对于正在实施的打击报复行为，纪检监察机关应在其职权范围内采取措施及时制止，并予以处理；其二，检举、控告人因被打击报复而受到错误处理时，纪检监察机关应在其职权范围内依照有关规定予以纠正；其三，检举、控告人因被打击报复而造成人身伤害及名誉损害、财产损失时，纪检监察机关应在其职权范围内负责处理。

第三节　职务违法犯罪的调查处理程序

职务违法犯罪的调查处理，是指监察机关依据《中华人民共和国监察法》的规定，对所有行使公权力的公职人员涉嫌贪污贿赂、滥用职权、玩忽职守、权力寻租、利益输送、徇私舞弊以及浪费国家资财等行为所进行的收集证据，查明事实，区分责任，定性处理的专门活动。对公职人员涉嫌职务违法和职务犯罪的调查处理，突出地体现了监察委员会作为国家反腐败工作机构的定位，体现了监察工作的特色，能有效地强化不敢腐的震慑，减少和遏制腐败行为的发生，维护宪法和法律尊严，保持公权力行使的廉洁性。

根据《中华人民共和国监察法》的规定，国家监察机关查处职务违法犯罪案件应依次经过问题线索处置、立案、调查、审理、处置五个阶段，各阶段相互衔接，缺一不可。

一、问题线索处置

处置反映公职人员涉嫌职务违法犯罪的问题线索，是监察机关开展工作的基础和前提。《国家监察法》第三十七条规定："监察机关对监察对象的问题线索，应当按照有关规定提出处置意见，履行审批手续，进行分类办理。"也就是说，监察机关承办部门收到移交的问题线索，应当根据所掌握的情况认真分析研判，提出处置意见。处置意见的期限应为收到问题线索之日起30日期限内，不得拖延和积压。

对于问题线索的处置，监察机关还应当建立常规化管控机制，加强对问题线索处置各个环节的监督和制约。监察机关应当广泛听取问题线索并定期根据工作进展开展专题会议，综合分析研判，对问题集中的领域和影响重大的检举事项进行深入调查研究，并提出处置要求。承办部门应及时汇总线索的处置情况，并定期进行自查，向案件监督管理部门通报。案件监督管理部门要定期汇总、核对、检查、抽查问题线索及处置情况，向本机关相关负责人报告。各部门要做好线索处置归档工作，归档材料应做到准确完整，载明领导批示和处置过程。

问题线索处置主要有谈话函询、初步核实、暂存待查、予以了结四种方式：一是谈话函询，是指监察机关对线索中反映的带有苗头性、倾向性、一般性的问题，及时通过谈话或函询方式进行处置；二是初步核实，是指监察机关对受理和发现的反映监察对象涉嫌违法犯罪的问题线索，进行初步核实、检验的活动；三是暂存待查，是指线索反映的问题具有一定的可查性，但由于时机、条件、涉案人一时难以找到等种种原因，暂不具备核查的条件而存放备查；四是予以了结，是指线索反映的问题失实或没有可能开展核查工作而采取的线索处置方式，包括虽有职务违法事实但情节轻微不需追究法律责任，已建议有关单位做出恰当处理以及被反映人已去世的等情况。此外，国家监察法还指出，初步核查要按照审批、制定工作方案、成立核查组、撰写初步核实情况报告、提出处置意见的程序来进行。在监察机关调查工作过程中，初步核实是一项重要环节。初步核实过程中所掌握的违法犯罪情况，以及所搜集到的关键证据材料，是立案调查的重要依据，奠定了案件调查工作的基础。

在处置具体问题线索时，应当注意，要提高政治站位，把握"树木"与"森林"的关系。监察机关应当既研究分析被反映公职人员的个人情况，还要结合问题线索所涉及地区、部门、单位总体情况，在综合分析的基础上，对个体问题线索提出实事求是的处置意见。

二、立案

立案，即案件的成立，标志着监察机关对案件进行全面、深入调查的开始。立案必须是建立在已掌握国家公职人员职务违法犯罪线索与材料并经过初步审查的基础上。《国家监察法》第三十九条规定："经过初步核实，对监察对象涉嫌职务违法犯罪，需要追究法律责任的，监察机关应当按照规定的权限和程序办理立案手续。"规定本条的主要目的是确立监察机关的立案工作标准，确保能准确、及时地立案。根据规定，凡需要立案的，应当已经掌握部分职务违法或者职务犯罪的事实和证据，具备进行调查的条件。需要注意，立案应当同时具备实体性条件和程序性条件，在办理案件时，要特别注意遵守程序规定。

第一，存在职务违法或者职务犯罪的事实。监察机关立案所需的职务违法或者职务犯罪的事实，仅指初步确认的部分职务违法或者职务犯罪的事实，而不是全部职务违法或者职务犯罪的事实，全部事实到调查阶段结束之后才能得以查清，而且还要经过审理之后才能认定。

第二，需要追究法律责任。有职务违法或者职务犯罪的事实，只是立案的必备条件之一，但并不是所有职务违法或者职务犯罪的事实都需要立案查处，能否立案还要取决于是否需要追究法律责任。如果情节轻微不需要追究法律责任的，就不需要立案。是否需要追究法律责任，还是要根据有关法律法规的规定来确认。

第三，按照规定的权限和程序办理立案手续。这里讲的"规定的权限和程序"，主要是指《监督执纪工作规则（试行）》第二十六条的规定，即在满足立案条件的前提下，由承担部门起草立案审查呈批报告，经纪检监察机关负责人批准后，报同级党委（党组）审批，予以立案审查。有关负责人应当严格审核把关，认为符合立案条件的，批准立案；认为不符合立案条件的，不批准立案，由监察机关做出其他处理；认为需要对某些问题作进一步了解的，退回立案报告，由承办部门作进一步了解。

第四，监察机关立案后，应该通知有关单位和人员，保障被调查人及其家属的知情权。立案调查决定应当向被调查人宣布，并通报被调查人所在单位等相关组织，这既是保障他们的知情权，也是要求他们积极配合调查。被调查人涉嫌严重职务违法犯罪的，应当告知其家属，并公布给公众。这既可以让其家属知情，同时也有利于监察机关接受社会监督，还可以加强反腐败斗争宣传的力度，在社会上形成震慑的作用。

三、调查

调查是监察机关案件调查部门运用法定的方式、手段和措施对已立案的案件所进行的收集证据、查明事实、明确责任、提出处理意见的活动。

（一）制定调查方案

案件调查方案是指导开展调查，获取证据，查清事实的行动方案。它是调查活动总体规划和办案人员行动的依据，有利于加强调查工作的规划和前瞻性，使调查工作有序进行。监察机关的主要负责人应当主持专门会议，根据被调查人的情况、案件的性质和复杂程度等，集体研究和确定调查方案。一般而言，调查方案的内容应当包括：调查人员的组成；应当查明的问题和线索；调查步骤和方法；调查过程中拟采取的措施；调查的时间安排；其他应当注意事项等。调查方案一经确定，案件调查人员应当严格遵守执行，不得擅自更改方案内容，遇有重大突发情况需要更改调查方案的，需要该方案的监察机关主要负责人批准。

监察机关采取的调查措施包括讯问、询问、留置、搜查、查询与冻结、调取、查封、扣押、勘验检查、鉴定、技术调查、通缉、限制出境等。其中，留置取代了"双规"措施，各级监察机关采取留置措施，都应经本机关领导人员集体研究决定，市级、县级监察机关决定采取留置措施，还应报上一级监察机关批准；省级监察机关采取留置措施，还应报国家监察委员会备案。一般情况下，留置期限不得超过三个月。特殊情况下，可以延长一次，延长时间也不得超过三个月，因此留置期限最长不得超过六个月。省级以下（含省级）监察机关延长留置期限，除了经本机关领导人员集体研究决定外，还应当报上一级监察机关批准。

（二）实施调查方案

调查方案的实施主要包括两个方面，一是收集证据，二是查明事实。收集证据，是指调查部门按照法律、法规的有关规定，运用法律、法规、规章规定的手段和措施，获取能够证实被调查人有无职务违法或职务犯罪行为，以及该行为情节轻重的各种证据。它主要包括书面证据、物证、证人证言、被调查人的陈述和解释、视听资料、专家结论、调查和讯问笔录等。为了收集证据，必须遵循以下原则：第一合法，即收集证据的措施必须在法律、法规赋予的权限范围内，且手续齐备。严禁以酷刑逼供，以威胁、引诱、欺骗等非法手段获取证据。第二客观，即要客观反映事物的真实性质，不允许要求证人按照某个框架提供证据。第三全面，应全面收集所有真实反映案件的证据，包括能够证实被调查人有无违法犯罪以及情节轻重的各种证据，不应该按主观意愿取舍。查明事实意味着查明被调查人所犯罪行的时间、地点、手段、动机和目的、所犯罪行的范围、所造成的危害和后果以及犯罪后的态度。经调查人认定的违法犯罪事实，应形成书面材料并与被调查人见面，允许被调查人辩解，必要时应重新调查或补充调查。

在实施调查方案时，各项调查措施的运用也要遵循程序性规定。第一，依照规定出示证件。出示证件是为了验证调查人员的真实身份，使相关单位和人员能够积极配合。第二，出具书面通知。监察机关决定采取调查措施时，应当制作书面通知，交由调查人员向相关单位或个人在现场出示，以表明调查人员的行为经过监察机关合法授权。第三，成员应为两人以上。采取调查措施时，需要两名以上调查人员进行，这是出于实际工作的需要，方便客观、有效获取和留存证据，防止个人徇私舞弊或发生刑讯逼供、诱供等非法调查行为。第四，形成笔录、报告等书面材料，并由相关人员签名、盖章。要求由相关人员签名、盖章，是对笔录、报告等书面材料的核对与认可，以防止歪曲被调查人、证人的真实意图。调查人员进行讯问以及搜查、查封、扣押等重要取证工作，应当全程录音录像，目的是留存备查，这既是对重要取证工作的规范，也是对调查人员的保护。

此外，在实施调查方案中，应严格遵守请示报告制度。反腐败工作高度敏感，无论对什么级别的公职人员进行调查，都必须加强请示报告。在案件调查工作中，不仅要报告结果，也要报告过程。案件调查重要进展情况，调查人员要及时向监察机关领导人员口头报告，之后再正式行文请示，不能先斩后奏，更不能造成既成事实。针对调查过程中的突发情况，调查人员按程序请示后，可根据工作需要，对调查方案进行适当的调整。若情况紧急，来不及按程序请示时，调查人员经集体研究后，也可以临机处置，事后应立即按照程序向监察机关领导报告。

（三）必要时提请有关机关予以协助

《国家监察法》第四条规定："监察机关办理职务违法和职务犯罪案件，应当与审判机关、检察机关、执法部门互相配合，互相制约。监察机关在工作中需要协助的，有关机关和单位应当根据监察机关的要求依法予以协助。"

依据本条规定，在调查、处理职务违法犯罪案件过程中，监察机关同审判机关、检察机关、执法部门形成了互相配合、互相制约的工作联系。"互相配合"，主要是指监察机关与司法机关、执法部门在办理职务违法犯罪案件方面，要按照法律规定，在正确履行各自职责的基础上互相支持，不能违反法律规定各行其是。"互相制约"，主要是指监察机关与司法机关、执法部门在追究职务违法犯罪过程中，通过程序上的制约，防止和及时纠正错误，以保证案件质量，正确运用法律惩治犯罪行为。监察机关、司法机关和执法部门之间的相互合作和制约机制体现在许多具体程序的设置上。例如，监察机关决定通缉的，由公安机关发布通缉令，追捕归案。

监察机关在工作过程中遇到超出职权范围的其他紧急情况和特殊情况，需要公安、司法行政、审计、税务、海关、财政、工业信息化、价格等机关以及金融监督管理等机构予以协助的时候，有权要求其予以协助。例如，监察机关进行搜查时，可以根据工作需要提请公安机关配合，公安机关应当依法予以协助。

（四）制作调查报告并移送审理

案件调查结束后，调查人员应及时开始撰写调查报告。案件调查报告是指案件调查部门在对某一职务违法案件进行调查取证的基础上，用文字全面反映案件事实，并根据事实和有关法律法规分析案件性质，提出处理建议的一种文本。案件调查报告一般包括：立案依据；犯罪的事实和性质；被调查人和有关人员的责任；被调查人的态度和对见面材料的意见；被调查人所在单位的意见；处理意见；调查人员的签名或印章；报告时间等。

调查报告完成以后，经监察机关分管领导批准同意，与案件其他材料，包括全部证据材料、被调查人对调查事实见面材料的意见以及办理各项法定手续的材料，一并移送案件审理部门进行审理。

四、审理

审理是监察机关案件审理部门对调查终结移送审理的案件进行的核查事实资料、审查判断证据、分析鉴定案件性质、提出处理意见，并报监察机关负责人审批或提交审理委员会审议的专门活动。案件审理部门通常会成立由两人以上组成的审理组，并在集体审议的基础上提出审理意见。案件审理工作的性质，决定了它必须遵循严格的工作程序。

（一）受理移送案件

受理移送案件是指，案件审理部门对符合受理条件的案件予以接受，并办理受理手续。受理的案件主要有两类：第一类是需要给予纪律处分的案件；第二类是需要做出其他处理的其他案件。在受理移送案件时，承办人应当检查案卷材料是否完整，程序是否完整。不符合要求的，应当通知调查部门办理手续，补充资料。

（二）审核案件材料

案件审理部门的承办人调查处理职务违法犯罪案件必须做到事实清楚、证据确凿、定性准确、处理恰当、程序合法、手续完备，对案件材料进行全面的审核。重点分析违法犯罪事实，被调查人员责任是否明确；确定违法犯罪事实的证据是否完整、充分、准确；违法犯罪事实性质的确定是否符合法律法规的规定和政策精神；提出的处理意见是否与被调查人员的事实、性质、情况、后果和责任相符，是否符合法律法规的规定；调查活动和程序是否符合法定要求。

（三）补充调查和补办手续

审理部门在审理案件时，对主要事实不清、证据不足或者需要补充完善证据的，退回调查部门重新进行调查或补证。必要时，经检察机关负责人同意，也可自行调查或者补办手续。需要作补充调查或者补办手续的情况主要是：事实不清；证据不足；有关人员责任不明；手续不完备。

（四）制作审理报告

案件审理报告是审理部门在对案件进行全面审核后，提交监察机关负责人审定或提交案件审理委员会审议的关于案件的事实、证据、性质、有关人员的责任及给予处分的审理意见的报告。重大复杂案件、审判部门和调查部门意见不一致的案件以及审理部门认为有必要提交审判委员会审议的案件，应当提交审判委员会审议。审理部门讨论案件，如有不同意见得不到统一，在报送审理报告时，应将所存在的不同意见一并报告，由监察机关负责人或审理委员会作最后决定。

五、处置

处置是指监察机关对已立案的案件，在调查、审理基础上，依法做出处理的活动。做好职务违法犯罪案件的处置工作，对受处分者本人和其他公职人员遵纪守法具有重要意义。

（一）对立案调查证据的处置规范

监察机关根据监督、调查结果依法做出处置决定前，应当审查案件证据是否确实、充分。对证据的审查认定，应当结合案件的具体情况，从证据与待证事实的关联程度、各证据之间的联系、是否依照法定程序收集等方面进行综合审查判断。证据确实、充分，应当符合三个条件：违法犯罪事实都有证据证明；据以定案的证据均经法定程序查证属实；综合全案证据，对所认定事实已排除合理怀疑。收集物证、书证不符合法定程序，可能严重影响公正处置的，应当及时要求调查部门补正或者做出书面解释。反之，不能补正或者无法做出合理解释的，应该对其予以排除。

（二）对立案调查结果的处置规范

监察机关根据对监督、调查证据的审查结果，依法做出四种处置。一是政务处分，对违法的公职人员依照法定程序做出警告、记过、记大过、降级、撤职、开除等处分决定。二是监察建议，对监察对象所在单位廉政建设和履行职责存在的问题等提出监察建议。三是监察问责，对不履行或者不正确履行职责的，依照权限对负有责任的领导人员直接做出问责决定，或者向有权做出问责决定的机关提出问责建议。四是移送起诉，对公职人员涉嫌职务犯罪，经调查、审核认为犯罪事实清楚，证据确实充分的，制作起诉意见书，连同被调查人、案卷材料、证据一并移送检察机关依法直接提起公诉，检察机关依法对被移交人员采取强制措施。

（三）涉案财物的相关处置规范

《国家监察法》明确做出了对涉案财物的处置规定。《国家监察法》第四十六条："监察机关经调查，对违法取得的财物，依法予以没收、追缴或者责令退赔；对涉嫌犯罪取得的财物，应当随案移送人民检察院。"处理案件所涉及的财物，主要有两种方法。一是没收、追缴或者责令退赔。对被调查人违法取得的财物，监察机关可以依法予以没收、追缴或者责令退赔，目的是防止职务违法的公职人员在经济上获得不正当利益，挽回职务违法行为给国家财产、集体财产和公民个人合法财产造成的损失。二是随案移送，对被调查人涉嫌犯罪取得的财物，监察机关应当在移送检察机关依法提起公诉时随案移送，以保证检察机关顺利开展审查起诉工作。对随案移送检察机关的财物，监察机关要制作移送登记表。在法院依法做出判决后，检察机关应将未认定的涉案财产退回监察机关，监察机关应当视情况做出相应处理。

第四节　复审与复核的受理程序

为使案件处理经得起历史和人民检验，切实尊重和保障监察对象的合法权益，进而从源头上逐步减少和避免复审和复核的情形，《国家监察法》第四十九条对监察对象申请复审复核的权利进行了规定。这也是监察机关强化自身监督管理，促进依法履职和秉公用权的应有之义。

一、复审与复核的概述

复审、复核是监察制度中为保护监察对象的合法权益，对监察机关行使职权实施内部监督的一项重要工作制度。明确监察机关受理复审、复核的程序、时限和审查处理，对于保障监察对象的合法权益，促进监察机关依法履职、秉公用权具有重大作用。

（一）复审、复核的概念

复审，是指做出监察决定的监察机关受理当事人因不服监察决定而提出的复审申请，对自己做出的原监察决定进行重新审查并做出复审决定的活动。所谓复核，是指做出复审决定的上一级监察机关受理当事人因不服复审决定而提出复核申请，对下一级监察机关做出的复审决定进行审查核实并做出复核决定的活动。

复审、复核程序，是指监察机关依法受理复审申请、复核申请，对原决定进行审查核实并做出复审决定、复核决定所应遵循的方式和步骤。规定复审、复核程序，是为了确保监察机关正确、及时地处理复核案件，保障和监督监察机关依法办事。监察机关对案件的复审、复核，是以被处理的监察对象提出复审、复核申请为前提的，因此，这不是调查和处理每起案件的必要程序。

（二）复审、复核的作用

1. 促进监察机关更好地履行监察职责

监察机关复审、复核的开展，必须要对复审、复核的专门机构、时限、方式、决定等方面作具体的规范和要求。这就从程序上保证监察机关对原决定所认定的事实和证据，适用法律、法规和政策，定性量纪及其他方面进行及时正确的复查核实，并做出复审、复核决定，促进监察机关更好地履行监察职责。

2. 保障监察对象的合法权益

这可从两方面来理解，一方面，国家公职人员申请复审、复核的权利是国家法律、法规赋予的，监察对象对监察机关做出的涉及本人的处理决定不服可以提起复审、复核，监察机关应通过相应机制予以具体落实和保障。另一方面，经复审、复核程序，可以对违法、不当的原决定进行撤销、变更，这就直接维护和保障了监察对象的合法权益。

3. 监督监察机关严格依法执法、秉公用权

监察机关做出维持原决定的复审、复核决定，这对监察机关的监察决定是一种肯定和支持，为监察机关依法办事提供了保障。监察机关做出撤销、变更的复审、复核决定，这对监察机关是一种强有力的监督，督促监察机关更好的依法监察，及时正确的做出监察决定，降低监察对象的损失。

二、复审、复核案件应遵循的原则

监察机关复审、复核案件，是在原已依法做出监察决定的情况下进行的。因此，复审、复核工作必须按照以下原则进行。

（一）申请才受理的原则

复审、复核是以监察对象提出申请复审、复核请求为前提的，也即有关当事人提出申请，监察机关才受理符合规定条件的申请，并予以复审或复核。复审、复核是监察机关依申请而履行监察职责的行为，没有申请的提起，监察机关所要复审、复核的申诉案件也就无从产生。因此，复审、复核遵循申诉才受理的原则。

（二）坚持实事求是、有错必纠、不错不纠的原则

在复查、复审案件结果时，有三种可能的情况：第一，监察决定是错误的；第二，监察决定存在部分错误；第三，监察决定是完全正确的。根据这三种情况，应分别作出不同的处理：是错案，彻底纠正；存在部分错误，应予以纠正；原决定是正确的，应该保持原来的决定。

（三）在复审、复核期间，不停止原决定执行的原则

《国家监察法》第四十九条规定："复审、复核期间，不停止原处理决定的执行。"由于监察机关做出的监察决定，是依据国家法律、法规的授权而做出的具体行政行为，它具有法律上的先定力，在未被依法否定之前应推定是合法和正确的，非经法定程序不得随意变动。当事人提出复审、复核申请，只是对监察决定合法、适当与否的一种主观认识。因此，为了保障监察机关正常、有效地行使国家权利，执行公务，监察机关做出的监察决定不因当事人提出复审、复核申请而停止执行。

（四）复审、复核应有规定期限的原则

对于当事人来说，复审、复核的申请必须在法定时限内提出，超过法定期限的，丧失申请复审、复核的权利。逾期的复审、复核申请不能导致复审、复核程序的发生，而只能由监察机关的信访部门按有关规定处理。对监察机关来说，由于在复审、复核期间不停止原决定的执行，因而为了减少由于在原决定中可能存在的错误和不当而给当事人带来的影响和伤害，对复审、复核均应有明确的期限规定，以防止复审、复核工作的拖延。

（五）实行复审、复核终结制的原则

监察机关对其监察对象做出的处分决定应有最终裁决权。同时，也为了避

免部分当事人无休止的提出复审、复核申请而影响监察决定的严肃性，应实行复审、复核终结制。实行两审终结制，既有利于确保监察机关在法定期限内做出决定，保障监察对象的合法权益，也有利于监察机关的工作的正确开展。

三、复审、复核案件的受理期限和程序

《国家监察法》第四十九条规定："监察对象对监察机关作出的涉及本人的处理决定不服的，可以在收到处理决定之日起一个月内，向作出决定的监察机关申请复审，复审机关应当在一个月内做出复审决定；监察对象对复审决定仍不服的，可以在收到复审决定之日起一个月内，向上一级监察机关申请复核，复核机关应当在二个月内做出复核决定。"

这一规定对复审、复核申请提起的期限作了明确规定。所谓复审复核申请提起的期限，是指复审、复核申请人行使复审申请权、复核申请权的时间限制，即申请人的复审、复核申请必须在法定期限内提出。逾期未提出复审或者复核申请的，即行丧失通过复审或者复核程序申请监察机关裁定的权利。因此，复审、复核申请人为更好地维护其合法权益，应在法定期限内提起复审、复核申请。依照本规定，复审机关应当在一个月内做出复审决定，复核机关应当在二个月内做出复核决定。"一个月"应当自复审机关收到复审申请之日起计算，这是做出原处理决定的监察机关进行复审活动的期限，"二个月"应当自复核机关收到复核申请之日起计算，这是上一级监察机关进行复核活动的期限。规定复审、复核期限的目的在于保证监察机关及时处理复审、复核案件，维护申请人的合法权益。

本条也对复审、复核的程序做出了规定。复审的程序，包括监察对象在规定期限内对监察机关做出的涉及本人的处理决定提出复审申请、做出决定的监察机关依法受理、对原处理决定进行审查核实、做出复审决定等方面。复核的进行，也必须经过监察对象在规定期限内向监察机关做出复核申请、做出复审决定的上一级监察机关依法受理、对原复审决定进行审查核实、做出复核决定等流程。复审是复核的前置程序，未经复审的，不能提出复核申请。需要注意的是，对监察机关涉及本人的处理决定不服的，只能向做出原处理决定的监察机关申请复审，而不能向其他机关提出申请。

由于复审和复核都存在着更改和不更改原审结果的情况，为避免复审和复核程序影响对正确处理结果的执行，复审、复核期间不停止原决定的执行。规定复审、复核期间不停止原决定的执行，是因为监察机关处理决定和复审决定，是一级国家机关依法做出的，对监察对象和监察机关均有约束力，双方都

必须严格执行，非依法定程序不得随意变更和撤销。规定在复审、复核期间不停止原决定的执行，有利于保障监察机关代表国家做出的监察决定、复审决定的效力，维护监察机关的工作秩序，维护法律秩序和公共利益。同时，作这样的规定也不影响对复审、复核申请人合法权益的保护，因为复审、复核申请人提出变更或者撤销监察决定、复审决定的申请后，监察机关经过复审、复核认为原决定不适当的，可以做出变更或者撤销原决定的复审、复核决定。这一复审、复核决定的效力始于原决定生效之时。因此，无论从时间上还是实际后果看，复审、复核期间不停止原决定的执行，丝毫不影响复审、复核申请人行使其合法权益。

四、复审、复核案件的审查处理

《国家监察法》第四十九条规定："复核机关经审查，认定处理决定有错误的，原处理机关应当及时予以纠正。"复审、复核案件，应调阅案件的所有材料，对原案进行全部审查，不受当事人申请复审、复核内容的限制。对案件的复审、复核应着重于审查原决定中查明的事实是否明确，证据是否真实、充分；适用的法律和法条是否正确，包括定性是否准确和处分是否适当；调查和处理案件的程序是否符合规定。同时，还要审查当事人在复审、复核申请中提出的新事实、新证据和补充有关资料。

对复审、复核案件的处理分三种具体情况。第一，经复审或者复核，认为原处分决定或者复审决定符合下列三个条件的，应决定维持：事实明确，证据确实充分；适用的法律、法规、政策正确，定性准确；处分适当。第二，经复审或者复核后，认为原处分决定或者复审决定有下列情形之一的，应决定撤销：违纪事实不存在的；认定事实不清，证据不足的；违反法定程序，影响案件的公平处理的。属于上述后两种情形的，决定撤销后，由原决定机关重新审理。第三，经复审或复核，认为原行政处分决定或者复审决定具有下列情形之一的，应予以变更：适用法律、法规、政策不当，定性不准确的；处分明显不当的。

监察机关做出的复审、复核决定，都应制作监察文书，即复审决定书、复核决定书，并及时送达申诉人和原做出处分决定、复审决定的机关。

☞ 本章小结

监察机关履行监督职责时，应按照相应的程序要求。在开展廉政教育活动时，应该遵循明确廉政教育的对象、制定廉政教育的内容、实施廉政教育活动、进行廉政教育的考核评估等路径。监察机关进行监督检查时，应该对需要检查的事项予以立项、制定检查方案、组织实施检查方案、提出检查情况报告，最后做出检查处理。

受理对监察对象职务违法犯罪行为的检举、控告，是国家监察机关按照其职权承认检举、控告的有效性，并按照法定程序予以接受和处理的行为。受理检举、控告的主要工作有办信、接访、电话举报和网络举报。对于反映的多种多样问题，监察机关受理检举、控告的工作部门必须进行认真的辨别与筛选，根据检举、控告的内容，依照归口办理、分级负责的原则，明确予以受理或不予受理。

国家监察机关查处职务违法犯罪案件应依次经过问题线索处置、立案、调查、审理、处置五个阶段，各阶段相互衔接，缺一不可。调查处理程序主要包括：对需要调查处理的事项进行问题线索处置；认为有违法违纪的事实，需要追究责任的，予以立案；组织实施调查，收集有关证据；有证据证明违法违纪事实，需要给予政务处分或者做出其他处理的，进行审理；做出监察决定或者提出监察建议。

监察对象对监察机关做出的涉及本人的处理决定不服的，可以在收到处理决定之日起一个月内，向做出决定的监察机关申请复审，复审机关应当在一个月内做出复审决定；监察对象对复审决定仍不服的，可以在收到复审决定之日起一个月内，向上一级监察机关申请复核，复核机关应当在二个月内做出复核决定。监察机关做出的复审、复核决定，都应制作监察文书，并及时送达申诉人和原做出处分决定、复审决定的机关。

☞ 关键术语

检举；控告；线索处置；立案；调查；审理；监察决定；复审；复核

☞ 练习与思考题

1. 廉政教育的主要程序有哪些？
2. 监督检查的程序有哪些方面？
3. 受理检举、控告的主要工作和程序是什么？
4. 受理检举、控告的基本要求是什么？

5. 职务违法犯罪案件的调查处理程序是什么？

6. 监察机关受理复审、复核的基本原则包括哪些？

7. 监察机关受理复审、复核的期限范围和主要程序是什么？

☞ 案例

天津宝坻：细化关键环节和工作流程 办好留置"第一案"

"胡亚东犯贪污罪，判处有期徒刑十四年六个月，并处罚金人民币100万元。" 2018年9月，天津市宝坻区人民法院对胡亚东贪污公款一案做出一审判决。这是宝坻区监察委员会成立后实施留置措施的第一案，也是天津市监委挂牌后留置第一案。

调查结果显示，在担任天津水务集团有限公司引滦分公司人力财务部出纳的时间里，被告人胡亚东利用其管理、经手单位账户及现金的职务便利，通过伪造票据、虚增支出等方式，侵吞单位公款2500余万元。

2018年1月11日，宝坻区监委正式挂牌成立，实现对全区行使公权力的公职人员监察全覆盖。1月23日，即按程序立案调查胡亚东案件。挂牌即开工、转隶就履职，宝坻区监委第一时间挑选精兵强将，由区监委副主任牵头，区检察院中转隶的原反贪局局长上阵，对案情展开调查。

宝坻区纪委监委通过使用谈话、询问、查询、调取、留置等多种调查措施，迅速掌握了案件情况，取得了关键证据。同时，及时研究制定监察工作办法和专案线索处置程序，对立案审查、线索处置、留置措施等关键环节和工作流程进行细化，研究设计了19项文书文本。审理提前介入，对证据客观性、合法性、关联性严格审核把关，对涉嫌贪污的犯罪事实进行细致审查，确保案件经得起历史检验。4月9日，宝坻区监委完成了对该案的调查，并将案件移交人民检察院，由其依法进行审查起诉。

此外，专案组还展开外围调查，发现该公司其他3名财务人员置财务制度于不顾，审核不把关，签字走过场，循"惯例"、走"捷径"、图"方便"，最终，宝坻区纪委监委对这3名财务人员进行纪律审查和监察调查。

（来源：中央纪委国家监察网站，http://www.ccdi.gov.cn/gzdt/jctzgg/201809/t20180918_179981.html）

请思考：

上述案例中，监察机关启动了哪些监察程序？

第九章
比较国家监察

为制约权力、打击和预防腐败，各个国家或地区以自身的政治制度为基础，根据现实政治需要，建立起了各具特色的监察制度。美国结合三权分立的制衡体制，逐步建立起了包括监察长制度等内容的监察制度。瑞典基于君主立宪制度，发展出了议会监察专员制度。新加坡通过建立科学的公务员制度、构建严密的法律监督体系和实行高薪养廉，形成了颇具特色的监察制度。深入研究这些国家的监察制度，具有重要借鉴意义。

第一节　美国的行政监察制度

随着凯恩斯革命的出现，美国政府的职权不断得到扩张，越来越多原来不在政府职能范围内的社会经济事务逐渐变成了政府的职责，使得美国政府本身越来越少地受到外部的监督，逐渐开始出现一些问题，在此背景下，现代行政监察制度蔚然发展起来。

一、监察长制度

随着行政权不断扩张，传统的审计和调查部门却无法起到约束作用，20世纪70年代美国出现严重的腐败现象。20世纪70年代后期，在一些政府部门内部，监察长、监察长办事处逐渐开始被建立起来，《监察长法》也得以颁布。到20世纪80年代后期，监察长办事处基本覆盖了所有政府部门，成为各部的常设机构。

（一）监察长的组织

根据《监察长法》，监察长办事处可在所有联邦政府部门设立，且监察工作必须要由一名监察长负责。监察长的任命，虽然均由总统决定，但要经参议院同意。监察长的撤换，也由总统决定，但需要向参众两院做出说明。所以，监察长既要对总统负责，又要对国会负责。

根据《监察长法》，监察长办公室可在州以下地方政府设立。地方监察长的任命，虽然由行政首长决定，但需要经过议会同意，任期为四年。如果没有发现监察长存在违法违纪行为，一般情况下不得对其进行罢免。而监察长与市长的任期是错开两年的，以保证监察长办公室是一个相对独立的机构，使其在提名任免及工作时不受其他行政力量的干预和影响。

（二）监察长的职能

监察长的职能主要包括三大方面：一是监督财政收支情况，监察长可以通过审核、调查等手段对各项与财政收支相关的计划、项目等进行监督，以防止财政被非法使用。二是接受并调查指控，监察长有权调查涉及贪污腐败的各项指控。三是预防贪污腐败、监督权力的使用，该职能主要是由设立在政府内部的监察长办事处所承担。

（三）监察长的监察范围与职权

监察长的监察范围十分广泛，主要包括两大方面：一是监察对象的范围非常广泛，包括行政首长在内的几乎所有的政府公职人员、与政府相关的企业等，都是监察长的监察对象，都要接受监察长的监督。二是监察职权的范围非常广泛，监察长可以依法使用传讯、拘捕等多种权力。

（四）监察长的工作措施

监察长不仅拥有非常广泛的权力，而且为了更好地履行职能，还可以采取多种工作措施，具体包括以下五种：一是制定工作计划，监督其所在部门的财政支出情况。二是全程检查，监察长就所在部门的财政收支情况展开全过程的监督检查。三是调查案件，对于他人提出的有关指控，监察长可以在职权范围内进行调查。四是提交报告，关于案件的调查情况，监察长可以向总统、国会汇报。五是处理案件，有关工作中的案件或发现的问题，监察长可以依法进行处理。

（五）监察长的特点

其特点主要有以下五各方面：一是地位高、权力大，监察长的任命由总统决定，对总统负责，拥有非常广泛的监察权力。二是独立性强，在开展监察工作、使用权力的过程中，监察长不受其他部门及其长官的约束，只需向总统或国会汇报即可，具有很大的独立性。三是具有优越性，这是相对于外部监督而言的，作为被设立在政府内部的机构，监察长能够更好地发挥监督作用。四是人员素质高，严格的选任程序使得进入监察长办公室的人员普遍具有较高的素质。五是存在一些不足之处，例如在对总统等高官的监督方面，其发挥的作用仍受到一定限制。

二、独立检察官制度

1973 年，为了处理尼克松水门事件，"独立检察官"由国会任命产生，其目的是为了防止司法部的干涉。1978 年，随着《独立检察官法》的颁布，独立检察官制度得以正式形成。

（一）独立检察官的任免

根据有关法律规定，为了保证独立性，在任命人选方面，只有那些不在监察系统范围内的法律界人员才能成为被任命对象。在任命程序上，一般是在对犯罪高官做初步调查之后，经司法部长申请，任命决定由三名法官共同作出。

撤换独立检察官只有三种情况：其一，当司法部长认为其身体不佳或违背司法公正原则或认为调查已经达到目的，即可以免除其职务，但是必须向参议院、众议院提出合理的报告说明；其二，独立检察官由于犯罪而遭到国会弹劾时，也可以被免职；其三，法院在任何时候都可以免除独立检察官的职务。

（二）独立检察官的主要职责及职权

在职责方面，对存在贪污、受贿、滥用职权等违法行为的政府高官进行监督、调查等，是独立检察官的主要职责。

在职权方面，根据法律规定，独立检察官具有非常广泛的权力，包括弹劾、诉讼、调查等职权。此外，其职权具有很强的独立性，不受其他系统的约束，在对犯罪高官进行调查时，享有司法部长和任何检察官的一切权力。

（三）独立检察官制度的特点

独立检察官制度是美国行政监察制度的一大特色。该制度有以下方面特点：一是具有较强的独立性。独立监察官的地位和职权都是相对独立的，其独立于司法系统，专门调查犯罪的高官，职权的使用也很少受到约束。二是权力巨大。独立检察官的设立是为了寻求最大程度的公正，因此其所拥有的权力非常大，而且具有很强的独立性，甚至被称为"企图在现行的三权分立制度中强行加入的第四权"。三是资源充足且独立。由于拥有巨大、独立的权力，使得独立检察官可以使用充足的资源开展工作。

（四）独立检察官制度的缺陷

由于法律赋予独立检察官近乎无限的权力，独立检察官也存在着滥用职权的问题，独立检察官制度不可避免地成为党派间政治斗争的工具。运行成本高，浪费严重，威慑有余，处理不足，效果不明显等弊端也逐渐暴露出来。此外，由于独立检察官制度在打击高层腐败方面未收到预期效果，《独立检察官法》在20世纪80年代到90年代多次被修改，曾一度失效。

三、政府道德署

20世纪70年代美国文官数量巨增，公务员的不规范行为日益增多。在此背景下，1978年，政府道德署成立，1989年成为联邦政府下属的独立政府机构。

（一）政府道德署组织形式

1. 政府道德署的组织结构图见图9-1。

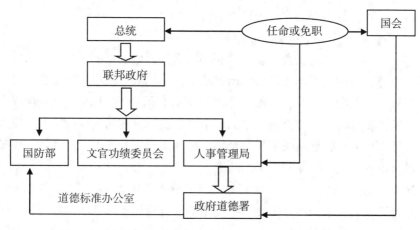

图9-1　政府道德署的组织结构图

2. 署长的任命，由总统决定，但要经参议院同意。署长的撤换，必须经国会同意。其既向总统负责，又向国会负责。其任期一般为5年，级别比内阁低，与联邦调查局局长和联邦贸易委员会主席一样。

道德署下一共设 5 个处级单位：

署长办公室，主要确保道德署顺利完成国会和总统赋予的使命；

国际援助与政府良治项目处，主要负责国际合作项目，致力于在全球范围内打击腐败和提高各国政府的廉政水准；

法律顾问与法规政策处，主要负责制定和解释相关道德法规，致力于在联邦行政机构内建立统一的政府道德法规体系，并负责和国会、白宫预算与管理局以及大众媒体沟通；

政府机构项目处，主要负责监督联邦政府各大机构政府道德项目的运行并提供服务，下设项目服务科、教育培训科和项目审核科；

行政与信息管理处，主要负责为道德署所有项目的运行提供后勤和技术支持。

3. 联邦政府各个行政部门内都设有道德标准办公室，其主任的任命由该部门首长决定。对于各部门的道德项目，道德署通过审核等多种方式进行监督。道德署的管辖权只针对行政机构，不针对国会和法院。地方设有类似的机构，但都不受道德署管辖。

（二）政府道德署的职责

具体而言，其职责主要体现在以下两个方面：

1. 审核各政府部门执行道德法规的情况

每过 4 年，道德署就会对各个政府部门执行道德法规的情况进行审核，并向被审核单位所在的道德委员会发出审核报告，如果审核中发现问题，道德署署长有权发出限期整改令，被限令整改的部门必须在 60 天内就整改情况做出回复，道德署还将在审核报告发出的 6 个月之内对该部门整改的落实情况进行后续审核。如果道德署署长听说某个部门出现道德方面的重大问题，可以随时派人进行审核，而不受 4 年一审的约束。

2. 负责监管各级文官和高级行政人员的财产申报

道德署在官员财产申报方面具有重要的监督作用。根据法律规定，政府各级公职人员必须要将财产情况向廉政署申报。行政官员财产申报的内容主要包括财产及其收入，买卖交易，馈赠、补偿、旅行（申报起点为价值 250 美元），债务（本人及其配偶和抚养子女任何超过 1 万美元的债务）以及政府工作之外的兼职收入。

（三）处罚

政府道德署及其下属的道德办公室，也具有一定的处罚职能，具体而言：

道德署有权决定对那些以各种方式拒不申报的人做出处罚，也可提起民事诉讼。

对于涉嫌犯罪的人，相应的道德署或道德办公室可对其提出刑事诉讼，判处最高 25 万美元的罚款或 5 年监禁。

对于违规的官员，道德署可以要求相关的总监察长展开调查，也可以向白宫直接汇报；对于刑事案件，道德署可以将其移交到联邦调查局，由他们进行调查。

四、弹劾制度

弹劾是监督权力的一种有效方式。弹劾权、弹劾对象、弹劾程序和弹劾审判与结果等是美国弹劾制度的主要内容。

（一）弹劾权的来源

弹劾，译自于英文的"impeachment"，是指针对行政、司法等系统各级官员的违法、失职等行为，由议会进行控告，督促其承担相应责任的一种制度。弹劾制是现代西方宪政体系的重要组成部分。

弹劾带有政治性，其对象多为政府、司法系统的官员。为保证公正，弹劾案件通常由国会进行处理，而这并不妨碍司法管辖权。

（二）弹劾对象及理由

根据宪法规定，弹劾的对象包括"总统、副总统及合众国政府的一切文官（联邦法官）"，而弹劾的理由则是这些官员"因叛逆罪、贿赂罪或其他重罪轻罪之弹劾而被定罪"。

（三）弹劾程序

根据宪法规定，弹劾的程序主要包括以下方面：首先，弹劾指控要由众议员或公民向众议院提出。其次，众议院司法委员会进行讨论、调查，若认定已构成弹劾，则向众议院提出弹劾决议案。再次，如果 1/2 以上众议员表决通过决议案，则由参议院审理弹劾案件。

（四）弹劾审判及结果

宪法第 1 条第 3 款第 6 节规定："参议院专享审理所有弹劾案的权利。"

审判程序主要包括：参议院审查证据，询问证人。主审法官有权自行做出裁决。参议院闭门商议。随后，公开就弹劾罪状进行逐项表决。

经 2/3 的出席参议员表决赞成，才能定罪一项弹劾罪状。弹劾的结果只能是有罪免职，或无罪开释，而不能给予行政处分或刑事处罚。

五、组织监察专员制度

美国在 20 世纪 60 年代便创立了行政监察专员制度，但与其他国家不同的是，美国许多私法组织及政府以外的机构，如大学、公司等，也设立了监察专员。由于已经区别于传统意义上的"行政监察专员"，因此，监察专员在这些领域中被称为组织监察专员。组织监察专员制度是指具有一定独立性的官员帮助其他组织成员解决争端和报告不当行为的制度。它是由私法主体创设的，以私法主体的规则为运行依据，突破了传统监察专员的观念，也淡化了公法和私法的界线。①

（一）组织监察专员制度的兴起

20 世纪 60 年代的民权运动和"越战"激发了民众对于公共和私法部门的不满，所有大学都爆发了反战示威运动，但并没有机构出面进行解决。1970年，"肯特州立大学惨案"成为大学监察专员制度发展史上的重要界碑。1985年，大学和学院监察专员联合会的成立，推动了大学监察专员制度的发展。

20 世纪 80 年代，美国商业领域丑闻集中爆发。在此背景下，1985 年，公司监察专员联合会正式成立，于 1992 年更名为监察专员联合会，其内包含多类组织的监察专员，具有独立性、非正式性。1996 年，《美国行政争议解决法》明确将监察专员制度作为替代性纠纷解决方式，为组织监察专员制度向联邦机构渗透提供了制度渠道，标志着组织监察专员制度正式建立。

（二）组织监察专员制度的特点

1. 产生机关发生改变。组织监察专员除了在少数情况下是由联邦政府的独立执行机构和独立管制委员会来创设外，在大多数情况下是由大学、学院或

---

① 韩春晖：《美国组织监察专员制度及其启示》，《法商研究》2013 年第 6 期。

企业来创设的，即产生机关多数为私法主体。

2. 产生方式更加多样。其产生方式已不再局限于任命，签订合同也是方式之一，即可以通过私法而不一定通过公法的方式来产生。

3. 监督对象更加宽泛。监督对象不仅涵盖公法主体，也涵盖私法主体。

4. 监督手段更加丰富。监督手段包括沟通、调解、协商等，可以同时采取多种手段处理问题。

5. 本质特征发生了变化。组织监察专员制度承袭了公正性和独立性，但却强调秘密性。

6. 制度功能发生了变化。传统的监察专员制度主要用于监督和纠正公共部门的违法或不当行为，是一种辅助性的公法监督制度。组织监察专员制度是一种替代性的纠纷解决途径，实现了从以权力监督为主导向以纠纷解决和权利救济为主导的转变。

（三）组织监察专员制度的功能

1. 效率功能

相较于司法救济、行政救济及其他替代性纠纷解决机制，组织监察专员制度更有效率优势。①

与司法救济相比，该制度的效率更高，它减轻了法院的诉累，而且能够保护相关人员的私人信息。

与行政救济相比，组织监察专员制度在独立性和公正性方面做得更好，其保障措施是通过章程授权或合同约定，运用协商、调解等方式解决纠纷，提出具有更高满意度的解决方案。

与其他替代性纠纷解决机制相比，组织监察专员制度不仅使用调解方式，而且还具有其他方式所没有的作用，即系统地解决问题，它可以通过对个体性纠纷的调解进而对该组织的体制性问题进行系统性治理。

2. 补缺功能

组织监察专员制度弥补了美国法律救济体系的缺陷，具体而言：

独立执行机构或独立管制委员会集立法、行政及司法于一体，有较大的独立性。司法机关对其只能进行违宪审查，而不能审查其行为的合法性和适当性。但监察专员可以监督其不当行为，对其引发的纠纷予以解决。

① 韩春晖：《美国组织监察专员制度及其启示》，《法商研究》2013 年第 6 期。

美国大学在课程内容、教学方法和学生标准等方面具有"基本自由"，由于不受司法审查，而存在司法救济的空白区。教育性监察专员弥补了这一缺陷。

行政监督和司法监督不能深入到公司内部进行监管。而公司监察专员制度可以对公司内部治理机制予以修正，亦可对公司内部的侵权行为予以救济。

联邦最高法院认为司法不得干预媒体的新闻自由，从而给许多正式监督途径带来难题。但报纸行业监察专员能以非正式途径处理相关的纠纷。

第二节　瑞典的议会行政监察专员制度

为了监督法律执行、保证依法行政，瑞典在政府系统之外依法成立了专门的机构，即议会行政监察专员公署，负责履行行政监察职能。该制度不仅对瑞典本国的司法、行政等产生了重要影响，而且对世界其他国家的监察制度产生了非常重要的影响。

一、议会行政监察专员制度的产生和发展

由议会对行政、司法部门实施专门监督，最早开始于瑞典的议会行政监察专员制度，其前身可追溯至今日依然存在的历史上的"大法官"制度。

17 世纪，瑞典面临着非常严重的官员腐败问题。18 世纪，为了保证法律的实施、安抚民众，"大法官"在瑞典被设立，其主要负责监督法律执行情况和政府官员。之后，国王可以任命大法官的权力被恢复，国王与议会之间的权力之争愈演愈烈。1809 年，议会通过了一部宪法，根据该宪法，国王有权任免大法官，但大法官的权力仅限于一般司法范围内；监察专员履行监察职能，由议会选举人员担任，对官员的守法情况进行监督，受理公民对官员的控诉。在监察专员的基础上，议会行政监察专员制度逐渐被建立起来。1974 年，《议会法》规定行政监察专员由议会选举产生，任期四年，但议会有权提前解除其职务。此后，议会行政监察专员制度不断得以发展和完善，并被他国借鉴。

二、议会行政监察专员制度的基本内容

其主要内容包括监察专员公署的组成、监察对象与职责范围、职权及行使职权的程序四个部分。

（一）议会行政监察专员公署的组成

监察专员一共有四名，由议会从既有法律才能、又有正直品行的人员中选出，任期四年，连任不超过两届，罢免权由议会掌握，任期内享受最高法官的待遇。四人之中，选出一人担任首席专员，主持公署的日常事务，任命工作人员，负责人事、税收等方面的案件；一人负责司法、狱政方面的事务；一人负责武装、民政方面的事务；最后一人负责监督事业单位、社会福利方面的事务；除此四人外，另有60多人协助他们开展工作。

（二）议会行政监察专员的监察对象和职责范围

其监察对象主要包括：各级政府官员、法官、检察官、公立学校的教职员工、医师和护士等。受行政机关委托代行其实际事务的雇员、非正式职员也属于监察范围。

其监督范围覆盖所有权力机关，但内阁部长、大法官、议员等除外。其主要职责是监督法律执行，受理、调查公民的申诉案件。

（三）议会行政监察专员的职权

具体而言，其职权主要有四种：一是调查权。调查权是其基本权力，监察专员可以在不向任何机构或个人汇报的情况下自行决定是否对公民的申诉或控告展开调查；其在调查过程中，对所有的相关档案文件都有权进行查看，而不受任何限制，也有权询问任何相关机关或个人。二是公开监察事项权。为了增加工作透明度、敦促相关被监察机构或个人尽快落实应负的责任，监察专员有权向社会、媒体等公开其所监察事项的有关信息。三是建议权。对于存在违法或不合理行为的机关和官员、法律执行中的不当行为等，监察专员有权提出相应的处理意见。四是控诉权。针对违法的公职人员，监察专员可以向法院提起控诉。

（四）议会行政监察专员行使权力的一般程序

其行使权力的程序主要有以下方面：首先，受理公民的申诉或控告。这是其主要日常工作，很多案件就是通过此渠道而被获知。如果申诉被无故拒绝，公民可向议会宪法常务委员会提出申诉。其次，开展调查。接收案件之后，监察专员需要围绕案件展开调查，在此过程中可听取当事人意见，也可根据需要举行听证会。调查结束后要向当事人、议会及其他相关方告知调查结果。再次，处理案件。监察专员可灵活使用各种方式，例如调解、起诉等，对所调查案件进行处理。

三、议会行政监察专员制度的特点

经过近两百年的发展，瑞典的议会行政监察专员制度形成了独具的特色，主要有以下三点：

（一）议会行政监察专员的权威性

其权威性主要表现在四个方面：一是资质的特定性。瑞典既对监察专员的道德品质非常的重视，又对其专业能力有着严格的要求，一般是从法官或律师中选出。二是地位的权威性。监察专员的产生要经过权威、严格的程序，由权威的机构任免，任期内只有议会才有权将其免职，其监察活动受到专门法律的保障。三是职权的独立性。监察公署只对议会负责，独立于政府，其任免均不受政府影响，可以从政府那里获取与案件相关的任何资料而不受约束。四是职责范围的广泛性。监察专员可以根据自身工作的需要自主决定对有关政府机构或公务人员展开调查，其调查范围也不受限制。

（二）议会行政监察专员制度建构的合理性

其合理性主要表现在三个方面，具体来说：一是该制度本身具有配套的监管体制。为了在最大程度上对监察专员进行监督、保证监察权被正确行使，议会设立了宪法常务委员会。监管机制的建立，既有利于防止监察权被滥用，也有利于提高监察效率。二是建立起了比较完善的以监察专员监督为主的行政监督体系。其目的在于通过借助一些非正式的方式来弥补正式法律手段的缺陷。通过运用这些非正式手段进行监督，有利于增强监督效果。三是该制度能够以较低的成本实现较高的监督绩效。通过严格控制监察机构的规模和人数、选拔高素质人员，使得该制度具备较高的工作效率，从而保证了监察的效率。

（三）议会行政专员监察工作的有效性

其有效性主要表现在三个方面，具体而言：一是工作方式灵活。监察专员可以灵活地采用多种方式来开展工作，他们既可以根据需要自主决定是否展开调查，也可以根据公众的控告来调查案件，还可以通过向新闻媒体公开信息的方式向被调查机构或个人施加压力，而且他们在调查过程中可以要求相关部门提供所需要的资料而不受约束。二是处理措施有效。在案件处理过程中，监察专员可以采取多种正式或非正式的有效措施，例如向被调查机构提出改进建议、提出批评、提起诉讼等。三是监督公开化。一方面为了提高监察工作的效率，另一方面为了提高监察工作的透明度、最大程度保证公正，监察专员可以根据相关法律规定，向当事人、议会、被监察对象、新闻媒体等公开所监察事项的相关信息。

第三节　新加坡的廉政监察制度

在新加坡快速成为一个现代化国家的过程中，健全而颇具特色的廉政监察制度发挥了十分重要的作用。新加坡在行政机关内部的廉政制度方面的成就举世首肯，在吏治上素有"廉洁之邦"的美誉。本章就新加坡的廉政监察制度进行了分析，以便我国在国家监察制度建设的实践中加以借鉴。

一、科学健全的公务员制度

在借鉴他国经验的基础上，结合本国实际，经过多年的发展，目前新加坡已经建立起了具有自身特点的廉政监察制度，并在廉政方面取得了显著成效。

（一）公开完整的公务员录用程序

新加坡公务员的录用有严格的程序：首先，政府各部制定录用计划，逐级上报，然后由专门的部门对外发布公告。其次，以学历、成绩等作为是否录用的标准，且必须要通过面试。再次，录用后还要进行心理测验和为期两年的试用考察，并依据考核结果决定被录用者是否能够成为正式公务员。另外，招录单位还必须要对报考者在校期间的人际关系、社会服务情况等进行考察。

（二）科学周密的公务员管理体系

为了更好地对公务员进行管理，新加坡成立了两个机构：一个是公共服务委员会。该委员会由金融界、商界、学界等公务员服务人员所组成，属于独立机构，但由总统直接管理。其目的是为了保证公务员管理的客观性、公正性。委员会下设秘书处，由秘书长领导，主要工作包括公务员的录用、晋升、免职等。另一个是公共服务署。该机构的主要任务包括制定公务员发展、培训等方面的政策，管理薪酬福利等。这两个机构既相互配合，又相互监督，从而保证了管理的科学性。另外，不同级别的公务员对应有不同的工资收入，对此也有相关明确规定。

（三）优厚的待遇

新加坡政府认为，只有将优秀的人才招录到政府，才能建成好的政府，从而有利于提高国家的国际竞争力。在公务员待遇方面，新加坡实行"以薪养廉"，具体表现在两个方面：一方面，使普通公务员的工资保持在社会的中上水平。另一方面，对高官实行"高薪养贤"。新加坡"高薪养廉"的真正目的就在于吸引更多优秀人才进入政府机构。比较优厚的待遇，再加上严格的招录程序和完善的监管体系，保证了公务员队伍具有较高的素质和工作效率。

二、严格的监督机制

新加坡之所以在公务员管理和反腐倡廉方面取得非常显著的成绩，其中一个重要原因就在于其建立起了极其严格的监督机制，极大地增加了公务员腐败的成本。

（一）制度化的廉政建设

为了从根本上保证反腐倡廉工作取得成效，新加坡逐渐建立起了比较完善的法制体系。尤其是，为了严格规范公务员的行为，新加坡制定了一系列法律法规，而且这些法律法规全面、严密，有相当强的可操作性。此外，为了减少或杜绝公务员腐败的机会，新加坡建立起了严密的监控纪律和制度，其目的在于使人不能贪。新加坡政府在借钱、接受礼品、采购、招标等方面，都分别作了具体而明确的规定，以切实减少政府公务人员贪污的机会，体现了新加坡廉政法律法规的范围广泛、内涵明确等特点。

（二）健全的廉政监督网络

在完备的法律基础上，关键是要有独立、高效的执行机构，即通过严格执法，严惩违法行为，增加腐败成本，从而减少腐败行为。为此，新加坡建立起了较为完善的监督网络。

1. 贪污调查局的监督

反贪污调查局（Corrupt Practice Investigation Bureau；CPIB）成立于1962年，该局由总理直接领导，局长由总理任命，对总理负责，不受其他机构或个人的约束，是全国防止贪污贿赂的最高机关。其职责一是调查贪污嫌疑人；二是侦察贪污罪犯。其职权则包括逮捕权、调查权和搜查权。

2. 公共服务委员会的监督

该委员会有权对公务员的抗命、工作过失等进行调查，提出处理意见，直到除名，被开除的公务员永远不能再录用。公务员一旦出现渎职、贪污受贿行为，该委员会可以会同贪污调查局联合查处，也可以自己成立案件调查小组单独查处。

3. 审计署的监督

该署的主要职责是监督政府各部的财务情况。该署可以依法独立、客观地行使职权，其工作不受任何政府部门的约束。

另外，为了更加严格地反腐败，新加坡通过设立专门的职务或机构来监督公务员。不仅如此，社会公众、新闻媒体等均可以监督公务员，指出或批判公务员的错误行为。这种比较健全、高效的监督机制，有效地防止了权力被滥用，极大减少了腐败行为的发生。

（三）有效的防止权力外泛举措

确保所有人尤其是公职人员能够自觉遵守法律，是防止权力被滥用的重要前提，新加坡政府要员一般都能遵守法律，以身作则。但对一些犯事的高官，新加坡政府也毫不遮丑，新加坡前国防部政务部长、前总统蒂凡等，都因在廉政问题上出了事而遭罢黜。

为了防止公务员特别是一些高级官员的亲属通过间接途径发生腐败行为，除了对公务员进行严格监管之外，新加坡通过制定专门的规则对公务员与高官亲属的接触行为加以严格规范。这种做法，其实也是监督公务员尤其是高官的重要途径，它有利于防止权力外泛，从而有利于更好地发挥监督机制的作用。

三、全面的廉政教育

为了做好廉政建设，特别是为了使公务员能够在思想上做到不想腐，新加坡在不断完善相关监管制度的同时，也非常重视对公务员的廉政教育，并将廉政思想贯彻到决策、立法等各个领域，致力于形成良好的崇尚廉洁的社会氛围，这也是新加坡廉政之道的一个重要方面。当前，廉政已经成为新加坡人的普遍共识。新加坡廉政教育有以下特点：

（一）廉政教育早期化

为了使人们从小就能够形成廉政的意识，新加坡非常重视在社会特别是在学校进行廉政教育，并使用了非常丰富的教育方式，最终产生了非常好的社会效果。一方面，在社会廉政教育领域，形式多样又易受青少年接受的的宣传标语、宣传画等被张贴在各个公共场所，使青少年能够从小意识到腐败的危害性。另一方面，与反腐和廉政相关的课程在各个学校被设立，成为青少年充分认识廉政重要性的重要途径，并对新加坡的廉政建设产生了非常重要的作用。

（二）廉政教育人情化

为了加强廉政建设，形成"廉洁光荣、贪污可耻"的良好社会氛围，除了实行严肃的制度性监管之外，新加坡也非常重视通过采用多种富有人情味的方式进行廉政教育。针对不同的教育对象，新加坡会使用不同的方式，例如展览、宣传画、座谈会、电视等，其目的是为了取得更好的教育效果，使人们能够在接受教育之后自觉抵制腐败、追求廉洁。

（三）廉政教育社会化

为了能够使最广大人群树立廉政意识、形成良好的社会氛围，新加坡通过各种方式大力在全社会进行廉政宣传。在各个社区、地铁站台、公交车内都有各种形式的宣传标语。在报刊、电视等媒介上，人们会经常看到一些有关反腐和廉政的宣传。另外，进入各工作岗位也都要接受《岗位行为规范》教育等。这种社会化的教育使整个社会形成了"不想贪、不敢贪"的良好风气。宣传教育渗透到社会的各方面，形成了良好的执纪执法的社会环境，为反腐败创造了条件。

四、廉政监察建设面临的潜在挑战

虽然新加坡通过一系列有效举措加强廉政建设，已经成为世界上最清廉的国家之一，但面对不断变化的内外部政治、经济及社会环境，如新自由主义的扩散等，新加坡现行有效的反腐模式是否能够得以保持则面临潜在挑战。

（一）"高薪养廉"遭受质疑

高薪养廉被认为是新加坡反腐败得以成功的重要原因。但自 2011 年大选以来，高薪养廉因前民防部队司令林新邦和前中央肃毒局局长黄文艺等高官的腐败而受到质疑，引发了人们对"高薪养廉"的重新思考。

1. "高薪养廉"的对象仅限高级官员

目前，新加坡的"高薪养廉"还没有实现对所有公务员的全覆盖。新加坡实行的"高薪养贤，厚禄养廉"，主要是针对超级公务员和担任政治职务的国家领导人、政府各部门领导人，而普通级别的公务员不会获得超过私人部门相同水平的工作人员的薪酬。① 这种选择性的“高薪养廉”可能会影响新加坡未来的廉政建设。

2. “高级官员的薪酬与最高收入水平挂钩”存在缺陷

尽管新加坡的薪酬制度有利于养廉，但仍存在着需要完善的地方。一方面，由于“高薪养廉”只针对高级官员，容易造成高级官员养成养尊处优的心态，将自己的高薪厚禄视为当然，从而忽略普通公众的感受。另一方面，由于高级官员的薪酬与全国收入最高的人士挂钩，容易使高级官员极力提高高薪人士的收入，而忽略低薪人士的收入增长。②

（二）反贪机构的运行机制存在风险

为了保证反腐机构的独立性，从而更加有效地反腐，新加坡专门成立了具有高度独立性的反贪局。该局局长直接对总理负责，很少受其他部门或个人的约束，从而具备了高效反腐的优势。但其劣势则在于对最高领导人缺乏有效的监督和制约，如果总理和反贪局本身出了问题，反腐败工作的成效就会降低。

（三）公务员选拔的精英主义会扩大社会不平等与收入差距

新加坡非常重视绩优官僚制，即认为国家应由一群精英政府公职人员来治理。尽管它强调平等、重视个人资质而忽略种族、性别以及家庭背景，但带有以自我中心为特征的精英主义趋势。③ 新加坡对资质的认定很大程度上是根据学术成绩来决定的。获得过政府奖学金的人是政府高级公务员序列的主要构成者，其中大部分获得者都来自精英学校，而进入精英学校的人一般出生于富裕家庭。这可能会扩大收入差距与社会不平等。

☞ 本章小结

美国结合本国实际逐渐建立起了包括组织监察专员制度、弹劾制度等在内的完善的监察制度。监察长负责监督财政支出。独立检察官负责对高级行政官员进行监督、调查。政府道德署负责对政府部门及官员进行督导、培训和审

---

① 吕元礼：《新加坡治贪为什么能?》，广东人民出版社 2011 年版，第 159 页。

② 吕元礼：《新加坡治贪为什么能?》，广东人民出版社 2011 年版，第 190 页。

③ 于文轩、吴进近：《反腐败政策的奇迹：新加坡经验对中国的启示》，《公共行政评论》2014 年第 5 期。

查。组织监察专员负责为私法组织及政府以外的机构解决争端，具有效率和补缺功能。

瑞典议会行政监察专员制度是由议会专职监督行政和司法机关的制度，能以最低的制度和运行成本实现强大的监察绩效。监察专员的产生由议会决定，一般由既有正直人品又有法律才能的人担任，具有调查权、视察权、建议权和起诉权，监察对象为中央和地方的行政、司法机关及其公务人员。

新加坡通过建立科学的公务员制度，保证了公务员队伍的高素质、高效率。通过实行严格的监管机制，使公务员处于严格的法律和纪律的监督之下。通过对全社会的廉政教育，使公务员从思想上抵制、杜绝腐败的念头，达到了使人不想贪的目的，形成了以贪污为耻的社会氛围。

☞ 关键术语

监察长；独立检察官；政府道德署；弹劾；高薪养廉；监察专员

☞ 练习与思考题

1. 美国监察长制度的特点是什么？
2. 独立检察官制度有何特点及缺陷？
3. 美国政府道德署的职责有哪些？
4. 美国弹劾的程序、审判和结果各是什么？
5. 瑞典议会行政监察专员制度的特点是什么？
6. 新加坡廉政监察制度的特点是什么？

☞ 案例

美国多个政府高官被内部监察长调查

近年来，美国多个政府部门高级官员因涉嫌谋私利、不作为等，被内部监察长调查。

退伍军人事务部部长被内部监察长调查

2018 年 2 月，退伍军人事务部部长因存在腐败行为而遭到内部监察长的调查。

退伍军人事务部是美国联邦政府第二大部门，特朗普上任后钦点舒利金出任部长。但他没有经得住考验，被调查出存在腐败问题。

2018 年 3 月 28 日，舒利金被总统免职。

环保署署长被内部监察长调查

2018 年 3 月 29 日，有媒体披露，环保署署长普鲁伊特于 2017 年以超低价格在华盛顿租公寓。而房东是专职说客，向国会和政府游说，客户是大型电力和能源企业，后者是环保署的监管对象。

在媒体的作用下，环保署公开相关调查资料，哈特则不予承认。2018 年 3 月 30 日，环保署对外称，普鲁伊特的租房合同"没毛病"。

2018 年 4 月 2 日，环保署总监察长发言人证实，总监察长办公室将调查署长租赁合同相关事宜。

环保局高官被内部监察长调查

弗林特市自来水 2014 年遭受污染后，就有媒体称，该事件是由政府失职导致的。

2017 年年初，弗林特市居民对环保局提起集体诉讼。诉状指称，环保局没有向居民警告污染水的危害性，未能有效解决水污染问题。

2018 年 7 月底，环保局总监察长办公室在调查报告中指出，环保局履职不力，须加强监管。

（资料来源：中央纪委国家监委网站，http：//www.ccdi.gov.cn/lswh/hwgc/201804/ t20180407_169420.html）

请思考：

1. 结合案例分析美国监察长有哪些职能？
2. 结合案例分析美国监察长的职权及工作措施。

第十章

廉政监察

　　腐败既危及和破坏法律的权威性和有效性，又破坏社会的经济基础和政治基础，并会对国家和社会构成潜在的威胁。对于腐败问题的治理一直是政府工作的重点之一。习近平总书记自党的十九大以来不断强调廉政监察的重要性，指出为了实现建设新时期服务政府、法治政府和廉洁政府的目标，要深入开展廉政监察，大力推进党风廉政建设和反腐败工作。本章在对廉政监察的基本内容进行概述的基础上，对腐败行为进行分析，探究廉政监察未来的发展方向。

第一节　廉政监察概述

一、廉政监察的内涵

（一）廉政监察的概念

　　廉政监察是指各级监察委员会在党的直接领导下，代表党和国家依法监察公职人员行使公权力情况，调查职务违法和职务犯罪，并纠举、惩处违法违纪人员的一种职能活动。目的在于制止腐败行为，清除腐败现象，促进廉政建设。

　　廉政监察是廉政建设必不可少的一部分。其中廉政建设主要包括法律法规和各项制度的建设，监督制约机制的完善，腐败案件的查处以及廉洁教育的开展。廉政监察则是运用廉政制度及法律法规开展相应活动的保障，它既能通过事前教育为公职人员筑牢思想防线，又能在事中及时整治腐败问题，还能通过事后制度完善和相关犯罪人员现身说法开展警示教育，防止腐败问题再发生。公职人员掌管各种公共权力，只有通过正确行使权力，才能保证国家的各项管理工作的正常运行。如果其滥用所掌管的权力，通过贪污、行贿受贿等非法手段谋取私利，不仅会直接损害被管理者的权益，还会对国家利益、行政管理秩序以及政府的威信造成巨大的损害。廉政监察是监察机关针对公职人员管理国家事务中的各项腐败行为展开监管的职能活动，其所承担的主要职责是监督公职人员依法履职、秉公用权、廉洁从政从业以及道德操守情况，对涉嫌贪污腐败、滥用职权、玩忽职守、权力寻租、利益输送、徇私舞弊以及浪费国家资财等职务违法和职务犯罪进行调查，以及开展廉政教育等。廉政监察将是我国今后很长一段时间监察机关的主要职能之一。

应当注意的是，廉政监察与反腐败的内涵相似，往往将其视为同一概念。因此，在本书随后的讨论中，将不再对两者进行区分。

（二）廉政监察的特点

根据上述廉政监察的概念，我们可以看出廉政监察呈现出法治性、惩罚性、系统性、多样性和广泛性的特点。具体表现为：

1. 法治性。法治性是目前我国廉政监察最突出的特点。廉政监察的法治性是贯彻落实依法治国精神的重要体现。这在廉政监察工作开展的过程中主要表现在两方面：一方面是通过营造良好的法治氛围，强化公职人员的法治意识，培养法治思维，使其发自内心地尊崇法律、信赖法律，从而自觉地遵守法律和捍卫法律；另一方面则表现在，廉政监察始终坚持以法治方式反对腐败，坚持有贪必惩、有腐必肃，严格按照法律程序办事，真正从源头上清除腐败滋生的土壤，预防权利腐败。①

2. 惩罚性。廉政监察工作具有明显的惩罚性。这主要表现在两个方面：一是廉政监察工作主要内容之一就是通过监督、检查、举报等方式，查处相关违法违纪行为。二是廉政监察发挥作用的途径一方面是通过加强惩罚性制度措施，直接惩处违法违纪行为；另一方面则通过加大惩罚性措施的力度，增加腐败的成本，对其他领导干部及公务人员起到警示作用，间接预防腐败行为的产生。

3. 系统性。廉政监察工作的开展不是由中央独立进行的，而是强调由中央到地方，纵向间的层层设立，上下联动，横向间的环环相扣，相互配合，共同组建形成一个完整系统。2018 年国家监察委员会的成立，正是对这一原则的最好体现。国家监察委员会整合反腐败资源力量，承接了原属于检察院关于反贪污受贿、反渎职、预防职务犯罪等职能、机构及其工作人员。同时其与纪

---

① 张建平：《用法治思维和方式谋划纪检监察工作》，《中国纪检监察》2014 年第 21 期。

委合署办公，履行纪检、监察两项职能，实行一套工作机构、两个机关。自此一个集中统一、权威高效的廉政监察体系建立了起来。

4. 多样性。廉政监察的多样性是指监察手段的多样性。廉政监察既可以通过政务公开、信访、举报等措施来监督和预防腐败问题的产生，又可以通过各种法律手段惩罚腐败行为，从而形成预防与惩戒双管齐下的廉政监察机制。同时，随着电子监察涉及的领域越来越多，各种信息化手段也开始被运用到廉政监察之中，极大地提高了廉政监察的有效性。

5. 广泛性。廉政监察范围的广泛性主要表现在两个方面：一是廉政监察对象的广泛性，这是指国家监察委员会成立以后，廉政监察的对象由以往政府内部行驶权力的公职人员，扩展为所有行驶公权力的人员，包括行政机关委托行驶其特定职能的事业单位及其他机构和人员；二是廉政监察的影响范围具有广泛性，即廉政监察强调预防和惩戒并重。为了保证廉政监察更好的发挥作用，除了完善官员问责制，加强干部人事制度改革和行政审批制度改革外，还需要加强廉政文化建设等一系列相关相关制度体系的建设。

二、廉政监察的依据及作用

（一）廉政监察的依据

廉政监察的依据包含许多方面，我们可以将它们分为党内纪律、监察法规以及其他法律法规。

1. 从党的纪律方面来看，《中国共产党党章》明确指出："深入推进党风廉政建设和反腐败斗争，以零容忍态度惩治腐败，构建不敢腐、不能腐、不想腐的有效机制。"党章体现了党的性质和宗旨，是全党必须遵守的行为规范，是我党党内开展廉政监察的主要依据之一。而根据党章制定的《中国共产党纪律处分条例》《中国共产党廉洁自律准则》《中国共产党党内监督条例》《中国共产党问责条例》等在厉行节约、干部监督、廉政建设等环节进行了细化，为廉政监察的监督、调查和处置提供了判定依据。

2. 从监察法规方面来看，《中华人民共和国监察法》第一条规定："为了深化国家监察体制改革，加强对所有行使公权力的公职人员的监督，实现国家监察全面覆盖，深入开展反腐败工作，推进国家治理体系和治理能力现代化，根据宪法，制定本法。"监察法中有多条与廉政监察工作的开展直接相关的条文，它是我们以法治思维和法治方式进行廉政监察的法治保障。

3. 从其他法律法规及条例方面来看，《国家公务员法》《中华人民共和国反洗钱法》《党政机关厉行节约反对浪费条例》《党政机关国内公务接待管理规定》《中共中央办公厅、国务院办公厅关于加强农村基层党风廉政建设的意见》《中华人民共和国政府信息公开条例》《关于纪委协助党委组织协调反腐败工作的规定（试行）》《中共中央纪委关于严格禁止利用职务上的便利谋取不正当利益的若干规定》《中共中央纪委监察部关于领导干部利用职权违反规定干预和插手建设工程招标投标、经营性土地使用权出让、房地产开发与经营等市场经济活动，为个人和亲友谋取私利的处理规定》分别从不同的角度，对我国公职人员在行政过程中的各个方面做出了规范，是我国开展廉政监察活动的具体法律依据。

（二）廉政监察的作用

1. 有助于节省国家财政开支。这是廉政监察最为直接的效应。腐败行为往往会直接或间接造成国家资金的大量流失和国家收入的减少，而廉政监察除了可以追回腐败造成的经济损失，还可以通过倡导厉行节约、制止奢侈浪费等方式节省国家财政开支。

2. 保证党员干部队伍的廉洁性。近年来党和国家领导人反腐态度坚决，坚持"老虎""苍蝇"一起打，通过查办各项违纪违法案件、惩治各类腐败现象，有效遏制了腐败态势的蔓延。在这个过程中，通过采用教育、制度、监督、改革、惩处和纠风等方法，清除害群之马，并在全社会树立"以廉洁奉公为荣，以贪赃枉法为耻"的价值观，进一步加强对党员领导干部的理想信念教育，规范干部的从政行为，使其自觉遵守廉洁底线，从而建立起了一支对党忠诚、勇于担当、本领高强、清正廉洁的党员干部队伍。

3. 不断完善国家廉政制度。近年来，随着廉政监察的重要性不断提升，党和国家开始将廉政监察纳入国家战略和顶层设计进行规划。十八大以来惩处的一批"老虎"就是以治标为主，而将"权力关进制度的笼子"则是以治本为主，坚持标本兼治，对不能有效约束权力运行的体制和机制进行改革。通过不断完善顶层设计，加强对权利的监督管理，建立能够发挥长效作用的机制，不断完善我国廉政制度建设。

4. 维护社会公平正义。腐败行为往往会直接破坏社会竞争的基本规则秩序，甚至造成大量的公共资源被不合理的占用、流失，在机会、过程、结果等方面都有可能造成不公平的产生，影响社会的公平正义。因此，深入推行廉政监察对于维护每一个个体的合法权益，营造公平竞争的机会，维护社会公平正义具有重要意义。

三、廉政监察的原则

1. 坚持党的全面领导原则。这是开展廉政监察工作的根本原则。十九大报告指出："坚持党对一切工作的领导。党政军民学，东西南北中，党是领导一切的。"① 廉政监察要坚决维护党中央的权威和集中统一领导，在政治立场、政治方向、政治原则、政治道路上与党中央保持高度一致。在展开工作的过程中，要始终以党的指导思想为行动指南，严明政治纪律和政治规矩，从而保证党的方针政策的贯彻落实。

2. 法治原则。廉政监察在展开实际工作的过程中，必须坚持法治原则，做到权力法定、程序法定、监督法定、公开法定以及问责法定，做到有法必依、执法必严、强化监督、保障人权。廉政监察工作的开展要求始终坚持用法治思维和法治方式惩治腐败，坚持以事实为依据，以法律为准绳，实事求是立足证据，还原案件事实，在查明违法违纪事实的情况下，严格按照法律规定及流程做出相应的处理，真正做到不冤枉一个好人，也不放过一个坏人。

3. 全覆盖原则。在实践过程中，廉政监察的全覆盖原则，一方面体现在对监察对象全覆盖。国家监察委成立以后廉政监察真正实现了对所有行使公权力的公职人员的监察，非党员身份的村干部，国有企业、事业单位等相关人员也被纳入监察范围之内，真正实现了反腐"无禁区、全覆盖、零容忍"。另一方面还体现在对于腐败行为的监察全覆盖，即要始终坚持受贿行贿一起查，严格执纪执法。以往的廉政监察只查行贿或只查受贿问题，最终的结果表明只查一方都会助长另一方的侥幸心理，坚持行贿受贿一起查，对于补齐监察短板、营造不敢腐、不能腐、不想腐的有效机制具有重要意义。

4. 坚持整体推进与重点突破相结合原则。廉政监察工作既要站在全局的高度进行思考和规划，同时在具体实施时要以问题为导向，突出重点人、重点事、重点问题、重点领域。即对于部门的"一把手"、重要岗位的领导干部及即将提拔任用的党员干部的违法违纪问题线索作为审查重点；对于群众反映强烈，造成重大影响的，或者存在可疑行为的事项作为审查重点；对于以往检查出的各部门所存在的重点问题作为审查重点；对于重点领域如建筑工程、环境保护等的关键环节作为审查重点。

5. 创新性原则。廉政监察作为一项长期性的工作，其在开展工作的过程

① 习近平：《决胜全面建成小康社会，夺取新时代中国特色社会主义伟大胜利——在中国共产党第十九次全国代表大会上的报告》，人民出版社 2017 年版，第 20 页。

中要始终立足实践，坚持与时俱进，从而提高监察的针对性和时效性。具体来说就是要在充分总结以往成功经验的基础上，坚持理论创新、机制体制创新，不断改进工作的方式方法，从而保证廉政监察工作能够更好地融入国家治理体系和治理能力现代化建设，提高监察工作的科学性。

第二节　腐败行为分析

廉政监察就是针对可能发生或已经发生的腐败行为所展开的监察活动，所以进行廉政监察就必须先对腐败行为进行分析。在转型期经济社会中，腐败表现为政府及其公务人员，通过不合理运用社会公众赋予的公共权力，满足自身的欲望，即利用公权谋取私利。当前我国处于新的历史发展时期，是全面建设小康社会的关键阶段，对腐败行为进行理论分析，有助于中国特色反腐倡廉建设理论的丰富和发展，以科学的理论体系来指导反腐败工作的推进。

一、腐败的内涵

(一) 腐败的概念

桑图里亚（Josef J. Senturia）主编的《社会科学百科全书》第六卷（1993年版）给出了腐败的传统定义，即"滥用公共权力谋取私人利益"[1]。这一定义后来被各国研究机构和国际组织所采用。

《布莱克维尔政治学百科全书》中专门列了政治腐败（Political Corruption）词条："政治腐败是指政治活动家、政治家或官方决策过程中的官员，利用他们由于担任公职而掌握的资源和便利，为另外一些人谋取利益，以作为换取一些已允诺的或实际的好处的报偿。"[2]

国际透明组织对腐败含义的解释是："公共部门中官员的行为，不论是从事政治事务的官员，还是行政管理的公务员，他们通过错误地使用公众委托给他们的权力，使他们自己或亲近于他们的人不正当地和非法地富裕起来。"[3]

---

[1]　杰瑞米·波普著，清华大学公共管理学院廉政研究室译：《制约腐败——建构国家廉政体系》，中国方正出版社 2003 年版，第 5 页。

[2]　阿诺德·J. 海登海默：《对腐败性质的分析》，王沪宁主编《腐败与反腐败：当代国外腐败问题研究》，上海人民出版社 1990 年版，第 10 页。

[3]　杰瑞米·波普著，清华大学公共管理学院廉政研究室译：《制约腐败——建构国家廉政体系》，中国方正出版社 2003 年版，第 5 页。

这一定义更接近于行政管理的腐败，集中于行政人员的个人行为活动，即一个受贿的官员是一个腐化的人，但腐化的人未必一定接受了贿赂，腐败还包括任人唯亲、滥用职权等。

巴利（David H. Bayley）认为，腐败意味着不正当地使用权威以得到个人收益，而这种收益不一定是金钱，但许多学者倾向于坚持认为"公共利益"的概念对阐述腐败的概念不仅是有用的，而且是必不可少的。①

当前学者对于腐败的含义有了新的理解。一些学者指出必须要将腐败问题置于具体社会情境下，才能更好地理解其含义。例如，有学者在墨西哥某州，对 32 名司法工作人员进行关于司法腐败认识的访谈。从最终的研究结果来看，人们对于司法腐败的内涵有着非常不同的理解。② 国外学者对于腐败主体的研究往往局限于公共部门或公权力的行使者，但在中国，由于公共部门、私营部门和非盈利部门间的界线较为模糊，这使得"公""私"之间的划分并不明确。因此腐败的表现形式既可以是经济犯罪，也可以是违反党纪、玩忽职守和违反社会道德。腐败不仅指政府官员的腐败，同时也包括公私部门之间的合谋。③ 此外，民众关于腐败含义的理解也会随着环境的改变而改变。比如，殖民地人民对于腐败的认知与其获得独立后的认知往往会呈现出较大的差异。④

综上所述，我们可以把腐败定义为：公职人员滥用其所掌握的公共权力和公共资源，通过侵占或挥霍公共资源，为自己或他人谋取私利，使得公共利益遭受侵害的行为。也可以将腐败理解为公职人员不惜违反社会规范来谋求自身利益的行为。腐败的实质是公共权力的行使超出了党纪国法的制约和规范；其产生的条件为拥有公共权力和权力缺乏有效制约，其产生的不良后果是损害公共利益。

（二）腐败的特点

腐败作为一种历史现象，一直处于一种发展变化之中，而我国的腐败现象

---

① 胡鞍钢：《腐败与发展》，胡鞍钢主编《中国：挑战腐败》，浙江人民出版社 2001 年版，第 3 页。

② Ferreyra-Orozco. Understanding Corruption in A State Supreme Court in Central Mexico：An Ethnographic Approach［J］. Human Organization. 2010，69（3）：242-51.

③ 肖汉宇、公婷：《腐败研究的若干理论问题——基于 2009—2013 年 526 篇 SSCI 文献的综述》，《经济社会体制比较》2016 年第 2 期。

④ Gould, W. From Subjects to Citizens？ Rationing, Refugees and the Publicity of Corruption over Independence in UP.［J］. Modern Asian Studies. 2011，45（1）：33-56.

也在不同时期表现出不同的特点。现今我国处于社会转型时期，因此我国现阶段的腐败也表现出不同于其他时期的特点，主要体现在以下四个方面：①

1. 腐败主体的多样化。腐败主体不仅仅局限于个人，近年来，出现的集体腐败行为逐渐由基层向高层蔓延，且规模逐渐扩大。根据 2018 年 3 月 9 日《最高人民检察院工作报告》的数据，立案侦查职务犯罪人数达 254419 人，较前五年上升 16.4%。② 腐败成为我国现阶段亟须解决的问题。

2. 腐败手段的隐蔽化。这主要是由于：一方面腐败行为是背离组织和群众进行的，幕后活动是它的主要形式，而幕后活动的合作者大多是弄权者的部属或下级，对腐败行为给予合作和保密，这使得腐败行为不可避免地具有隐蔽性。另一方面腐败主体主要是掌握权力的国家工作人员，其本身都具备较高的政策水平和法律观念，他们的腐败手段也日益隐蔽，抗打击性强。此外，由于互联网技术的普及与发展，其匿名性、虚拟性的特点，给腐败提供滋生蔓延的途径，增加了其隐蔽性，加大了查处的难度。

3. 腐败形式的复杂化。这主要表现在：一是职务犯罪发生的部位和手段发生了巨大的变化。腐败行为会因权力所有者的改变而发生变化，也会因权力结构的改变而发生变化，甚至会因反腐败重心和力度的改变而发生变化。现阶段，我国腐败所呈现出的整体趋势是由表层向深层次发展，由公开向隐蔽发展，而腐败的手段则开始由简单、原始型向复杂、智能型发展。二是腐败在表现形式上具有迷惑性。不少腐败行为往往被腐败者冠以合法合理之名，在此之下通过滥用权力而谋利。我国社会正处于转型期，不少腐败分子正是通过利用人们拥护改革的心情，假借改革之名行谋私之实，其行为往往具有很大的迷惑性。

4. 腐败行为的扩散化。这主要表现在三个方面：一是从腐败涉及的领域上看，其逐渐呈现出扩散性和渗透性的趋势。腐败已经开始从经济领域向政治领域扩散，而在政府部门内部则开始从管人、钱、物的部门向各个审批部门扩散，从行政部门向党政领导机关、司法、人事部门扩散，并逐渐向全社会各个领域进行扩散。二是从腐败的空间上看，腐败呈现出区域化、国际化的趋势。

---

① 李雪勤：《反腐败压倒性态势的形成与发展趋势》，《学习时报》2017 年 8 月 21 日，第 A5 版。

② 曹建明：《最高人民检察院工作报告——2018 年 3 月 9 日在第十三届全国人民代表大会第一次会议上》，中华人民共和国最高人民检察院，http：//www.spp.gov.cn/spp/gzbg/201803/t20180325_372171.shtml。

近年来查处的跨国职务犯罪逐渐增多，并且一些跨国犯罪集团通过拉拢腐蚀某些意志薄弱的政府官员或社会组织充当"保护伞"，控制其活动以保护自己，跨国（境）犯罪给我国发展造成的危害也越发严重。三是腐败已经开始从侵占生活资料向侵占生产资料发展，从积累资金向积累私人资本发展；腐败的性质逐渐出现固化，有时甚至会在同一岗位连续产生多次同样的问题。

二、腐败的分类

不同的人对腐败的定义各不相同，因此对腐败类型的归纳和划分也不尽相同。这里简要介绍以下几种分类方式。

1. 按照腐败的主体可以分为个人腐败、集体腐败以及单位腐败。个人腐败是指个人运用公权力以权谋私的腐败行为；集体腐败是指多位官员相互勾结，结成联盟，共同腐败的行为[1]；单位腐败是指单位或单位领导层以单位的名义所进行的腐败行为。集体腐败与单位腐败的区别在于，前者具有隐蔽性的特点，所得收益由少部分人所有；后者则具有一定的公共性、半公开的特点，收益不直接由个人或领导层直接拥有，常见行为包括私设小金库、单位垄断等[2]。

2. 国际腐败问题专家海登海默（Arnold J. Heidenheimer）按人们对腐败行为的容忍程度，把腐败分为黑色腐败、灰色腐败和白色腐败[3]：

黑色腐败：整个社会共同体的大部分上层人物和社会大众都一致谴责的一项腐败行为，并希望在原则的基础上对之予以惩罚，如向公共官员赠送礼品或裙带关系。

灰色腐败：有些人尤其是上层阶级希望惩罚某项行为，其他人不希望，而大众对其的态度则可能是模棱两可的一种腐败行为。

白色腐败：社会上层人物和大众的多数人可能都不积极支持惩罚的腐败行为，因为他们认为这是可以容忍的。

但是，这三种程度的腐败行为，无论哪一种类型都会造成消极的外部效应；少量的大腐败可能比少量的小腐败对经济的损害更大，但是大量的小腐败

① 吕瑞：《浅析集体腐败的基本特征与类型划分》，《法制与社会》2018 年第 31 期。

② 过勇：《当前我国腐败与反腐败的六个发展趋势》，《中国行政管理》2013 年第 1 期。

③ Arnold J. Heidenheimer. Perspectives on the Perception of Corruption. In：Arnold J. Heidenheimer, Michael Johnston and Victor T. Levine eds. Political Corruption：A Hand Book, New Brunswick and London：Transaction Publishers, 1993：149-164.

仍然有很大的危险；要是没有高层领导的纵容，普遍的小腐败是不能存在的；最危险的是各阶层同时出现普遍的腐败，并成为难以控制的社会现象。

3. 国内著名学者胡鞍钢在《中国 90 年代后半期腐败造成的经济损失》中，将现阶段中国腐败类型分为四种：①

寻租性腐败，指为获取纯粹转移所花费的稀缺资源跟垄断、管制关税和其他相关制度及实践带来的传统净损失。通俗地说，就是指因公共权力的行使者，利用手中的权力，为权力的服务对象设置关卡与障碍，向相关人员和机构直接收取或间接迫使其交纳通向正当权利和利益的"过路费"，由此而造成的腐败。

地下经济腐败，指未向政府申报和纳税，政府未能控制和管理，其产值和收入未能纳入国民生产总值的所有经济活动。地下经济腐败是指腐败与其地下经济相互关联和相互影响的重叠地带。这包括有三类：一是非法的地下经济活动；二是合法经营取得非法收入的经济活动；三是未统计的地下经济。

税收流失性腐败，指由于违反公平竞争的各种合法性税收减免与海关税收等部门官员贿赂、收买、勾结、分赃等方式而引起的海关税收和其他税收的流失。前者是以合法的形式，但是相当于一种租金，被减免税的企业或个人从中获益；后者为非法性收入。在国际研究中，税收流失被视为一个国家或地区最主要的腐败后果。

公共投资与公共支出性腐败，主要涉及政府出资或援助的公共投资中的腐败损失。在中国还包括国有经济投资（指国有企业和国有事业单位投资），政府采购合同，政府其他公共支出，以及由政府资助的机构（学校、医院）支出中的腐败损失。这既是一种经济腐败又是一种政治腐败。

以上四种类型的腐败之间又形成交集。但是，并不是所有的地下经济、非法经济、寻租、税收流失、公共支出与公共投资损失都属于腐败，只是那些滥用公共权力为其个人或少数利益集团或利益相关者谋取私利的活动才能被视为腐败。

三、腐败的成因及负效应

（一）腐败的成因

1. 人性

人性的弱点也常常成为腐败的根源之一。现实中在许多地方，腐败成了社

---

① 胡鞍钢：《中国 90 年代后半期腐败造成的经济损失》，《国际经济评论》2001 年第 3 期。

会的"潜规则"。我们虽然不断加大反腐的力度，但在同时社会经济的发展却为腐败的产生创造了更好的条件。基于经济人假设，现在的中国社会似乎为实现经济人的"个人利益最大化"提供了一切优越条件。1989年最高人民法院和最高人民检察院发布过一个《关于贪污、受贿、投机倒把等犯罪分子必须在限期内自首坦白的通告》，规定凡在通告期限内自首坦白的腐败分子"一律从宽处理"，而它恰恰忽略了一点，如果这些自首者"人性善"，他在一开始就根本不会贪污。而这实质上就是现代东郭先生的"乌托邦"，恰恰暴露了人性的弱点对腐败的纵容。

2. 公共权力的滥用

我国学者王沪宁指出："腐败，从狭义上看是为了达到私人目的，而滥用公共权力的一种行为；从广义上看则是一种对政府治理活动一般意义上的破坏行为。这种行为不一定会直接为某个个人谋取利益，但最终将会侵害整个社会的利益。"① 但是，目前我国还对此存在一些争议，即有人提出计划经济时代，恰恰是"公权"无处不在的时代。即使在当今世界，据"透明国际组织"1999年的一项统计排名，世界上最腐败的十个国家无一不是奉行市场制度的国家。所以，据此看来，也可以说公共权力与腐败之间虽然存在着某种关系，但不是直接关系。我们认为，权力一元化是腐败泛滥的制度缺陷。权力的高度集中使权力变成了社会公众无法控制的力量，权力运作脱离了社会公众的监督，掌权者在行使权力的过程中就不可避免地会按照自己的主观意志随心所欲地行使权力，这就使腐败由可能变为现实；权力缺乏有效制约是腐败泛滥的客观原因，如果权力没有得到有效的制约，那么腐败就会由现实变为泛滥。因此，要想制止腐败的泛滥，就必须加强对权力的制约。

3. 社会转型的冲击

我国从计划经济向社会主义市场经济的体制转轨交接需要一个"磨合期"，在此期间，或多或少会存在一些间隙、漏洞，为腐败分子所利用。从体制上来说，这一时期中国的腐败主要依赖三个东西而存在：一是司法结构不成熟，二是涉及腐败和贿赂的法律系统模糊不清，三是政治结构没有透明度。尤其是最后一点，常常使中国的反腐工作呈现无力感，导致社会对腐败的侵袭表现冷漠、畏缩，反过来又怂恿了贪官们的腐败心理，形成一种恶性循环。因此，我们可以得出这样的结论，即从根本上反腐败必须重视制度建设，并且这种制度建设是指一套以权力分设与相互制约为特征的"制衡结构"。如果没有

---

① 王沪宁：《反腐败——中国的实验》，三环出版社1990年版，第12页。

这种制衡结构，公权的范围再小，腐败的程度及社会后果照样会很大。

4. 市场经济的驱利性

我国正处于经济体制转轨时期，市场经济对我国腐败现象的产生也有一定的影响。一方面，改革开放 40 年以来，市场对于经济发展的促进作用在不断加深。但与此同时市场的趋利性也使得人们的思想发生转变，许多人站在局部和个人利益考虑，逐渐习惯了权力腐败现象的存在，难以在全社会形成对腐败的抵制，这就在某种意义怂恿了腐败行为。另一方面，目前我国经济正处于转型期，对于许多问题的认识和解决，我们缺乏前人的经验以资借鉴，难免出现一些漏洞、弊端，客观上为腐败这类机会主义行为的产生和蔓延提供了空间。

当然，我们在指出市场经济是腐败的诱因之一的同时，并没有否定市场经济。我国目前存在的问题在于，我国的市场经济还没有发育成熟，在社会资源的配置手段上行政配置和市场配置并存，因而政治权力与物质利益进行"权钱交易"的机会也增多，巨额租金的存在导致了寻租行为的大量发生，为政治腐败提供了土壤。因此，我们所说的腐败的原因是市场经济，其实是指市场经济体制的不完善。

（二）腐败的负效应

腐败在为某些人获取私利的同时，也导致了更多人个人利益的极大损害；此外它往往会对社会公共利益造成极大损害，包括经济损失和负面的政治影响。从我国的实际情况来看，腐败的负效应主要表现在政治、经济、社会三个方面。

1. 从政治的角度来看，腐败影响政治稳定，损害政府的公信力。习近平总书记指出，如果任凭腐败问题愈演愈烈，最终必然亡党亡国。腐败不仅有损群众对政府的满意度，大量腐败官员携款外逃，还会助长其他贪官的侥幸心理，造成大量的资金流失海外。长期以往下去，必然会加大群众与政府之间的矛盾，破坏政治稳定。

2. 从经济的角度来看，腐败扭曲资源配置，造成极大的经济损失。腐败在很多情况下造成国家计划受阻、经济管理失衡、经济政策走样等严重后果。这主要是因为腐败造成了社会资源的流通环节增加，严重浪费社会资源；各种寻租行为扭曲了市场经济公平竞争的规则，官员在行使权力时，更多地是以人情、行贿金额等作为判断标准，造成劣币驱逐良币的现象产生；此外，行贿资金不能增加任何产出，还会使得企业的生产成本增加，企业可能通过偷工减料、以次充好等行为来降低生产成本，最终使得大量的豆腐渣工程出现，而这不仅成为了社会隐患，还再一次造成了资源的浪费。

3. 从社会的角度来看，腐败会形成不良社会风气。腐败行为本身就是一种不良风气，而其扩散化的特点，则会将这种不良风气由个人扩散到群体，毒化党风、政风、社会风气，使得部分意志不坚定、思想颓废以及自制力差的党政干部被腐化，产生腐败问题，并且由此产生的一系列错误、扭曲的价值观，进一步败坏社会的风气。

第三节　廉政监察的实践与发展

我国反腐已经取得了压倒性的胜利，但反腐形势依旧严峻，各种损害党的先进性和纯洁性的因素仍然存在。为了巩固已经取得的胜利，进一步推进我国的廉政监察工作，在分析各领域中所存在的腐败问题的基础上，探索廉政监察在实践中的具体工作方法，分析廉政监察的发展方向就显得十分重要。

一、民生领域出现的腐败问题

2013 年我国在部署党风廉政建设和反腐败工作之初，就指出教育、医疗、涉农、征地拆迁、涉法涉诉等属于腐败问题频发易发的领域，同时也是群众反应强烈的领域。[①] 为了更好地了解腐败问题，在这里我们选取扶贫、教育、医疗三个领域进行介绍。

（一）扶贫领域的腐败

精准扶贫是在反思以往粗放式扶贫的基础上所提出的一种扶贫方式，它提出要从地区、农户的实际贫困情况出发，运用科学的方法精准识别、精准帮扶、精准管理、精准考核，是实现扶贫到户的一种长效治贫机制。[②] 精准扶贫是缩小贫富差距，共享改革成果，全面建成小康社会的重要一环。

2015 年中纪委开始在官网上公开曝光扶贫领域出现的腐败和作风问题的典型案例，其中反映出的"微腐败"问题尤为引人注目。所谓扶贫领域的

---

　　① 王岐山：《深入学习贯彻党的十八大精神 努力开创党风廉政建设和反腐败斗争新局面——在中国共产党第十八届中央纪律检查委员会第二次全体会议上的工作报告》，《中国纪律监察》2013 年第 5 期。
　　② 葛志军、邢成举：《精准扶贫：内涵、实践困境及其原因阐释——基于宁夏银川两个村庄的调查》，《贵州社会科学》2015 年第 5 期。

"微腐败"是指在扶贫过程中基层干部，尤其是村干部的腐败行为。其往往因为人情或权力的寻租等原因开始腐败，具体表现形式包括"持富不扶贫"、优亲厚友、以公肥私、虚报冒领扶贫款、挪用扶贫资金等。这些腐败行为直接损害了群众的利益，造成的社会影响极为恶劣，因此成为近年来廉政监察的重点。从中央纪委党风政风监督室公布的数据来看，仅2018年上半年全国各级纪检监察机关查处扶贫领域腐败和作风问题4.53万个，腐败问题占42.16%，共处理6.15万人，其中村干部依旧是违纪主体，占总人数的61.28%。①

（二）教育领域的腐败

教育是国之根本，一国的兴盛与教育密不可分。但是近年来，教育领域尤其是高校曝光了一系列的腐败事件，这不仅严重损害了学校及教育系统的形象，同时也对广大青少年产生了巨大的负面效应。高校即公民进行高等教育的学校，其具体包括高等专科学校、高等职业技术学校、专门学院以及大学。高校腐败是指高校公职人员以贪污、侵占、挪用、违规发放经费等手段，以权谋私，侵害学校利益的行为。腐败的形式包括经济类腐败、行为腐败以及学术腐败。随着近年来国家教育改革，高校的自主权不断增加，其所能掌握的人、财、物等资源越来越多，但是相对而言其外部监督机制较为薄弱，而管理制度不完善以及部分领导干部缺乏防腐拒变的能力等原因导致了腐败行为时有发生。②

根据纪委监委的数据显示，十八大以来有关教育部直属高校的信访举报案件数量增长最快，占比最多，并且2018年1月至5月较2017年同期增长42%。此外，2018年中纪委监委对教育直属系统内部1919人的违纪违法行为进行查处，其中直属高校人员占97.5%。③ 高等院校承担着培养国家人才的重要历史使命，在高校领域开展反腐工作不仅能够帮助学生树立正确三观，促进大学生廉政文化意识的养成，还对于推动我国高等教育的发展，维护社会的公平正义具有深远影响。

---

① 王仁宏、曹昆：《全国上半年共查处扶贫领域腐败和作风问题4.53万个处理6.15万人》，《中国纪检监察报》，http://politics.people.com.cn/n1/2018/0829/c1001-3025711 1.html。

② 李明：《全面从严治党视野下高校廉政建设的困境与出路》，《法制博览》2018年第27期。

③ 康潇宇：《治理民生领域腐败问题·教育：正风肃纪 守护净土》，中国纪检监察报，http://www.ccdi.gov.cn/yaowen/201806/t20180614_173751.html。

（三）医疗领域的腐败

医疗腐败是指在医疗领域中，医务人员或官员与患者、医疗厂商或保险机构等相互串通，谋取私利的行为。医疗领域往往由于信息不对称、医疗技术具有专业性以及我国医疗市场的不完善等原因，而比其他领域更容易产生腐败现象。其具体贪腐形式包括在药品、医疗器械等涉医交易中受贿、吃回扣；收受患者红包；接受非法捐赠以及挥霍公共财产等。

据《医学界》不完全统计，2017年一年落马的医院院长、卫生官员高达400多名。解决医疗腐败问题对解决看病难、看病贵，推动我国医疗体制改革具有重要意义。

十八大以来针对群众最为关心的涉农、教育和医疗领域的腐败问题，各级纪检机构打出组合拳，精准发力，真正做到了从严治权不设禁区，在弘扬社会主义核心价值观、凝聚民心等方面起到了重要的作用。接下来我们将介绍在廉政监察实践过程中具体预防和监督的手段。

二、廉政监察的实践

我党所提出的监督执纪"四种形态"中后两种形态指出，对严重违纪的重处分、做出重大职务调整应当是少数；严重违纪涉嫌违法立案审查的只能是极少数。这体现出了我党大部分同志的党性原则是好的，违法乱纪的只是少部分。因此我们的廉政监察在具体实践过程中也体现出了抓早抓小，防微杜渐的特点。具体的调查手段已在第五章国家监察职权中进行展开，在此不再赘述，本章我们主要介绍的廉政监察的手段则更多地偏向于廉政监察的监督手段。

（一）党风廉政建设责任制

2010年11月10日，中共中央、国务院发布了修订后的《关于实行党风廉政建设责任制的规定》，开始实行党风廉政建设责任制。它根据《中华人民共和国宪法》和《中国共产党章程》制定，目的是为了进一步加强廉政建设，落实党委主体责任，以及纪委监督责任。该制度主要是按照谁主管、谁负责，一级抓一级，通过科学划分领导干部、主要负责人、其他分管领导与领导班子集体的工作任务与领导责任，实现层层落实。其中，党组领导班子主要负责廉政建设和反腐败工作，党组主要负责人是党风廉政建设的第一责任人，履行主体责任；领导班子其他成员应当按照"一岗双责"的制度规定，根据各自的职责负主要领导责任。在实践过程中往往还要求相关责任人签订责任书，增强其责任意识。目前这一制度在国有企业、事业性单位和社会团体中也有相应的实践，其已经成为我国廉政监察中的重要一环。①

（二）述职述廉

述职述廉工作主要由各级党委（党组）"一把手"完成。其中述职主要是要求领导干部在听取干部群众的意见后，针对前一个时期的学习、思想以及党的方针路线的执行情况、履行职责情况进行系统的总结汇报；而述廉则是对党风廉政建设、遵守廉洁从政等方面进行自查，发现问题后进行整改。② 领导干部述廉述职的内容一般要求形成书面材料，报上一级党组，并抄送上一级纪检监察机关与组织（人事）部门，并在参加完年度考核后，进行公示，接受群众监督。2005 年 12 月 19 日，中共中央办公厅颁布《关于党员领导干部述职述廉的暂行规定》，随后在各地开始执行，并在实践中不断完善。目前，述职述廉工作已经成为廉政监察工作中的一项常规工作。

（三）廉政承诺书

廉政承诺书，又被称为领导干部廉洁自律承诺书、党风廉政建设承诺书，其主要内容是要求党员及领导干部对党忠诚、遵纪守法、依法行政、廉洁从政以及遵守中央八项规定等承诺事项。要求领导干部签订廉洁承诺书对于提高全体党员的防腐拒变的自觉性，筑牢思想道德防线具有重要作用。③

在各地，廉洁承诺书的运用还有一些创新。有些地区将廉洁承诺书视为反腐败风险防控的重要环节，比如湖北省襄阳市将签订《廉政承诺书》作为在工程领域、行政执法领域成立合同和执法的要件之一。而有些地区则是将承诺主体由个人扩大到"单位+家庭"，比如安徽让领导干部及其配偶签订家庭建设承诺书或家庭廉政承诺书，进一步加强党风廉政建设。

（四）廉政档案

目前在我国多地都已经建立领导干部廉政档案，但是具体的实施细则略有不同，在这里我们仅对常规做法进行介绍。廉政档案在各地大多是针对政府部

---

① 《关于实行党风廉政建设责任制的规定》，《中国纪检监察》2011 年第 1 期。

② 《关于党员领导干部述职述廉的暂行规定》，《中国监察》2006 年第 8 期。

③ 吴春权：《监督执纪"四种形态"的实践与思考》，《铁路采购与物流》2018 年第 12 期。

门内部副科级及以上，以及国有企业、事业单位中的相关领导干部，按照"一人一档"的原则设立。档案分为干部个人信息和廉政情况两大板块，具体包括领导干部的个人基本信息、履历、奖惩情况、日常监督检查、纪律处分情况、个人重大报告事项、子女及配偶出入境情况、信访举报情况等。档案要求领导干部本人如实填写，在进行确认后签字负责。档案实行纸质版和电子版的"双轨制"管理制度，在由领导干部填写完成后，交由各地纪委统一归档，由专人负责管理。廉政档案能够帮助有关机关客观公正地评价领导干部的廉洁从政情况，还为干部推荐、选拔、任用、考核等提供了依据，有效杜绝了"带病提拔""带病评先"等问题的发生。[①]

（五）痕迹管理

痕迹管理作为一种精细化的管理方法，其主要是通过保留文字、图片、视频等资料留下痕迹，以便日后还原工作原貌、考察工作成果、评估绩效，以供查证。痕迹管理的出现体现出我国党政工作管理的重点由重结果到强预防的转变。习近平总书记强调说"踏石留印，抓铁有痕"，科学合理的痕迹管理能够有效的提高全体同志的责任意识，但事无巨细都要痕迹管理就成了变相的形式主义。因此善用痕迹管理把工作做实做透才是关键。

我国在经济领域实行的公务卡制度是利用痕迹管理预防腐败发生的重要手段之一。公务卡按照"一卡一名"的原则，由预算单位公职人员实名持有，主要用于支付公务活动中所产生的办公费、差旅费、会议费以及接待费等在内的各种费用，并在事后进行财务报销。其业务流程可概括为"银行授信额度，个人持卡支付，单位报销还款，财政实施监控"。[②] 目前原则上个人公务卡信用额度为 1 万元到 5 万元，单位卡信用额度为 5 万元到 50 万元。2007 年我国开始推行公务卡制度改革，随后在全国范围内开始普及。公务卡代替了现金支付，从源头加强了对公款消费的监管，真正实现了"消费留痕"，这是规范公职人员使用财政资金，厉行节约，预防腐败的重要一步。2016 年财政部、中国人民银行选择出台《单位公务卡管理办法（试行）》，以江苏省和深圳市为试点，探索以单位为偿债主体并能满足大额支付的单位公务卡的设立，这对进一步完善公务卡制度体系具有重要意义。

---

① 李勇：《打造廉政档案大数据平台 精准助力监督执纪》，《先锋》2018 年第 9 期。
② 顾玲媛：《行政事业单位公务卡制度改革工作中的问题与对策分析》，《广播电视信息》2017 年第 8 期。

（六）清单管理制度

2017 年 3 月 5 日，李克强总理在政府工作报告中首次提出了清单管理制度。所谓清单管理就是以清单的形式明确政府的职责与权力，并接受多元主体的监督。清单管理制度的实施使得政务运行能够更加公开透明，不仅有利于社会公众参与监督，同时减少了政府部门自由裁量的空间，从根源上减少了腐败问题的产生。在这里我们主要介绍党员领导干部负面清单制度与村级小微权力清单制度。

党员负面清单制度是指按照 2015 年修订的《中国共产党纪律处分条例》的要求，对普通党员及领导干部，在政治纪律、组织纪律、廉洁纪律、群众纪律、工作纪律、生活纪律 6 个方面划出言行禁区。① 这一制度在全国各地还有许多创新性的发展。

2018 年中央一号文件指出："推行村级小微权力清单制度，加大基层小微权力腐败惩处力度。"村级小微权力清单制度的核心是从权利运行的源头入手，梳理出基层政府事务财权事权以及权利运行的规范流程，然后做成宣传册分发给群众。这既保障了群众的知情权、参与权，又能够依靠群众监督的力量来监督和约束村级事务的运行。此外各地在实施过程中还将小微清单制度实施的情况与农村干部个人考核结合在一起强化了执行力度。这一制度主要是用来解决村务管理混乱，村干部用权不规范等问题，在整治"微腐败""蝇贪"、构建服务型政府等方面具有重要意义。②

（七）廉政义务监督员

廉政义务监督员，有地方称为党风廉政建设义务监督员或党风廉政监督员等。这主要在市、乡镇、村庄等地区设置，是各级纪委以个人自荐、群众或组织推荐等方式，选拔出政治素养、组织观念、责任意识较强，群众基础较好的同志，将其聘用为廉政义务监督员。要求他们按照党的纪律、党员干部廉洁自律准则、党风廉政建设责任制以及各项法律法规等，以座谈会、工作例会等方式广泛听取党员、群众的意见，并可以以电话、信件等形式，直接向党委、纪委、派驻纪检委或派出纪工委反映情况。廉政义务监督员往往

---

① 《〈准则〉和〈条例〉修订的十大亮点》，《中国纪检监察》2015 年第 20 期。

② 刘嫣：《新时代农村基层"小微权力"该如何监管——以湖北省沙洋县为例》，《学习月刊》2019 年第 2 期。

由具有丰富工作经验的离退休老干部担任，他们能对各部门的工作实践提出很好的意见与建议，这对于拓宽监督渠道，加强社会监督具有重要意义。

（八）廉政监察的创新实践

本届政府对腐败的认识提高到了关系国家生死存亡的高度，在反腐问题上坚持有腐必反、有贪必肃，提出要构建不敢腐、不能腐、不想腐的有效机制。随着实践和理论研究的逐渐深入，各地在廉政监察的实践过程中，也开始根据地方特色尝试采用一些创新型做法。

深圳市运用网络反腐，实现精准治理。其出台的党风廉政监督系统下设党员领导干部操办婚丧喜庆事宜监管系统、主体责任考评系统、巡察管理信息系统、监督回访制度并建立电子台账、股份合作公司综合监管系统、执纪审查信息平台、党风廉政监督系统等，使得纪委监委的工作形成闭环。① 为了更好地发挥网络反腐的优势，其于 2018 年出台《深圳市纪委监委信息化工作计划（2018—2020 年）》，提出对现有信息系统进行整合，更好地运用网络大数据，发挥纪检监察的作用。此外，我国贵州、辽宁等地也开始推动纪检监察机关的信息化建设，提高执纪审查的科学性和针对性。

2018 年湖北省发布"十五不准"行为自律卡。目前在湖北省省内按照"一人一卡"的要求，陆续发放给了 2 万余名纪检监察干部，并要求其随身携带。正人必先正己，"十五不准"行为自律卡为纪检监察干部，尤其是党员干部划出了底线，坚决防止"灯下黑"，要求其能严格要求自己，带头践行，做遵纪守法的模范。

总的来说，我国在长期的实践过程中，已经形成一整套行之有效的廉政监察体系。目前我国反腐败斗争已经取得了压倒性的胜利，不断巩固和发展胜利成果，完善存在的不足，成为我们廉政监察进一步发展的方向。

三、廉政监察的发展方向

（一）廉政监察体制进一步完善

我国廉政监察最明显的发展趋势就是注重完善反腐倡廉制度，坚持用改革的办法解决廉政建设和反腐败的深层次问题，通过全方位、多层次的制度设

---

① 陈义波、龚艺：《深圳多系统联动推进精准监督——分析越准确 监督越有效》，《中国纪检监察报》2018 年 9 月 3 日，第 6 版。

计，更好地加强对于权力的监督管理。十八大以来，我国在反腐倡廉建设上呈现出两个基本态势，一是通过高压态势反腐，消除腐败的存量；二是通过建章立制进一步推进制度建设，强化完善监督和制约机制，逐步实现廉政目标。十八大后，党中央将制度反腐的重点集中于法治反腐之上，强调以法治建设防治腐败。2018 年 3 月 20 日，第十三届全国人大一次会议表决通过了《中华人民共和国监察法》。监察法的出台是深入推进反腐败斗争，实现国家监察全覆盖的重要一环。《中华人民共和国监察法》的颁布施行，标志着我国廉政监察进入了新时代。十九大更是提出了"健全党和国家监督体系，深化国家监察体制改革"的战略要求。制度反腐就是通过构建科学合理的制度体系来约束权力的运行，不断减少腐败的生长空间，是符合中国当代国情的有效方式，是克服制度缺陷的根本举措。

（二）惩罚力度进一步加大

我国在完善廉政监察制度的同时，也进一步加大了对腐败的惩罚力度，并始终保持查办案件的强劲势头，坚决查处大案要案，严肃查处违反党纪的党员和干部。根据最高人民检察院工作报告数据显示，党的十八大以来，在党中央统一领导下，检察机关对原省部级以上 107 名干部提起诉讼。从官员人数、官阶以及涉案范围来看，惩处力度都是前所未有的。而除了打"老虎"以外，反腐败也持续从一线、基层推进，重点聚焦"苍蝇式腐败"，坚持从严治党。2018 年检察机关在扶贫领域查处"蝇贪"62715 人①，震慑打击各种贪腐行为，对一切违法违纪行为零容忍。

（三）更加注重廉政文化建设

廉政文化是指人们对于构建清廉政治和引导党员干部廉洁从政的思想认识、价值理念和精神追求。廉政文化作为一种非正式的软约束，能够帮助领导干部自觉抵制利己主义、个人主义、享乐主义，更好地遏制腐败行为的发生，对营造风清气正的政治生态，构建不想腐的自律机制具有重要意义。

廉政文化建设是构筑拒腐防变思想道德防线的根本途径。习近平总书记指

① 曹建明：《最高人民检察院工作报告——2018 年 3 月 9 日在第十三届全国人民代表大会第一次会议上》，中华人民共和国最高人民检察院，http：//www.spp.gov.cn/spp/gzbg/201803/t20180325_372171.shtml。

出："我们要坚持从教育抓起，教育引导广大党员、干部坚定理想信念、坚守共产党人精神家园，不断夯实党员干部廉洁从政的思想道德基础，筑牢拒腐防变的思想道德防线。"①

为此，我国已编辑出版了《反腐倡廉警示录》《履职忠告——公职人员清正廉洁读本》《反腐倡廉学习读本》《领导干部廉洁从政教育读本》等；在廉政文艺作品创作方面，拍摄了电视连续剧《人民的名义》、反腐专题片《永远在路上》、廉政话剧《不忘初心》、舞台剧《礼魂》、越剧《清官赞》等一系列廉政文艺作品，并建立了廉廊、廉亭、廉栏、廉墙、廉路、廉石、廉政雕塑、廉政公益广告等一系列廉政文化景观。这些活动的目的都在于，从案件查处中挖掘警示教育素材，做好廉政文化教育，起到防患于未然的作用。

在普及廉政文化建设的同时，我们还通过贯彻落实八项规定，加强对党员进行先进性教育、党风廉政教育，帮助其树立正确的荣辱观，增强领导干部的廉洁从政意识；通过廉政歌曲传唱、开展家风建设活动以及观看教育警示片等，不断创新反腐倡廉宣传工作的形式，加大宣传力度；此外，我们还逐渐将廉洁教育纳入学生思想教育体系中，从学生抓起，帮助其树立廉洁从政的价值观念，并在全社会营造起以廉为荣，以贪为耻的氛围。

（四）网络反腐力量日渐壮大

网络反腐主要是借助互联网等现代信息技术，通过引起社会公众与媒体的关注，引入外部监督，加大对官员行为的约束，从而更好的对官员权力的运用进行监管。近年来，随着腐败隐蔽性程度的加深，仅仅依靠监察委员会对官员的行为进行约束，越来越难以准确、及时的对腐败问题进行查处。因此，通过运用互联网技术，加强媒体和公民的外部监督对提高廉政监察效度和力度具有重要意义。在这个过程中，官方媒体注重引导舆论，加强对新兴媒体的监管，使得公布的信息能够真实客观的反应实际情况；各级地方政府通过电视问政、市长、县长信箱，以及网络举报等制度，让腐败无处可藏；与此同时，人民也开始越来越积极的参与到对公职人员行为的监督中来。互联网技术的发展使得公众参与途径和参与手段增多，这为深入推进反腐败工作，打造廉洁政府提供了强有力的保障。

---

① 《在十八届中央政治局第五次集体学习时的讲话》，2013 年 4 月 19 日。

☞ 本章小结

廉政监察是指各级监察委员会在党的直接领导下，代表党和国家依法监察公职人员行使公权力情况，调查职务违法和职务犯罪并纠举、惩处违法违纪人员的一种职能活动。它具有法治性、惩罚性、系统性、多样性以及广泛性等特点。

腐败指公职人员滥用其所掌握的公共权力和公共资源，通过侵占或挥霍公共资源，为自己或他人谋取私利，使得公共利益遭受侵害的行为。其产生的条件为拥有掌握公共权力和权力缺乏有效制约。腐败具有多样化、隐蔽化、复杂化、扩散化的特点。按照不同的标准，腐败有不同的类型。腐败的成因包括人性、公共权力的滥用、社会转型的冲击以及市场经济的驱利性等。此外腐败往往会在政治、经济、文化等方面产生严重的负效应。

此外，本章分析了民生领域出现的腐败问题，简述了廉政监察在实践过程中的具体手段，包括党风廉政建设责任制、述职述廉、廉政承诺书、廉政档案、痕迹管理、清单管理、廉政义务监察员以及廉政监察的创新实践，提出我国的廉政监察将朝着廉政监察体制进一步完善、惩处力度加大、注重廉政文化建设以及运用网络反腐等趋势发展。

☞ 关键术语

廉政监察；廉政监察的特点；腐败；腐败行为的负效应；廉政监察的发展方向

☞ 练习与思考题

1. 廉政监察的依据有哪些？
2. 廉政监察的原则有哪些？
3. 廉政监察的作用有哪些？
4. 我国腐败的主要特点是什么？
5. 我国腐败现象产生的原因有哪些？
6. 我国廉政监察的实践有哪些？

☞ **案例**

既想当官又想发财，终究是场"白日梦"
——贵州省金沙县原县委副书记、县长卢宏严重违纪违法案剖析

卢宏18岁便成为了国家公职人员。工作以后，其积极上进、努力工作引起了组织的注意。在经过组织的考察后，他在20岁时入党，21岁便开始担任当地地区公所副区长，开始从事领导工作。随后由于其工作成绩突出，26岁时被调往地直部门工作，随后接连被提拔为副科长、科长、部门领导。45岁便被任命为县委副书记、县长。

随着其所掌握权力的增大，卢宏未能坚守初心，而是走向了腐败的不归路。2012年春节，他在办公室接受了开发商作为"感谢费"送去的两根100克金条。十八大以后，中央再三强调领导干部要廉洁自律，不断加大反腐败斗争的力度，但卢宏并未选择收手，2013年春节他又收受另一位老板送上的10万元礼金。

2015年8月，毕节市开展"党风廉政大约谈"活动，卢宏由于存在违纪问题也是约谈的对象之一。组织专门安排市里的主要领导对其进行约谈，希望其能积极主动交代自己的问题。但是，卢宏在约谈过程中，仅承认自己收受了少量的礼金红包，对其他违纪问题选择了隐瞒。在约谈结束后，其通过转移、归还收受的财物等途径，希望能够蒙混过关。

2017年4月，在接受组织审查时，卢宏仍心存侥幸，认为商人和老板都是朋友，与他的感情很好，不会出卖他，对组织的审查采取了"软对抗"。直到审查人员将证据摆在他的面前，他才猛然惊醒。

2017年9月，卢宏因严重违反党的纪律和国家法律法规规定，受到开除党籍、公职，没收其违纪所得财产，以及移送司法机关处理的处罚。

（资料来源：中国纪检监察报，http://www.ccdi.gov.cn/jdbg/chyjs/201805/t20180516_171922.html，2018年5月16日。）

请思考：

1. 案例中的现象反映出腐败行为产生的原因有哪些？
2. 针对这种现象，探讨我国廉政监察未来的发展方向是什么？

第十一章
效能监察

效能监察是国家监察的重要组成部分，做好效能监察，对提高工作效率、改进工作作风、改善社会管理有着非常重要的作用。本章介绍了效能监察的含义、作用、原则和手段等基本内容，总结了现阶段我国效能监察的重点，分析了当前我国效能监察存在的主要问题和困难，并提出优化建议，以期对进一步提高效能监察工作的效率起到一定的帮助。

第一节　效能监察概述

一、效能监察的内涵

（一）效能的概念

要理解效能监察，首先要理解效能的含义。效能是指办事的效率和工作的能力，是衡量工作结果的尺度，反映了工作目标的实现程度。加强国家机关效能建设的根本目的是运用各种科学合理的手段、制度和载体，激发公职人员工作的积极性和创新性，提高其工作能力和工作效率，不断为人民群众提供更高质量的服务。这里所指的"政府"是广义上的政府。"广义政府"的范畴包括所有行使公权力的国家机关，人大、政协，"一府两院"等都包含在内，我们所研究的效能的涵义是指广义上的一切行使公权力的国家机关的效能。

效能指公职人员在实施公共行为时，以较小的资源投入来实现最佳的工作目标，达到资源配置的"帕累托最优状态"。效能，主要从能力、效率、效果、效益这四个方面体现出来。其中，国家机关和公职人员的工作能力是实现高效能的基本条件；效率是指社会公共活动中投入的工作量和工作成果的比率；效果指所产生的实际成果，包括物质文明成果和精神文明成果；效益是指产生的直接经济利益、社会利益或者客观的社会效应和社会影响。

效能既要求工作效率的快捷，又要求工作行为的质量。各级国家机关工作效能的高低主要表现在四个方面：一是工作业绩，指国家机关对社会所要求的公共利益目标的实现状况；二是事务性效率，仅仅指时间长短、程度多少、审批环节多少等因素，反映的是机关的内部管理效率；三是职能性效能，是指各级机关单位所生产的"产品"（包括社会公共政策、社会服务机构、社会保障体系等）向公众提供的服务水平；四是成本，指各级国家机关提供公共服务行为所占用和消耗的费用情况。

（二）效能监察的概念

从字面意思上看，效能监察就是对效能的监察。效能监察是监察机关依法对各级机关及其公职人员履行职责行为的效率与质量情况所实施的监督检查活动。原驻化工部监察局局长刘占书同志认为：效能监察是为促进勤政建设而开展的监察活动，是对监察对象执行政策，履行职责及其效率效果的监督检查，其目的是促使监察对象增强责任心，尽职尽责，改进管理，提高工作效率，增强经济效益和社会效益。①

我们认为效能监察主要是监督所有行使公权力的公职人员依法履行职责以及执行政策的情况。《国家监察法》第十五条规定监察的主要对象分为六大类：公务员和参公管理人员；法律、法规授权或者受国家机关依法委托管理公共事务的组织中从事公务的人员；国有企业管理人员；公办的教育、科研、文化、医疗卫生、体育等单位中从事管理的人员；基层群众性自治组织中从事管理的人员；其他依法履行公职的人员。这是用法律的形式把国家监察对所有行使公权力公职人员全覆盖固定下来。即通过纠偏治懒、保廉提效，规范公职人员的行为，使公职人员在行使公权力时，能够提高工作效率。

具体而言，效能监察就是指监察委员会依法对所有行使公权力的公职人员的工作效率、效能的监督检查活动，是对其依法履行职责，行使公权力的能力、效率、效果、效能的监察，是为了加强对所有行使公权力的公职人员的监督，实现国家监察全面覆盖。

理解这一概念，要注意以下要点：第一，效能监察的主体是监察委员会；第二，效能监察的对象是所有行使公权力的公职人员；第三，监察委员会依照法律规定履行监督、调查、处置职责；第四，效能监察的内容包括效率、效果、效能等多方面的内容，当前效能监察的重点包括官僚主义、形式主义、不

① 刘虹、董秀芬：《效能监察》，中国方正出版社 2004 年版，第 4 页。

作为等。

二、效能监察的依据

我国开展效能监察的依据是多方面的，包括党纪条规、监察法规及其他多种法律法规。

《中国共产党党内监督条例》第五条规定："党内监督的任务是确保党章党规党纪在全党有效执行……保证党的领导干部忠诚干净担当。"并明确指出"落实全面从严治党责任……落实中央八项规定精神，加强作风建设，密切联系群众，巩固党的执政基础情况"是党内监督的主要内容。① 由此，我们可以清楚地得出结论：党内监督的重点不仅包括廉政问题同时也包括效能问题，要巩固党的执政基础，赢取人民群众的信任，就要加强作风建设，提高效能。

《中国共产党纪律处分条例》第五条规定："运用监督执纪'四种形态'，经常开展批评和自我批评、约谈函询，让'红红脸、出出汗'成为常态。"② 由此可见，维护党的纯洁性，治病救人，让广大党员干部真抓实干、敢于担当是效能监察的重要目的。

《中华人民共和国宪法》第一章总纲第二十七条规定："一切国家机关实行精简的原则，实行工作责任制，实行工作人员的培训和考核制度，不断提高工作质量和工作效率，反对官僚主义。"《中华人民共和国宪法》是国家的根本法，具有最高的法律效力，是一切立法的基础和依据，同时也是各级机关履行各项职能的法律依据所在。我国宪法规定的国家机关应不断提高工作质量、工作效率，其实质涵义就是要不断提高工作效能。十三届全国人大一次会议审议通过的宪法修正案在"国家机构"一章中专门增写"监察委员会"一节，并在其他部分相应调整充实有关监察委员会的内容，确立了监察委员会作为国家机构的法律地位，为设立国家和地方各级监察委员会提供了根本法律保障。

《中华人民共和国监察法》第一章总则第一条规定："为了深化国家监察体制改革，加强对所有行使公权力的公职人员的监督，实现国家监察全面覆盖……根据宪法，制定本法。"③ 《中华人民共和国监察法》是深化国家监察

---

① 《中国共产党党内监督条例》，2016 年 10 月 27 日中国共产党第十八届中央委员会第六次全体会议审议通过。

② 《中国共产党纪律处分条例》，2018 年 8 月 26 日中国共产党中央委员会颁布。

③ 《中华人民共和国监察法》，2018 年 3 月 20 日第十三届全国人大一次会议表决通过。

体制改革，实现国家监察全面覆盖，监察机关行使职权、履行职责的重要法律依据。《中华人民共和国监察法》第十一条规定："监察委员会依照本法和有关法律规定履行监督、调查、处置职责，对公职人员开展廉政教育，对其依法履职、秉公用权、廉洁从政从业以及道德操守情况进行监督检查。"其实质就是监察机关开展效能监察工作的具体法律依据。

《中华人民共和国公务员法》第一条规定："为了规范公务员的管理，保障公务员的合法权益，加强对公务员的监督，建设高素质的公务员队伍，促进勤政廉政，提高工作效能，根据宪法，制定本法。"①《中华人民共和国公务员法》是对公务员进行科学管理的基本法律，它是我国国家行政机关及国家公务员的行政行为的基本依据。

以上所有法律法规及条例的颁布实施都是为了规范公职人员的行为，提高公职人员的工作效率，都是我国效能监察的重要法律依据。

三、效能监察的作用

效能监察工作是改善官僚主义、形式主义、不作为等不良工作作风的有效途径，是监督公职人员是否贯彻落实上级政策意见的重要举措，是严肃党规党纪、加强党风廉政建设必然要求。效能监察的作用主要体现在以下几个方面：

（一）有利于改善国家治理，提高国家机关治理能力

效能监察是各级监察机关依法对各级机关及其公职人员履职行为的效率与质量情况所实施的监督检查活动，是通过监督促进效能的提升。效能监察对国家治理的作用突出体现在以下两个方面：一方面，效能监察能有效督促各部门加强自我管理和约束，提高各部门的工作能力。效能监察贯穿国家机关工作的全过程，是事前监察和事中监察的统一，能够及时发现工作中官僚主义、形式主义、不作为等不良工作作风，找出在管理、制度和监督制约机制上存在的问题，采取科学有效的措施，改善各个机关及公职人员的行为，提高工作效率和工作能力。另一方面，效能监察可以促进国家治理体系和治理能力现代化。实现国家治理体系和治理能力现代化是全面建设社会主义现代化国家的重要内容，效能监察对权力的行使进行制约和监查，有利于进一步完善我国的监察体系，形成全覆盖的、统一的权力监督格局，为党和国家长治久安提供一定的

---

① 《中华人民共和国公务员法》，2005 年 4 月 27 日全国人民代表大会常务委员会颁布。

保障。

（二）有利于推进改革开放，优化经济环境，促进经济发展

经济的发展离不开良好的社会和经济环境，通过加大效能监察的力度，改善工作作风，提高工作绩效，从而为经济发展营造一个良好的经济和社会环境。这不仅能够大大促进经济的繁荣发展，也能进一步深化改革开放和推进现代化建设更快更好的发展。

（三）有利于推进反腐工作，有效预防腐败

效能监察从过程监察入手，对公权力的行使实现事前、事中监督，对公职人员的权力进行有效规范和制约，及时发现工作中的问题，提出改进和纠正的措施，把一些消极行为控制在萌芽状态，能够防范和减少腐败现象的发生，达到从源头上预防腐败现象的目的。

（四）有利于规范行使公权力，促进依法治国

党的十八届四中全会通过的《中共中央关于全面推进依法治国若干重大问题的决定》提出，必须以规范和约束公权力为重点，加大监督力度。效能监察是最直接、最及时、最深入地对公权力的监督，能有效规范监察工作，推进全面依法治国。一方面，效能监察可以监督公职人员严格按照法律规定、在法定权限内按法定程序行使权力，保障国家法律、党的方针政策得以贯彻落实，维护宪法和法律的尊严，推进依法治国和全面从严治党。另一方面，效能监察促进了公职人员的法律意识、责任意识、服务意识的提高，能够及时纠正公职人员在服务人民群众过程中存在的不足和问题，督促公职人员遵守工作制度和工作纪律，有助于规范行使公权力，更好地为人民服务。

四、效能监察与廉政监察、执法监察的关系

执法监察、廉政监察和效能监察三者都属于国家监察的范畴，因此，三者之间必然存在着千丝万缕的联系。具体我们可以从以下几个方面进行阐述：

（一）执法监察与廉政监察、效能监察的关系

执法监察是指"监察机关对监察对象贯彻执行法律、法规、政策以及国民经济和社会发展的情况，进行全面的或专项的监督。目的是制衡和规范公权力行使行为，以利于及时发现并纠正、处理有令不行、有禁不止的行为，防止

或避免有法不依、执法不严、执法犯法等现象的发生，确保国家政令畅通"。①

执法监察与廉政监察、效能监察之间既有联系，也有所区别。一方面，执法监察作为一种工作方式和工作手段，是实现廉政监察和效能监察的一种有效途径。执法监察不是与廉政监察和效能监察并列的一种监察内容，而是以执法监察的方式实现对监察对象的廉政状况与效能状况的监察。另一方面，实现廉政监察和效能监察的方式是多种多样的，廉政监察是其中一种基本方式，但不是唯一方式。三者的划分标准不同，是不同层面的提法，它们之间既不是包容关系，也不是并列关系。

（二）效能监察与廉政监察的关系

廉政监察是监察机关依法对国家公职人员的各种腐败行为进行监督、纠举和惩戒的一种监督活动。廉政监察的主要任务是查处公职人员的贪污、行贿受贿、以权谋私等损害人民利益的违法违纪案件，其重点是解决滥用职权、非法攫取私利等不廉洁的问题。

效能监察是对各级国家机关及其工作人员履行职责情况的监督监察，监督检查国家机关及其工作人员行使公权力的效能是其主要任务。效能监察着重解决不认真履行职责、官僚主义、形式主义、不作为等问题。

1. 效能监察与廉政监察的联系

效能监察与廉政监察本质上都是对权力的监督与制约。一方面，廉政监察的开展促进了勤政建设。廉政监察与效能监察有着内在的联系，本质上都是依法对行政权力进行监督，目的都是追求党风廉政建设效果的最大化。通过廉洁自律教育，公职人员的素质得到了提高，更加专注于本职工作。对贪污腐败分子的惩处，使公职人员从中吸取教训，自觉查漏补缺，改善工作方法。原因分析、思想教育、制度补漏等廉政监察的后期工作完善了制度，提高了公职人员的觉悟，对效能监察具有重要的意义。另一方面，效能监察的开展有利于深化廉政监察。存在效能问题的公职人员往往在工作态度上存在问题，而工作态度不端正是引发更大廉政问题的重要成因。开展效能监察可以为查处腐败等不廉政案件提供线索和依据。同时，效能监察可以为廉政监察营造良好的政治氛围，相应地减少廉政建设和反腐败斗争的工作量。

2. 廉政监察与效能监察的区别

① 常天义：《谈行政监察、执法监察、廉政监察和效能监察》，《黑龙江教育学院学报》2002 年第 7 期。

第一，监察对象不同。效能监察主要是对"事"的监察，是对公职人员工作方式、工作方法合理性和有效性的监察，其重点是监察公职人员行使权力的效能问题，体现治本的功能。廉政监察的监察对象侧重于对"人"的监察，是对公职人员的个体行为进行监督检查，重点解决监察对象是否廉洁自律的问题。

第二，监察内容不同。廉政监察的主要内容是监督检查监察对象利用职务之便的违法违纪行为或者不廉洁行为；而效能监察是监督检查履行职能效率、效果的问题。

第三，监察的依据和标准不同。廉政监察的依据是对公职人员具有普遍约束力的有关法律、纪律，监察标准体现在法律纪律的严格量刑、量纪标准上，属于羁束型执法行为；而效能监察的依据不仅包括党的路线、方针、政策、法律、法规、规章，还有部门制定的规范性文件，其监察标准是一种特殊的标准，完全靠量化的指标不太好体现，属于自由裁量型执法行为，并且这种自由裁量是在政策指导下，定量与定性的统一、原则性与灵活性的统一、合法性与合理性的统一。

第二节　效能监察的基本内容

一、效能监察的基本原则

（一）抓早抓小、防微杜渐

习近平总书记强调："要抓早抓小，有病就马上治，发现问题就及时处理，不能养痈遗患。"① 抓早抓小是对管党治党规律认识的深化，是严明纪律的具体化，是监督执纪的精准化，是将工作重心由严惩极少数向管住大多数的转变，是从查违法向盯违纪的转变。抓早抓小要求对党员干部思想、作风、纪律等方面的苗头性、倾向性问题，有针对性地"咬耳扯袖"，及时予以提醒和纠正，让"红红脸、出出汗"成为常态，将问题消灭在萌芽状态，防止"小毛病"向"大问题"转化，让犯错误的党员干部及时悬崖勒马，让党员干部始终心有敬畏、行有所止，真正将守纪律、讲规矩内化于心、外化于行。

---

① 2014 年 1 月 14 日习近平在中国共产党第十八届中央纪律检查委员会第三次全体会议上的讲话。

（二）严肃认真、敢于"亮剑"

要实现全面从严治党，加强党风廉政建设，必须要把"严"的要求贯彻全过程，做到真管真严、敢管敢严、长管长严。各级纪检监察机关要坚持纪在法前、纪严于法，敢于"亮剑"。要不断提高监督执纪刚性，加大纪律审查力度，该处分的坚决给予处分，该组织处理的组织处理，该移送司法机关的第一时间移送，绝不搞网开一面、下不为例，让党纪真正成为带电的"高压线"，增强其威慑性和严肃性，起到严惩极少数、警示大多数的作用。

（三）治病救人、教育疏导

要坚持惩前毖后、治病救人，严管和厚爱结合、激励和约束并重的工作要求，对受党纪轻处分和组织处理的党员干部，不能一处了之，要通过心理疏导、谈话教育、回访交心等方式帮助他们深刻认识错误，切实改正缺点。要坚持惩罚与教育结合，通过与受处分干部"谈心情、谈感想、谈变化"，帮助干部汲取教训，并加强跟踪监管，根据他们的现实表现，对及时改正、表现良好的，要继续使用，帮助他们把"包袱"变成"动力"，根除"心病"，轻装前行。①

二、效能监察的手段

效能监察选择运用的手段因实际情况的不同而有所不同，效能监察的手段主要有以下几种：

（一）函询

函询是党委（党组）、纪检机关和组织（人事）部门针对群众反映的领导干部政治思想、道德品质、廉政勤政、选人用人方面的问题，采取书面的形式向被反映的领导干部了解情况的一种方法。目的是对党员干部所带有的苗头性、倾向性、一般性问题，及时通过函询的方式进行处置，抓早抓小、动辄则咎，防止党员干部由小错酿成大错，小问题变成大问题。

随着全面从严治党的不断深入，"惩治极少数"不放松的同时，"管住大多数"的要求和工作越来越细、越来越实。函询是监督执纪"四种形态"第一种形态的一种重要方式。在确定进行函询后，承办人要认真了解被函询人的

---

① 郑伟：《用好监督执纪"四种形态"》，《江西日报》2019年2月17日，第2版。

事务，制定函询方案和相关工作预案。对需要函询的下一级党委（党组）主要负责人，应当报纪检机关主要负责人批准。实施函询时，承办人要严格按照既定方案稳步推进实施。党员领导干部在收到函询的十五个工作日内，应当客观地做出书面回复。若被函询对象未按照要求说明，可再次函询或以谈话方式进行。函询结束后，承办部门要及时做好材料收集，并将函询材料存入个人廉政档案，同时做好后续跟踪和监督工作，对于反映不实，或者没有证据证明存在问题的，应予以了结澄清。

（二）约谈

约谈是指拥有具体行政职权的机关，出于了解情况、调查取证、警示告诫等目的，通过约谈沟通、分析讲评等方式，对下级组织运行中存在的问题予以纠正并规范的准具体行政行为。约谈应当由纪检机关或承办部门相关负责人按规定程序进行，谈话后应加强对被谈话人后续跟踪管理。

约谈是推进作风建设，提高监察效率的重要手段。监察机关可依法开展约谈工作，根据群众反映及定期筛查重点对象的结果，开展"四个必谈"：信访反映集中的必谈、发现苗头性倾向性问题的必谈、轻微违规违纪的必谈、组织生活走过场的必谈。谈话主要通过勤政廉政教育提醒，防微杜渐，促进领导干部依法履职。对偶然的、个别的、轻微的过错，要及时发现、及时处理，坚持抓早抓小，让咬耳扯袖、红脸出汗成为常态，避免养痈遗患。

（三）专项监察

各级监察机关要对重点领域开展专项监察，点面结合开展效能监察工作，注意把效能监察与当地经济、社会发展相结合，突出对重点行业、重点部门和重点项目实施效能监察，并就群众关心的热点问题开展专项效能监察，特别是扶贫领域腐败和作风问题、污染防治和环保问责问题、扫黑除恶问题以及民生领域相关问题，以增强效能监察工作的针对性和实效性。从目前的情况看，各地开展专项效能监察主要包括以下几个方面，一是围绕优化经济发展环境开展效能监察，降低经济运行成本，提高经济运行效率，构建经济健康运行的有效机制；二是围绕重大公共投资项目开展效能监察，确保政府投资的效益，以及投资项目建设的优质高效；三是围绕损害群众利益的突出问题开展效能监察，坚决纠正损害群众利益的不正之风，切实维护人民群众利益。如安徽省对治淮工程建设开展专项效能监察，先后四次对淮北大堤加固、涡河治理、新建白莲崖水库进行重点检查，发现管理方面存在的问题，及时发出建议书督促整改，确保了建设资金和工程质量的安全。各地在开展专项效能监察的过程中，注意总结经验，摸索效能监察规律，逐步规范行政程序，完善规章制度，从而实现效能监察工作的全面推进。

（四）典型案例通报曝光

各级纪检监察机关要严肃执纪问责，抓住"关键少数"，发挥巡视巡察、群众信访举报、明察暗访、专项检查等形式对效能监察的作用，紧盯重点地区、重点部门、重点领域，针对群众反映强烈的问题，及时发现问题线索，深入调研排查，加强督促，发现典型问题及时曝光。对失职失责、庸碌无为的政府人员给予严肃处分，让不干事、不作为的人没有立足之地及容身之位。这是中央纪委推进整治形式主义、官僚主义的有力"武器"。2018年8月，中央纪委公开曝光七起扶贫领域形式主义、官僚主义典型案例，包括新疆维吾尔自治区阿图什市扶贫办履责不力、扶贫工作不精准，江西省赣州市赣县区长洛乡林业站原站长杨明军落实贫困户油茶产业奖补政策慵懒推诿，安徽省临泉县迎仙镇郑庄村党支部原书记郑会德等人在开展贫困人口排查和动态调整工作中不作为等问题。典型案例的曝光有利于推动党委政府及职能部门发现制度漏洞和作风建设盲点，深入自查，以案促改。

三、效能监察的重点

长期以来，少数领导干部贪图享受，人生观价值观扭曲，权力观政绩观错位，形式主义、官僚主义、不作为、懒政怠政现象久治不绝，严重影响了党的执政形象，造成党群关系、政群关系、干群关系紧张。效能监察是加强作风建设的有效途径，也是适应我国政治经济社会发展，全面推进依法治国的迫切需要。效能监察的重点内容包括官僚主义、形式主义、不作为。

（一）官僚主义

官僚主义是指脱离实际、脱离群众、欺软怕硬、做官当老爷的领导作风。官僚主义实质是封建残余思想作祟，根源是官本位思想严重、权力观扭曲。官僚主义是人类社会形态发展到一定阶段的产物，是紧随公共权力一同出现并长期存在的。官僚主义的特征是领导者高高在上、不了解民情，贪图享乐、满足现状，办事拖拉、缺乏责任意识，脱离实际、决策武断，繁文缛节、效率低下。中国共产党的宗旨是全心全意为人民服务，而官僚主义本质是追求自利，官僚主义与党的宗旨完全对立，具有极大的危害。

1. 官僚主义的危害

贻误工作。官僚主义最典型的表现就是脱离实际、不干实事，官员干部在上面颐指气使、官气十足、随意决策、乱发指令。官僚主义严重的地方，经济社会的发展往往比较落后，老百姓的相关利益得不到保障，这也是老百姓痛恨官僚主义的主要原因。

败坏党的执政形象。中华人民共和国成立以来，中国共产党坚持立党为公、执政为民，始终把实现好、维护好、发展好最广大人民群众的根本利益，作为自己的根本追求，在全国人民面前树立了良好执政形象。但是，有一部分党员和干部经受不住种种现实考验，追求自身享乐，对人民群众所思所想所需漠不关心，破坏党和群众的鱼水关系，破坏了党同人民群众的血肉联系。

破坏社会风气。因为官僚主义者要摆官架子，就需要下面有人抬轿子，无原则地阿谀奉承，结果在党内造成吹吹拍拍、在社会上造成各种无聊的迎奉。官僚主义助长了社会上的务虚不务实、浮躁虚夸、吹牛拍马、利己主义、贪图享乐、铺张浪费等不良风气的蔓延，败坏了社会风气。总之，官僚主义是党和人民事业的大敌，历来为人民群众所深恶痛绝，反对官僚主义始终是中国共产党长期执政必须面对的重大而严峻的现实课题。①

2. 官僚主义的表现形式

习近平总书记强调"纠正'四风'不能止步，作风建设永远在路上"。官僚主义具有多样性和变异性，我们必须要摸清官僚主义在不同部门的不同表现形式，尽快遏制官僚主义作风。目前官僚主义主要有以下 9 种表现，效能监察的内容包括官僚主义的一切形式。

第一，对群众反映强烈的问题无动于衷、消极应付，对群众合理诉求推诿扯皮、冷硬横推，对群众态度简单粗暴、颐指气使。

第二，便民服务单位和政务服务窗口态度差、办事效率低，有的单位表面上推进服务型政府建设，"门好进、脸好看"，但还是"事难办"。

第三，"新官不理旧事"，重招商轻落地、轻服务。

第四，不顾实际情况、不经科学论证，违反规定程序乱决策、乱拍板、乱作为。

① 金朝晖：《以习近平同志为核心的党中央反对官僚主义的决心和举措》，《毛泽东邓小平理论研究》2018 年第 11 期。

第五，遇事推诿，办事拖拉，怕负责任，有的领导干部"只求不出事，宁愿不做事"，凡事都要上级拍板或将责任下移，避免自己担责，甚至层层往上报、层层不表态。

第六，机构冗杂，人浮于事，办事效率低下，缺乏管理，工作积极性不高，存在资源浪费的现象。

第七，有的党员干部对身边不良风气和违规问题态度漠然，知情不报、听之任之，遇事敷衍，与人无争。老于世故，巧于应付，甚至在组织向其了解情况时仍不说真话。

第八，有些领导者狂妄自大，骄傲自满，不听别人的意见和建议，独断专行，胡乱指挥，不抓业务，空谈政治。

第九，做事没有计划性，看似表面忙忙碌碌却没有实效，对事情没有调查，对人员没有考察，既不研究政策，又不依靠群众，盲目单干，不辨方向，这是无头脑的、迷失方向的、事务主义的官僚主义。

（二）形式主义

形式主义指的是一种只看事物的现象而不分析其本质的思想方法和工作作风。一些政府官员或部门为得到上级赞许或升官发财的目的而做一系列表面工夫，不解决实质问题的行为是典型的形式主义工作作风。形式主义实质是主观主义、功利主义，根源是政绩观错位、责任心缺失，用轰轰烈烈的形式代替了扎扎实实的落实，用光鲜亮丽的外表掩盖了矛盾和问题。实际上，我们党一直在与形式主义进行斗争，党的十八大以来，中国特色社会主义进入了新时代，反对形式主义也面临着新的任务。在全党开展的反"四风"运动当中，形式主义居于首位。习近平总书记对新时期形式主义的表现作了深刻的表述："在形式主义方面，主要是知行不一、不求实效，文山会海、花拳绣腿、贪图虚名、弄虚作假。"[1]

1. 形式主义产生的根源

从社会历史背景看，党内在一定程度上存在着形式主义的政治文化。从党员、干部个体看，一些党员领导干部自身党性修养不够，政治立场不够坚定，文化素养不够。从制度制约看，一些用人机制、考核机制还有待完善。[2] 形式

---

[1] 《习近平谈治国理政》，外文出版社 2014 年版，第 368 页。

[2] 郑广永：《论形式主义的根源及防治》，《北京联合大学学报》（人文社会科学版）2019 年第 1 期。

主义的危害是巨大的，它会妨碍党的方针政策落实，败坏社会风气，导致官僚主义猖獗，甚至会侵蚀党的实事求是的思想路线和群众路线，掏空党的执政基础，因此必须要进行形式主义效能监察，争取根除形式主义这一顽疾。

2. 形式主义的表现形式

第一，挂在嘴上，讲在会上，口号式贯彻。对于上级的要求只是口号式、不加变通的传达，以会议落实会议、以文件落实文件、没有针对本地区实际的具体的行动。传达文件的时候也存在照搬照抄、上下一般粗地传达，内容不是来自调查研究，而是源自抄袭拼凑。

第二，空泛表态，调门高，行动少，落实差，热衷于作秀造势。一些地方不考虑本地区的客观情况，热衷打造政绩工程，"不怕群众不满意，就怕领导不注意""奖状一屋子，工作还是老样子"。

第三，不切实际，不求实效。扎扎实实走程序，认认真真走过场，只要轰动，不去行动。一些地方不重实效重包装，把精力放在"材料美化"上，搞"材料出政绩"。有的想问题、作决策、抓工作不认真领会中央精神，不了解基层实际，不研究情况，不解决问题。学风漂浮，理论脱离实际，只为应付场面、应景交差，不尚实干、不求实效。

第四，口是心非，阳奉阴违。说一套做一套，言之凿凿，实则我行我素，打折扣、搞变通。台上是人，台下是鬼①，当面一套、背后一套，对上一套、对下一套，对人一套、对己一套，满口大话、空话和假话。

第五，弄虚作假，编造假经验、假典型、假数据，瞒报、谎报情况，隐藏、遮掩问题。

第六，查摆问题避重就轻，开展批评隔靴搔痒，敷衍塞责、得过且过。

第七，层层开会，以会议落实会议。开会不研究真实情况、不解决实际问题，为开会而开会。一些地方无论什么会议都要层层重复开，一个接一个，检查评比走马灯，导致干部疲于应付，没有时间抓落实。

第八，检查考核过多，过度强调留痕管理。考核名目繁多、频率过高、多头重复，给基层造成严重负担。有的考核停留在"纸上论英雄"，"工作好不如材料好"盛行，助长了不务实的不良风气。

第九，调查研究搞形式、走过场、不深入，打造"经典调研线路"。不论调研主题如何，调研路线、调研对象都是固定的。搞"大伙演、领导看"的

---

① 完颜平：《形式主义的四张画像，谁该脸红》，《光明日报》2019 年 1 月 29 日，第 2 版。

走秀式调研，搞层层陪同、超人数陪同。

（三）不作为

所谓不作为，它是相对于作为而言的，指行为人负有实施某种积极行为的特定的法律义务，并且能够实行却不实行的行为。权利和义务互相依赖又互相转化，承担一定的法律义务实际上就是他人权利得以实现的前提，而行使本人的权利也必须以他人履行一定的义务为基础。因此，不作为是一种公然侵害他人权利的行为，不履行自己应当并且能够履行的义务的不作为同样是一种侵害他人权利的行为。综上，我们认为不作为就是一种有法定职责而不履行或拖延履行的现象。不作为的表现形式主要有以下三种类型：

1. 不想作为

在现实的公共管理实践中，存在一些公职人员不想作为的消极现象。"不想为"的本义就是不深入思考、不想法设法地把工作干好。这些公职人员对上级领导做出的重大战略部署缺乏深入研究思考，思想懒惰，态度消极，行动迟缓，安于现状。不想作为的具体表现形式主要有：

第一，在贯彻上级部署方面照搬照抄，缺乏创新能力和思维。对于中央下达的政策文件，不研究具体落实措施，工作缺乏实效。对于自身的工作标准不高，满足于一般化，只求按部就班完成平常的工作任务，工作只为了保住自己的饭碗，免于上级问责。缺乏足够的动力和工作热情，不愿积极发现工作中存在的问题，并予以纠正和改善。

第二，部分公职人员不愿转变以往的思想观念，依然存在惯性思维和路径依赖，他们为了图省事，习惯于借助以往经验来办事，不愿尝试新手段。面对新常态、新要求，自身不愿意做出改变，不愿对新情况和新问题进行研究，一味将工作进展程度慢、任务落实不到位的原因推到外部环境中的政策调整、体制机制等层面，不能从自身找原因。

2. 不敢作为

一些公职人员出于避责，为避免决策失误要担负相应责任，干脆选择不作为。官员的行为特征并不是传统意义上的追求功绩最大化，而是谋求责任最小化。[①] 不敢作为的具体表现形式主要有：

第一，对于重大战略决策，迟迟不敢拍板，瞻前顾后，畏首畏尾，拉低了

---

① 倪星、王锐：《从邀功到避责：基层政府官员行为变化研究》，《政治学研究》2017年第2期。

整体工作效率和进度。一些公职人员怕有风险，将工作事项层层向上报批，通过将责任层层转移，以此来达到化解个人风险的目的。

第二，害怕担责，不敢勇于创新。一些公职人员在面对艰难的工作任务时，缺乏敢于突破、锐意创新的勇气和意志，不敢打破常规，因循守旧思想较为严重，没有开拓进取的上进心，创新思维缺乏，都不想承担责任。在工作上表现出你推我推你，缺乏工作责任感，没有担当，面对困难和问题时，不求有所建树，只求明哲保身。

第三，不敢主动干事。"多一事不如少一事"、"为了不出事、宁可不干事"，这些字眼充分体现了一些公职人员的工作作风。有些公职人员处于被动的工作状态之中，被动地完成自己分内的工作，认为其他工作事不关己，视而不见，听之任之。工作上主动性极差，缺乏工作热情和责任感。

3. 不愿作为

在当前加强作风建设的高压态势下，一部分人心理失衡，以"公事公办"为借口，有意不作为，变相玩利益交换伎俩。更有甚者，故意曲解中央指示精神，凡事走极端，将矛盾焦点向上引，诱发干群对中央决策的不满情绪。[1]"不愿为"是指在工作中往往以自己的兴趣、喜欢偏好来选择性地干工作，合乎自己兴趣爱好的工作就干，不合乎自己兴趣爱好的工作就应付凑合走形式、弄虚作假图清闲。[2] 不愿作为的具体表现形式主要有：

第一，在岗位上碌碌无为，缺乏进取心。有些公职人员过于追求朝九晚五的安逸生活，不愿吃苦受累，做事打不起精气神，进取精神严重缺失。工作起来拈轻怕重、避重就轻，面对先进无动于衷，安于现状，因循守旧，工作多年也未能取得很大的成效。

第二，在工作中不愿多出力，执行力比较差。对于上级出台的政策文件，基于避责的导向，下级层层转发，却没有具体落到实处，工作能推就推，能拖就拖，办事效率低下。没有利益好处的事，就不愿干，急着往外推。对于上级部署的要求，根据部门和个人利益进行"取舍裁剪"，合意的就执行，不合意的就推托或变通执行。

---

① 叶德跃：《当前领导干部不作为、乱作为、慢作为的原因及对策研究》，《中外企业家》2016 年第 22 期。

② 楚迤斐：《"为官不为"：内涵逻辑、类型表现和治理路径》，《河南师范大学学报》（哲学社会科学版）2016 年第 6 期。

第三节　效能监察的困境与出路

一、当前效能监察的困境

经过多年不断的努力，我国的效能监察不断突破，不断完善，取得了一定程度的发展。但是，当前我国的效能监察仍然存在一些问题，使效能监察陷入困境，这些问题不容忽视。当前效能监察的困境主要表现为以下几个方面：

（一）思想认识不到位

1. 对效能监察工作认识不到位，重视程度不够。主要表现为对效能监察的重要性和必要性认识不到位，对效能监察的涵义和法定地位不明确，存在重视廉政监察、忽视效能监察的现象。由于效能监察工作的相关理论研究不够深入细致，对效能监察工作宣传的形式单一，社会公众对效能监察知之甚少，在一定程度上也影响了效能监察机关自身宣传教育的针对性和有效性。

2. 各级领导干部主动监督和主动接受监督的意识还不强。有的领导干部因本身或多或少存在一些违纪违法问题而惧怕和抵制监督；有些监督者因害怕实施监督后遭打击报复而不敢监督；有些人担心工作上存在的问题通过效能监察暴露出来，会影响单位形象和个人的政绩，因而以消极应付的态度对待效能监察。

3. 效能监察对象选择较随意，影响效能监察权威性。综观各地的效能监察和评估实践，由于没有国家层面的统一规定，对效能监察工作的界定不清，出现了不同地方效能监察和评估对象不同的情况，甚至同一地方在不同的年度效能监察和评估的对象也不一致。对象选择的随意性，大大影响了效能监察的权威性。

（二）组织力量不足

1. 效能监察人员力量不足。一方面，效能监察的任务非常重，而从事效能监察的专职干部不多。尤其在基层这一矛盾更为突出，效能监察人员力量配置不协调，不少效能监察干部身兼数职，负担过重，没有心思琢磨如何结合本单位实际做好效能监察工作。另一方面，监察力量上的不足，表现在各个部门对于社会公众、媒体的开放程度低，没能充分发挥出民众监督的积极性。这些共同造成了我国效能监察活动组织力量不足的问题。

2. 效能监察队伍结构不优。主要表现为效能监察队伍的年龄结构、知识结构不合理，专业素质参差不齐，缺乏懂法律、财会、经济管理、金融证券等相关业务的人员，难以适应新形势下效能监察工作的全面展开。

3. 效能监察机制不活。监察人员来源基本局限于从政工、司法部门中调配，人员流动迟缓，队伍活力不足；人才培养方面缺少系统培训，忽略轮岗锻炼，人员综合能力水平较低；工作机制上，缺乏健全的规范、程序、考核、激励等配套制度，影响整体工作效能的提高。

4. 效能监察机构的独立性和权威性不足。目前中央对效能监察机构设置及人员配备未作明确规定，从中央到地方还没有成立统一的专司效能监察的独立工作机构，没有机构独立，更谈不上权力独立、人事权独立和财务权独立等，因此，效能监察的权威性也就大打折扣。

（三）法制不健全

1. 没有统一的专门性的效能监察法律法规。虽然《中华人民共和国宪法》《中华人民共和国监察法》《中华人民共和国公务员法》中都有对效能及其监察的相关规定，却没有对效能监察人员的工作方式、效能的监察标准、监察内容以及反馈方法有明确细致的规定。迄今为止全国还没有统一的专门性的效能监察制度，使得各级监察机关在行使效能监察职权时缺乏明确的法律依据。

2. 缺乏必要的效能监察标准和可供操作的细则。迄今为止，效能监察的程序性法规还没有出台，而现有的可以作为效能监察依据的法规过于原则化，存在制度不配套的问题。基层监察人员往往只能依靠自己的工作经验，或者由本单位制定某一地区的方法作为监察实践的指导，规范性有待提高。

3. 各地效能监察工作机构不统一，工作方式不规范，工作内容也存在很大差异。由于缺乏明确、详细、具有可操作性的法律规范，在部分程度上造成了效能监察工作目标不明确、监察过程随意性大等问题；偏向于原则性的描述与碎片化的标准，不能全面有效地涵盖效能监察的所有内容，在政策操作性上也有明显的欠缺。

（四）运行机制不完善

1. 效能监察主体单一，工作运行机制不完善。效能监察活动的参与主体众多，如上级政府、企业、新闻媒体、社会公众等，但从各地开展效能监察的实践来看，监察委员会起主导作用，履行法定的监督、调查、处置等职能，其他主体参与其中并发挥作用的情况少之又少。这与党内监督所实行的"党政统一领导，纪委组织协调，部门各负其责，群众参与监督，上下齐抓共管"的领导体制和工作机制相比，存在很大差距，很难实施有效监督。

2. 工作方法滞后，未能适应新形式新内容的变化。官僚主义、形式主义等问题的表现形式更加复杂，效能监察必须要采取更科学创新性的工作方法。若仍停留在听取工作情况、查看会议记录等老一套方法上，处理意见也只是提醒、打招呼等，效能监察就无法达到预期效果。效能监察应是全过程的监察，不仅要关注事后监察更应注意对一些苗头性、倾向性的问题给予事前的提醒或纠正，当前防范性监察较少，难以制止失职等问题的发生。

3. 缺乏统一的考核指标体系，效能评估体系不完善。目前，一些地方虽然对有关效能建设情况进行了综合考核，但是大多数都没有一个比较具体的目标考核体系。同时由于各部门各单位的工作千差万别，也难以用同一个指标体系来进行考核。而对于效能的评估，又主要表现为效能评估标准不科学、不合理，偏重经济指标而忽略社会指标，指标的量化程度低，评估程序不规范、不完善，缺乏后续的管理措施，效能监察工作考核体系过于注重结果导向，使评估无法起到改进、激励的作用。

此外，我国目前的效能监察投诉机制还不够完善，也缺乏相应的保障机制。而效能建设的相关基础性工作也是我国效能监察工作的薄弱环节，例如公共绩效评估体系不够完善，责任追究制度不够完善，政务公开有待进一步规范等，这些都是我们在以后的效能监察工作中需要进一步改进的地方。

二、效能监察的优化建议

开展效能监察是促进公职人员依法行使公权力、公正有效地执行公务的重要途径。我国的效能监察在经历了比较短暂的发展历程之后，虽然有很多具体举措是值得肯定的，对国家监察工作的开展具有非常重要的作用，但是仍然存在着一些问题，这些问题使得目前的效能监察工作陷入困境，必须引起高度重视。针对当前我国效能监察工作存在的发展困境，有以下几个方面的优化建议：

（一）强化思想认识，确立效能监察工作的战略地位

1. 提高对效能监察的重视程度。目前在我国仍然存在重视廉政监察而忽略效能监察的现象。效能监察是监察机关依法对所有行使公权力的公职人员的工作效率、效能的监督检查活动，是对其依法履行职责，行使公权力的能力、效率、效果、效能的监察，是为了加强对所有行使公权力的公职人员的监督，

实现国家监察全面覆盖。效能监察对防止公权力的滥用，提高公职人员的工作效率和质量效益至关重要。与廉政监察相比，效能监察侧重于对"事"的监督检查，对公职人员行使公权力的监督检查，主要解决权力行使的效能问题，体现治本的功能；而廉政监察的监察对象侧重于对"人"的监察，大多数是对个体行为的监督检查，少数是对集体行为的监督检查，廉政监察着重解决监察对象个体是否为政清廉的问题，体现治标的功能，反腐倡廉建设只有标本兼治才能实现好的效果。因此，在重视廉政监察的同时，也必须高度重视效能监察工作。适应中国现实国情，立足效能监察的本质特征和具体内容，调查职务违法和职务犯罪，开展廉政建设和反腐败工作，维护宪法和法律的尊严，是效能监察工作取得长效发展的必然选择。①

2. 加强宣传和教育工作。认识上的不足就会造成行动上的迟缓。公职人员是效能监察的对象，效能监察的目的就是提高公职人员的工作效能，更好地为人民服务。因此要提高公职人员依法行使公权力的责任和意识，让公职人员能够自觉提升工作效率和效益，主动接受监督并支持效能监察工作的开展。为了提升公职人员对于效能监察工作的认识，一方面，效能监察机关需要联合各个宣传部门，加强有关效能监察的法律制度宣传工作，加强对公职人员的日常教育、管理和监督。有关组织和单位要切实扛起主体责任，严格执行各项管理规定，把功夫下在平时，做好预防工作。要及时掌握公职人员的思想、工作和生活状况，了解最新动态，对关键岗位人员多警醒，对苗头性问题多过问。另一方面，还需要通过加强宣传教育着重提高各级领导干部对效能监察的认识，充分发挥领导干部带头的作用，主动监督和主动接受监督，以积极的态度对待效能监察，带头贯彻落实效能监察工作，督促各个部门主动接受并大力支持效能监察活动的开展，为效能监察工作提供便利，努力提升自身依法行使公权力的效能。

（二）增强效能监察组织力量

1. 全面提升监察队伍素质。重点是需要加强对于监察机关相关人员素质的培养。效能监察的方法和手段随着现实情况的变化而改变，因此效能监察机关需要定期对监察机关相关人员进行素质培训，加强理论和实践知识的多方位学习并定期予以考核评估，确保监察人员不断提升自身监察能力与专业素质，

---

① 中国行政管理学会课题组、靳江好、文宏：《政府效能建设研究报告》，《中国行政管理》2012 年第 2 期。

保持知识体系不断完善更新，以适应新时期的效能监察工作。

2. 合理分工，权责明晰。对于效能监察的任务非常繁重、组织人员力量不足的这一困境，需要明晰责任、合理分工，充分调动各个参与主体的工作积极性和个体能动性，以此来提升监察机关的综合实力。在人员配备上，需要结合不同人员的各自的专业技能和优势分别承担不同程度的职责。合理分工，权责明晰，这不仅可以促进工作人员效率和效益的提高，也为后续工作人员的考核与评价提供了明确的标准，从而形成对现实有效的激励和反馈，充分保障组织内的信息沟通和协调，确保效能监察工作可以高效顺利地开展。

（三）健全效能监察的法律规范

效能监察的目的是规范和约束公职人员的行为，使其能够依法行使公权力，提高工作效能。效能监察作用的发挥依赖于健全的法律规范体系的保障，然而，目前我国还没有统一的专门性的效能监察法律法规，缺乏必要的效能监察标准和可供操作的细则，这使得各地效能监察工作的开展在机构、方式、内容上存在着差异。

针对这一问题，应该立足现状，结合实际需求及可行性，在充分调查和研讨的基础之上，完善当前关于效能监察的各项法律、法规或规章制度，建立完备的效能监察法律规范。第一，需要建立可操作性的制度规范，例如具体的效能监察办法和规章等，使效能监察的权威性得以体现；第二，需要进一步健全效能监察的保障制度，如责任追究制度等，充分保障效能监察工作的规范化和制度化，使效能监察工作有法可依、有章可循；第三，各地在开展专项效能监察的过程中，要更加注意总结经验，摸索效能监察规律，逐步规范效能监察工作，完善规章制度；第四，对于不适应现实需要的关于效能监察的规章制度需要及时进行清理，将实践证明行之有效的各项规章，尽快立法，保障其权威性，从而实现效能监察工作的全面推进。

（四）健全效能监察的运行机制

1. 实行多主体参与机制。针对效能监察主体单一的困境，需要实行多主体参与机制，让企业、新闻媒体、社会公众等主体真正参与到效能监察工作当中并发挥各自作用。为了实现这一目标，需要结合实际工作中的效能监察内容，充分赢得其他机关及其工作人员的支持，从不同的角度获得专业技术力量的帮助，弥补监察机关监察力量不足以及监察人员专业技术欠缺的劣势。其他主体参与效能监察活动中，应在相关制度规范下充分发挥自身专业技能，最大可能实现效能监察的目的。

2. 创新效能监察的方式方法。效能监察在我国的发展日渐成熟，并且其发展形式也日益多样化。面对信息技术和互联网技术的迅速发展，信息化正在改变人类的生产和生活方式，也在改变效能监察的方法，在这样的情况下，必须创新效能监察的方法和形式，借助网络信息技术来提高效能监察水平。一方面，需要继续完善电子监察系统，实行事前、事中、事后全过程监督，具体来说，需要进一步健全责任追究制度，完善信访、投诉渠道等；另一方面，还需要继续实行电子政务，在国家机关的政务活动中，全面应用现代信息技术、网络技术以及办公自动化技术等进行办公、管理和为社会提供公共服务，实现效能监察过程公开透明，把效能监察置于全社会监督之下，不断探索更多适应时代发展的新的效能监察方式，从而实现效能监察方式的创新。

3. 健全效能监察的考核体系。目前我国效能监察工作缺乏统一的考核指标体系，效能评估体系不完善。为了完善关于效能的考核奖惩体系，必须构建可依赖的指标体系与考评机制。效能监察的指标体系要符合本地实际，充分把握不同区域、不同部门及岗位的差异，将共性指标与特殊性指标结合起来，提高评价考核的准确度。共性指标要纳入服务理念、勤政程度、审批效率等重要的指标。特殊性指标要结合不同部门的分工、成本与质量要求等因素确立。对于评价指标的量化处理方面，不能只限于粗略的正面或负面两种结果，应在着重强调特殊性指标的基础上，根据影响范围的大小，制定出层次分明、刻度精密的评价方法。另外，要完善建立全面的效能反馈机制。各地政府根据相关法律法规及本地实际情况建立符合本地的追责制度。要将事件首问人责任制度与工作目标责任制度相结合，保证公职人员的效能得以全面的反馈。

☞ 本章小结

效能监察是监察机关依法对各级机关单位及其公职人员履行职责行为的效率与质量情况所实施的监督检查活动。效能监察和廉政监察在监察主体、监察对象、监察内容和标准等方面是有所不同的，但是廉政监察与效能监察又是相辅相成的，二者兼顾才能标本兼治。

开展效能监察工作要遵循抓早抓小、防微杜渐，严肃认真、敢于"亮剑"，治病救人、教育疏导的基本原则，综合运用函询、约谈、专项监察、典型案例通报曝光等手段。着重把握官僚主义、形式主义、不作为等领域的监察，这对于推进我国的党风廉政建设工作是至关重要的。

目前我国效能监察存在思想认识不到位、组织力量不足、法制不健全、运行机制不完善等发展困境。要把强化思想认识，确立效能监察工作的战略地位与增强效能监察组织力量和健全效能监察的法律规范、运行机制结合起来，整合效能监察资源，创新效能监察手段，全面推进效能监察工作长效发展。

☞ 关键术语

效能；效能监察；效能监察的原则；效能监察手段；效能监察的重点

☞ 练习与思考题

1. 效能高低的主要表现是什么？
2. 如何理解效能监察的涵义？
3. 效能监察的作用是什么？
4. 简述效能监察与廉政监察、执法监察的关系。
5. 效能监察的手段有哪些？
6. 效能监察的重点有哪些？
7. 效能监察目前存在的发展困境有哪些？
8. 效能监察的优化建议有哪些？

☞ 案例

宁波江北区：党政接访效能监察系统开启"信访江北速度"

宁波市江北区党政接访效能监察系统建成以来，通过对信访件办理过程实施全天候动态监察，有效地提升信访件周转答复效率，群众满意率逐年提高。去年，党政领导网上接访平台共受理信访件 2004 件，占区本级信、访、电受理总量的 65%，信访件周转时间平均缩短至 3～5 天，比规定的 60 天答复期快了 90% 以上，信访总量大幅减少，集体访量同比减少 28%，人次同比减少 37%。

三线合并，推动信访件办理合力破难。整合原"党政网上接访平台"、"政策咨询"、"监督投诉"，同时在区政府网站建立党政接访平台，负责受理、办理、查询、答复、督办信访件。信访件办理采用"实名答复"，由单位主管领导审核，碰到疑难案件无法处理时，区信访联席会议专门成立专项小组分类解决，人大、政协、纪委及社会媒体均参与其中。如若还无法解决，区人大、区政协会将此作为建议、提案申请解决，将群众的期盼转化为政策研究，直至转化为政府实事工程的具体行动。由专门人员负责平台查看，保证信件及时地转交到相应的科室办理。平台设有短信同步提醒功能，防止网上信访件发生遗漏或未及时处理。

效能监察，促进信访件办理快速高效。区监察局建成党政网上接访效能监察系统，将问责与问效相结合。对年内有两次以上办结率列后五位、网络评定评议较差等情况进行重点监察。区监察局对交办的信访件进行跟踪问效，定期通报检查结果，对群众满意度高、信访办理及时的单位予以表扬，对存在不作为、慢作为的部门予以问责，现已对存在明显问题的 6家单位进行通报批评，确保群众反映的合理诉求有回音、有落实。

公开公正，保证信访件办理的过程透明化。网上来信人可登录平台输入信件编号及密码查看信访案件的进展，除少数不宜公开的内容，95%以上的办理"清单"可在党政网上接访平台上查看。为避免大量群众重复来信，平台设置强大的查询功能，来信人可通过网站的查询功能搜索同类信访案件的处理结果及相关的政策法规的解释。党政网上接访效能监察系统设置了动态监察和公众评价功能，开通信访人"满意度"评价栏目，开设网上效能表扬、批评和建议窗口。目前，党政领导网上接访平台群众点击率已突破 300 万人次，真正成为党委、政府与群众联系的"连心桥"，成为群众的"信访之家"。

（资料来源：中共纪委国家监委网站，http：//www.ccdi.gov.cn/gzdt/xfjb/201403/t20140303_152803.html）

请思考：

1. 结合案例，分析我国效能监察的功能有哪些？
2. 结合案例，讨论效能监察为何能够促进信访件的办理？

第十二章
预防监察

国家监察涵盖纪律检查、预防腐败和职务犯罪、贪污贿赂和失职渎职查处等内容。如果违法行为或不当行为发生，则会给国家、集体和公民造成巨大财富损失，因此应当未雨绸缪，防患于未然，把监察的逻辑重点放在预防监察中来。《黄帝内经》有云："不治已病治未病，不治已乱治未乱。"反腐的重点在于防腐，我们应该坚持抓早抓小，以"防患于未然"为主，同时加强过程中的控制，加大惩处力度，建立起全方位的监控预防机制。本章主要分析了预防监察的概念、特点及其作用机理，概括并总结了预防监察的运作方式，最后提出了构建我国预防监察的有效途径。

第一节　预防监察概述

一、预防监察的内涵

（一）预防监察的概念

所谓预防监察是指国家机关通过采取思想教育、道德规范及制度完善等措施以防止国家公职人员违法或不合理行使职权的一种前置监察机制。由于传统的事后监察以及问责制度并不能够从根本上有效解决公职人员违法行为的产生，因此预防监察主要指的是事前监察或者事中监察。

预防监察的实质包括：提高权力对于腐败的"免疫力"，意指提高国家公职人员自觉抵制腐败的能力，构筑起"不想腐"的堤坝；同时也着重强调隔离腐败"传染源"，着力强化对权力运行的制约与监督，扎牢"不能腐"的笼子。

（二）预防监察的特点

1. 主动性。与惩治性的监察形式相比较，预防监察具有主动性。传统的事后监察制度较为被动和滞后，是在违法行为发生之后采取相应的惩治手段与措施，主要起的是一种警示和告诫作用，违法者对国家造成的损失已然于事无补。因此，我们应当大力加强思想政治教育，完善各项制度，强化对权力运行的制约和监督，不将希望寄托于国家公职人员都能够坚决抵制各种诱惑。这就体现了预防监察的前瞻性、预见性和主动性等特点，能够做到防范在先、防患于未然。

2. 系统性。在新时代中国特色社会主义的基础上，新时代的反腐败监察体系建设是一项宏大的系统工程，而有效的预防监察体系的建设作为其中一个子系统工程，是一项非常重要的奠基性工程，包括许多相互联系、相辅相成的内容。"标本兼治、综合治理、惩防并重、注重预防"是当前我国反腐体系的重要指导方针。十八大以来提出的"强化不敢腐的震慑，扎牢不能腐的笼子，增强不想腐的自觉"反腐机制也充分体现了对腐败预防工作的重视。这一机制包括严厉打击、思想道德教育和体制机制创新等众多内容，不仅是预防腐败体系的有机组成部分，也需要其他方面的配合与支持。

3. 经济性。腐败的行为在政治上严重腐蚀党员干部队伍，使党和政府的威信受到质疑，破坏了党群和干群的关系；同时也破坏了正常有效的经济秩序，使国有资产流失，造成经济波动，使经济蒙受损失，因此腐败行为的发生会对社会造成巨大的破坏性。与此同时，惩治腐败也要付出巨大的成本，主要体现在反腐败机构和队伍建设、惩罚腐败者的基础设施建设等；而且党和国家培养干部要投入大量成本，领导干部级别越高，国家花费越大，惩处这些腐败者则意味着这些投入的损失，对腐败者的家庭、配偶、子女也将带来巨大痛苦，也会影响和谐社会的建设。相比而言，预防监察付出的成本较低，主要体现在预防机构和队伍的建设成本、预防监察制度的构建成本以及开展预防监察工作的实施成本等。

4. 长效性。预防监察具有相对稳定的时效性，其主要工作内容包括加强教育、健全预防监察制度和加强技术性设施的建设等。在教育方面，培养国家公职人员的廉政意识和公民廉洁行事的思想观念意识是具有长期效果的，也是相对稳定的，一旦形成，就很难在短时期发生变化；在制度方面，建立健全的预防监察制度对于规范权力运行将长期发挥作用；在技术性设施建设方面，预防监察硬件设施的建成，以及技术性规范的确立，也将对于预防监察长期发生效力。

二、预防监察的理念

（一）广域预防

国家监察致力于构建全域立体监察模式，通过监察体制的整合、监察关系的重构、监察手段的优化，在所有监督对象中实行党统一领导下的立体监督，开启了我国监察体制实现凡公权力所在之处无人无事不受监督、全域覆盖的创新发展新历程。① 而作为国家监察重要一环的预防监察，也更加强调"广域预防"的监察理念，注重整合预防力量，坚持以加强对权力的监督制约为重点，会同检察机关推动党各级机关、各级人大机关、行政机关、审判机关、国有企事业等单位防腐治腐，超前谋划社会领域预防腐败，在全社会形成抓预防合力。②

（二）积极预防

新时期的国家监察体制改革要求准确把握防腐治腐客观规律，强调"从患病治病走向预防保健"，不断探索防腐治腐新思路新举措。以往的反腐工作往往因现实的阻力而被迫停止或转向"头痛医头脚痛医脚"的局部反腐，最终未能提出从根本上解决腐败问题的方案。而预防监察跳出了被动应对腐败问题的思维模式，强调"积极预防"的监察理念，将腐败扼杀在发生之前，即"治未病"，这是对"患病治病"陈旧思维的理性超越。③

三、预防监察的作用机理

（一）腐败行为的生成机理

十八大以来，面对严峻复杂的党风廉政建设和反腐败斗争形势，中央反复强调，要把权力关进制度的笼子里，形成不敢腐、不能腐、不想腐的有效机

---

① 石亚军、卜令全、陈自立：《国家监察体制：全域立体监察模式的构建》，《中国行政管理》2017 年第 10 期。

② 《深入推进预防腐败工作的思考》，《廉政瞭望》2017 年第 6 期。

③ 李佳娟、陆树程：《论习近平反腐思想——从患病治病走向预防保健》，《社会科学家》2018 年第 3 期。

制。之所以反复强调，是因为它深刻揭示了腐败的发生机理。如图 12-1 所示。

图 12-1　腐败行为产生的作用机理

动机（想不想）是腐败的内在动因，机会（能不能）是腐败的外在条件，权力是腐败的工具或者载体，惩戒（敢不敢）既是腐败发生后所导致的后果，也是腐败发生的重要诱因。套用哲学学术行话来说，动机是腐败的根据，机会是腐败的条件，权力是将腐败可能变为现实的工具，如果以上三个因素同时具备，腐败的发生在所难免。①

因此，根据上述分析可以看出，要遏制腐败的发生，就要从以上三个方面入手，同时同向发力，综合施策。国家监察主要通过监督、教育、制度和惩戒几条途径来遏制腐败，如图 12-2 所示。教育的功能是通过改变权力行使者的认知、态度，进而形成良好的职业价值观，最终达到弱化腐败动机。监督的功能是通过多种政治力量和社会力量对权力行使者的行为进行监察和督导，以规范公共权力运行，防止权力被滥用。制度的功能是通过制度完善，明确权力边界，压缩寻租空间，减少腐败的机会。惩戒的功能是通过惩治已经发生的腐败行为，对可能要发生的腐败行为产生威慑作用。我们认为教育监督与制度都是预防监察，而惩戒是属于惩治性监察。

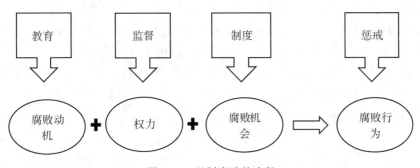

图 12-2　遏制腐败的途径

---

① 张明：《"三不"机制与腐败机理》，《民心》2015 年第 3 期。

（二）加强教育，遏制腐败动机产生

所谓腐败动机主要是指国家权力行使者对于腐败行为实施的强烈欲望。产生腐败动机的必要条件是腐败意图。亚里士多德在《政治学》中指出："把权力赋予人等于引狼入室，因为欲望具有兽性，纵然最优秀者，一旦大权在握，总倾向于被欲望的激情所腐蚀。"人的天性就是逐利的，利益是诱发腐败动机的动力。随着我国经济的快速增长以及人民储蓄的增加，人们对于利益的观念逐渐增强。在市场经济和改革开放条件下的今天，社会上到处流传着一夜暴富的故事，拜金主义、享乐主义盛行，这严重影响和侵蚀着公共权力的行使者的价值观，致使其容易产生如羡富心理、求富心理还有羡慕腐败者等心理。

在此基础上，如果一个长期清贫的国家权力行使者未在思想上进行廉洁行事的教育，或者没有进行及时的心理疏导，面对各种利益的冲突和诱惑，面对众多未被查处的腐败者，上述的各种心理状态就会上升为一种现实的需求，最终会形成腐败动机，发生腐败行为。

制度的约束只能在一定程度上预防腐败，而内在思想道德素质的升华才能够彻底地杜绝腐败行为的发生。因此对国家权力行使者进行廉政教育，才是防治腐败的根本，才能使公仆能够真正树立"公仆"的意识，达到自觉抵制腐败的境界，必须将对公职人员的思想道德素质教育与培训放在首位，培养公职人员廉正为民的意识和氛围，最终实现预防腐败的目的。

（三）强化监督，规范公共权力运行

所谓公共权力主要是指在公共管理的过程中，由政府官员及其相关部门掌握并行使的，用以处理公共事务、维护公共秩序、提高公共利益的权力。正如阿克顿勋爵所言："权力导致腐败，绝对的权力将导致绝对的腐败。"权力自身的特性决定了公共权力必须受到监督，以防止权力的滥用。

强化监督，规范权力运行，需统筹好体制内监督与体制外监督两方面资源：一方面，要加强对各级党员干部特别是领导干部的日常监督管理，充分利用好巡视与派驻制度，要抓早抓小、抓细抓实。深入推进党务政务公开，支持和保证各级党委、人大、政府、政协、监察、司法、审计等依法依规履行监督职责。同时还要健全完善权力清单、责任清单和负面清单制度，强化内部流程控制监督，全面排查廉政风险，精准制定防控措施，防止权力滥用。① 另一方

---

① 《深入推进预防腐败工作的思考》，《廉政瞭望》2017 年第 6 期。

面，要自觉接受社会监督，积极引导群众监督，不断拓宽社会监督渠道，积极落实各项社会监督保障机制，真正做到让权力在阳光下运行。

（四）完善制度，减少腐败机会

所谓腐败机会主要指的是有利于腐败行为实现的客观条件，通常指因体制机制制度的不完善而使腐败风险不断聚集，如若不能通过深化改革、完善制度予以解决，最终会诱发腐败。

制度预防是从源头上防治腐败的最佳途径，主要有以下两个方面的内容：一方面，要依靠建章立制，从根本上铲除腐败现象滋生蔓延的土壤。"铲除不良作风和腐败现象滋生蔓延的土壤，根本上要靠法规制度。"[1] 因为腐败的实质是权力的滥用，反腐的核心在于制约和监督权力。另一方面，由于制度问题带有根本性、全局性、稳定性、长期性，只有建好制度、立好规矩，把法规制度建设贯穿到反腐倡廉各个领域、落实到制约和监督权力各个方面，才能筑起遏制腐败现象滋生蔓延的堤坝，才能真正把权力关进制度的笼子。反腐倡廉建章立制，应重点抓好四个方面的制度建设：一是着力健全党内监督制度；二是着力健全选人用人管人制度；三是着力深化体制机制改革，推行权力清单制度，公开审批流程，强化内部流程控制，防止权力滥用；四是着力完善国有企业监管制度，加强对国企领导班子的监督。[2] 同时，要不断完善国家反腐败的专门法律法规，不断强化党的纪律检查体制改革，深化国家监察体制改革，建立健全覆盖整个公权力的监督体系，从多方面完善反腐倡廉的体制。

综上所述，预防监察的作用机理包括三个重要环节：在教育环节上防范腐败动机的产生；在监督环节上规范公共权力的运行；在制度环节上消除腐败形成的机会。三个环节环环相扣，均可以割断腐败行为生成的链条，从而起到预防腐败的作用。

四、预防监察与廉政监察的关系

（一）预防监察与廉政监察的区别

1. 监察职能不同

---

① 中共中央文献研究室编辑：《习近平关于全面从严治党论述摘编》，《领导决策信息》2017 年第 2 期。

② 顾训宝：《反腐败斗争要处理好的几个辩证关系——学习习近平的有关论述》，《党的文献》2018 年第 3 期。

廉政监察的主体是国家监察机关，监察的对象是国家公职人员，监察的职能是查处违纪违法案件。通过依法监督、惩戒等手段纠举国家公职人员腐败，通过检查国家公职人员自身的廉洁状况，查处贪污受贿、以权谋私等违法违纪案件，保证国家公职人员为政清廉，从而达到廉政监察的效果。

预防监察的职能包括明确国家公职人员行使职权的范围、违法行使职权的标准、违法行使职权的法律后果这三个方面。通过预防性监察，将违法行为与违纪行为区分开来，对于公职人员违法行使职权，侵害他人合法权益的，依法应当承担赔偿责任；对引起国有资产损失的责任人员，应当给予惩处；构成犯罪的，应当依法追究刑事责任。

2. 监察效果不同

廉政监察具有被动性和滞后性，监察时间段主要是在违法和违纪行为发生之后，通常采取惩治性措施进行警示和告诫，虽然能使违法和违纪者受到严厉惩处，但其效果却难以巩固，难以持久。

预防监察具有主动性和前瞻性，监察时间段主要是在违法和违纪行为发生之前，通常采取预防性措施防止违法和违纪行为的发生。与廉政监察相比，预防监察对于腐败的治理具有长效性。这在前文中已有分析，因而此处不再赘述。

（二）预防监察与廉政监察的联系

预防监察与廉政监察作为国家监察体系的两大重要内容，二者在反腐败工作方面相互促进、相辅相成、共同发展。

预防监察为廉政监察提供法规制度依据，并巩固腐败治理的工作成果。一方面通过预防监察，建立健全的法律法规制度，并在廉政监察的过程中严格执行，使违法和违纪行为得以暴露并受到查处；另一方面通过预防监察，提高了国家公职人员拒腐防变的能力，降低腐败行为发生的概率，巩固腐败治理的工作成果。

廉政监察为预防监察提供条件，并指明腐败治理的工作方向。一方面通过廉政监察，最大程度地惩治腐败现象，遏制腐败行为滋生蔓延的势头，为开展预防监察工作提供良好的环境；另一方面通过廉政监察，起到了对有腐败意图者的警示和震慑作用，防止其产生腐败的动机，进而起到预防腐败的作用。同时，在廉政监察的过程中，通过处理案件反映出的制度漏洞也能为预防监察提供制度完善的路径并为腐败治理指明工作方向。两者共同构成了国家监察体系的重要部分。

第二节　预防监察的主要方式

预防监察工作主要依托于监察委的监督和调查职能。预防监察的方式，应当是多元化的，可以是针对发现的问题发送监察建议完善制度或加强管理，从而强化他律，健全"不能腐"的机制的制度预防；也可以是针对公职人员自身加强警示教育，使其明确职权界限或通过开展廉政教育，培育廉政文化，从而强化自律，提升"不愿腐"的自律意识的警示预防与思想预防；还可以是针对个案、类案提出预防对策和建议或通过技术手段，打造科技防腐平台的咨询预防与技术预防。

一、警示预防方式

（一）开展谈话、函询

我国《国家监察法》第十九条规定："对可能发生职务违法的监察对象，监察机关按照管理权限，可以直接或者委托有关机关、人员进行谈话或者要求说明情况。"此条规定指的是监察机关通过谈话的形式对可能发生职务违法的监察对象进行处理的形式，其主要目的是将监察工作与党内监督执纪"四种形态"的第一种形态相匹配，使谈话成为一种法律手段。

监督执纪"四种形态"是从党的发展历史和从严治党的实践经历中总结出来的，体现出惩前毖后、治病救人的一贯方针。监察工作要在运用第一种形态上多下功夫，坚持抓小抓早，及时掌握监察对象苗头性、倾向性问题，采用谈话、函询等方法及时提提耳朵、扯扯袖子，做到早发现、早提醒、早纠正，让"红红脸、出出汗"成为常态，加强分类警示教育，防止小问题演变成大问题。这主要包括两个方面内容：

1. 谈话的对象和要件

谈话的对象是指监察对象，要件是指监察对象可能发生的职务违法行为，包括有职务违法方面的苗头性、倾向性问题以及相关问题线索等。做好监察工作，必须与党内监督一样注重第一种形态的运用。监察机关应在谈话的过程中履行好调查、监督、处置的职责，对有可能发生职务违法的监察对象，尽早依法进行谈话或者要求其说明情况，避免其滑向职务违法犯罪的深渊。这不仅是对党的事业负责，是监察机关履行监察的职责，也是对监察对象的爱护。

2. 谈话的主体和方式

谈话的主体是指监察机关按照管理权限对监察对象进行谈话或者要求说明情况。谈话由监察机关相关负责人或者承办部门主要负责人进行，可以由被谈话人所在机关、组织、企业等单位党委（党组）或者纪委（纪检组）主要负责人陪同。"委托有关机关、人员"，是指委托被谈话人所在机关、组织、企业等单位党委（党组）主要负责人。应当在谈话结束后的规定时间内，由承办部门写出情况报告和处置意见后报批，根据不同情况做出相应处置。①

（二）开展警示教育

党的十八大以来，中央多次强调，要加强警示教育，让广大党员、干部受警醒、明底线、知敬畏，主动在思想上划出红线、在行为上明确界限，真正敬法畏纪、遵规守矩。加强警示教育，提高警示教育实效，是推动党风廉政建设和反腐败斗争的治本之策。

所谓警示教育，是指将一些有关因腐败而"落马"官员的真实案例、悔过书、忏悔录等作为教学的内容，使接受这种教育的公职人员受到触动、震撼，甚至产生某种程度的恐惧，然后晓之以理、动之以情——进行正面的思想启迪和价值引导，即通过一种示范、劝导的方式使其在内心进行深刻的反省，并且在这种反省中认真检视自己的所思所想、所作所为，从而在内心深处构筑起一道洁身自好、清正廉明的思想防线，即由"不敢腐"转变为"不想腐"，从而起到预防腐败的作用。②

警示教育的方式主要有两种：一种是通过开设预防腐败专题讲座，从理论上提升公职人员的法律知识水平，使其对法律的底线了然于心；二是通过开展警示教育现场教学，采用警示教育基地实地观摩以及典型案例分析的模式，带领公职人员从实践上体会反腐败的工作历程，形成心灵震撼，从而达到警示教育的目的。

相对于一般的教育，警示教育在表现方式上显得"鲁莽"和生硬一些，甚至可以说具有某种程度上的"威慑"性。这正是警示教育不同于其他类型教育的特点之所在。"警示"和"教育"合二为一，既能有效地弥补二者各自

① 中央纪委国家监委法规室：《〈中华人民共和国监察法〉释义》，中国方正出版社2010年版，第126~127页。

② 杜雄柏：《我国反腐败警示教育中的问题及其解决》，《河南警察学院学报》2017年第2期。

的不足，又能充分地发挥各自的优长，较好地实现影响人、引导人的目的。

二、思想预防方式

（一）形成以廉为荣、以贪为耻的社会文化

腐败民俗（Folklore of Corruption）是瑞典经济学家、诺贝尔经济学奖得主缪尔达尔最早提出的一个概念，意指一个社会内部广为流传的关于腐败的看法和与之相伴而生的情感。① 腐败民俗的存在，使得腐败有可能成为一种被容忍甚至赞同的现象。在腐败民俗之下，腐败变得理所当然，举报腐败行为就会缺乏相应的意愿与动力，而愤恨腐败反倒可能会成为因自己没有机会腐败而产生的妒忌。因而，对于意欲从腐败转向廉洁的国家和地区来说，反腐败斗争不仅需要政府强大的意志、相关反腐败立法及相关机构的制度化运转，同时更需要唤起民众，彻底铲除腐败民俗，形成反腐观念，推动一场廉洁社会的转型运动。②

1974 年，刚刚成立的香港廉政公署面临的就是这样的形势和格局。但四十多年来，廉政公署一方面完善管理制度，一方面改造公众观念，持续努力肃贪倡廉，终于使得香港发生了巨大的改变，由昔日贪污肆虐之地，变成今日广受国际社会推崇的廉政之都。移风易俗需要开展各种形式的教育，包括学校教育与社会教育。无论是学校教育还是社会教育，既要注重内容，更要注意形式。在学校教育方面，香港廉政公署鼓励采用以学生为中心的活动帮助青少年将理性态度和分析技巧运用于道德问题。在公众教育方面，廉政公署注重用公众易于接受的方式传播廉政思想观念。

加强廉政文化建设，需要筑牢拒腐防变的思想道德防线，增强反腐倡廉意识，提高拒腐防变能力，从源头上预防和减少腐败，重点是加强理想信念教育，加强反腐倡廉教育和廉政文化建设。要坚持从教育抓起，引导领导干部坚定理想信念，守住精神家园，夯实思想道德基础；积极利用我国历史上优秀廉政文化资源，坚持古为今用、推陈出新，在全社会培育清正廉洁的价值观和理念思想。

---

① 冈纳·缪尔达尔著，方福前译：《亚洲的戏剧——南亚国际贫困问题研究》，首都经贸大学出版社 2001 年版，第 177～179 页。

② 我国的反腐倡廉运动最早起源于香港廉政公署的廉洁社会改造运动。

（二）加强对公职人员的廉洁教育

公职人员是国家政府机关事务、事项的实际操作者，在公共服务和国家事务处理的过程中起到了至关重要的作用，因此公职人员的个人素养将对党和政府的整体形象起到直接关系。廉洁的公职人员队伍是维系公民对政府信任及信心的基石，加强对公职人员的廉洁教育，提升其廉洁意识，是维护国家长治久安的迫切需要。

英国政府一直十分重视对公职人员的廉洁教育，政府工作有"无私、正直、客观、责任感、公开、诚信、领导才能"七大原则。通过建立公务员廉洁教育的制度体系，加强公务员廉洁教育的培训，注重廉洁教育与惩处教育相结合，以提高公职人员的廉洁意识，做到廉洁从政。

政府应当承担起对公职人员进行廉洁教育的职责，以反腐倡廉为基本准则，有计划、有组织地进行廉洁教育，帮助公职人员树立起廉洁从政的政治观念。通过对公职人员道德、意识、信仰、信念的强化，把公职人员的基本价值观与为民服务精神、公正精神和责任精神相结合，提高公务员的道德素质，预防腐败行为的发生。[1]

新形势下，加强对公职人员的廉洁教育，一方面要扎根我国的传统文化，取其精华，弃其糟粕，另一方面，要汲取国外的有益经验，通过强化理想信念教育、深化价值观教育、增强法律纪律教育、提升职业道德教育和开展反腐倡廉形势教育等，使廉政道德教育与时俱进。

三、制度预防方式

（一）制定法律

在中国备受瞩目的腐败治理，已经由疾风骤雨式的政策反腐转向长效稳定性的法治反腐新阶段。现实表明，以"惩治"、"效率"为基本价值理念的政策反腐，在短期内确实能够有效压缩犯罪黑数、遏制腐败滋长，形成有针对性的反腐败外在斗争机制。[2] 然而，政策反腐具有即时性、阶段性、偶然性等特

---

① 仲利娟：《西方国家廉洁教育体系对我国的启示——以英、澳国家为例》，《决策探索》2018年第1期。

② 袁峰：《当前中国的腐败治理机制——健全反腐败惩戒、防范和保障机制研究》，上海学林出版社2015年版，第2~3页。

点，腐败在政策影响消弭后容易反弹，腐败分子的"抗性"也在政策高压下"进化"。相比而言，法治反腐具有稳定性、预防性、长期性等特点，是建立长效、稳定反腐机制，消除政策反腐弱效能问题的必然选择。①

反腐败国家立法，对于深入推进纪检监察机关的腐败预防工作，完善我国反腐败惩治和预防体系具有重要作用。2018 年发布的《中华人民共和国宪法修正案》② 和《中华人民共和国监察法》③ 为在法律轨道上推进国家监察体制改革提供了法律保障，为预防监察工作的开展提供了法律依据。通过制定专门的反腐败法律，可以使公职人员明确其职权边界、优化公权力配置、规范公权力行使程序，从而对公职人员的行为起到规范和约束作用，促进公权力行使的公开透明。

（二）实行廉政风险防控制度

十八大报告指出，要"健全反腐败法律制度，防控廉政风险，防止利益冲突，更加科学有效地防治腐败"。廉政风险是指公共部门在行使公共权力、处置公共资源、增进公共利益的过程中导致腐败发生的可能性。廉政风险是可以预防的风险类型，其主要发生在管理过程阶段，通常随着腐败发生和蔓延。廉政风险有着多种多样的表现形式，根据不同的性质一般可以将廉政风险具体划分为以下五类：思想道德风险、制度机制风险、岗位职责风险、业务流程风险以及外部环境风险。

实行廉政风险防控制度是将权力配置结构风险与运行过程风险进行风险管理分析，查找可能发生腐败或者蔓延的流程环节，识别、诊断和消除公共管理过程中潜在的廉政风险，是公共部门规范权力运行、预防腐败行为的关键举措。④

---

① 刘艳红、夏伟：《法治反腐视域下国家监察体制改革的新路径》，《武汉大学学报（哲学社会科学版）》2018 年第 1 期。

② 《中华人民共和国宪法修正案》，2018 年 3 月 11 日第十三届全国人民代表大会第一次会议通过发布。

③ 《中华人民共和国监察法》，2018 年 3 月 20 日第十三届全国人民代表大会第一次会议通过发布。

④ 刘金程：《廉政风险防控：预防腐败的核心制度设计》，《光明日报》2013 年 8 月 22 日。

（三）实行清单管理制度

清单管理制度主要包括责任清单、权力清单和负面清单三个方面的内容。其中，责任清单意在明确责任范围，主要是明确各单位、部门的职责功能，解决"干什么"的问题；权力清单意在明确业务流程，主要是明确各单位、部门通过行使哪些公共权力实现职责功能，以及行使公共权力的职责边界，解决"怎么干"的问题；负面清单意在明确权力运行规范，主要是明确各单位、部门人员、机构行使权力的"禁区"，解决"哪些不能干"的问题。

清单管理制度对公职人员的要求是"法无授权不可为、法定职责必须为"。这一要求有利于形成高效、廉洁、诚信的公职人员队伍，有针对性地解决公职人员在行使职权过程中的越位、缺位、错位问题。

通过建立权力清单制度，使公权力在法治框架内推进，最大限度地减少权力运行的弹性，消除权力设租寻租空间，防止公权滥用，堵塞滋生腐败的漏洞。责任清单制度围绕"依法全面履行职能"的目标，强化政府在市场监管、公共服务等方面的责任，有利于促进各级政府及其公职人员转变理念，正确履行职能。[①] 负面清单制度划定了公职人员行使职权的"禁区"，以"严禁"的刚性规定，梳理细化了公职人员在行使职权过程中易错易犯的问题，有利于其规范自身行为、加强自我约束。

（四）实行巡视制度

巡视制度是党内监督的一项重要制度，指中央和省（区、市）党委，按照有关规定，通过建立专门机构，开展巡行视察，对下级党组织和领导干部进行监督的制度。巡视制度作为反腐的一把"利剑"，主要聚焦党风廉政建设和反腐败斗争这个中心，意在发现问题、形成震慑。巡视制度不仅有尚方宝剑不出鞘之威，而且还可以给领导干部进行"全面政治体检"。巡视制度对党执政能力的建设、对"一把手"的监督都起到了积极促进的作用，能够有效地防止领导干部权力寻租行为。[②]

十八大以来，从中央第一轮巡视开始到第十二轮巡视结束，巡视方式方法不断创新完善，前后经历了从常规巡视到专项巡视，从"三个不固定"到

---

① 刘文华、刘贞科：《推进清单管理制度的思考》，《中国劳动》2016 年第 19 期。

② 《创新是巡视工作的生命力》，中国共产党新闻网，http://theory.people.com.cn/n1/2018/1026/c40531-30363773.html。

"机动式"巡视的探索创新。巡视内容主要以党风廉政建设和反腐败工作为主，严抓"八项规定"，严明党的政治纪律，一方面起到警示预防的作用，另一方面也暗示那些思想不端正的党员干部必须依法行使职权，遵守法律，按章办事。因此，巡视是一项重要的防腐制度。

（五）完善公职人员薪酬制度

我国的公职人员薪酬是指依法履行公职，纳入国家行政管理体制，由国家财政为劳动者支付的补偿福利。相对于我们国家在经济上的发展速度，公务员的薪酬制度发展是滞后的，公职人员的工资待遇水平整体偏低，这无形中就会使公职人员形成一种被剥夺感，一旦有非法利益的诱惑就很容易产生腐败乃至腐败犯罪的动因。因此，通过完善公职人员的薪酬制度，提升其收入水平，对于预防其贪污腐败具有重要意义。

完善公职人员的薪酬制度需要注重民主性和公平性，可以在国家经济发展状况以及社会公众能够接受的限度内，适度提升公职人员的工资、福利待遇，并对各项隐性福利进行限制和调整，让公职人员的各项待遇在阳光下运行。[①]

四、技术预防方式

（一）发展电子政务

1. 进行信息化电子政务的建设

电子政务作为互联网信息化、系统化高度发展的产物，已被政府部门广泛应用。伴随着电子政务系统的逐步建设和完善，其在廉政建设上发挥着更加积极的作用，现已成为推进廉政建设、开展预防监察的重要方式和保障。把电子政务的发展作为重要的预防监察措施看待，主要是因为利用电子政务等科技手段可以减少腐败发生的机会，降低产生腐败的机会，并提高反腐败的成功率，完善和丰富预防监察体系的覆盖面。

信息化电子政务的建设具有如下一些预防腐败的功能：一是电子政务系统利用信息技术构建一个全面的在线政府，为政府信息公开搭建了一个网络平台，通过网络技术平台向社会公布各种政策信息，实现了信息资源的互通、政务的公开透明，保证了公民的知情权和监督权；二是电子政务系统使用严格的

---

① 陈梅：《马克思主义利益论视阈下腐败犯罪的生成原因与预防》，《云南社会科学》2018 年第 2 期。

计算程序来控制业务流程，这样有效地减少了人为因素的干扰，防止了公职人员利用职务之便谋取私利，从而加大制度和规则的执行力度；三是电子政务系统能够实时获取政务系统的数据信息，能够及时全面地了解被监察部门的业务情况，从而有利于实现对监察对象的全程监控和实时监控。

2. 开展网络电子政务的监督

网络监督是社会公众通过互联网等现代网络平台，对政府公职人员进行舆论监督的一种形式，不仅可以对公职人员的腐败行为进行检举和揭发，也能够促使政府部分采取惩治措施进行处理，起到有效预防腐败、遏制腐败和惩治腐败的作用。① 网络监督相对于传统的监督方式有着很大的改变，是在大信息时代背景下的公民监督政府的新方式。②

相对许多传统反腐形式而言，网络监督具有即时性、安全性和实效性等特点，这些优势和特点是与互联网的特征紧密相联的。网络监督借助于网络信息传播的特点明显提高了个人或组织参与反腐或者维护自身权益、促进社会正义公平的力量，使反腐败可以迅速从个人行为变成社会行为，提高了反腐的力度和效果。网络监督无时不有、无处不在的"监控"，使许多腐败分子谈网络色变、遇媒体胆颤，这对于警示公职人员，提高廉政自律，进而对推进腐败预防工作无疑具有极为重要的意义。③

（二）建设国家社会信用体系

国家社会信用体系的建设指的是将个人信用信息进行采集和汇总，形成个人信用信息数据库，并为政府、企业和个人提供个人信用信息查询服务的体系。国家社会信用体系的建设将记录社会主体信用状况，揭示社会主体信用优劣，警示社会主体信用风险，并整合全社会力量褒扬诚信，惩戒失信，弘扬诚信文化。建立国家社会信用体系对于反腐倡廉的重大意义主要在于能够及时了解和掌握不廉洁、不诚信的行为和个人，将其隔离，消除腐败隐患。

国家社会信用体系的建设将树立正确的市场交易价值观，从源头上治理商业贿赂和犯罪；有利于构建腐败治理体系，对信用风险进行预警，增加失信的

---

① 李尚旗：《从民间到政府：网络反腐的路径分析》，《中国青年研究》2010 年第 3 期。

② 林世和、邓儿枫：《网络在腐败治理中的应用研究述评》，《现代商贸工业》2018 年第 15 期。

③ 贾绍俊：《以网络监督和网络反腐助推全面从严治党》，《广东开放大学学报》2016 年第 6 期。

违约成本，从而为诚实守信提供制度保障，有效完善腐败治理体系。①

五、咨询预防方式

（一）提供公共部门防腐建议

向公共部门提供防腐建议是指监察机关与被监察对象之间就强化管理与监督，为有效预防腐败发生，通过多种形式为公共部门解答与预防腐败有关的问题的一种预防方式。主要包括个案预防与类案预防两种方式。

所谓个案预防，就是选择典型案例，结合案中发现的发案单位的漏洞，认真分析发案的原因、规律，有针对性地帮助他们整章建制、堵塞漏洞，最大限度地遏制和减少同类犯罪。个案预防是直接和初级的预防，属于点式预防。类案预防则是指针对某些具有相似发案特点的案件，总结出此类案件发案的一般规律，提供对策建议，帮助公共部门通过教育、建章、立制等方式堵塞漏洞，减少和预防同类案件发生的一种预防工作方式。类案预防注重趋势预测和理论分析，具有事先预防的作用和效果，属于片式预防，比个案预防更有优势。

香港廉政公署在向公共部门提供反腐建议方面起步较早，值得我们借鉴。其防止贪污处的主要职责是为政府或者社会机构提供预防贪污犯罪的方案，发现和堵塞制度、机制层面存在的漏洞。在为公共部门提供建议方面，主要是通过防贪审查、开展咨询、举办研讨或者讲座等方式进行贪污贿赂犯罪预防，以提高政府机构工作人员廉洁自律的思想意识。②

（二）开展社会防腐咨询

开展社会防腐咨询是指监察机关针对公民、社会机构关于腐败方面的询问与建议做出解释与答复，并通过向其提供防腐建议与服务、开展防腐宣传等形式提高公众及社会机构的防腐意识，从而促进社会公众积极参与预防腐败的一种预防方式。

在开展社会防腐咨询方面，香港廉政公署主要通过提供防贪建议和服务、提供贪污犯罪预防方案等方式实现预防贪腐。为了向私营机构提供顾问服务，

---

① 田湘波：《完善社会信用体系 加强腐败源头治理》，《检察日报》2018 年 7 月 10 日。

② 朱超然、王杰：《对香港特区廉政公署制度设计的思考与借鉴》，《廉政文化研究》2018 年第 3 期。

防贪处下属的私营机构顾问组于 1985 年成立，其工作是应私营机构的要求提供免费而保密的防贪咨询服务。2015 年，适逢成立三十周年，该组重新命名为"防贪咨询服务"。防贪处展开了一系列媒体宣传活动以推广防贪咨询服务的工作，建立了防贪咨询服务网站，旨在向私营机构和市民大众提供防贪知识和参考资源。2010 年，防贪处编了一套名为《非政府机构的管治及内部监控》的防贪锦囊，就良好管治、诚信管理、主要行政运作等方面的监控措施提供简便指引。除此之外，防贪处专门为私营机构人员制订了《与公职人员往来的诚信防贪指南》，旨在向私营机构的人士提供指引，阐释有关法律规定并建议他们与公职人员接触时应秉持的诚信操守。

第三节　构建预防监察的途径

一、建立警示预防的预警机制

（一）坚持挺纪在前，抓早抓小

把纪律挺在前面，抓早抓小，用纪律管住大多数，是全面从严治党的内在要求，也是纪律监察机关深化"三转"的工作方向，同时还是从源头防治腐败的必然要求。抓早就是打预防针，防患于未然；抓小就是从小处着手，杜绝微腐败。突出抓早抓小，需要及时掌握党员干部苗头性、倾向性问题，采用谈话、函询等方法及时提提耳朵、扯扯袖子，做到早发现、早提醒、早纠正，把纪律立起来、严起来，引导党员干部严于律己，自觉筑牢拒腐防变的思想防线，筑牢不想腐的意识，进一步增强不想腐的能力，逐渐形成不想腐的习惯。对于腐败行为，要及时发现、及时处理，坚持抓早抓小，避免养痈遗患，遏制腐败蔓延。

（二）加强警示教育

马行千里不失蹄，只因步步谨慎；人生一世少错误，就在警钟长鸣。中央曾多次强调，要充分发挥反面教材的作用，用身边事教育身边人。要通过警示教育，唤醒党员干部初心，强化理想信念，加强纪律意识，避免不教而诛，助力正风反腐向纵深推进。近年来，我国越来越重视警示教育在防治腐败中的作用。但就整体而言，存在的问题依然不少，这大大影响了其作用的发挥，如对警示教育的认识极端、片面；警示教育的方式呆板、单一；警示教育的内容陈旧、随意等。因此，下一步的警示教育工作不仅需要消除对警示教育的片面认识，还需要不断创新警示教育的方式、丰富警示教育的内容，从而进一步强化警示教育在预防腐败工作中的作用。

二、建立思想道德教育预防的长效机制

（一）用新时代中国特色社会主义核心价值观建立思想道德预防监察体制

思想道德预防监察体制是我们党政治制度集中体现的一种监察形式，是预防监察理念和行为规范的产物，它深刻反映了社会主义廉政文化的理念。在当前文化自信和推动社会主义文化繁荣的基础上，需要用新时代中国特色社会主义核心价值观培育廉政道德文化的建设，并发展和完善新时代思想道德预防监察体制。

思想道德预防具有潜移默化的效果，对社会价值取向的影响将是根本的、长久的。通过引领正确的理念，以制度规范为基础，以社会主义核心价值观为载体，教育公职人员加强自身道德修养，树立廉洁奉公意识，从而营造良好的社会氛围。结合当下反腐倡廉的工作实际，增强社会主义思想道德预防监察的主要做法有以下三点：

1. 发挥思想道德文化的教育作用

通过新闻媒体、网络、报刊、新媒体等多种载体广泛宣传廉政道德文化，用社会主义核心价值观引领社会的廉政道德思潮，凝聚社会对于廉政文化建设的共识，让廉政道德文化在广大党员干部中深入人心，消除陈旧观念，以积极健康向上的思想影响人们的行为，增强人们的道路自信、理论自信、制度自信，形成一种无处不在的思想道德预防监察体制。

2. 提升思想道德文化的传承作用

通过社会主义核心价值观思想道德文化的陶冶，有利于领导干部树立良好的廉政道德情操，强化廉洁自律意识，形成以廉为荣，以贪为耻的道德情感，能够在面临道德缺失的情况下自主规范和矫正自身的不廉洁行为，更好地履职尽责。同时能够使人民群众团结一致，抵制不廉洁和腐败现象，积极努力传播社会的公平正义和正能量。因此，各级党政机关应更加重视思想道德教育的建设，驰而不息地抓紧抓好并抓出实效，强化廉洁自律意识，规范从政言行。

3. 发挥思想道德文化产品的实践效能

思想道德预防监察文化的外在表现形式不仅是精神和理念的体现，更是文化产品、文化服务和文化活动发挥精神文化产品育人化人的重要体现。通过社

会主义核心价值观的教育和凝聚功能，将文化产品的思想性、艺术性和观赏性提升，弘扬真善美，贬斥假恶丑，从物质精神文化方面促使公职人员树立良好的执政道德品质，在工作中规范言行举止，凸显思想道德预防监察文化的实践价值。

（二）建立反腐倡廉的教育体制

1. 突出反腐倡廉教育的重点

我国是一个具有五千年悠久历史的文明古国，传统文化中有"修身"、讲"廉、耻"等思想精华，要形成"以廉为荣、以贪为耻"的良好社会氛围，应突出反腐倡廉教育的重点。在教育的对象上，要将领导干部"一把手"、财务及项目负责人等主要人群作为反腐倡廉教育工作的重点，督促公职人员加强党性修养，廉洁自律。在教育内容上，以马克思主义为基础，开展正确的权力观、利益观教育，理想信念教育，从政道德教育等，将文化传统中与廉洁有关的元素深入人心，使廉洁行事、诚实守信等思想成为社会每一个公民都具有的坚定信念。在教育时段上，以任职和退休为时间节点，及时开展廉洁从业诫勉教育和拒腐保廉晚节教育，使他们在职廉洁从业、求真务实，退休一身轻松、两袖清风。

2. 拓展反腐倡廉教育的领域

我国在对公民尤其是青少年的廉洁教育方面做得不足，现今有部分大学生对马克思主义、列宁思想持怀疑和否认的态度，对资产阶级宣扬的民主主义持支持和肯定的态度。这些现象表明反腐倡廉教育的领域不仅要面向领导干部，更要面向全体公民。将思想道德教育与法制纪律教育相结合，使社会公德、职业道德、家庭美德广泛宣传，增强全社会的反腐倡廉意识，形成以廉为荣、以贪为耻的良好社会风尚。

3. 创新反腐倡廉教育的形式

开展反腐倡廉教育不能盲目灌输思想观念，也需要对教育形式进行不断的创新。近年来，全国各地的实践取得了一些有效的进展，例如举办座谈会、邀请专家进行讲座、举办反腐先进模范事迹报告会，增强了反腐倡廉教育的说服力和感染力；开展公职人员进监狱活动，由腐败犯罪者亲身讲述经历，以实践案例教学的形式巩固公职人员的廉政作风；利用微博、微信等新媒体手段开展网上问政和评议活动，拉近公职人员和人民群众之间的距离；将廉政事迹写入歌谣中，寓教于乐，使廉洁行事成为一种道德风尚，等等。通过创新反腐倡廉教育形式，丰富教育载体，把灌输式教育和自我教育、互动式教育结合起来，提高教育效果。

三、建立制度预防的规范机制

（一）建立与完善相关反腐败立法

制度反腐的基本前提，是建立起较为系统、完备的反腐败法律制度。长期以来，我国反腐败立法不甚完备，尽管在实践中积累了具有中国特色的反腐败工作经验，但这些经验和探索尚未上升到国家法律的层次，反腐败领域的专门法律缺失；法律、法规和规范性文件之间缺乏衔接和协调，重复规定、规定相互冲突和矛盾的情况比比皆是。传统上，我国主要依靠以《中华人民共和国刑法》、《中华人民共和国刑事诉讼法》等为依据的事后惩处，在预防腐败方面缺乏配套的法律法规，而且现有规定的针对性和可操作性不强。①

从世界范围来看，反腐败立法有集中立法和分散立法两种模式。集中立法模式是指制定一部全面、集中针对腐败问题防治的综合性立法；分散立法模式是指根据腐败发生的不同环节和领域，以及惩治腐败的不同法律手段，制定相关的单行法。分散立法模式能够密切结合权力运行和腐败发生的不同领域、不同环节，加以有针对性的防范、惩戒和治理，并根据具体情势的变化适时加以修订；而集中立法模式则有利于提高反腐败法律制定的系统性、整体性和协调性，防止或减少法律漏洞，体现立法合力，有效节约立法资源和成本。② 目前，从我国反腐败面临的严峻形势来看，我们应以《中华人民共和国监察法》的出台为契机，进一步完善反腐败法律体系，运用统一的概念和原则等整合目前的分散规定，提升反腐败立法的体系化、理性化水平，避免法律冲突，填补法律真空，提高反腐败立法的系统性，弥补现有分散立法不周延、涵盖性不足的问题。在贯彻实施《中华人民共和国监察法》的同时，制定针对不同主体、发生在不同领域和环节、具有不同情节和危害性的腐败行为的具体法律法规作为配套。当务之急是及时推进与《中华人民共和国监察法》相关的法律法规及相关条款的立改废。例如，加紧制定完善监察官制度、制定留置场所的管理和监督制度、修改《中华人民共和

---

① 李霞：《新时代"不敢腐、不能腐、不想腐"机制建构——以法治保障为研究视角》，《北京工业大学学报（社会科学版）》2018年第4期。

② 李洪雷：《反腐败立法的国际经验》，爱思想网，http：//www.aisixiang.com/data/110734-3.html。

国立法法》《中华人民共和国国家赔偿法》等。建构一套系统、周密、有力的惩治和预防腐败制度机制，强化反腐败的规范化、制度化水平，将反腐败全面纳入法治轨道。

（二）规范公职人员的选拔任用制度

党的十八大以来，中央对党风廉政建设和反腐败斗争持高度关注的态度，着力清查公职人员队伍中的贪污腐败分子，对于刚上任时就存在腐败行为、任职以后开始腐败行为以及"带病提拔"的现象"零"容忍，遵循"治本"原则，对选拔任用和考核机制仍旧存在的漏洞进行修改和完善，着力构建系统、健全的公职人员选拔任用制度。[①]

习近平曾经强调"构建激励干部求真务实的机制，重用务实、求实效的干部，对其进行褒奖和鼓励，对于跑官、要官的行为，应当给予严厉的惩处和批评"，将此精神落实到实践中，对选拔任用和考核标准予以明确，促使最终的干部选拔任用工作开展得更为高效。[②] 规范公职人员的选拔任用制度，一方面需要明确选拔任用制度的考核标准，在思想道德、工作能力、决策水平及工作作风等方面多方考察，对于一些工作敢干、强势、"政绩突出"、会"来事儿"的干部应重点考察其官德以及人品，对于一些老实做事、踏实勤恳的干部应据实提拔和重用。同时，在公职人员的选拔任用过程中应强调人民民主，凸显民主特色，使大多数人都可以参与到决策中，避免出现用人失误的问题，对跑官、卖官的现象进行遏制，防止出现"问题"干部被提拔重用的情况。坚持民主集中制，规避用人不当现象，发扬党内民主，通过完善民主制度体系，为任用好干部打好基础，也能有效防止贪官污吏的产生。[③]

（三）完善廉政风险防控制度

廉政风险防控自 2011 年在全国推广实施以来，取得了显而易见的成效。它使"有效预防腐败的能力进一步增强；权力运行得到进一步规范；制度建

---

① 于彦：《加强监督是促进党风廉政建设和反腐败斗争的治本之策》，《理论界》2012 年第 7 期。

② 闫广发、乔俊凤：《贯彻"三讲"精神推进反腐败斗争》，《山西高等学校社会科学学报》2013 年第 9 期。

③ 张颖：《对于抓好党风廉政建设责任制落实的几点思考》，《现代经济信息》2012 年第 16 期。

设水平进一步提高；反腐倡廉建设的合力进一步增强"。① 但是还存在一些问题和困境，制约着廉政风险防控效力的进一步发挥，如：实践缺乏理论指导、缺乏高层次制度规范，廉政风险点的排查存在"盲点"以及缺乏基层执行主体的支持等。当前，进一步深化廉政风险防控需要从以下几个方面入手：首先，应加强理论研究，做好廉政风险防控的"顶层设计"；其次，要推进综合配套改革，提高廉政风险防控指导规范层次；再次，还要创造条件增加社会参与程度，增强风险点排查的真实性和有效性；最后，借助科学信息系统技术，创新廉政风险防范管理机制。②

（四）完善清单管理制度

近年来，特别是党的十八届三中全会以来，各级政府部门在清单管理制度上进行了积极探索，为全面实施清单管理制度积累了一定的经验。同时，清单管理制度中的一些矛盾和问题也随之凸显出来，如：各类清单制定标准模糊、政府内部各部门事权边界不清、清单项目与法律法规规章不匹配、清单管理与规范性文件管理存在冲突、清单管理制度执行流于形式等，这严重影响了清单管理制度在预防腐败工作中作用的发挥。完善清单管理制度，必须加强清单管理制度的顶层设计，科学设定各级政府部门的管理事权。这样才能使各级政府部门明确其职权范围，正确行使权力，履行职能，实现自我约束，防止公权私用，腐败滋生。同时，还要处理好执行清单管理制度与执行法律法规政策的关系，强化清单管理制度的法律责任，真正做到于法有据。

四、建立技术预防的有效机制

（一）完善电子政务和电子监察系统

电子政务的发展借助互联网技术为廉政建设搭建起了新的平台，在反腐败斗争中发挥着越来越重要的作用。但是，我国在发展电子政务方面还存在一些不足：如把电子政务只是作为政府部门的计算机网络化建设，用计算机系统处理政府工作，将政府的工作搬上网络平台，未将软件开发与政府业务流程之间

① 郭惠芳、褚雯：《智慧的凝聚 崭新的起点——全国廉政风险防控工作综述》，《中国监察》2011 年第 18 期。

② 葛本成：《廉政风险防控在实践中的困境与对策探讨》，《广州大学学报（社会科学版）》2013 年第 12 期。

有机整合，没有把传统的政务工具同网络服务有机结合起来，提供全方位的服务，只注重网络宣传而忽视了与用户之间的交流和沟通。社会公众仅能够在网站上了解政府的政务信息，却无法有效便捷地办理业务，无法起到公开透明、公正公平的监督效果。因此，针对上述问题，从源头上防止腐败，现阶段推进我国电子政务建设，需要着力解决以下几个方面的问题：首先，要转变公职人员的思想观念，使其认识到电子政务的发展对促进廉政建设具有重要价值，并督促其学习相应的管理知识；其次，各级政府要积极推进廉政网站建设，紧跟当下反腐热点、难点，创新廉政教育的新模式；再次，要将各个板块的信息进行整合，将政府各部门的信息进行连接，在网站上搭建信息交互、政务公开模块，实现政务办公信息公开；最后，要规范电子政务的行政流程，加快行政业务的电子化，建立电子监察系统，加强权力监督。

在预防腐败体系建设的现阶段，由于现代信息技术在纪检监察领域的广泛应用，中国已经发展了一种科技预防腐败的全新路径——电子监察。电子监察是信息时代的政府运用信息通讯技术，将政府电子政务内部办公系统、政府部门办公区视频监控系统和政府公众服务外网整合，通过电子监察软件，对政府信息进行数据挖掘、提取、评估，在统一的电子平台上实现对政府市场监管、经济调节、社会管理和公共服务等行政行为展开实时监控、预警纠错、绩效评估和统计分析。电子监察为预防腐败制度创新提供了前所未有的机会与工具，成为了提高预防腐败制度执行力的重要手段。但是，由于电子监察还处于初级发展阶段，技术与生俱来的局限性与顶层设计的缺位给这项技术和制度创新的结合物带来了困境。因此，为构建完善的电子监察系统，强化其预防腐败效果，不仅需要不断拓展其监察的领域和层次，还需要改进监察点设置，优化权力监督，更需要完善廉政监察体制，提供制度保障和构建电子监察绩效评估体系。[1]

（二）完善国家社会信用体系

目前，随着我国在社会信用体系建设方面的投入不断增加，社会诚信状况不断改善，成效初显，但仍然存在政府与公众之间、市场利益主体与一般社会成员之间不同程度的信任危机。产生这些信任危机的主要原因既有政府的不当投资行为，有市场经营的腐败行为，也有社会民生等问题，而政府官员的腐败和不廉洁、官本位现象，以及对政府官员权力监督的不到位不完善，则是导致

---

① 邬彬、黄大熹：《电子监察：中国政府科技防腐创新》，《求索》2010 年第 9 期。

信任危机的爆发点。

从国家的层面来看，信任危机的存在会严重影响国民经济的发展，同时也给腐败的治理增添了困难；从社会的层面来看，信任危机的存在对维护社会稳定治安，人民群众生活幸福美满造成了极大的阻碍。因此，要消除信任危机，完善反腐败法制建设，社会信用体系的建设同样不可缺位，需要从以下几方面入手：第一，充分发挥政府在社会信用体系建设中的主导作用、示范作用和监管作用，以政府为核心完善社会信用体系的建设；第二，将诚实守信与尊廉崇洁相结合，完善教育体制，引导社会主体树立正确的价值观念；第三，搭建社会信用体系信息数字化收集和信息化共享平台，推动社会信用体系数据的标准化与实名化发展。

（三）完善领导干部报告个人有关事项制度

在我国，所谓领导干部报告个人有关事项，是指一定级别以上的领导干部根据党和国家有关规定的要求，如实、及时报告"个人重大事项"或"个人有关事项"，总体上包括报告 8 项家事、6 项家产共 14 项内容。我国领导干部个人有关事项报告制度，是在改革开放以后逐步形成与发展的，其内容不断适应全面从严治党及反腐倡廉建设的现实需要，具有鲜明的中国特色。[1] 2017年 2 月 8 日，中共中央办公厅、国务院办公厅印发了新修订的《领导干部报告个人有关事项规定》和新制定的《领导干部个人有关事项报告查核结果处理办法》，这次修订是对我国领导干部报告个人事项制度的进一步完善。

随着反腐败的深入推进，领导干部个人报告事项的推进也越来越规范，且要求严格推进，对于不遵守该规则的领导干部的制裁也在加强。领导干部报告个人有关事项制度是加强对党员干部监督的有力措施，对我国预防腐败有很好的作用，使我国反腐败的路径上升到了一个新的方式上来。但是，如果公开化的模式不能够得到应用，再加上网民、媒体、第三方组织不完备或被限制在很小范围内，领导干部报告个人有关事项制度对预防腐败就不会起到意想不到的作用。新形势下，完善领导干部报告个人有关事项制度，在目标定位上，从加强对官员的管理监督向预防腐败转变；在规制对象上，逐步扩大到掌握较大较重权力的下级公职人员；在对报告内容的抽查核实上，逐步达到全覆盖；在对报告信息的掌握上，确保报告信息动态化真实性基础上的充分运用；在制度完善路径上，适时从党内法规向国家法律转化；在增强制度的威慑力上，从对报

---

[1] 黄金桥：《完善官员个人事项报告制度的六条思路》，《理论探索》2017 年第 1 期。

告信息抽查核实的关注逐渐转向公示公开。

五、建立咨询预防的补充机制

（一）审查公共部门工作，提供防腐建议

除上述机制外，在预防腐败方面，我们还可以学习国外经验，建立适合我国国情的预防腐败咨询研究机构，通过加强对预防腐败的理论和对策研究，使反腐败工作具有前瞻性和科学性。例如，监察委员会可以通过审查、评估、建议等机制，帮助立法机关和被监督对象完善管理制度，堵塞腐败发生的制度漏洞。通过开展日常巡查和个案调查，监察机构有机会及时发现国家法律以及国家机关、企事业单位等公共部门内部管理机制存在的各类问题。对于发现的不同问题，监察委员会一方面可以通过专项报告的方式，向立法机关提出修订法律的建议，另一方面可以通过监察建议的方式，向有关部门、社会团体、企事业单位等提供完善内部管理制度的对策建议和预防措施。通过积极参与法律和制度完善，监察委员会可以最大程度实现预防腐败的目的。

（二）提供社会防腐顾问服务

腐败不仅是一项政治问题，同时也是一项社会问题。在通过改革推进国家反腐败活动的同时，也应重视社会公众在反腐败方面所起到的作用，为反腐败活动留下公众参与的空间。监察机关应针对公民、社会机构关于腐败方面的询问与建议做出解释与答复，并通过向其提供防腐建议与服务、开展防腐宣传等形式提高公众及社会机构的防腐意识，从而促进社会公众积极参与到反腐工作中来。例如，可以向私营机构提供顾问服务，针对私营机构的要求提供免费而保密的防腐咨询；建立防腐咨询服务网站，积极向私营机构和社会公众提供防腐知识和参考资源；针对商业领域存在的各类腐败风险，可以通过开展相关培训活动，提高商业机构的管理能力和工作人员防腐意识；最后，还可以通过发布指南的方式，阐释有关法律规定并指导社会公众和私营机构正确与公职人员往来。

☞ 本章小结

所谓预防监察是国家机关通过采取思想教育、道德规范及制度完善等措施以防止行使公权力的国家公职人员违法或不合理行使职权的一种前置监察机

制。具有主动性、系统性、经济性及长效性等特点，以积极预防、广域预防为监察理念。预防监察的作用机理是从腐败行为的生成机理入手，来分析违法违纪行为的产生动机、发生机会及其必要工具。因此，通过教育可以防止动机的产生；通过监督可以规范权力运行；通过制度完善可以消除违法和违纪的机会。三个环节环环相扣，均可以割断腐败行为生成的链条，从而起到预防腐败的作用。

预防监察的方式主要包括警示预防、思想预防、制度预防、技术预防和咨询预防。警示预防主要是警示公职人员要明底线、知敬畏；思想预防主要是进行反腐倡廉教育和对公职人员的廉洁教育；制度预防主要围绕利益冲突，制定相关法律，如制定财产申报制度和"高薪养廉"制度等；技术预防主要是通过先进技术在建设电子政务、国家社会信用体系及开展网络监督中的运用达到预防的目的；咨询预防主要是为公共部门及社会公众提供防腐咨询建议与预防对策。

构建预防监察的途径首先是构建国家廉政体系，铲除腐败滋生的土壤；其次是建立警示预防的预警机制，成立专门的防腐咨询机构；再次是建立思想道德教育预防的长效机制，引入中国特色社会主义核心价值观，并注意创新反腐倡廉教育形式；然后是建立制度预防的规范机制，与国家监察体制改革相结合；同时建立技术预防的有效机制，并注重完善电子监察系统，和注重公职人员的信息上报工作；最后是建立咨询预防的补充机制，注重咨询机构建设。

☞ 关键术语

预防监察；监察理念；腐败动机；腐败机会；警示预防；思想预防；制度预防；技术预防；咨询预防；国家廉政体系；网络监察

☞ 练习与思考题

1. 预防监察的概念和特点是什么？
2. 分析预防监察的作用机理是什么？
3. 预防监察与廉政监察的关系如何？
4. 制度预防有哪些主要内容？
5. 论述我国构建预防监察的主要途径。

☞ **案例**

个人事项报告是领导干部对党忠诚的试金石

岁末年初，领导干部都需要填写一份特殊的材料——个人有关事项报告。如实向党组织报告个人有关事项是检验领导干部是否对党忠诚的"试金石"。对于这个问题，不可轻视、不可糊涂、不可糊弄更不可弄虚作假。从近年来查处通报的领导干部违纪违法案件看，一些人在对组织进行个人有关事项报告的过程中玩"瞒天过海"、"偷梁换柱"，耍滑头、不老实，被查处后沦为反面教材，教训十分深刻。领导干部一定要严格执行《领导干部报告个人有关事项规定》《领导干部个人有关事项报告查核结果处理办法》，按规定按程序及时如实报告个人有关事项，以下8点一定要当心要留留神，千万不能犯糊涂。

1. 不如实报告本人持有普通护照及因私出国（境）情况。2012年至2015年，湖南省郴州市商务局原副处级干部陈晓梅在市口岸办工作期间，借职务之便，未经允许也未向组织汇报，先后4次出国到日本。2014年2月，陈晓梅委托同事代其填写《领导干部个人有关事项报告表》，向单位报告其正在西安休产假，以隐瞒其当时身在日本的情况；2015年3月，陈晓梅在填写《领导干部个人有关事项报告表》时故意隐瞒其2014年至2015年赴日本攻读硕士的情况。除此之外，陈晓梅还存在其他未向组织汇报的违反纪律和国家法律法规的事项，2017年4月，陈晓梅被"双开"。

2. 不如实报告本人婚姻情况。湖南省郴州市精神病医院副院长王某于2014年1月和2015年1月填写《领导干部个人有关事项报告表》时，均隐瞒其个人婚姻变化情况，未如实向组织汇报其于2010年3月与前妻刘某离婚的事实。此外，王某还存在其他未向组织汇报的违反纪律和国家法律法规的事项。2016年，王某受到行政降级处分，免去其郴州市精神病医院副院长职务。

3. 不如实报告本人、配偶、共同生活子女名下的房产。内蒙古自治区国防科学技术工业办公室原主任、自治区经济和信息化委员会原党组成员、副主任文民平时以清廉示人，实则贪婪成性——在北京、海南及澳大利亚墨尔本等地拥有35套房产，在填写《领导干部个人有关事项报告表》时却谎称自己没有房产，租房子住。2018 年 9 月，文民被开除党籍和公职，并被通报"违反组织纪律，不如实申报个人事项"。又如，江西省金溪县房管局党组副书记、局长唐某在贵溪市城南商贸广场购置一套店面房，以其子名义办理房屋所有权。在领导干部个人有关事项报告中，其均未填报该信息。2015 年 10 月，唐某被给予党内警告处分。

4. 不如实报告本人、配偶、共同生活子女名下的车库车位。2018 年 7 月，山西省大同市经济和信息化委员会党组成员、副主任韩某违反组织纪律，未报告其配偶名下房产、车位情况，被大同市纪委监委查处并通报曝光。

5. 不如实报告配偶、子女及其配偶经商办企业的情况。2005 年 10 月至 2014 年 10 月，湖北省荆门市政府办原党组成员、市政府原副秘书长秦少华的配偶先后以本人及他人名义注册登记物业管理服务公司、投资公司、电梯公司等共五家公司。在填写《领导干部个人有关事项报告表》时，秦少华对其配偶登记注册五家公司情况隐瞒未报；在接受市纪委函询时，秦少华仅说明了配偶注册登记一家物业公司情况，严重违反党的组织纪律。经查，秦少华还存在违反廉洁纪律、违反生活纪律以及违反国家法律法规规定等问题。2017 年 6 月，秦少华被"双开"。

6. 不如实报告本人、配偶、共同生活的子女投资情况。湖南省郴州市重点办党组副书记、副主任朱某在任临武县委常委、县委副书记期间，在填写《领导干部个人有关事项报告表》时不如实报告 2010 年以其子名义在郴州市购买一套商品房和 2012 年以他人名义投资 10 万元领取分红事项等情况。此外，朱某还存在其他违反工作纪律问题。朱某受到党内严重警告处分。

7. 不如实报告本人、配偶、共同生活的子女持有投资型保险的情况。2018 年 2 月，浙江省安吉县市场监管局干部明某被确定为拟提拔考察对象。组织部门在对其个人有关事项报告进行查核时，发现其未报告配偶持有的投资型保险 2 个，合计金额 42 万元。在综合研判后，明某的行为被认定为瞒报，受到诫勉谈话和半年内不得提拔或进一步使用的处理。

8. 不如实报告本人、配偶、共同生活的子女持有股票及基金的情况。2018 年 7 月，山西省大同市人力资源和社会保障局副处级干部李某违反组织纪律，未报告其配偶名下房产及持有股票、基金情况，被给予党内警告处分并通报曝光。

（资料来源：https://baijiahao.baidu.com/s？id = 16235216031311613254&wfr = spider&for = pc，2019 年 1 月 24 日）

请思考:

1. 结合案例,讨论公职人员个人事项报告的意义。
2. 结合案例,分析公职人员个人事项报告的关键事项。

第十三章
巡视制度

巡视制度是党内监督的重要形式，是党章赋予的重要职责。习近平总书记在党的十九大报告中强调要"深化政治巡视"，给予巡视工作充分肯定，用好巡视这把反腐"利剑"，可以将腐败问题遏制在源头。本章概述了巡视制度的含义、性质、依据与作用等基本内涵，巡视的机构、工作范围及程序等基本内容，梳理了巡视制度的发展历程与运行现状，并提出改进对策，以期提升巡视制度的工作效能。

第一节　巡视制度概述

巡视制度是中国共产党特有的监督制度，其具有自上而下与自下而上的监督相结合、政治纪律首位性、布局全覆盖、三个不固定与一个中心、四个着力等特点，正是由于这些特点巡视制度才能发挥强化党内监督、推进防腐反腐、帮助密切党群联系、落实党的群众路线的作用。

一、巡视与巡视制度

（一）巡视的含义

"巡"指到各处走动查看，有巡视之意。《国语》记载："臣从君还轸，巡于天下，怨其多矣。"《虞书》郑注："行视所守也。殷制六年一巡守，周制十二年一巡守。"其"巡守"为官职，即巡其所管辖的范围。"视"作动词，表示看、考察或治理的意思，如视事、视察，《论语·为政》记载："视其所以"，明朝梁云构在《袁节寰晋大司马奉命乘传锦还序》记载："上并才囧卿，使（袁可立）持节视师海上。"《左传·襄公二十五年》记载："崔子称疾不视事。""巡"与"视"通常相结合出现，有"巡"有"视"才能达到有效监察的目的。

"巡视"一词早在中国古代就已出现，作动词译为巡行视察，《后汉书·皇甫规传》有载："规亲如庵庐，巡视将士，三军感悦。"清朝《睢州志·袁可立传》有载："擢监察御史，巡视西城，有阉宦杀人，可立讯实，即重捶抵罪。"巡视也可作名词，作为古代一种官职，《明史·职官志二》有载："二十七年改巡抚为巡视。二十八年罢。三十一年复设。"巡视有多种语境，在日常生活中也较为常见，但书中巡视特指党章所规定的巡视制度，当前中国共产党的巡视制度在借鉴古代监察制度的基础上有了进一步深入。①

（二）巡视制度的含义

巡视制度是指中央和省（区、市）党委，按照有关规定，通过建立专门机构、开展巡行视察，对下级党组织和领导干部进行监督的制度，其目的在于落实全面从严治党。本书研究的巡视制度，特指《中国共产党巡视工作条例》规定的巡视制度。把握巡视制度的内涵要从以下四个方面着手：

第一，巡视主体是党的中央和省、自治区、直辖市委员会。

第二，巡视对象是中央和省（区、市）党委在一届任期内所管理的地方、部门、企事业单位党组织。

第三，巡视工作的指导思想，必须以马列主义、毛泽东思想与中国特色社会主义理论体系为指导，深入贯彻习近平总书记系列重要讲话精神和治国理政新理念新思想新战略，牢固树立"四个意识"，坚定"四个自信"，尊崇党章，依规治党，落实中央巡视工作方针，致力于发现问题、形成震慑，推动改革、促进发展。

第四，巡视工作的主要任务，是贯彻执行党的路线、方针、政策与决定等，落实党风廉政建设责任制，考察廉政勤政、领导干部选拔任用的情况，处理改革发展稳定关系等情况，向派出巡视组的党组织报告巡视工作中了解到的情况，并提出意见和建议。②

（三）巡视制度的特点

1. 自上而下的监督与自下而上的监督相结合

在党内监督中，尽管存在众多监督主体，但运行中上级监督不足、同级监

① 邓联繁：《巡视制度原理与巡视条例完善之研究——全面从严治党与全面依法治国的双重视角》，法律出版社 2015 年版，第 13 页。

② 奚洁人：《科学发展观百科辞典》，上海辞书出版社 2007 年版，第 362 页。

督松懈、下级监督因缺乏权威性而使监督效果有限。党内监督方式众多，多数是自上而下的监督方式，如重要情况通报和报告制度、询问和质询制度等，自下而上的监督方式如信访制度，两者分开执行，难以达到良好的效果。巡视制度则将自上而下的监督与自下而上的监督相结合，一方面巡视组具有非常高的权威性，对被巡视对象拥有处置权，另一方面通过谈话、信访等方式，拥有调查权，能够广泛听取被巡视单位群众的意见，使自上而下的监督与自下而上的监督有机统一，使巡视切实发挥党内监督的功能①。

2. 政治纪律首位性

习近平总书记提出"严明党的纪律，首要的就是要严明政治纪律"，王岐山指出"政治纪律是我们党最重要的纪律"，这表明党内监督的首要任务是检查政治纪律，巡视作为党内监督制度，其主要功能是监督政治纪律的遵守与执行情况，着力发现党的领导弱化、组织建设缺失与管党治党宽松软等问题。十八大以来多次强调巡视制度是政治巡视，而不是业务巡视，政治规矩的提出和强调，为巡视工作增添了以前所不能涵盖的新内容。2014 年中央巡视组对全国工商联、文化部等单位的巡视反馈意见中提出"严守政治纪律和政治规矩"的要求，在多起巡视整改案件中，"严重违反党的政治纪律、政治规矩和组织纪律"被作为重要处理依据。

3. 布局全覆盖

巡视"全覆盖"有两层含义：一是范围全覆盖，中央和省（自治区、直辖市）党委对所管理的地方、部门、企事业单位党组织全面巡视，包括政府、人大常委会以及政协领导班子及其成员，高级人民法院、高级人民检察院党组主要负责人，副省级城市党委、政府、人大常委会、政协党组主要负责人，中央部委领导班子及其成员，中央国家机关部委、人民团体党组（党委）领导班子及其成员，中央管理的国有重要骨干企业、金融机构、中管高校和其他事业单位党委（党组）领导班子及其成员，人民法院、人民检察院、地方国有企业、金融企业以及事业单位。2017 年，62 个中央单位探索开展巡视工作，省区市党委完成对省辖 8362 个地方、部门和企事业单位党组织巡视全覆盖，各省区市均建立市县巡察制度，监督对象逐步向基层延伸。二是时限全覆盖，条例规定在一届党代会任期之内，各级巡视主体要对所辖巡视对象至少巡视一遍。2017 年 7 月，中央巡视工作领导小组坚决落实中央要求，充实力量、加

---

① 周淑真、蒋利华：《党的十八大以来巡视制度功能探析》，《新视野》2018 年第 1 期。

快节奏，巡视组由 10 个增为 15 个，巡视从每年 2 轮增至 3 轮，先后完成对省区市、中管国有重要骨干企业和金融机构、中央和国家机关、中管高校的巡视、在党的历史上首次实现一届任期巡视全覆盖。

4. 三个不固定

十八大后，中央巡视组实行"三个不固定"的派遣形式，一是组长不固定，中央和地方分别建立巡视组长库，巡视开展前根据具体情况和工作要求从组长库中确定巡视组长人选，并严格实行回避制度；二是地区和单位不固定，巡视组具体巡视对象在每一轮巡视正式启动之前才会公布；三是巡视组与巡视对象的关系不固定，所有中央巡视组中不再分为地方、企业和金融巡视组，地方党委也有相应调整。"三个不固定"有效增强了机构和人员分配的动态性，保证了巡视组成员在巡视过程中的廉洁公正。

5. 一个中心、四个着力

巡视工作要围绕党风廉政建设和反腐败工作这个中心进行，着力发现领导干部是否存在以权谋私、权钱交易、贪污贿赂、腐化堕落等违纪违法问题，着力发现党内是否存在形式主义、官僚主义、享乐主义和奢靡之风等违反八项规定精神的问题，着力发现领导干部是否发生对涉及党的理论和路线方针政策等重大政治问题公开发表反对意见、搞"上有政策、下有对策"等违反政治纪律的问题，着力发现选人用人上是否存在买官卖官、拉票贿选、突击提拔等不正之风和腐败行为。"四个着力"始终是巡视工作的重点，其具体内容有所调整，但其重点始终为贪腐、作风、纪律及用人四个方面。①

(四) 巡视制度的性质

1. 党内监督的重要形式

党内监督是指党内各主体之间，依照党章和党内法规相互监察、相互督促的活动，它是一个多层次、全方位的体系。2003 年，中共中央颁布了《中国共产党党内监督条例（试行）》，首次以党内法规的形式确定了巡视制度的地位。巡视制度是针对下级领导班子、领导干部，特别是"一把手"进行监督的制度设计，具备独立的监督主体、监督依据、科学的监督手段、权威的监督效果等要素，是党内监督体系中的结构创新和制度创新。巡视工作通过与基层普通党员、群众直接沟通，拓宽了党员和群众政治参与的范围，能够把广大党

---

① 陈燕：《突破与创新：十八大以来中国共产党的巡视工作研究》，《求实》2017 年第 9 期。

员、群众的意见集中起来，及时反映给上级党委，也及时反馈给被监督者，实现党内、社会、党员与群众监督的结合。① 巡视具有监控权力的特征，因此它是一种强势监督，这决定了它在整个党内监督体系中的不可替代性，是加强党内监督的主渠道之一。

2. 全面从严治党的重大举措

巡视紧紧围绕党的领导、党的建设、党风廉政建设和反腐败斗争、党内政治生活和政治生态、落实主体责任和监督责任等方面，聚焦全面从严治党，维护政治生态，抓住根本性、全局性及方向性的问题，然后精准发力、有的放矢，发现问题、形成震慑。首轮巡视就围绕党风廉政建设和反腐败斗争，解决了巡视内容宽泛、职能发散等问题，中央巡视组把自上而下的组织监督和自下而上的民主监督结合起来，多方面收集问题线索，公开信箱邮箱和举报电话，主动接受群众监督。党的十八大以来，中央 12 轮巡视共处理来信来访 159 万件次，与党员干部和群众谈话 5.3 万人次，发现各类突出问题 8200 余个，中央派出巡视组 160 个组次，抽调 2000 余人次，巡视成为锤炼干部党性的大熔炉。

3. 反腐倡廉的重要手段

巡视制度工作具有时间集中、巡视方式灵活、接触群众广泛及了解情况全面的优势，能够使党内监督和人民监督有机结合在一起。巡视制度进行了与时俱进的自我创新、自我发展和自我完善，指导思想进一步明确、端正并完善，发现问题、形成震慑的主体功能进一步彰显，成为推动反腐败斗争的一柄利刃。山西系统性、塌方式腐败，四川南充和辽宁部分地区拉票贿选案等重大问题线索都是在巡视工作中发现的。② 可见巡视制度对于督促领导干部廉洁从政，加强党风廉政建设，从源头上遏制和减少腐败，具有不可替代的重要作用。

二、巡视制度的作用

（一）利于强化党内监督，全面从严治党

巡视制度是一项重要的制度创新，强化了党内监督。中国共产党长期以来

---

① 唐勤：《关于完善党内巡视制度的若干思考》，《重庆社会科学》2014 年第 4 期。
② 胡志远：《中国共产党党内巡视制度的历史沿革及其当代价值——执政理念创新的视角》，《理论导刊》2016 年第 3 期。

重视对领导干部权力的监督制约，当前的监督体系缺乏广泛的监督渠道与对"监督权力"这一问题的深入贯彻，因而没有真正实现权力之间的制约。《中国共产党巡视工作条例》明确要求组建专门巡视机构与专职巡视队伍，强化党内自上而下的监督权力，通过巡视巡察实行监督对象全覆盖，对党的中、高级干部，尤其是对"一把手"监督普遍薄弱的现象因此得到缓解。党的十八大后，巡视作为"党内监督利器"与"党纪戒尺"，在反腐败工作中发挥出强大力量，严查党的政治纪律和政治规矩的执行情况成为巡视工作的重要内容。巡视的权威性和威慑力能有效对权力形成制衡与监督，且巡视能带动其他监督力量的实施，纠正权力监督机制中存在的"弱监""虚监""空监"等现象。

中央和省、自治区、直辖市建立专职巡视机构，通过多频次自上而下的巡视监督，与横向监督力量相交叉，形成与"条块型"的政府机构相适应的网络监督结构，有助于释放监督权力的空间辐射力，为广大党员和群众监督腐败行为提供直接而权威的制度化渠道。2015 年的第一轮巡视提出，不仅要发现违纪违法线索，尤其要把落实"两个责任"、政治纪律和政治规矩执行情况作为巡视的重要内容，鲜明突出从严治党的功能。2017 年 7 月 1 日，修订的《中国共产党巡视工作条例》中增加了"严肃党内政治生活，净化党内政治生态"的表述，明确了政治巡视定位和政治巡视要求，强调全面从严治党，强调政治巡视，严格执行党的纪律与规矩，把管党治党责任落到实处。①

（二）利于防腐反腐，推进党风廉政建设

党的十八大后，巡视工作聚焦党风廉政建设和反腐败斗争，突出发现问题，坚持"决不能让腐败分子有立足之地"的策略。巡视制度是一种前置预防性制度，作为党内监督的重要形式和经常性工作，巡视制度采取自上而下的方式，具有时间集中、方式灵活等优势，旨在通过有效的监督，强化党内监督氛围，堵源头、重防范、把关口，遏制腐败的滋生蔓延。它强调把事前、事中与事后监督结合起来，预防为主、治理为辅，提高各级领导干部抵御风险和拒腐防变的能力。② 巡视制度的防腐反腐作用是由于其具有强有力的执行力、适应力与影响力，巡视制度由党中央率先垂范，彰显出根治腐败的坚决态度，强

①　周淑真：《巡视工作的历史沿革、现实成就和制度创新》，《中国党政干部论坛》2014 年第 3 期。

②　牟广东、唐晓清：《论巡视制度在党内监督体系中的地位和作用》，《理论探讨》2010 年第 3 期。

有力的查处力度保证了中央巡视组的高度权威，进而增强其执行力；在巡视工作中，利用常规巡视与专项巡视结合，巡视组组长、巡视对象、巡视组与巡视对象关系"三个不固定"等灵活的巡视方式来适应复杂的国情，能够精确地发现问题；巡视制度由于落实严格、整改严厉而具有广泛的影响力，从而起到了较强的震慑作用，这些都加强了巡视的反腐功能。①

习近平多次强调，"巡视作为党内监督的战略性制度安排，不是权宜之计，要用好巡视这把反腐利剑"。据中纪委网站公布，在开展巡视工作的过程中发现大量违纪违法线索，十八大以来，一半以上立案审查腐败的领导干部是根据巡视移交的问题线索查处的，可见巡视在遏制腐败现象蔓延和反腐斗争中发挥了重要作用。②

（三）利于密切党群联系，落实党的群众路线

中国共产党最大的优势是密切联系群众，最大的危险是脱离群众，只有密切保持党同人民群众的血肉联系，才能化解危险。巡视制度建立以来的实践证明，巡视工作能够拓宽党倾听群众呼声、了解人民想法的渠道，广泛征求人民意见和建议，及时发现、揭露和解决腐败问题。巡视组把群众最关心、最在意的问题，及时反馈给地方（部门、单位）党委、政府，并针对性地提出整改意见和建议，督促各地（部门、单位）及时解决，践行了全心全意为人民服务的宗旨，充分调动了人民群众对领导干部执政行为和工作作风进行监督的主动性和积极性，极大地密切了党同人民群众的联系，获得了广大人民群众的支持和拥护，巩固了党的执政根基。《中国共产党巡视工作条例》规定，巡视组可以通过多种途径和党员群众直接沟通，及时发现损害群众利益的行为，这些都对新形势下密切党同人民群众的血肉联系有着十分重要的意义。③

三、习近平关于巡视工作的指导思想

习总书记强调要把巡视作为党内监督的战略性制度安排，必须抓重点，突出巡视重点，创新巡视工作形式，一查到底，分类处理，发挥巡视的震慑作

① 张世洲：《全面从严治党背景下完善党内巡视制度的对策研究》，《理论探讨》2015 年第 5 期。

② 胡志远：《中国共产党党内巡视制度的历史沿革及其当代价值——执政理念创新的视角》，《理论导刊》2016 年第 3 期。

③ 牟广东、唐晓清：《论巡视制度在党内监督体系中的地位和作用》，《理论探讨》2010 年第 3 期。

用，坚决遏制腐败现象蔓延势头，以下论述集中反映了中央关于巡视工作的基本要求。

（一）强化巡视机构与人员管理

中央巡视工作领导小组要切实加强对巡视工作的领导，中央巡视组由中央直派，必须落实监督责任，真正做到善发现、早发现、早报告，抓住违纪违法问题线索，遏制腐败蔓延的势头。中央巡视组要及时反馈巡视意见，要求被巡视地区部门单位党委（党组），明确责任、限期整改，结合党的群众路线教育实践活动，巩固巡视成果。同时，巡视组要增强对党负责的政治意识、发现问题的责任意识与敢于提出问题的党性意识。要继续探索不固定的办法，同时要完善回避制度。

（二）巡视内容与形式规范化

巡视必须抓好工作创新，在总结普遍经验的基础上，适应形势发展，推动巡视内容、方式方法等方面规范化与制度化发展。坚决贯彻落实中央八项规定，严明政治纪律、廉政纪律与保密纪律，提高履职能力。进一步拓展巡视监督内容，结合当年党风廉政建设的新要求，加强对主体责任、监督责任落实情况和组织纪律执行情况的检查监督，促进各级党委（党组）的责任担当。开展专项巡视试点，以问题为导向派出"侦察兵"，进行巡视工作方式创新，增强巡视工作的机动性和灵活性，落实全覆盖的要求，形成更大的震慑力。

（三）巡视成果转化与整改制度化

巡视制度对于促进一把手认真履责与纪检机构有效工作有重要作用，因此，必须重视巡视成果转化，对巡视成果善加运用，更好地发挥巡视在党内监督中的重要作用。被巡视地区部门单位党委（党组）应当高度重视巡视组反馈的意见，做好巡视整改工作，强化党风廉政建设主体责任，对巡视组移交的领导干部问题线索要及时处置，凡涉及腐败问题的，决不姑息，一查到底。

巡视整改要分类处置，件件落实。对中央和国家机关各部门存在问题的，要报给中央和国务院有关负责人，并督促整改；对选人用人方面的问题，组织部要查找原因、提出措施，匡正用人风气；对巡视组所发现领导干部存在问题的，中央纪委要分类处理、坚决查处，没有指标与名额限制；向被巡视地区、单位反馈时，要直指问题，责其认真整改，突出重点，增强巡视震慑力；对群众反映存在问题的党员领导干部，要重点严肃查处，从重处理，坚决防止带病提拔；加强"回头看"，在切实督促落实整改责任的同时，对新的问题线索深入了解，可以形成更大威慑力。

（四）巡视制度的改革方向

在推进全国巡视工作向纵深发展的同时，也要深入推进省区市巡视工作，真正实现巡视全覆盖，层层传导压力、落实责任，发挥省级巡视与基层巡察的作用。省区市党委必须坚决贯彻中央巡视方针，深化聚焦转型，做到横向全覆盖、纵向全链接、全国一盘棋，把问题化解在地市和县一级，遏制腐败现象蔓延势头。在常规巡视的同时，要巩固和深化专项巡视，可以针对某个省区市、部门或某个干部的突出问题开展巡视。专项巡视必须把握专项特点，抓住专项重点，与各有关方面加强协作，掌握问题线索，定点清除、精准打击。

不断完善巡视工作条例。巡视工作条例是党内法规重要组成部分，巡视工作的开展必须遵循巡视工作条例。同时，要重视巡视成果的制度化、法治化，及时总结党的十八大以来巡视工作经验，把聚焦中心、坚持"四个着力"、发现问题形成震慑、创新组织制度和工作方式、善用巡视成果等写入条例，不断完善巡视工作条例，才能更好地依纪依法巡视。①

第二节　巡视制度的基本内容

为落实全面从严治党要求，严肃党内政治生活，净化党内政治生态，加强党内监督，规范巡视工作，根据《中国共产党章程》，党中央制定了《中国共产党巡视工作条例》，巡视工作坚持中央统一领导、分级负责；坚持实事求是、依法依规；坚持群众路线、发扬民主。②

一、巡视机构与人员

（一）巡视工作领导小组

党的中央和省、自治区、直辖市委员会成立巡视工作领导小组，分别向党中央和省、自治区、直辖市党委负责并报告工作。巡视工作领导小组组长由同级党的纪律检查委员会书记担任，为组织实施巡视工作的主要责任人，副组长

---

① 《习近平关于巡视工作的一组重要论述》，《党的文献》2015 年第 1 期。
② 《中国共产党巡视工作条例》，2017 年 7 月 1 日中共中央修改发布。

一般由同级党委组织部部长担任。中央巡视工作领导小组应当加强对省、自治区、直辖市党委，中央有关部委，中央国家机关部门党组（党委）巡视工作的领导。

巡视工作领导小组的职责：巡视工作领导小组必须贯彻党的中央委员会和同级党的委员会有关决议、决定；研究提出巡视工作规划、年度计划和阶段任务安排；听取巡视工作汇报；研究巡视成果的运用，分类处置，提出相关意见和建议；向同级党组织报告巡视工作情况；对巡视组进行管理和监督；研究处理巡视工作中的其他重要事项。

（二）巡视工作领导小组办公室

中央纪律检查委员会下设中央巡视工作领导小组办公室，省、自治区、直辖市党委巡视工作领导小组办公室为党委工作部门，设在同级党的纪律检查委员会。

巡视工作领导小组办公室的职责：巡视工作领导小组办公室要向巡视工作领导小组报告工作情况，传达贯彻巡视工作领导小组的决策和部署；统筹、协调、指导巡视组开展工作；承担政策研究、制度建设等工作；对派出巡视组的党组织、巡视工作领导小组决定的事项进行督办；配合有关部门对巡视工作人员进行培训、考核、监督和管理；办理巡视工作领导小组交办的其他事项。

（三）巡视组与人员条件

党的中央和省、自治区、直辖市委员会设立巡视组，承担巡视任务，巡视组向巡视工作领导小组负责并报告工作。巡视组设组长、副组长、巡视专员和其他职位，巡视组组长根据每次巡视任务确定并授权，实行组长负责制，副组长协助组长开展工作。

巡视工作人员应当理想信念坚定，对党忠诚，在思想上政治上行动上同党中央保持高度一致；坚持原则，敢于担当，依法办事，公道正派，清正廉洁；遵守党的纪律，严守党的秘密；熟悉党务工作和相关政策法规，具有较强的发现问题、沟通协调、文字综合等能力；身体健康，能胜任工作要求。选配巡视工作人员应当严格标准条件，巡视工作人员应当按照规定进行轮岗交流，实行任职回避、地域回避、公务回避，对不适合从事巡视工作的人员，应当及时予以调整。

二、巡视范围与内容

（一）巡视对象与范围

中央巡视组的巡视对象与范围包括省、自治区、直辖市党委和人大常委会、政府、政协党组领导班子及其成员，省、自治区、直辖市高级人民法院、人民检察院党组主要负责人，副省级城市党委和人大常委会、政府、政协党组主要负责人；中央部委领导班子及其成员，中央国家机关部委、人民团体党组（党委）领导班子及其成员；中央管理的国有重要骨干企业、金融企业、事业单位党委（党组）领导班子及其成员；中央要求巡视的其他单位的党组织领导班子及其成员。

省、自治区、直辖市党委巡视组的巡视对象与范围包括市（地、州、盟）、县（市、区、旗）党委和人大常委会、政府、政协党组领导班子及其成员，市（地、州、盟）中级人民法院、人民检察院和县（市、区、旗）人民法院、人民检察院党组主要负责人；省、自治区、直辖市党委工作部门领导班子及其成员，政府部门、人民团体党组（党委、党工委）领导班子及其成员；省、自治区、直辖市管理的国有企业、事业单位党委（党组）领导班子及其成员；省、自治区、直辖市党委要求巡视的其他单位的党组织领导班子及其成员。

（二）巡视内容

巡视组对巡视对象执行《中国共产党章程》和其他党内法规，遵守党的纪律，落实全面从严治党主体责任和监督责任等情况进行监督，着力发现党的领导弱化、党的建设缺失、全面从严治党不力，党的观念淡漠、组织涣散、纪律松弛，管党治党宽松软等问题。

1. 违反政治纪律和政治规矩，存在违背党的路线方针政策的言行，有令不行、有禁不止，阳奉阴违、结党营私、团团伙伙、拉帮结派，以及落实意识形态工作责任制不到位等问题；

2. 违反廉洁纪律，以权谋私、贪污贿赂、腐化堕落等问题；

3. 违反组织纪律，违规用人、任人唯亲、跑官要官、买官卖官、拉票贿选，以及独断专行、软弱涣散、严重不团结等问题；

4. 违反群众纪律、工作纪律、生活纪律，落实中央八项规定精神不力，搞形式主义、官僚主义、享乐主义和奢靡之风等问题；

5. 派出巡视组的党组织要求了解的其他问题。

派出巡视组的党组织可以根据工作需要，针对所辖地方、部门、企事业单位的重点人、重点事、重点问题或者巡视整改情况，开展机动灵活的专项巡视。

三、巡视工作方式与程序

（一）巡视组工作方式

1. 听取被巡视党组织的工作汇报和有关部门的专题汇报；
2. 与被巡视党组织领导班子成员和其他干部群众进行个别谈话；
3. 受理反映被巡视党组织领导班子及其成员和下一级党组织领导班子主要负责人问题的来信、来电、来访等；
4. 抽查核实领导干部报告个人有关事项的情况；
5. 向有关知情人询问情况；
6. 调阅、复制有关文件、档案、会议记录等资料；
7. 召开座谈会；
8. 列席被巡视地区（单位）的有关会议；
9. 进行民主测评、问卷调查；
10. 以适当方式到被巡视地区（单位）的下属地方、单位或者部门了解情况；
11. 开展专项检查；
12. 提请有关单位予以协助；
13. 派出巡视组的党组织批准的其他方式。

巡视组依靠被巡视党组织开展工作，不干预被巡视地区（单位）的正常工作，不履行执纪审查的职责。巡视组应当严格执行请示报告制度，对巡视工作中的重要情况和重大问题及时向巡视工作领导小组请示报告，特殊情况下，中央巡视组可以直接向中央巡视工作领导小组组长报告，省、自治区、直辖市党委巡视组可以直接向省、自治区、直辖市党委书记报告。巡视期间，经巡视工作领导小组批准，巡视组可以将被巡视党组织管理的干部涉嫌违纪违法的具体问题线索，移交有关纪律检查机关或者政法机关处理；对群众反映强烈、明显违反规定并且能够及时解决的问题，向被巡视党组织提出处理建议。

（二）巡视组责任与纪律

派出巡视组的党组织和巡视工作领导小组应当加强对巡视工作的领导，对领导巡视工作不力，发生严重问题的，依据有关规定追究相关责任人员的责任。纪检监察机关、审计机关、政法机关和组织、信访等部门及其他有关单位，应当支持配合巡视工作，对违反规定不支持配合巡视工作，造成严重后果的，依据有关规定追究相关责任人员的责任。被巡视党组织领导班子及其成员应当自觉接受巡视监督，积极配合巡视组开展工作，党员有义务向巡视组如实反映情况。

巡视工作人员应当严格遵守巡视工作纪律。巡视工作人员有下列情形之一的，视情节轻重，给予批评教育、组织处理或者纪律处分；涉嫌犯罪的，移送司法机关依法处理：包括对应当发现的重要问题没有发现的；不如实报告巡视情况，隐瞒、歪曲、捏造事实的；泄露巡视工作秘密的；工作中超越权限，造成不良后果的；利用巡视工作的便利谋取私利或者为他人谋取不正当利益的；有违反巡视工作纪律的其他行为的。被巡视地区（单位）的干部群众发现巡视工作人员有上述行为的，可以向巡视工作领导小组或者巡视工作领导小组办公室反映，也可以依照规定直接向有关部门、组织反映。同时，被巡视党组织领导班子及其成员应当自觉接受巡视监督，积极配合巡视组开展工作，党员有义务向巡视组如实反映情况。

被巡视地区（单位）及其工作人员有下列情形之一的，视情节轻重，对该地区（单位）领导班子主要负责人或者其他有关责任人员，给予批评教育、组织处理或纪律处分；涉嫌犯罪的，移送司法机关依法处理：包括隐瞒不报或者故意向巡视组提供虚假情况的；拒绝或者不按照要求向巡视组提供相关文件材料的；指使、强令有关单位或者人员干扰、阻挠巡视工作，或者诬告、陷害他人的；无正当理由拒不纠正存在的问题或者不按照要求整改的；对反映问题的干部群众进行打击、报复、陷害的；其他干扰巡视工作的情形。

（三）巡视的工作程序

1. 巡视组开展巡视前，应当向同级纪检监察机关、政法机关和组织、审计、信访等部门和单位了解被巡视党组织领导班子及其成员的有关情况。

2. 巡视组进驻被巡视地区（单位）后，应当向被巡视党组织通报巡视任务，按照规定的工作方式和权限，开展巡视了解工作，巡视组对反映被巡视党组织领导班子及其成员的重要问题和线索，可以进行深入了解。

3. 巡视了解工作结束后，巡视组应当形成巡视报告，如实报告了解的重要情况和问题，并提出处理建议。对党风廉政建设等方面存在的普遍性、倾向性问题和其他重大问题，应当形成专题报告，分析原因，提出建议。

4. 巡视工作领导小组应当及时听取巡视组的巡视情况汇报，研究提出处理意见，报派出巡视组的党组织决定。

5. 派出巡视组的党组织应当及时听取巡视工作领导小组有关情况汇报，研究并决定巡视成果的运用。

6. 经派出巡视组的党组织同意后，巡视组应当及时向被巡视党组织领导班子及其主要负责人分别反馈相关巡视情况，指出问题，有针对性地提出整改意见。根据巡视工作领导小组要求，巡视组将巡视的有关情况通报同级党委和政府有关领导及其职能部门。

7. 被巡视党组织收到巡视组反馈意见后，应当认真整改落实，并于2个月内将整改情况报告和主要负责人组织落实情况报告，报送巡视工作领导小组办公室。被巡视党组织主要负责人为落实整改工作的第一责任人。

8. 对巡视发现的问题和线索，派出巡视组的党组织做出分类处置的决定后，依据干部管理权限和职责分工，对领导干部涉嫌违纪的线索和作风方面的突出问题，移交有关纪律检查机关；对执行民主集中制、干部选拔任用等方面存在的问题，移交有关组织部门；其他问题移交相关单位。

9. 有关纪律检查机关、组织部门收到巡视组移交的问题或者线索后，应当及时研究提出谈话函询、初核、立案或者组织处理等意见，并于3个月内将办理情况反馈给巡视工作领导小组办公室。

10. 派出巡视组的党组织及其组织部门应当把巡视结果作为干部考核评价、选拔任用的重要依据。

11. 巡视工作领导小组办公室应当会同巡视组采取适当方式，了解和督促被巡视地区（单位）整改落实工作并向巡视工作领导小组报告。巡视工作领导小组可以直接听取被巡视党组织有关整改情况的汇报。

12. 巡视进驻、反馈、整改等情况，应当以适当方式公开，接受党员、干部和人民群众监督。①

四、巡察制度

（一）巡察制度的概念

巡视工作在中央和省级称巡视，在市县两级称巡察，其内容、检查、督导及程序与巡视制度一致。巡察制度是党内巡视制度向地方基层的纵深发展的重

---

① 《中国共产党巡视工作条例》，2017年7月1日中共中央修改发布。

要途径和有效方式，是加强基层党风廉政建设的重要之举，是落实全面从严治党要求，完善基层党内监督的重要措施，是密切党群干群关系、巩固党的执政基础的重要途径。这一探索中的党内监督制度自实践以来取得了显著成效，致力于打通党内监督的"最后一公里"。

巡察是指市（地、州、盟）和县（市、区、旗）党委对所管理的党组织进行巡察，党的市（地、州、盟）和县（市、区、旗）委员会建立巡察制度，设立巡察机构，对所管理的党组织进行巡察监督。开展巡察工作的党组织承担巡察工作的主体责任，由市、县纪委组织专职巡察机构对县、乡（镇）、村（社区）等地方、部门、企事业单位党组织进行巡察监督工作。巡察工作的全面推广与深入开展是大势所趋，建立横向全覆盖、纵向全链接、全国一盘棋的巡视工作网络格局，巡察工作将成为市县党委落实全面从严治党政治责任的重要利剑。巡察制度体现了当前基层巡察工作仍处于经验探索与制度完善阶段，其制度设计与相关研究仍旧薄弱，巡察的全国性统筹工作有待落实，基层巡察与高层巡视的衔接制度设计还较为欠缺。

巡察工作要做到"三个坚持"，一是坚持巡察监督无盲区，对省级巡视覆盖不到的党组织，都要纳入巡察监督范围，既要监督领导干部，又要监督基层普通党员；二是坚持分级负责原则，市级（县级）对市（县）直机关、企事业单位开展巡察，在此基础上，再以适当方式延伸到县（居委会）；三是抓住"关键少数"，要把与群众利益密切相关的重要部门、乡（镇）村（居）的党组织作为巡察监督的重点对象，把领导班子及其成员尤其是主要负责人作为巡察的重中之重。

（二）巡察制度的作用

1. 巡察制度深入基层实现了空间全覆盖，充分动员广大党员群众参与。基层党风廉政建设长期以来存在着工作机制不完善、长效监督缺乏、党员干部精神纪律涣散、上级监督乏力等问题，基层"四风"问题和腐败现象愈演愈烈，极大地削弱了群众的政治认同感和政党合法性。这些问题具有隐蔽性、地区特殊性、复杂性等特点，"同体监督"式的常规反腐机制很难发现，同时，中央和省区市巡视工作因人力、物力及地域的限制，很难形成对基层巡视的全覆盖、常态化。巡察以"异体监督"模式为主导，较之"同体监督"更具有针对性与可操作性，通过对基层巡察制度的全国性统筹规划及优化，并与现有基层、地方的反腐制度相衔接，进一步织密了"制度的笼子"。

2. 利于基层开展党风廉政建设和反腐败工作。基层巡察工作着重发现违反政治纪律和政治规矩、"两个责任"落实不到位、"四风"、违规选人用人、执行民主集中制及"三重一大"制度不力等方面的问题。基层巡察工作紧紧围绕党风廉政建设和反腐败这个中心开展，紧扣党的"六大纪律"，从容易滋生腐败的重点领域、重点岗位和重点环节入手，着力强化监督检查领导班子及其成员履行责任、行使权力的情况。巡察能够全面地发现和掌握基层党组织在党风廉政建设方面存在的问题，着眼于抓"苍蝇"，通过跟踪督查整改，增强了各基层党组织抓好党建工作的"主业"意识和各级领导干部履行"一岗双责"的主动性，推动了全面从严治党向基层延伸。

3. 落实了党的群众路线。巡察工作紧紧把握住了政治巡察这一定位，聚焦基层党组织建设，重点巡察基层党的领导弱化、组织建设缺失等问题。坚持"从群众中来到群众中去"，实现了对党的路线方针政策贯彻执行情况以及对基层党风廉政建设基本情况全面、客观的了解，促进了同广大人民群众的密切联系，为各级党委决策部署提供了可靠有力的依据。

4. 净化了干部队伍的选人用人环境。党内巡察的重要任务之一是加强干部队伍建设，基层巡察的工作环境能够真正接触到一线干部和广大群众，能够掌握来自底层干部真实的工作状态。事实证明，基层巡察实践以来，既发现了一批符合新时期好干部"二十字标准"的德才兼备人才，又极大地减少了"带病提拔"干部的现象，有力净化了基层选人用人环境，基本达到了"发现一批问题、教育一批干部、建立一批制度"的目标。①

第三节　巡视制度的发展演变

巡视制度自古有之，中国古代巡视制度对党内巡视制度具有重要的借鉴意义，但两者具有本质区别，当前中国共产党巡视制度是先进的政党在惩防腐败中法治思维的体现。在党中央的领导下，巡视工作在党的十八大后取得了显著成效，但由于实施时间短暂，巡视制度在机构、制度与工作方式等方面还有待进一步发展。

一、巡视制度的发展历程

（一）古代巡视制度的发展进程

在古代，巡视制度是监察制度的重要组成部分，是君主监督官员的重要手

---

① 　王立峰、潘博：《党内基层巡察制度优化路径探析》，《长白学刊》2017 年第 2 期。

段，它萌生于原始社会、形成于秦汉、成熟于唐宋、完善于明清。① 巡视制度最早可追溯到原始社会尧舜禹时期的"天子巡狩"，尧舜每五年率百官巡视地方，考察官风政绩，逐步确立起"五岁一巡狩"的监察制度，巡狩制是我国古代巡察制度的开端。夏商周时期由史官或行政官员兼领监察权巡视四方诸侯。春秋时期，"巡县之制"以君王巡视为主，郡守相国为辅，其巡视范围广泛但无固定制度。战国时期百家争鸣，尤其是法家思想受到重视，治国治吏理论推动各诸侯国的监察职能开始独立，御史成为专职监察官，巡视制度初步形成。秦始皇统一六国，建立了中国历史上第一个中央集权制国家，中央以御史大夫为监察主官，派监察御史巡视各郡，以加强中央集权的封建专制统治。汉代沿袭秦制，形成了相对独立、层级多维的巡视体系，古代巡视制度基本建立。唐朝时期，中央设"一台三院"，各院分工明确，体系化的巡视分察制度建立。宋袭唐制，并派监司巡视掌控地方。② 明朝确立御史巡按制度，以省划分，设立十三道，配备监察御史，从中选派巡按御史代表朝廷监察地方，与驻扎地方的按察司一起承担监察职责，构成了中央和地方相互制约、相互监督的监察体制。清朝时期，中央设都察院，下设 15 道监察御史，在省一级设提刑按察使司，在省与州府之间设道用以巡视州县，确保皇权对地方的掌控，至此，古代巡视制度得到进一步完善。

纵观历史发展，各朝代巡视制度有以下共性：一是本质为巩固皇权，主要巡视农业生产、祭祀或整顿吏治；二是巡视官员位卑权重，品阶一般较低但权限极大；三是选拔严苛，巡视官员多通过察举方式选拔，由地方官推荐，皇帝钦定才能获得任命。中国古代巡视制度对党内巡视制度有借鉴意义，但古代巡视制度作为维护皇权的工具，两者具有本质区别，当前中国共产党巡视制度是先进的政党在惩防腐败中法治思维的体现。

（二）近代巡视制度的发展进程

1921 年，中国共产党成立，党的组织在各地纷纷建立，党员数量不断增加，党内巡视制度应运而生。1922 年 7 月，党的二大通过《中国共产党章程》，规定"中央执行委员会得随时派员到各处召集各种形式的临时会议，此项会议应以中央特派员为主席"，设立了中央分派各地指导工作的特派员。

---

① 张道许：《我国巡视制度发展巡礼》，《国家行政学院学报》2015 年第 4 期。

② 卢智增、林翠芳：《改进完善党内巡视制度问题研究》，《理论导刊》2015 年第 7 期。

1923 年 6 月，党的三大通过《中国共产党中央执行委员会组织法》，规定"中央执行委员会选举九人组织，其中五人组织中央局，其余四人分派各地，每星期将所在地情形报告中央局"。1925 年 1 月，党的四大提出，"中央为明了全国实际情况，随时特派巡行员"。1925 年 10 月，中央执行委员会扩大会议通过《组织问题议决案》明确提出，"应当增加中央特派巡行的指导员，使事实上能对于区及地方实行指导全部工作"。1926 年 7 月，中央执行委员会扩大会议决定，"建立巡行员的制度，实地指导各地工人的争斗"，标志着党内巡视制度的初步建立。①

1927 年，八七会议决定，中共中央建立北方局、南方局、长江局等中央派出机关，还派出巡视员到各地实际指导工作。11 月，中央临时政治局扩大会议通过《最近组织问题的重要任务议决案》，决定从中央至地方建立并实行巡视制度。1928 年，党的六大通过《中国共产党章程》，强调在数省范围内成立中央执行局，或派遣中央特派员，对中央委员会负责。1928 年，中央正式颁布党内《巡视条例》，初步系统地规范了党内巡视制度和巡视员工作的基本问题，明确规定了巡视员的条件及其人选的确定、巡视期限、手段（方式）、职责及任务，第一次以党内法规的形式将巡视工作制度化，标志着党内巡视制度的正式确立。②

1931 年党的六届四中全会强调，"派人去直接巡视与加强省委及地方工作"。1931 年，中央通过了《中央巡视条例》，就中央巡视员的条件、基本任务、工作方法、职权、教育和纪律等方面做出规定，并要求各省各地参照该条例建立自己的巡视制度，标志着党内巡视制度全面确立并日趋完善。6 月，中央要求"从省委、市委至区委，都要有固定的巡视员，经巡视员传达指导机关的决议与检查下级党部的工作"。1932 年 2 月，中央政治局通过《中央关于青年团工作的决议》，要求共青团组织也要建立巡视制度。1938 年党的六届六中全会通过《关于各级党部的工作规则和纪律的决定》提出，"上级党委得向下级党委派遣巡视员，传达上级党委的意见，考察下面的情形报告上级党委"。

新民主主义革命时期党内巡视制度的发展过程表明，战争条件下，巡视工作在帮助发展党的组织力量、解决下级组织纠纷、贯彻党的方针政策、统一全

---

① 唐勤：《党内巡视制度的历史演进》，《重庆社会科学》2014 年第 4 期。

② 张玮：《民主革命时期中国共产党的巡视制度建设》，《郑州大学学报（哲学社会科学版）》2014 年第 5 期。

党认识等方面发挥了重要作用。

（三）中国共产党巡视制度的发展与完善

现代意义上的巡视制度，主要是从党内巡视监督这一视角进行解读，即中国共产党的党内巡视监督制度，不同于中国古代为巩固皇权与近代为指导基层党建工作而逐渐发展起来的巡视。

1. 试点与探索阶段（1990—2003 年）

改革开放以后，党内出现了贪污腐败现象，中国共产党迫切需要强化管党治党，因此，开始重建党内巡视制度。1990 年 3 月，在党的十三届六中全会上，制定和通过《中共中央关于加强党同人民群众的联系的决定》强调，"中央和各省、自治区、直辖市党委，可根据需要向各级、各部门派出巡视小组，授以必要的权力，对有关问题进行监督检查"，首次明确决定建立党内巡视制度。1996 年，中央纪律检查委员会第六次全会再次强调，必须建立党内巡视制度，并将其作为加强党内监督的五项制度之一，巡视工作的主要任务是了解各省、直辖市、自治区和中央、国家机关部委领导班子及成员在贯彻执行党的路线方针政策方面以及领导干部廉洁自律等方面的作为情况。

1996 年 4 月至 1998 年 8 月，中央纪委先后派出巡视组，分赴各省区和中央国家机关进行巡视，一些省区市也派出巡视组对所辖市进行巡视。1997 年，中央纪律检查委员会颁布实施《重申和建立党内监督五项制度的实施办法》，把巡视制度作为五项制度的第一项郑重提出。2000 年 12 月，中央纪委、中央组织部联合开展了巡视工作的试点，先后派出巡视组，对辽宁、云南、吉林等省区进行巡视。2001 年 9 月，党的十五届六中全会通过了《中共中央关于加强和改进党的作风建设的决定》，明确指出："中央和各省、自治区、直辖市党委要逐步建立巡视制度，把下一级领导班子特别是主要负责人的廉政勤政情况作为重要内容，进行监督检查。"

2002 年 11 月，党的十六大进一步强调"改革和完善党的纪律检查体制，建立和完善巡视制度"，标志着巡视制度正式建立。中共中央纪律检查委员会为了加强对党政领导班子和主要负责人的重点监督，进一步强调要健全和完善巡视制度，要求各级领导干部自觉接受监督。中央纪委第二次全会再次提出，在中央设立专门的巡视机构，加强对巡视工作的领导，并根据需要设立常驻地方的巡视组，以加大巡视工作力度。2003 年 8 月，在中央纪委和中央组织部请示下，中共中央批准正式成立由五个地方巡视组组成的中央纪委、中央组织部巡视工作办公室和巡视组，明确人员编制，核拨专项经费，并到辽宁、云南进行巡视试点。

2. 建立与规范阶段（2004—2008 年）

2004 年 2 月，中共中央实施了《中国共产党党内监督条例（试行）》，明确指出党内巡视制度是党内监督的一项重要制度，规定中央和省、自治区、直辖市党委建立巡视制度，按照有关规定对下级党组织领导班子及其成员进行监督，向派出巡视组的党组织报告巡视工作中了解到的情况，并提出意见和建议，至此，以党内监督条例的形式，正式确立将巡视制度作为党内监督的一项制度。中央纪委、中央组织部制定《关于中共中央纪委、中共中央组织部巡视工作的暂行规定》，标志着巡视工作开始走上制度化轨道。随后，根据中央纪委、中央组织部、中央机构编制委员会办公室《关于省、自治区、直辖市党委设立巡视机构有关问题的通知》要求，各省（区、市）先后组建了 32 个巡视工作办公室和 121 个巡视组，对所辖市（地、州、盟）、省直部门、县（市、区、旗）、国有企业和高校进行巡视。另外，最高人民检察院、教育部、海关总署、国家税务总局等中央国家机关，先后在系统内部探索开展巡视工作。

2004 年 9 月，党的十六届四中全会通过《中共中央关于加强党的执政能力建设的决定》，从加强党的执政能力建设的高度指出，要建立和完善巡视制度，加强和改进对领导班子特别是主要领导干部的监督。2005 年，中共中央颁布实施《建立健全教育、制度、监督并重的惩治和预防腐败体系实施纲要》，对完善巡视制度、加强巡视工作进行了具体部署，要求必须切实加强党内巡视工作，综合运用巡视成果。2006 年 3 月，中央纪委、中央组织部组建了国有企业巡视组，截至年底，中央巡视组已对 31 个省（自治区、直辖市）和新疆生产建设兵团、9 家中央管理银行、4 家国有金融资产管理公司、部分保险公司进行了巡视实践。2007 年 10 月，中国共产党第十七次代表大会重申："健全纪检监察派驻机构统一管理，完善巡视制度"，将巡视制度写入党章，正式纳入党的组织制度体系，成为党内巡视监督规范化、法制化的重要标志。

3. 发展与完善阶段（2009—2012 年）

2009 年 7 月，中共中央正式颁布了《中国共产党巡视工作条例（试行）》（以下简称《巡视工作条例》），明确了巡视工作的指导思想、基本原则、机构设置、工作程序、人员管理、纪律与责任等，它是我国第一部完善巡视监察制度、强化上级监督的重要法规，它的颁布实施，是对巡视工作实施发展和制度创新的总结，为开展巡视工作提供了有效的法规保障，表明巡视制度进一步深化和完善。

2010 年 6 月，全军巡视试点工作部署暨巡视干部培训会议召开，意味着党内巡视制度扩大至军队。同年 9 月，党的十七届四中全会进一步提出，要健全巡视工作领导机制，选好巡视干部，完善巡视程序和方式，提高巡视成效。11 月，中央做出了成立中央巡视工作领导小组，将中央纪委、中央组织部巡视工作办公室和巡视组更名为中央巡视工作领导小组办公室和中央巡视组的决定，进一步加强了对巡视工作的组织领导。根据《巡视工作条例》规定，中央巡视工作领导小组及办公室在总结实践经验的基础上，先后制定出台了《中央巡视工作领导小组工作规则》《中央巡视工作领导小组办公室工作规则》《中央巡视组工作规则（试行）》《关于被巡视地区、单位配合中央巡视组开展巡视工作的暂行规定》以及《中央巡视组信访工作办法（试行）》《中央巡视组回访工作暂行规定》《中央巡视工作流程（试行）》等配套制度；各省（区、市）和有关单位党委（党组）巡视机构也结合实际制定了 500 多项具体制度，对巡视工作各个方面和主要环节做出了规范。当前，初步形成了以《巡视工作条例》为核心、4 个规范性文件为框架、有关制度规定相互衔接协调的巡视工作制度体系，为巡视工作健康有序运行提供了重要制度保障。

（四）党的十八大后巡视制度的新发展

2012 年，党的十八大召开，通过了《中共中央纪律检查委员会向党的第十八次全国代表大会的工作报告》（以下简称《报告》），提出要健全纪检监察体制，完善派驻机构统一管理，加强反腐倡廉工作，修订颁布《中国共产党党员领导干部廉洁从政若干准则》并开展专项检查，更好发挥巡视制度监督作用。《报告》还提出要注重配套制度建设，推动巡视领导体制、工作机制和制度不断健全，要求"进一步发挥巡视制度的监督作用，增强发现问题的能力，提高巡视工作质量，注重巡视成果运用"。中央政治局常委会议审议通过《中央巡视工作规划（2013—2017 年）》，做出了巡视工作的五年规划，要求巡视聚焦党风廉政建设和反腐败斗争这个中心，发现问题、形成震慑。

2013 年 5 月，中央巡视工作动员暨培训会议强调，巡视工作要突出四个重点：一是围绕党风廉政建设和反腐败斗争；二是贯彻落实八项规定；三是着力发现是否存在违反党的政治纪律问题；四是着力发现是否存在选人用人上的不正之风和腐败问题。按照会议要求，10 个中央巡视组于当年 5 月底至 6 月初全部进驻有关地区和单位开展新一轮巡视工作。6 月，中央办公厅转发《中央纪委中央组织部关于进一步加强巡视工作的意见》和《中央巡视工作

2013—2017 年规划》。同年 11 月，中国共产党第十八届中央委员会第三次全体会议通过《中共中央关于全面深化改革若干重大问题的决定》强调，"改进中央和省区市巡视制度，做到对地方、部门、企事业单位全覆盖"。

2014 年 1 月，王岐山代表十八届中央纪律检查委员会常务委员会向第三次全体会议作《聚焦中心任务，创新体制机制，深入推进党风廉政建设和反腐败斗争》的工作报告，明确指出要"探索专项巡视"，在随后开展的 2014 年首轮中央巡视中，首次实施了专项巡视。2015 年 2 月，中央政治局会议审议通过了《关于巡视 31 个省区市和新疆生产建设兵团情况的专题报告》，强调要从严治党、管党，明确了中央巡视工作方针，要求党内巡视工作做到全覆盖。2015 年 8 月颁布了《中国共产党巡视工作条例》，进一步明确了巡视工作定位，并对机构和人员、巡视范围和内容、工作方式和权限、工作程序、纪律和责任等做出了明确规范，与 2009 年的《中国共产党巡视工作条例（试行）》相比，条例修订稿增加了许多新的内容，党的巡视制度得到完善。

2017 年 7 月 1 日，党中央再次修改《中国共产党巡视工作条例》，明确了一届任期内巡视全覆盖任务和巡视监督内容，设立巡视机构，对所管理的党组织进行巡视监督，明确市县实行巡察制度，保证全面从严治党向基层延伸。由上可知，巡视制度为党内建设和发展提供了重要保障。党的十八大后，巡视制度新发展如下①：

1. 巡视工作职责定位明确

巡视工作职责定位明确，聚焦党风廉政建设和反腐败工作。尽管党内监督条例与巡视工作条例对巡视的基本原则、职责任务等作了详细规定，但在十八大之前的巡视实践中，存在监督内容过于广泛、重点不明与职责定位不准确等问题，造成了巡视内容宽泛化，工作方式简单化。2013 年 4 月 25 日，习近平在中共中央政治局常委会上的讲话中指出："巡视工作要明确职责定位，巡视内容不要太宽泛，要围绕党风廉政建设和反腐败斗争这个中心进行。"表明巡视组的工作重点在于发现是否存在违反中央八项规定、违法乱纪与选人用人方面的不正之风等问题，重点巡视领导班子和领导干部。2013 年之后，中央不断出台相关条例，巡视工作以党风廉政建设和反腐败为核心向外辐射开展，不断强化其反腐败的职能。②

---

① 李敏昌：《改革开放以来中国共产党巡视制度的创新研究》，《甘肃社会科学》2014 年第 1 期。

② 董世明：《十八大以来党对巡视制度的探索》，《江汉论坛》2016 年第 1 期。

2. 推进巡视工作方式与体制机制创新

创新巡视工作的方式方法，一是实行"三个不固定"，即巡视组组长不固定、巡视的地区和单位不固定、巡视组与巡视对象的关系不固定；二是"下沉一级"，在做实做细做足巡视前准备的基础上，巡视组到领导干部担任过一把手的地方了解情况，抽查领导干部报告个人有关事项情况，以便更深层次地发现问题；三是拓宽获取信息的渠道，通过"明察"与"暗访"相结合的方式多方面获取信息；四是开展专项巡视，专项巡视在工作方式上，重点更突出、程序更简便、时间更紧凑且更机动灵活，形成了更大的震慑。2014 年 1 月 23 日，在中共中央政治局常委会上的讲话中，习近平指出，在常规巡视的同时进行专项巡视，这个办法是可行的。以问题为导向，派出"侦察兵"，哪里发现问题，哪里反映的声音大，就去哪里巡视。

推进巡视体制机制创新，一是实现了巡视全覆盖，包括对地方、部门、企事业单位全覆盖；二是增加了巡视力量，2014 年中央新增 3 个巡视组，常规巡视由每年 2 轮增加到 3 轮；三是拓展了监督内容，在 2014 年的巡视中加强对落实党风廉政建设主体责任、监督责任执行情况和执行组织纪律情况的检查监督。

3. 巡视成果更注重转化和应用

善用巡视成果，督促整改，推动问题解决。对于发现的问题线索要分类处置、严肃处理，在两个月内报告整改落实情况。一是公开巡视反馈意见，中央纪委监察部网站开设专栏，第一时间向全社会公布巡视组的反馈意见；二是加强监督检查，根据中央巡视组工作流程，被巡视地区、单位应在巡视情况反馈后两个月内，向中央巡视工作领导小组报送整改情况报告，中央巡视工作领导小组将适时组织开展监督检查；三是公开整改承诺，被巡视地区和单位就下一阶段的整改做出承诺并在媒体上公开，接受党内和社会监督，利于增强巡视成果的公开性、透明性，便于舆论与群众监督巡视中发现问题的整改情况，使整改落到实处，切实发挥巡视的治本作用。2013 年 9 月 26 日，习近平在中共中央政治局召开常委会议上指出，要善于运用巡视成果，对在巡视过程中发现的问题，要限期整改，因巡视成果运用不到位又发生重大问题的，必须严肃追究责任。

4. 全国巡视格局形成

中央、省（区、市）和中央单位的巡视工作逐渐统筹，形成全国"一盘棋"的格局。一是改革中央巡视工作领导小组对省区市巡视工作的领导体制，十八大后，中央巡视工作领导小组对省区市巡视工作的"指导"关系转变为

"领导"关系，强化压力传导作用；二是层层传导压力，通过加强示范传导、检查传导与制度传导，确保压力层层传导、责任层层落实、工作层层到位，形成全国巡视一盘棋的战略态势。在中央的统一调整和部署下，巡视工作实现了全覆盖，巡视的范围由省部委扩展到基层、军队及企事业单位等，加大了对国有重要骨干企业和中管金融单位的巡视力度。①

5. 巡视机构独立性与权威性增强

十八大后，党内各级巡视机构的独立性和权威性得到了增强，中央和各级党组织赋予专门成立的巡视机构以较大职权。② 随着巡视工作不断取得一系列成果，各级巡视机构的权威性也在提高，对于巡视发现的主要领导干部案件予以严肃查处，如全国政协原副主席苏荣等"大老虎"被查处，震慑了各级党员领导干部。《巡视工作条例》等有关巡视的法律法规不断完善，确保了巡视机构的合法性地位，巡视机构坚持突出巡视重点，落实监督责任，这些都推动着巡视机构的独立性与权威性不断提高。③

二、巡视工作存在的不足

20 世纪 90 年代初，党中央提出开展巡视工作，并进行了初步探索实践，党的十七大把巡视制度写入党章。在党中央的领导下，巡视工作取得了显著成效，但由于巡视制度实施时间短暂，现阶段在巡视机构设置和人员配置、巡视的手段和方法等方面还不够成熟，相关的配套制度不健全，在一定程度上制约了巡视制度的进一步发展。

（一）巡视组织建设不足

1. 巡视人员能力不足

巡视人员发现问题的能力不足。巡视工作的重要任务是了解真实情况、发现问题，其工作开展依赖于一支能够快速、准确发现问题的巡视干部队伍，且要求巡视人员有较高的政治素质、政策水平和履职能力。当前，巡视组工作人员整体素质较高，但部分巡视人员发现问题的能力不足，问题具有隐蔽性而难

---

① 孙亮、张正光：《十八大以来党内巡视制度创新探究》，《党的建设》2015 年第 6 期。

② 董世明：《十八大以来党对巡视制度的探索》，《江汉论坛》2016 年第 1 期。

③ 宫玉涛、王志瑶：《党的十八大以来党内巡视制度的新发展与新特点》，《理论与改革》2015 年第 6 期。

以发现问题，或是工作人员原则性不强而不愿意发现问题，这是我国巡视工作的重要难题，也是推进巡视工作顺利开展的阻力之一，这些都在一定程度上影响了巡视工作的效果。

2. 巡视队伍结构待优化

巡视队伍年龄与专业知识结构待优化。《中国共产党巡视工作条例》仅规定了巡视工作人员的基本条件和轮岗交流制度，而在组织成员结构、职级待遇、经费保障等方面没有具体的规定，使得巡视队伍建设无制度可循。按照工作的考量，巡视组组长或副组长一般由年长的同志担任，由于长期在党政机关工作，经验丰富且富有威信，这样的巡视人员配置有其合理之处，但是，也带来了许多问题，年长的同志对于巡视工作刚刚了解却面临退休，后期队伍补充不及时，影响了巡视工作的连续性和队伍的稳定性。① 且巡视工作在选择工作人员时更注重巡视人员本身的政治业务素质，存在忽略其专业多样性的情况，这也在一定程度上降低了巡视工作的效能。

3. 巡视干部队伍培养机制尚未建立

巡视干部队伍培养机制尚未建立起来。一是巡视干部队伍缺乏常规培养机制，巡视机构组建时间较短，且巡视工作范围广、任务重、要求高，巡视缺乏系统专业的组织培训，这些常规选人与培训机制的缺乏给巡视工作带来了诸多不便；二是缺乏规范的交流与用人制度，巡视工作主要参照《中国共产党巡视工作条例》，其中主要阐述了巡视工作的职责与工作程序方法，在如何管理、交流、使用干部上，并没有明确规定。②

（二）巡视机制不完善

1. 工作方法创新不足

《中国共产党巡视工作条例》规定可以通过咨询、听汇报、搞测评、查资料、座谈会、个别谈话、来信来访、列席会议、专项检查等"明察"的方法开展巡视，主要通过巡视组公开进驻被巡视单位，被巡视单位提供书面或口头汇报，但是被巡视单位往往只报成绩却隐藏问题，导致巡视组难以发现现实存在的问题，只看到业绩和亮点，且存在个别谈话耗费时间、民主测评走过场、听取汇报千篇一律的问题。这些传统的工作方式缺乏针对性、灵活性及有效

---

① 廖奠坤：《从严治党要求下创新党委巡视工作的路径》，《领导科学》2015 年第 5 期。

② 李崧：《改革创新巡视制度的路径分析》，《理论与实践》2011 年第 2 期。

性，不仅影响巡视结果的客观真实，也影响巡视成果的有效运用。

2. 巡视外部监督机制缺位

巡视对象民主意识缺失。巡视工作在实际操作过程中，被巡视单位部分党员对领导班子及其成员存在的问题持宽容态度，其中有复杂的利益关系、"言多必失"的思想或是认为反映问题也不会得到妥善解决。因此，在巡视的过程中，反映事关领导问题时，只报告成绩成为巡视工作中带有共性的一个突出问题。这些现象产生的根源在于巡视对象民主意识的缺失，缺乏民主意识导致部分党员不愿或不敢讲真话，压制民主的作风仍然较为严重。① 巡视制度作为一种自上而下的监督方式，过于依赖纪委，却没有规定明确的监督者，导致巡视机构外部监督缺位现象严重。

三、巡视工作的优化路径

在新的历史条件下，改善巡视工作的不足之处，更好地发挥巡视制度的监督作用，提高巡视监督工作规范化、制度化水平，是今后完善党内巡视制度必须解决的重大问题。

（一）加强巡视组织建设

1. 提升巡视人员能力

巡视工作需要巡视人员用好中央和各级党委赋予的权力，做好发现问题的"尖兵"，要以提高战斗力为目标，规范巡视组的配置，选派优秀干部从事巡视工作。必须培养巡视人员的以下能力，一是谈话能力，发现问题的方式除举报、观察外，谈话是一项重要方式，要抓住重点进行个别谈话；二是发现线索的能力；三是整合信息能力，收集明察暗访、信访等渠道信息，在此基础上整合并发现问题。

2. 优化巡视队伍结构

巡视人员结构关系着巡视工作是否高效。一是优化巡视人员的年龄结构，坚持老、中、青相结合原则，将在巡视机构德才兼备的优秀人才吸纳到巡视干部队伍中，实现巡视队伍的适度年轻化。二是优化巡视人员的专业知识结构。由于巡视范围与内容的广泛性，要求巡视人员的知识全面多样化，这就要求巡视组人员的知识结构必须多样化，在一个巡视组内必须合理搭配纪检监察、组织人事、税收法规及财务审计等专业人才，且巡视人员本身应有一定的政治业

---

① 王仰文：《巡视制度的执行困境与现实出路》，《前沿》2010 年第 10 期。

务素质。三是实现巡视人员的职业化,巡视工作的复杂性要求巡视人员熟悉巡视工作。四是聘请高等院校和科研机构的党员专家学者作为巡视辅助机构的兼职研究人员,合理利用社会资源优化巡视队伍结构。

3. 探索适应巡视工作需要的干部人才建设机制

巡视工作的长足发展依赖于良好的巡视干部人才培养机制。推进巡视人才队伍的专业化建设有利于巡视制度的真正落实,首先,要正视巡视干部的"入口"和"出口",选人用人时严格把关,并向外输送人才,使巡视人才与党政管理人才之间能双向流动。其次,坚持开放、流动式的原则建设巡视队伍,加强巡视干部的交流,有计划地实行交流任职,包括中央的巡视干部与省、自治区、直辖市的巡视干部相互交流,各省、自治区、直辖市的巡视干部相互交流。再次,建立人才库,实行干部挂职锻炼等制度。最后,建立健全巡视干部考核制度,分类处理巡视人员,对于不符合要求者、违纪违法者,分别予以调离、查处,对业绩突出者,予以重用提拔等。

(二) 创新巡视体制机制

1. 理顺巡视工作的领导体制

当前的省级巡视机构的领导体制大致有三种,一是巡视机构由省委直接领导,巡视机构独立办公,独立管理人、财、物的领导机制;二是巡视机构由省委直接领导,省纪委管理财务、人事,巡视机构部分独立的领导体制;三是由纪委、组织部共同管理的领导体制。上述三种体制各有利弊,各省巡视机构领导体制的不统一给巡视工作带来诸多不便,应通过将巡视机构列为省委的内设机构,人员、场所与机构管理分离,理顺各自领导体制。同时,要落实巡视责任,明确"三个第一责任人",即党委书记、巡视工作领导小组组长、巡视组组长分别为巡视"第一责任人",落实巡视工作责任制。[①]

2. 创新巡视方式方法,建立长效机制

巡视工作的顺利开展,需要巡视人员结合实际情况分析各种巡视方式的利弊,综合运用多种巡视方式,创新符合党规党纪的巡视工作方式方法。巡视方式多元化、灵活化,才能有效减少"失监""虚监"现象的发生,以实现巡视工作的高效能。通过各省、市跨地区交叉巡视的方法进一步加强巡视效果。或将定期巡视与突击检查相结合,明察与暗访结合,做到"量身定做"巡视方式,增强巡视制度的实效性。在巡视方法上,利用网络、媒体、社会调查等渠

---

① 王仰文:《党内民主参与视角下的巡视制度》,《前沿》2010 年第 11 期。

道搜集信息，精确组织个别谈话；科学实施民主测评，包括测评设计合理化、内容多样化；切实加大暗访力度，带着问题深入群众，实地看、现场问、当时查；成立专门的信访组，负责接待群众来信来访工作，做到不查清、不解决、不息访则不放过；适时参加相关会议，参加党委会、办公会及民主生活会等，更能了解相关问题；运用现代信息技术，建立网络舆情收集处置机制，线下与线上并行巡视，拓宽信息来源渠道。① 党内巡视工作定位应当是制度化的长效工作机制，运动主义式的巡视不能从源头上治本，难以对各地的反腐败工作真正起到推动作用，必须实现巡视工作的制度化、规范化与常态化。

3. 健全巡视工作的监督与考核机制

其一，巡视组开展工作时，必须接受巡视工作领导小组、被巡视地区和单位、新闻媒体及广大干部群众的监督。《中国共产党巡视工作条例》明确规定，巡视组向巡视工作领导小组负责并报告工作，此项监督约束力较强。其二是要接受被巡视地区和单位的监督，切实落实监督制约与保护支持相结合的原则，不仅要监督制约巡视组与巡视对象，还要保护支持巡视组与巡视对象。其三是接受新闻媒体的监督，要注意发挥异地新闻媒体的作用，《中国共产党巡视工作条例》和工作规则都规定，应当通过"当地主要新闻媒体"进行巡视监督，尤其是利用当地党报党刊监督，或可利用"异地"新闻媒体进行监督更为有效。其四是接受广大人民群众的监督，在巡视工作中要牢固树立群众观点，坚持走群众路线，保证群众依法直接行使监督权，强化来自群众的民主监督。疏通群众监督渠道，确保人民群众的知情渠道和反映渠道的通畅，及时公开巡视信息，解决信息不对称的问题，巡视后要及时向社会公开巡视报告，接受群众监督。②

发挥巡视工作的效能，需要一支专业的巡视队伍，也需要广大民众和社会组织的支持和参与，需要民主、宽松、求真务实的氛围。对于巡视组的考核同样重要，以巡视组的日常工作规范、守规守纪与制度执行等作为评判指标，将尽职尽责作为基本标准，综合巡视成果来进行考察评定，要求在每个巡视年度内，对巡视组、组长及其成员分别进行考核并做出相应处理。

---

① 郑传坤、黄清吉：《健全党内监督与完善巡视制度》，《政治学研究》2009 年第 5 期。

② 钟龙彪：《十八大以来党内巡视监督的改进及其启示》，《中共天津市委党校学报》2014 年第 6 期。

☞ 本章小结

巡视制度是党内监督的一项重要制度，指中央和省（区、市）党委，按照有关规定，通过建立专门机构、开展巡行视察，对下级党组织和领导干部进行监督的制度，它是党内监督的重要形式，是全面从严治党的重大举措，是反腐倡廉的重要手段。巡视制度目的在于落实全面从严治党要求，严肃党内政治生活，净化党内政治生态，加强党内监督，具有自上而上与自下而上的监督相结合、政治纪律首位性、布局全覆盖、三个不固定及一个中心、四个着力的特点。

巡视制度的运用利于强化党内监督，利于防腐反腐，推进党风廉政建设，利于密切党群联系，落实党的群众路线。加强组织领导，严格管理巡视机构与人员，根据被巡视地区（单位）的实际情况调整巡视范围与方式，遵守巡视工作条例才能有效发挥其作用。

本章分析了巡视制度运行的现存问题，提出加强巡视组织建设，包括提升巡视人员能力、优化巡视队伍结构与探索适应巡视工作需要的干部人才建设机制；创新巡视体制机制，包括理顺巡视工作的领导体制、创新巡视方式方法，建立长效机制与健全巡视工作的监督与考核机制，为我国巡视制度的发展提供方向。

☞ 关键术语

巡视制度；巡察制度；巡视机构与人员；巡视内容与形式；巡视工作程序；中国古代巡视制度

☞ 练习与思考题

1. 如何理解巡视制度与巡察制度的关系？
2. 我国巡视制度建立与发展的依据是什么？
3. 中国古代、近代与现代意义上巡视制度的异同点有哪些？
4. 中国共产党党内监督的巡视制度重建的背景是什么？
5. 巡视制度同其他党内监督制度相比的优势与劣势是什么？
6. 简述我国巡视制度发展的趋势和方向。

湖北：对 297 个党组织开展检查 强化巡视整改落实

2018 年 1 月中旬至 3 月底，湖北省委 11 个巡视组，围绕十届省委巡视反馈意见整改落实和移交问题线索处置情况，对 13 个市州、3 个直管市、神农架林区、116 个县市区（开发区、功能区）、91 个省直单位、48 所省属高校、25 个省属国有企业党委（党组）共计 297 个党组织开展了大起底大检查。

总体上看，被巡视地方和单位对巡视整改工作高度重视，认真履行巡视整改主体责任，整改行动迅速，措施有力，成效显著。在组织领导上，普遍成立了由"一把手"负总责的领导小组，切实强化对巡视整改工作的组织、指导和督办；在整改措施上，以巡视整改为契机，坚持问题导向，精心制定整改方案，深挖问题根源，对照反馈意见和问题清单逐项进行整改销号，采取有力措施推动标本兼治；在监督执纪上，各级纪检监察机关坚持按照"四种形态"要求，依纪依规追究有关责任人的责任，充分发挥了震慑、警示、教育作用。还有少数地方和单位存在整改任务未完成、整改质量不高、问题线索处置不到位等问题。到目前为止，297 个被巡视地方和单位党组织中，反馈问题整改完成率达到 100% 的 51 个，80% 以下的 4 个；问题线索处置完成率达到 100% 的 201 个，80% 以下的 22 个；整改满意率达到 100% 的 32 个，80% 以下的 12 个。

有 642 个面上问题未完成整改。究其原因，有的问题客观上需要长期整改，正在按计划推进；有的问题时隔久远，现实条件已发生变化，整改难度较大；有的问题限于体制机制或政策性障碍，需要进一步研究完善整改措施；有的问题已经进入司法程序，正在依法办理；也有个别地方和单位是因主要领导重视不够，举措不力，"新官不理旧事"，导致整改任务未能按期完成。

有 239 件问题线索未完成处置。主观上是有关纪检机关重视不够，未优先处置。客观上是有的纪检机关任务繁重、人员力量有限，而相关问题线索调查取证难度较大，需要更长时间办理。有的问题线索处置已进入司法程序，正在按程序办理。少数问题和线索整改处置质量不高。有的问题整改不彻底，或整改成效不明显。有的问题线索处置不规范，未严格依纪依规办理，追责问责不到位。

省委巡视工作领导小组强调，各地、各单位党委（党组）、纪委（纪检组）要进一步提高认识、提高政治站位，严肃认真对待巡视整改落实，对大检查中反映的问题，自觉对号入座认领问题，深刻剖析问题产生的原因，迅速拿出过硬措施加以解决，确保十届省委巡视反馈意见条条都整改、件件有着落。

（资料来源：中央纪委国家监委网站，http://www.ccdi.gov.cn/yaowen/201808/t20180823_178344.html，2018 年 8 月 27 日）

请思考：

1. 结合案例，分析巡视工作的对象与范围。
2. 结合案例，谈谈如何提升推进巡视的整改与落实？

第十四章
容错机制的构建与实践

毛泽东同志曾经深刻指出："政治路线确定之后，干部就是决定的因素。"① 党的干部是党和国家事业的中坚力量，因此为充分调动和激发干部队伍的积极性、主动性、创造性，容错机制应运而生。2016 年 3 月 5 日，李克强总理在作政府工作报告时说："健全激励机制和容错纠错机制，给改革创新者撑腰鼓劲，让广大干部愿干事、敢干事、能干成事。"② 来自中央的理解与支持，让真正的改革创新者在放手闯、大胆干的同时吃了一颗"定心丸"。随着全面深化改革的开展，为了提高行政效率，建立干部容错机制成为当前鼓励改革创新的重要任务和突破口，因此我们必须注重对容错机制的研究。本章通过界定容错基本内涵，分析容错机制构建的依据及其作用，对容错机制进行初步理论分析，在此基础上对我国容错机制的实践作了简要阐述，以期对容错机制的构建与实践起到一定的积极作用。

第一节　容错机制概述

一、容错机制的基本内涵

（一）容错机制的提出

在全面从严治党的背景下，2015 年下半年李克强总理在部分省市负责人经济形势座谈会上首次使用了"容错机制"这一概念，强调用合理容错机制

---

① 《中国共产党在民族战争中的地位》，《毛泽东选集》第二卷，人民出版社 1991 年版，第 526 页。

② 《以容错纠错机制为改革创新者撑腰》，新华网，http://www.xinhua-net.com/2016-03/06/c_1118243451.htm。

和完善的激励机制，使创业创新者的活力不断涌现，第一次将"容错机制"这一理工学科专业名词引入治国理政、改革创新领域。

容错机制的提出可以按逻辑主题的不同划分为不同的类型：

理论逻辑，即马克思主义唯物辩证法和认识论的反映体现。马克思主义告诉我们，任何事物的发展都不是一帆风顺的，要从实践中吸取宝贵的直接经验和间接经验，将感性认识上升到理性认识，并以认识指导实践并在实践中检验和发展认识。中国特色社会主义改革进程具有一定的风险，党员干部在改革创新活动中犯错是不可避免的，改革发展进程不可能一帆风顺，而是前进性和曲折性的相互统一发展过程，在这一过程中，我们"会在实践上和理论上出差错，从歪曲的、片面的、错误的前提出发，循着错误的、弯曲的不可靠的道路行进，往往当正确的东西碰到鼻子尖的时候还没有得到它"。① 改革创新毫不犯错、"只许成功不许失败"既不符合马克思主义认识论和社会发展一般规律，也不利于全面深化改革的继续推进。我们党在革命和建设过程中也曾犯过错误，中国共产党人从来没有因为犯过错误而否定错误的存在。我们党历届领导人反复强调"错误难以避免"，对错误高度重视。② 事物发展的曲折性以及人们对事物发展规律认识的曲折性，决定了"改革探索只许成功不许失败"是一个伪命题，因此容错机制的提出是建立在马克思主义唯物辩证法和认识论的理论基础之上的。

历史逻辑，即中国传统容错用人思想的借鉴和升华。中国传统容错用人思想是建立在"人非圣贤，孰能无过"的观念之上的，因为"人无完人"，所以中国古代强调用人之长、容忍其过，要"忘其前愆，取其后效"。例如，唐太宗造就了谏官魏徵，魏徵造就了明君唐太宗，一朝天子一朝臣，谏官遇上明君方能"谏"。自十八大以来，习近平多次强调要注重从中国传统文化中汲取治国理政的思想智慧，而当前容错机制的提出，既是对中国传统容错用人思想的借鉴，也是对它的升华。因为中国传统容错用人思想本质上是一种人治思想，"容或不容"与统治者的个人好恶紧密相关，而这里的容错机制则是建立在法治基础之上的，"容什么错"、"如何容错"等都是以法律法规和制度规范为依据的。

现实逻辑，即深化改革创新的迫切需要。我国由于社会发展等条件的限制，改革充满着诸多不确定因素，没有国外的现成经验可以借鉴，干部在改革

---

① 《马克思恩格斯文集》第 9 卷，人民出版社 2009 年版，第 499 页。

② 蒋来用：《以务实精神合理创设容错机制》，《人民论坛》2016 年第 11 期。

过程中对于当前国情和改革创新的认识是有待进一步提高和发展的，是在"摸着石头过河"的试错性探索中不断前进的。随着我国改革阶段进入攻坚期和深水区，充满艰难险阻，诸多思想观念束缚和利益固化藩篱亟需突破。干部德才兼备，的确十分重要。《孟子》云："夫道二，常之谓经，变之谓权，怀其常道而挟其变权，乃得为贤。"① 这句话告诉我们，权力的本质就在于变化。容错机制的提出，正是对那些担当有为、勇于创新、锐意进取的干部的一种鼓励和激励，也是深化改革背景下的迫切需要，不但可以解决干部因顾虑失误而不敢作为、不愿担当的问题，同时也能激发和保护干部履职做事和改革创新的积极性。

（二）容错机制的概念

"容错"一词从字面来解读，释义为"容忍错误"或"容纳错误"。《统计大辞典》将"容错"定义为尽管发生一个或若干个故障，程序或系统仍能正确执行其功能的称谓。② 从学术研究的角度看，"容错"一词为计算机技术领域的术语，英文名字叫 Fault Tolerance，主要指的是"当电子计算机系统在硬件或软件出现问题时，能自行采取补救措施，使整个工作系统与效率恢复正常，保证不间断提供服务的方法"；"容错机制"是指在某种系统中，可以将在一定情况下出现的失误防控在一定范围内，系统会对其容许或包容的情况。自然科学认为，复杂系统的运行难免会发生错误，因此，一个高端系统必须具备容忍一定错误且不会发生系统崩溃的能力。当然，容错不等于无限度宽容，更不等于可以胡来；"容错能力"是衡量计算机系统能力高低的一个重要指标。

容错机制中的"容错"是指宽容、包容推进改革创新中出现的失误，对于在推进改革、工作创新中未能取得预期效果，一定条件下免予追究相关人员的责任，本质含义是坚持对官员失职行为进行责任追究的同时，通过相应的机制调节，宽容干部在"探索性实践"中出现的因非主观原因造成的错误和偏差，控制风险的传播扩散，及时纠正错误和偏差，并对相应的责任人实施豁免，以避免对促进改革发展产生不利影响。一定意义上说，容错机制是允许试错、宽容失败和推动创新的制度，是一种承认人的认知的有限性和尊重客观规

---

① 韩婴撰，许维遹校释：《韩诗外传集释》卷二第三章，中华书局 1980 年版，第 34 页。

② 郑家亨：《统计大辞典》，中国统计出版社 1995 年版，第 1063 页。

律的理念。

容错机制主要由构成要素和运作模式两个方面组成。其中，容错机制的构成要素有基本原则、实施主体及其权责、适用对象、适用范围以及认定标准等；而容错机制的运作模式则是一个动态过程，由运行机制和保障机制构成，运行机制是指启动—调查与核实—认定与反馈—申诉与备案—公开澄清与跟踪管理这一完整运行过程和工作方式，保障机制包括为保障运行机制良好运转，有效实现容错机制目标的各项具体举措。容错机制是对改革创新活动和改革创新者的制度性兜底，通过在特定情形下免予追究出现工作失误或错误的相关人员的责任，保护干部干事创业的积极性，激励和保障干部勇于尝试和创新，敢于担当作为，从而推进改革创新。容错观念的树立和容错机制的建立是思想解放和政治担当的具体体现，对于推进改革创新具有里程碑式的意义。

（三）容错机制的构建形式

容错机制的综合性和动态过程决定了容错机制构建形式的多样性，主要包括纠错机制、问责机制、激励机制几个部分，相辅相成共同构成了容错机制，三个机制同时运作共同保障容错机制的有效运行。

1. 容错机制与纠错机制

纠错机制中的"纠错"，即纠正错误，是一个行为过程，这也就意味着一个完整的纠错过程应该包括发现错误、改正错误等环节。"纠错机制"即是指为实现纠错目标各个构成要素相互作用的过程，以及纠错过程中各个构成要素间的关系模式，包括纠错主体、纠错权限、纠错对象等构成要素和发现错误、纠正错误、检验效果、防范错误等环节。

纠错机制被中央高度关注，并在会议和报告中多次强调。2004 年 9 月，党的十六届四中全会通过的《中共中央关于加强党的执政能力建设的决定》规定"建立决策失误责任追究制度，健全纠错改正制度"。2009 年 9 月召开的中共十七届四中全会又再次强调要求"落实重大决策报告制度，健全决策失误纠正改正机制和责任追究制度"。2012 年 11 月召开的中共第十八次全国代表大会的报告中提出了"健全决策机制和程序，建立决策问责和纠错机制"。十八届六中全会提出建立纠错机制，"容错纠错机制"连续三年被写进 2016 年、2017 年、2018 年政府工作报告。

由此可见，纠错机制是构成容错机制的重要组成部分，容错机制和纠错机制联系紧密，两者间存在协调互补、相辅相成、共生共存的关系，容错机制为前提，纠错机制为补充。没有容错机制作为前提，纠错机制可能在一定程度上限制权力的潜在效能；而没有纠错机制作为补充，容错机制则可能演变成权力的自我救赎。因此，"容错机制"的存在是"纠错机制"得以延展的前提和保障，以此实现对权力运行过程与结果的合理调适与科学配置；"纠错机制"的存在有助于更好地实现"容错机制"的价值意蕴，进而丰富和完善宽容、有为的权利理性观。①

容错机制与纠错机制虽经常被同时提及，密切联系，但两者仍存在较大的区别。容错机制在于科学理性地认识和处理失误，主旨在于保护改革创新的活力；而纠错机制则侧重于及时发现、解决并防范决策和执行中的失误或错误，并不仅仅限于改革创新领域，主要目的在于补救失误行为，明示什么行为是应该改正的，是一种风险控制制度。②

2. 容错机制与问责机制

问责机制中的"问"是"追究"之意，"责"是"责任"之意，"问责"可理解为追究责任的意思。"问责"一词是一个舶来品，是西方社会早已实施的人事制度，意思是从民选中当选的国家首长亲自选出合适的官员来负责各项事务；当政策出现失误时，那么犯错的官员要离职以示向首长问责；如果因犯错而引致政策失误过于严重的话，首长便需下台，向其他官员和市民问责。国内学者普遍将问责机制与责任追究制相等同，认为问责制即特定的个体和组织基于一定的程序追究未履行职责的公共权力主体，促其承担政治、法律和道德责任，并接受处罚、谴责的条例和办法的总称。③ 问责机制作为民主政治的重要环节，是推动民主政治建设的重要途径，对于政治文明进程具有重大意义；问责机制还有利于树立责任意识，形成新的行政文化和价值取向，建立完善责任政府；问责机制的建立有利于进一步提高党和政府的执政能力、行政能力，提高履行公共管理职责的水平，是提升执行力和公信力的必然要求；此外，问责机制还有利于规范党员干部行为，完善干部管理制度，提高党员干部整体素质，促进党员干部的作风转变。

事实上，自 2001 年国务院颁布《关于特大安全事故行政责任追究的规定》以来，各级地方政府也陆续出台了地方规章，对一些事故中有失职、渎

① 胡杰：《容错纠错机制的法理意蕴》，《法学》2017 年第 3 期。
② 刘明定：《构建容错机制的逻辑悖论和破解之策》，《领导方法》2016 年第 6 期。
③ 邹建：《问责制概念及特征探讨》，《中共南宁市委党校学报》2006 年第 3 期。

职情形或负有领导责任的人员给予相应处分；随着中央出台多项责任追究的党内法规和行政法规，如《中国共产党党内监督条例》《中国共产党纪律处分条例》《关于实行党政领导干部问责的暂行规定》《中国共产党问责条例》等，我国官员问责制的发展得到了进一步的发展，其中中共中央和国务院于 2009 年 7 月出台的《关于实行党政领导干部问责的暂行规定》标志着我国官员问责制向规范化转变，是专门针对党政官员不作为、不当作为、低效作为、乱作为导致重大事故发生实行的党政系统内部监督和追究的规定。① 2016 年 7 月，中共中央政治局审议通过的《中国共产党问责条例》正式施行，该条例的出台标志着我国党政官员问责机制的进一步完善。

　　容错与问责两者存在着对立统一的关系，既密切联系，同时也存在一定的紧张甚至冲突的关系。实践中，容错机制与问责机制应并行不悖，不可偏颇。容错机制和问责机制的实施主体和客体存在高度的一致性，都是基于提高权力运行效能的目的，都对于规范干部行为、增强领导干部的责任意识和大局意识、激励干部改革创新、提高党的执政能力和水平、提高社会主义事业建设水平等方面具有重要意义。然而两者也存在着一定的矛盾，两者的目的和处理方式不同。容错机制的本质内涵在于容许推进改革过程中存在决策和执行的失误，通过解决干部动力不足、化被动为主动，保护和激发干部干事创业的积极性推进改革创新，而问责机制是一种对于公共权力管理和监督的重要方式，是一种规范权力运行、防范权力风险的约束制度，核心在于惩戒权力的滥用，追究未履行职责的公共权力主体，促其承担政治、法律和道德责任，是一种借助外界强力进行控制和约束的制度，具有预防、监督和惩戒的功能。"如何在创业与问责之间找到事物发展的平衡点，既能充分调动、保护组织和个人合理合法的创造活力，又能使乱作为、不作为、慢作为、胡作为受到应有的惩罚，更能使错误、失误的决策部署得到纠正和补救，更好推进工作开展"，如何界定清容错与问责的边界，如何处理好容错与问责两者的关系，是当前深化改革背景下亟待解决的问题。②

　　3. 容错机制与激励机制

　　激励机制中的"激励"，指的是鼓励、激发活力。在学术研究领域，"激

---

　　①　时运生：《论党政官员问责制——关于党政官员问责的概念、模式、程序和趋势研究》，《中国延安干部学院学报》2009 年第 6 期。

　　②　刘明定：《构建容错机制的逻辑悖论和破解之策》，《领导方法》2016 年第 6 期。

励"一词主要被应用于心理学领域，作为一个心理学术语，可将其理解为一定的刺激持续激发人的行为动机朝向期望的目标行进的心理活动过程。"激励"一词后被应用于管理学领域，从管理学的角度来看，激励机制常被用于人力资源管理，是指通过特定的方法与管理体系，将员工对组织及工作的承诺最大化的过程，包括精神激励、薪酬激励、荣誉激励、工作激励。"激励机制"是在组织系统中，激励主体系统运用多种激励手段并使之规范化和相对固定化，而与激励客体相互作用、相互制约的结构、方式、关系及演变规律的总和。公务员激励是激发公务员工作积极性以实现行政目标的过程，公务员激励机制是关于激励主客体关系模式和激励过程的制度性安排的总和。公务员制度中的录用、考核、奖励、纪律、职务升降、职务任免、培训、交流、回避、工资保险福利、辞职、辞退、退休、申诉控告、监督等制度具有激励功能，属于公务员激励机制的组成部分。

建立和健全激励机制同样也是中央关注的重点，多次见诸党和政府的重要文件，中共十六大政治报告明确提出"完善干部职务和职级的制度，建立干部激励和保障机制"，2002年发布的《深化干部人事制度改革纲要》也指出我国深化干部人事制度改革的目的就是要"建立能上能下、能进能出、有效激励、严格监督、竞争择优、充满活力的用人制度"。后续《国家公务员暂行条例》《国家公务员制度实施方案》《国家公务员职位分类工作实施办法》《国家公务员录用暂行规定》《进一步加强国务院考核工作的意见》等法规、规章都对公务员录用、考核、奖惩等方面进行了规定，公务员激励机制初步建立并得到了一定的发展，2006年正式实施的《公务员法》标志着公务员激励机制的进一步完善。

激励机制的主旨是鼓舞改革创新的创造活力，重点解决干部干事创业内动力不足的问题，通过评优评先、奖励提拔等激励手段激发干部干事创业积极性，明示什么行为是应当倡导的，让能干事、干成事的干部得褒奖、获重用，是公务员制度的重要组成部分。激励机制更为积极，而容错机制的保护性更强，激励机制的目标在于保护干部干事创业的积极性、激励改革创新，通过保障干部的权利、免除责任追究的形式实现激励目标，属于具有一定的激励意义的干部权利保障的救济制度和改革创新的保障制度。①

---

① 刘雅静：《容错纠错机制：概念厘定、价值意蕴与实践路径》，《知行铜仁》2017年第2期。

二、容错机制构建的依据

（一）党内规章的规定

党管干部是我国干部人事制度的根本原则，意味着要保证中国共产党对于干部人事工作的领导权，包括制定干部人事工作的方针，做好对干部人事工作的宏观管理和监督等内容。党管干部原则，在中国公务员制度中具体表现之一就是：中国共产党根据全体人民和社会主义建设的需要，制定与公务员制度有关的路线、方针、政策和标准。① 党内规章即中国共产党制定的党内规范性文件，干部容错机制的构建必须以党内规章的相关规定为依据。

《中国共产党章程》② 是党内规章最重要的内容，总纲一章中规定：坚持改革开放，是我们的强国之路。改革开放过程中，我们既要不断探索开拓，还要提高改革决策的科学性，注重改革措施的协调性，在实践中不断开创新路。构建干部容错机制不仅是干部管理制度的完善，还是全面深化改革的重要保障和主要抓手，这一规定构成了改革政策的重要依据。

宽容改革创新中的失误和错误是干部容错机制的基本内涵，这正是依据中国共产党提出的全面深化改革的重大战略任务，党内许多规章都将"宽容改革失误""建立容错机制"写进规章内。《中共中央关于全面深化改革若干重大问题的决定》③ 明确提出加强和改善党对全面深化改革的领导，鼓励地方、基层和群众大胆探索，加强重大改革试点工作，宽容改革失误。《推进领导干部能上能下若干规定（试行）》④ 第十五条规定：正确把握政策界限，注意保护干部干事创业、改革创新的积极性，宽容改革探索中的失误。《关于新形势下党内政治生活的若干准则》⑤ 在"坚持正确选人用人导向"这一部分中规定"建立容错纠错机制，宽容干部在工作中特别是改革创新中的失误"，强

---

① 姜如海：《中外公务员制度比较》，商务印书馆 2013 年版，第 98~99 页。

② 2017 年 10 月 24 日，中国共产党第十九次全国代表大会通过了关于《中国共产党章程（修正案）》的决议。

③ 2013 年 11 月 12 日，中国共产党第十八届中央委员会第三次全体会议通过《中共中央关于全面深化改革若干重大问题的决定》，11 月 15 日，该决定正式发布。

④ 《推进领导干部能上能下若干规定（试行）》，2015 年 7 月 19 日中共中央办公厅印发。

⑤ 《关于新形势下党内政治生活的若干准则》，2016 年 11 月 2 日中国共产党第十八届中央委员会第六次全体会议通过发布实行。

调坚持惩前毖后、治病救人，正确对待犯错误的干部，帮助其认识和改正错误，明确指出"不得混淆干部所犯错误性质或夸大错误程度对干部做出不适当的处理，不得利用干部所犯错误泄私愤、打击报复"，该准则还要求党的各级组织要旗帜鲜明为敢于担当的干部担当，为敢于负责的干部负责。

免予追究相关干部的责任是干部容错机制的核心内容之一，而党内规章中规定了从轻处分、减轻处分的内容，这正是构建干部容错机制的重要依据之一。例如《中国共产党纪律处分条例》在第三章纪律处分运用规则一章中，提出了从轻处分、减轻处分。该条例规定从轻处分指的是在本条例分则中规定的违纪行为应当受到的处分幅度外，给予较轻的处分；而减轻处分是指在本条例分则中规定的违纪行为应当受到的处分幅度外，减轻一档给予处分。同时还对可以依照规定从轻或减轻处分的情形进行了规定，其中包括主动挽回损失或有效阻止危害结果发生的这一情形。①

（二）法律法规的规定

本章中所指的"法律"泛指规范性法律文件，包括法律、行政法规、地方性法规等内容。鉴于地方性法规并不具有全国范围的效力，而法律和行政法规适用于全国范围，所以本章主要梳理和论述了法律和行政法规类依据。干部容错机制的法律依据主要是包含处分和问责的内容，主要包括从轻处分、减轻处分和免予处分相关规定的内容。

《中华人民共和国公务员法》在第九章"惩戒"一章中做出了如下规定：公务员因违法违纪应当承担纪律责任的，依照本法给予处分；违纪行为情节轻微，经批评教育后改正的，可以免予处分。《行政机关公务员处分条例》对于公务员处分相关内容做出了具体规定，强调给予行政机关公务员处分时应当坚持"公正、公平和教育与惩处相结合的原则"，应当与其违法违纪行为的性质、情节、危害程度相适应，应当事实清楚、证据确凿、定性准确、处理恰当、程序合法、手续完备。《行政机关公务员处分条例》还对行政机关公务员应当从轻处分的情形做出了具体的规定，包括主动交代违法违纪行为、主动采取措施有效避免或者挽回损失、检举他人重大违法违纪行为等情形。《事业单位工作人员处分暂行规定》对于事业单位工作人员的处分相关内容做出了相似的规定，对符合一定情形的事业单位工作人员从轻处分、减轻处分或免予处

---

① 山西省党建研究会课题组：《反腐高压态势下党员领导干部"不作为"问题研究》，《中国延安干部学院学报》2015年第2期。

分。《关于实行党政领导干部问责的暂行规定》同样对党政领导干部可以从轻问责的具体情形做出了规定，主要包括主动采取措施，有效避免损失或者挽回影响的以及积极配合问责调查，并且主动承担责任的两种情形。《中国共产党问责条例》中多条规定明确了问责的原则、主体和对象、责任划分、问责情形和方式，充分体现了中国共产党坚定不移地推进全面从严治党的坚强决心和历史担当，标志着中国共产党党建新实践的开启。[①] 李克强总理在 2016 年《政府工作报告》中提出，要健全激励机制和容错纠错机制，给改革创新者撑腰鼓劲，让广大干部愿干事、敢干事、能干成事。党的十八届六中全会通过的《关于新形势下党内政治生活的若干准则》强调，要"建立容错纠错机制，宽容干部在工作中特别是改革创新中的失误"。2018 年 5 月中央办公厅印发并实施《关于进一步激励广大干部新时代新担当新作为的意见》，意在充分调动和激发干部队伍的积极性、主动性、创造性，激励广大干部在新时代担当新使命、展现新作为，努力创造属于新时代的光辉业绩。

三、容错机制构建的主要原则

党员干部容错纠错机制体现了强烈的法治精神和浓厚的人文关怀，具有独特的价值意蕴。党员干部容错纠错机制的理论构建要坚持实事求是、人民民主和激励创新原则，其主要机制是诊断鉴定机制、评估分析机制、纠正调适机制。在实践中，要引导党员干部认清形势和任务，让他们明白实现中国梦和中华民族的伟大复兴需要他们在改革创新中发挥先锋作用；引导党员干部加强党性学习和纪律教育，让他们明白有责任在改革创新中发挥先锋作用；引导党员干部提高改革意识和创新能力，让他们争做改革创新的"促进派"和"实干家"；引导党员干部深入学习容错纠错机制，务必让他们掌握容错纠错机制的精神实质和主要内容。

（一）实事求是

构建容错纠错机制首先要立足于当前我国的客观实际。一方面，受传统保守的行政文化影响，加之当前从严治党、高压反腐的政治环境，不少党员干部不敢改革创新，不愿承担风险；另一方面，我国正处于改革"深水区"，正在努力全面建成小康社会和实现中国梦，这就需要一大批敢于改革创新、勇于探

---

① 郭海龙：《〈中国共产党党内问责条例〉：构建纠错机制的良好开端》，《湖北行政学院学报》2017 年第 1 期。

索的党员干部带领人民不惧风险奋勇前进。要通过调查研究制定切实可行的评估体系，要实事求是地诊断鉴定是否属于容错纠错机制的范畴，要以实践作为检验党员干部错误的性质和程度的唯一标准。此外，容错纠错机制本身也要经受实践的考验，在实践中不断修改、完善，以更好地适应形势发展要求，推动我国改革深入发展。

（二）人民民主

民主就是人民当家做主，这里的人民包括适用容错纠错机制的党员干部，这是由这些党员干部所犯错误的性质所决定的。容错纠错机制所处理的是党员干部在改革创新过程中，在探索过程中难以避免的失误，是"好心办坏事"。这些不是反党反社会主义的政治问题，不适用你死我活的阶级斗争方式；也不是违法违纪的法律问题，不适用法律的制裁方式；也不是谋图私利的道德问题，不适用舆论压力去解决。总之，这些错误是"过"不是"罪"，属于人民内部矛盾问题，要用民主的方法，要用说服教育、批评和自我批评的方法。在容错纠错的整个过程中都要坚持民主作风，制定容错纠错的评估体系要发扬民主精神，集思广益，在鉴定党员干部所犯错误的程度时也要坚持民主原则。

（三）激励创新

容错纠错机制的出发点是要保护和支持那些敢作敢为、锐意进取的党员干部，减少其改革创新的思想包袱和政治风险，努力为党员干部干事创业搭建平台、创造条件。如果说问责机制是一种约束制度，容错纠错机制则是一种激励机制。马克思主义认为，人的外在行为由内在动机激发，"人们奋斗所争取的一切，都同他们的利益有关"①。在社会主义市场经济条件下，人们的利益意识也日益强烈，党员干部也会考虑自己的经济利益、职业发展和政治前途。如果没有制度保障，一些党员干部宁愿选择按部就班、因循守旧，而不是冒着政治风险去改革创新。容错纠错机制必然要坚持激励原则，对可容的"错"采取减责甚至免责的处理办法，这也是很多地方政府的共识。②

四、容错机制构建的作用

党的第十八次全国代表大会以来，新一届党中央坚持党要管党、从严治

---

① 《马克思恩格斯全集》第 2 卷，人民出版社 1995 年版，第 103 页。
② 陈爱华：《党员干部容错纠错机制构建与策略分析》，《学理论》2018 年第 4 期。

党，严厉惩治腐败，反腐败呈现出高压态势。但是，伴随着反腐败斗争的持续深入，在一些党员领导干部身上产生了新的不作为问题，现实中庸政、懒政、怠政的行为出现了新的变化，甚至演变成新的腐败形式，严重影响到党的路线方针政策的贯彻落实和经济社会的发展，损害党员干部形象。而同时随着社会主义事业的逐步推进，改革进入深水区，要求保护和调动党员干部干事创业的积极性，鼓励党员干部大胆改革创新。由于存在干部积极作为预期与消极作为现实的矛盾以及化解改革风险和激励干部创新的需要，因此干部容错机制成为当前党和国家领导人重点关注的领域，中央和地方开始越来越多地关注和重视容错对于保护改革创新的重要意义，建立干部容错机制成为当前鼓励改革创新的重要任务和突破口。

（一）全面从严治党的有力之举

党的十八大以来，以习近平同志为核心的党中央，站在党和国家全局工作的高度，提出了党要管党、从严治党的一系列新思想、新要求、新部署。建立健全的容错机制，不仅能旗帜鲜明地为担当者担当、为负责者负责，而且能督促更多党员干部敢于担当、勇于负责，严肃惩治不作为、乱作为等不良之风。

（二）全面深化改革的关键之举

习近平总书记把改革称为"整体性、革命性变革"，提出做改革的促进派，自觉运用改革精神谋划推动工作。建立健全容错机制，就是响应习近平总书记号召，支持实干、支持创新，为想改革、谋改革、善改革者保驾护航。同时，通过完善健全容错机制，淘汰那些"只顾保官升官、不想踏实做事"、"只求过得去、不求过得硬"的官员，营造更加有利的干部成长和积极工作环境。

在全面深化改革背景下，容错机制的构建能够消除积极作为与消极作为之间的矛盾，能够化解改革过程中的风险，是激励干部创新的需要，同时也是响应中央精神与回应地方实践的选择。

（三）建设责任政府的必然要求

责任是一种新型的政府形象，是现代政府的基本特征，政府在进行社会管理过程中必须回应社会民众的基本要求并采取积极行动，对人民负责，接受人民监督，对其违法或者不当行为应当承担相应的责任。在全面深化改革背景下，公众参与成为一种趋势，容错机制的构建有利于改革创新者与上级领导沟通，获得上级领导信任，同时接受来自社会各方面的监督，容许试错、敢于承认过错、敢于纠正过错。可以说，容错机制的运行情况及效果已经成为公众评价政府行为的重要依据。因此，建立健全的容错机制，不仅是对干部改革创新和行政有为的鼓励和保障，更是建设责任政府的必然要求。①

第二节　容错机制构建的理论分析

一、容错机制构建的理论基础

（一）委托—代理理论

委托—代理理论是经济学的经典理论，以委托代理关系中的合同问题为研究对象，"遵循的是以'经济人'假设为核心的新古典经济学研究范式"②，是关于在利益冲突和信息不对称情况下，如何建立合理的风险分担机制和有效的激励监督机制的理论，发展至今已有 40 余年，后来被引入政治学和公共管理领域。

容错与问责紧密联系，问责是责任政府的核心，责任政府正是源于 20 世纪 60 年代西方新公共管理运动中的委托—代理理论。作为代理人的政府代表公众的利益执行任务并向公众汇报，两者间的"委托—代理"关系依赖于责任机制，责任机制是一种交互式制度安排即管理者和被管理者相互交换各自所需要的权利。③ 责任政府要求政府敢于作为和担当，积极主动地对公众负责。干部容错机制是政府敢作敢当，勇于承认错误和积极纠正错误的体现，干部容错机制的构建和运行正是基于"委托—代理"理论的理论支撑。

（二）激励理论

美国心理学家亚伯拉罕·马斯洛于 1943 年在《人的动机理论》一文中提出需要层次理论，认为人的需要可以归纳为生理需要、安全需要、社交需要、尊重需要、自我实现需要，未被满足的需要是行为的主要激励源。其中生理需要包括人体身体的主要需要，是最低层次的需要；安全需要包括自己免受生理和心理侵害的需要，如经济安全、职业安全、社会安全、劳动安全、心理安全

---

① 薛瑞汉：《建立健全干部改革创新工作中的容错纠错机制》，《中州学刊》2017 年第 2 期。

② 刘有贵、蒋年云：《委托代理理论述评》，《学术界》2006 年第 1 期。

③ 欧文·休斯：《公共管理导论》，中国人民大学出版社 2007 年版，第 279 页。

等；社交需要又称爱和归属需要，包括情感、归属、被接纳、友谊等；尊重需要即要求个人得到别人承认、信赖和尊重，要求得到威望、认可、地位而产生一种自足、自信的意识；自我实现需要是一种要求发挥自己的潜能、实现自己的理想和抱负的需要，主要体现在胜任感和成就感。①

美国心理学家弗雷德里克·赫茨伯格于 1959 年在《工作与人性》一书中首次提出了双因素理论，又称激励因素—保健因素理论。他把激励的有关因素分为满意因素和不满意因素。他通过对 20 世纪 50 年代末美国匹兹堡市 203 名工程师和会计师的调查，发现使员工感到满意和不满的因素是不同的。使员工感到满意的因素包括成就、认可、工作本身、责任感、发展前途、职务晋升等因素，这些因素构成员工很大强度的激励和满足，称为激励因素；使员工感到不满足的因素包括公司政策与行政管理、工作条件、薪资、人际关系、工作安全性等因素，这些因素的缺少容易导致员工产生不满和消极的负面情绪，这样的因素被称为保健因素。简而言之，激励因素能够产生使员工满足的积极效果，保健因素能够防止员工产生不满意。不少学者对他的理论提出了不同程度的质疑，认为不可将激励因素与保健因素绝对化理解，激励因素也有保健作用，保健因素也有激励作用。

干部容错机制在特定情形下免予追究相关人员的责任以保障干部权利和工作积极性，在一定程度上满足了安全需要、社交需要、尊重需要，有利于自我实现需要的满足。通过在特定情形下免予追究干部责任保护其工作积极性，是一种以保健因素实现激励目的的方式。在设计实施关于干部容错机制的调查、分析干部容错机制存在的困境和提出构建干部容错机制的策略的过程中，激励理论可谓贯穿始终。

（三）有限理性假设理论

赫伯特·西蒙的管理理论是管理决策理论发展史上的一个重大转折，被称为现代决策理论，该理论对于管理的基本前程和过程进行了开创性的研究。在他的《管理行为》一书中，针对完全理性和非理性首次提出"有限理性"的观点。相对于古典管理理论，西蒙的有限理性假设更加符合人们现实生活中的决策情况，构成了现代管理理论基石。考虑到人的基本生理限制，以及由生理限制引起的认知限制、动机限制等方面内容，西蒙认为现实生活中作为管理者或决策者的

---

① 余兴安：《激励的理论与制度创新：中国公务员激励机制研究》，国家行政学院出版社 2005 年版，第 23~24 页。

人是介于完全理性与非理性之间的有限理性的"管理人","管理人"的知识、信息、经验和能力都是有限的，既不可能也不期望达到最优，无法寻找到全部备选方案，也无法完全预测备选方案的后果，以寻求满意代替寻求最优。

改革创新工作事实上是由无数个决策构成的管理活动，不同于"完全理性"的"经济人"，限于基本生理限制、认知限制、动机限制等，推动改革创新活动的干部的知识、信息、经验和能力都是有限的，无法一次就寻找到改革创新的最优选择，不可能试图寻找到一个完美的方案，只能以寻求满意代替寻求最优，有限理性的管理人在改革创新过程中出现失误或者错误不可避免。本章也正是基于有限理性假设，考虑广大干部决策和执行过程中的"有限理性"，提出了构建干部容错机制的策略选择。

(四) 人力资源管理理论

现代管理学之父彼得·德鲁克于 1954 年在《管理的实践》一书中首次提出了"人力资源"一词，在此之后人力资源这一概念和相关理念被逐渐接受。20 世纪 60 年代到 80 年代是人力资源理论发展和完善的阶段，这一时期，"人力资源管理"一词被广泛应用于教科书和企业实践中，关于人力资源理论的研究主要集中于如何通过分析员工行为和心理来确定其对生产力和工作满意度的影响，从而实施有效的人力资源管理。干部容错机制从本质上看，正是人力资源管理理论在干部管理领域和改革创新领域的运用，通过对干部行为和心理的分析调查，实现有效的人力资源管理，提高干部工作积极性、工作能力和工作满意度，实现组织目标即改革创新，将人力资源转变为人力资本。

二、改革创新中容错机制构建的矩阵分析

干部是政府政策的实际制定者和执行者，由于干部也有其自身的利益，在执行公务的时候也会按照自身的成本收益来做出行为选择，尤其是在面对创新性任务时，干部往往不倾向于创新。只有构建容错机制，改变干部在创新中的风险和收益结构，才能在官僚制组织中建立起激励干部创新工作的导向。

(一) 干部在创新工作中的风险与收益

美籍奥地利经济学家约瑟夫·熊彼特在 1912 年出版的《经济发展理论》一书中提出创造性破坏理论，他认为创新的本质是不断地从内部革新经济结构，即不断破坏旧的，创造新的结构。从这一层面来看，干部创新实际上也是一种创造性破坏，即干部官员做事不循规蹈矩，不按照原先的规则、制度、法

律的要求行事，而是根据自己对于事物发展的认识和理解来采取对策。因此，在这个过程中，创新工作中所需要承担的风险和收益对干部所做出的决策就起着决定性作用。

对于干部创新来说，风险是失败的可能，而收益是创新所带来的成效。如果干部发现政府的既定策略不能适应自己所面对的社会事务，政策创新的需求就产生了。从风险角度分析，干部有两种选择：一是按照既定策略采取行动，也就意味着干部选择继续扮演政府这架"机器"上的"螺丝钉"，风险应该由既定授权者（政府或上级）来承担。二是不按既定策略行事，破坏原先的不符合事物发展规律的规则和制度，按照自己的判断来决策和行动，这就是一种"创造性破坏"行为，虽然打破了原先的常规，但是更有可能取得良好的行政成效。如果采取后一行为选择，就可能导致干部个人要为行为后果负责。从收益角度分析，有可能有两种收益分配方式：一种是创新带来的成效推动了社会的发展，受益方是全体社会成员，由政府代表社会受益；另一种是创新带来的受益主要由干部个人占有，社会受损，不享有，或者享有较少。

（二）容错机制激励干部创新的矩阵分析

综合以上几种情况，可以根据风险的承担者和收益的受益方列出行为选择的矩阵。在这个矩阵中，不同的风险和收益分配结构可以呈现出四种不同的模式，如图14-1所示。

风险 ＼ 收益	政府	干部
政府	A	B
干部	C	D

图 14-1　干部创新的风险—收益矩阵

A 模式：干部按照既定策略行事，风险由政府承担，收益也归于政府，即循规蹈矩。韦伯在设计其理想官僚制时指出，公务官员的荣誉在于自觉执行上级命令的能力，就像这命令与自己的信念想法完全一致。即使他认为这命令有错，在抗辩之后，如上级仍坚持原来的命令，他也应该执行。实践中，西方国家普遍奉行的文官制度往往就是贯彻了这种原则。

B 模式：干部按照既定策略行事，风险由政府承担，收益归于干部。出现这种现象有两种可能：一种是制度初创时期存在巨大漏洞，使干部有权而无责，客观上会引导干部做出不负责任的决策，造成"拍脑门决策、拍胸脯保证、拍屁股走人"的现象；另一种可能是政府被干部"俘获"，成了统治者谋利的工具，也就是"以天下奉一人"。

C模式：干部按个人判断行事，风险由干部个人承担，收益归于政府，即敢于担当。干部扮演了创新推动者角色（或者称为政策企业家），当创新成功时，全社会都是受益者，而当创新失败时，往往个人被追究责任，成为创新失败的牺牲品。

D模式：干部按照个人判断行事，风险由干部个人承担，收益归于干部，即以权谋私。某些干部打着改革和创新的旗号，采取有利于自身利益而不是公共利益的政策措施，实际上这是一种严重的腐败行为。在我国国企改革中，曾经出现的"穷庙富方丈"现象就属于这种情况。

如果从全社会利益角度出发，最好的模式是A，最差的模式是B。但是从干部自身的成本收益来分析恰恰相反，在四种行为方式中的排序是：B>（A或D）>C。A和D的先后取决于政府反腐败制度是否严密、腐败被查处的概率等因素。干部在行为选择上，大多数情况下不倾向于做创新推动者，所以，古今中外的官僚和官僚机构都呈现出陈腐平庸、按部就班、不思进取的行为特征。[①]

官僚制虽然是几乎所有政府都采取的组织形式，但是在不同国家的运转情况却大有不同。从以上分析我们认为A和C两种模式具有特别的典型意义。

A模式是西方国家典型的官僚制。西方国家的市场和社会比较成熟，为国家的创新提供着源源不断的动力。社会通过民主选举和法治问责授予政府公共权力，同时对公共权力的行使进行严密监督，从而满足公民对秩序、公正及其他公共产品的需要。随着经济、社会环境和形势的发展，公民的社会需求和利益诉求都会发生变化，为此，政府必须予以回应，这就是西方政府的改革创新。这个过程实际上是社会对政治系统的利益输入过程，其中可以分为两个"委托"环节。第一个环节是公民对于政府的委托，依靠民主选举来保证政治家们领导政府忠实履行经济社会发展的需要；第二个环节是政府委托官员按照规章制度具体行使权力，依靠政府法治和行政问责来保证权力不被其滥用。在

① 马晓黎、成为杰：《改革创新中的干部容错机制研究》，《长白学刊》2018年第3期。

西方式政府与市场关系模式下，政府的职能是有限的、收缩性的，政府奉行"法无授权不可为"的原则，也就是除了法律授权外政府不能同时也不必承担额外的责任。这样，西方政府官僚即使不能主动创新，但是在民选产生的政治家推动下，仍然能够适应经济、社会发展的需要而变革。

当然，变革过程中也会出现失败的可能，所以西方国家也有容错的现象，于是 C 模式诞生了。西方国家针对政治家和普通公务员的容错采用的是两种不同的机制。前者是公民对政府的委托，是一个政治过程，所以对政治家的容错，实际上就是政治家争取选民的支持和宽容。政治家要推动改革，同时规避创新风险，关键在于民意的宽容。例如时任日本首相的鸠山由纪夫向选民呼吁，建立新的政治需要在失败中不断尝试，他请求国民对此宽容，以忍耐的态度"培育"新内阁。后者是政府对官员的委托，是一个行政过程，实际上就是法治政府对官员的"隐形保护"。《德国公务员法》规定："按照上级工作安排付诸实施当然无需承担违抗命令的责任，公务员有责任要求上级领导下达有关肯定此项工作安排的书面批示。"《日本国家公务员法》规定，公务员有"服从法令及上司命令的义务和禁止争议行为"的义务。西方国家的容错最典型的特征在于民众参与和法治规范，这两点对我国具有一定的借鉴意义。

相比之下，发展型国家与发达国家有很大差别，发展型国家的市场和社会不像发达国家那么成熟和强大，国家的发展和创新活力很大程度上来自强大的政府。这些国家的政府不仅仅为社会提供公共产品，还扮演着推动国家发展的重要角色，相应的政府职能具有扩张性，政府也承担着更为重要的发展责任。发展型国家往往也具有类似发达国家的委托链条，即公民委托政府、政府委托官员。但是前一个环节往往比较弱，本国市场的力量不足，造成公民难以对政府构成制度压力，也同样难以把自身的利益诉求传导到政府中去，政府机制本身的创新压力无从产生。这样，就出现了一个尖锐的矛盾：发展型国家对政府有着极大的创新需求，但是根据官员创新矩阵的分析，官僚制下的政府和官员都没有创新动力。为此，必须通过深入分析官员创新矩阵，建立一个引导官员创新的成本收益结构。有学者指出，"由于改革创新者所承受的压力和风险要大于其个人收入预期，上级政府和社会各界都应该保护改革者、奖励创新者、宽容失败者、善待出错者"，这就是容错机制。

容错机制的本质在于"为担当者担当、为干事者撑腰"，即政府替干部承担创新的风险。这样，干部在面临纷繁复杂的社会事务，原先的规则、方法不能奏效时，敢于采取个人认为正确有效的政策措施创造性地解决问题，免除决策风险的顾虑，从而更加有利于政府的创新行为。

第三节　容错机制的构建与发展

一、我国容错机制构建的发展历程

中国取得现在的世界地位，离不开中国的改革。中国的改革不同于苏联的激进式，经过了改革开放40多年的历程，中国走的是一条渐进式的改革之路，这条道路的重要特征在于重视自下而上的探索，尊重首创精神，用"摸着石头过河"做比喻最为恰当，体现了理性有限的精神。我国各级党委、政府及各部门的领导干部，在推进地方及部门工作、深化改革创新中起到了关键性的作用，首先在基层自主尝试，基层干部"致力于创新"，扮演了"政策企业家"的角色，然后在试点中逐步积累成功经验、汲取失败教训，最后形成成熟方案后推向全国。这一做法激发了干部的改革创新精神，改革创新者大量涌现，降低了改革成本，使改革创新更容易成功。

其主要形式可以归纳如下。

（一）思想动员形式

思想动员的方式是我国革命战争时期党开展思想政治工作、争取战争胜利的重要经验，同时也是我党在改革开放初期阶段推进工作的重要手段，即激励干部锐意进取、勇于改革，为国家改革的大局考虑，放弃个人利益而敢于去大胆尝试。邓小平曾经号召广大领导干部"改革开放胆子要大一些，敢于试验，不能像小脚女人一样。看准了的，就大胆地试，大胆地闯"。"中国改革从农村开始，农村改革从安徽开始，万里同志是立了功的!"邓小平同志曾这样评价万里同志。20世纪70年代末80年代初，万里同志带领安徽省在全国率先突破农村既定政策"左"的框框，给农民"松绑"，奏响农村改革序曲。万里同志是农村改革的闯将，他曾提出"准许改革不成功，但不准许不改革"，他是追求真理、勇于探索的代表，当时被《人民日报》称为"改革闯将"。① 这一时期的党政干部开展工作的主要特点就是具有理想主义的革命激情，为了党和人民的事业推动改革，"改革闯将"实际上就是干部在工作中扮演创新推动

---

① 吴苗苗：《深改时代仍需发扬万里"改革闯将"精神》，人民网，http：//cpc.people.com.cn/pinglun/n1/2016/1207/c241220-28932448.html。

者的角色，即政策企业家。

在这种思想动员的工作推进方式下，当时的中央领导对这些经过革命战争考验过的干部有种绝对的信任，因此对他们的改革尝试持一种理解、支持、鼓励的态度，即对错皆可容。但是，这种形式越来越具有一种风险性，一些干部可能会受到经济利益的影响，趋利避害的心理导致他们与组织的关系不再是以前的依赖关系，此时，政府对这些干部的信任和允许犯错，最终可能会导致腐败以及包庇腐败的现象，因此这种完全依赖领导信任、无制度保障的容错形式具有很大的局限性。

（二）授权试点形式

试点，指全面开展工作前，先在一处或几处试做，以取得经验，试点是改革的一种重要方式同时也是改革的一项重要任务。改革开放以后，我国政府于1984年在14个沿海开放城市建立了第一批国家级经济技术开发区，赋予其对外开放、引进外资等特殊政策以此来促进这几个地区的经济贸易发展，想通过这种方式取得一定的经验，逐步使得全国各地区不断改革创新。这种做法当时就被称为经济开发的试点工作，授权试点的做法一般适用地域较小，在一定程度上不仅利于政策的实施和调整，也更好控制风险。

随着改革开放的推进和深化，根据不同时期经济建设和社会发展战略的需要，经济技术开发区建设也从沿海地区向沿江、沿边和内陆省会城市、区域中心城市拓展。近些年来，天津滨海新区（2006年）、重庆两江新区（2010年）、浙江舟山群岛新区（2011年）、河北雄安新区（2017年）等十几个国家级新区相继设立，截至2017年我国共有国家级经济技术开发区219家，而且不同的新区都有自身不同的定位，被授予一定的免责权、试错权，国家级经开区总体保持良好发展态势，对经济社会发展起到重要的辐射带动作用，成为中国改革创新的重要方式。①

试点过程中由地方先试验，既会产生经验，也会遇到难题甚至失败，汲取教训但以事前授予试错权的方式免除其个人责任，说明这种容错逐步在走向成熟和制度化。在授权试点的情况下，虽然政府对干部进行容错，但是实际上干部进行政策试错的实施领域、基本思路、进度、权限都比较清晰，而且都处于政府可控的范围内。因此，授权试点下的容错试错的应用扫除了干部创新行为的制度羁绊，调动了干部改革创新的积极性。

---

① 侯静：《从各地实践看容错机制的构建》，《经济研究导刊》2018年第12期。

（三）明确责任形式

改革开放以来，中国的社会经济取得了举世公认的巨大成就，但同时也出现了大量官员庸政、懒政、怠政的行为，这些行为严重影响社会经济发展，损害党员干部形象。有些地方奉行"宁要贪污犯、不要大笨蛋"的用人取向，纵容下级干部腐败，出现了"能吏腐败"现象，甚至形成上下级不正常的人身依附关系，以改革之名行腐败之实。腐败的现象与鼓励改革试错容错的政策背景交织在一起，就出现了有人借着试错容错的的名义和理由进行腐败。因此，在这样的背景下，我国政府实施了责任制的方式，党的十八大以来，新一届党中央坚持党要管党，从严治党，严厉惩治腐败，反腐败呈现出高压态势。

"共产党人的忧患意识，就是忧党、忧国、忧民意识，这是一种责任，更是一种担当。"① 十八大以来，习近平总书记多次强调，要牵住"主体责任"这个牛鼻子，"各级党委要切实担当和落实好全面从严治党的主体责任"，"党委书记作为第一责任人，要担负起全面从严治党的政治责任"。② 十八届三中全会对全面从严治党须落实的"两个责任"作了进一步明确，即要履行好党委的主体责任和纪委的监督责任。

但是，伴随着反腐败斗争的持续深入，在一些党员领导干部身上产生了新的不作为问题，严重影响到党的路线方针政策的贯彻落实和经济社会的发展，形成新时期的"中梗阻"，不作为甚至演变成新的腐败形式。③ 这种责任本位的思想在一定程度上责任能力不足，缺乏科学的容错机制，并不能够有效的改变和缓解腐败和不作为等现象，而随着社会主义事业的逐步推进，改革进入深水区，要求保护和调动党员干部的干事创业的积极性，鼓励党员干部大胆改革创新。因此中央和地方开始越来越多地关注和重视容错对于保护改革创新的重要意义，建立健全的容错机制成为当前鼓励改革创新的重要任务和突破口。

（四）容错创新形式

对于广大党员干部而言，容错纠错机制是一定条件下可以免责的权利，更

---

① 习近平：《坚持从严治党落实管党治党责任　把作风建设要求融入党的制度建设》，《党建》2014 年第 8 期。

② 中共中央宣传部：《习近平总书记系列重要讲话读本》，学习出版社 2016 年版，第 104~106 页。

③ 山西省党建研究会课题组：《反腐高压态势下党员领导干部"不作为"问题研究》，《中国延安干部学院学报》2015 年第 2 期。

是勇于进取积极作为的责任。既然没有了对"多干多错"的担忧，就没有理由按照"不干不错"的逻辑去行事了。从这个意义上讲，容错机制在我国政治现实场景中有着更高的、更积极取向的功能定位，广大干部在感受到"依靠"的同时，应释放出更多的干事创业的热情与活力，为加快推进社会经济建设、全面建成小康献计出力、添砖加瓦。容错纠错机制旗帜鲜明地为担当者担当、为负责者负责、为改革创新者撑腰鼓劲，最大限度调动广大干部干事创业的积极性、主动性、创造性，必将为进一步深化改革、引领经济新常态、实现两个翻番目标、全面建成小康社会增添更大的动力。

但在现实情景中，由于容错机制是一个新生事物，容错机制在应对官员不作为或为官不为的实践中，也会遭遇无法"对症下药"的困境，即容错机制在应对官员不作为时并不具有理想中的实际效度，同时容错机制的出现也会与现有一些制度之间存在矛盾乃至冲突关系导致实际应用效果不佳。因此，寻找容错机制构建的理想与现实之间的平衡点，给予容错机制构建本身一定的"容错空间"，探寻容错机制的系统化构建、配套化构建、法治化构建则是接下来需要实践的方向。

二、当前容错机制实施中的掣肘因素

近年来，我国多地开展了建立健全党员干部容错纠错机制探索，在激励干部创新热情上效果较为显著。容错机制作为一种新型的政府治理工具，受到了我国党政机关的高度重视和期待。从实施的角度来看，容错机制的实施挑战重重，既要充分汲取原先丰富的实践经验，又要面对来自不同于前制度化容错实践的各方面新挑战。容错机制的实施过程中面临的一些困难，主要有如下几点：

（一）未厘清容错与问责的边界

厘清容错与问责两者间的边界是容错机制发挥作用的关键。西方国家在行政问责机制上都比较严密、系统，在行政法上都有比较明确地规定某些具体、可操作的情形行政公职人员可以免责，甚至有相关案例作为参照，以便于在实践中正确、有效实施。[①] 反观我国行政问责机制，问责实践的不断推进并不代表我国问责制的高度完善，目前我国问责制仍然存在着许多问题，阻碍了问责制作用的发挥，对于免责问题缺乏国家层面应有的规定，目前还没有一部关于问责制的法律，且现有规定中对于问责的规定不够明确，导致实际操作性不

---

① 王明杰：《美英法行政免责的经验借鉴》，《人民论坛》2016 年第 4 期。

强；问责主体单一，我国目前的问责实践主要停留在部门内部"上问下责"，离媒体、人大、上级、司法和民众多元主体参与的民主问责制还有较长的路要走；问责对象不明确，现有规定中对于责任追究对象规定比较模糊，对于集体负责的行为和活动的责任难以界定，"名曰'集体负责'，实则谁也不承担责任"①；问责程序不完善，对于已经造成负面影响和重大损失的失职行为的问责在操作程序上不规范，对于未产生不良影响的失职行为的问责，没有确立明确的程序，对于问责程序启动也主要限于党政机关内部。

"问责制是纪律追究和法律追究制度的有益补充，它的不可忽略的优势是及时。实施纪律处分和法律惩治，往往需要较长的调查处理周期，而问责则可根据现场情景和调查结论快速做出，有利于尽快平息事态，消除民怨民愤。"②干部问责机制正处于发展而又不完善的阶段，与容错机制的关系没有理顺，相对于问责的规范性文件的数量和制度建设的完善程度，干部容错免责的规范性文件的数量较少，相关政策规定仍然只是部分地方的实践，中央也尚未出台全国性的干部容错规定，并未建立起对于干部改革创新领域的容错机制。

（二）制度运行效果不佳

面对全面深化改革时代背景，改革难度加大，容错机制的实际运行效果不佳，就全国各地的实践来看，各地容错免责的干部事例屈指可数，少数地方甚至遭遇了"零申请"的困境。"不少基层干部称之为'表态性'制度文件，就目前而言，其鼓励干部干事创业的'导向性'意义大于其实际效用。"③

同时，与容错机制密切相关的党政机关、事业单位和国有企业部分工作人员对于容错概念、相关政策文件、容错机制建设和运行状况的知晓和认同程度不高。同时，在容错机制实施的具体过程中，党政官员对于容错机制仍心存疑虑甚至持怀疑态度，担心虽然实行容错免责仍会影响个人前途，干部不能为、不愿为现象仍然严重，创新试错能力、动力不足，风气不浓，容错机制陷入"空转"。

容错前提是创新和试错，没有试错当然也就没有容错。针对为官不为，容

---

① 肖光荣：《近年来国内政府官员问责制研究的回顾与思考》，《政治学研究》2007年第3期。

② 田文生：《重庆：一年问责49名高官》，《中国青年报》2005年11月23日。

③ 李荣梅：《党员干部创业容错免责机制研究》，《山东行政学院学报》2017年第1期。

错机制只能一定程度上缓解"不敢为"，但是由于各种原因的"不能为"、"不愿为"仍然严重，造成了干部创新试错行为越来越少。第一，干部创新试错能力不足。我国各方面领域改革已经进入深水区，创新风险越来越大，试错空间越来越小，干部缺少必要的创新试错能力，"本领恐慌"现象凸显。第二，创新干部不一定被重用。在当前的干部选拔任用制度下，甚至于改革成功的干部也未必能够获得晋升激励，"老好人"受到大多数人的欢迎，"为官不为、廉而不勤"成为干部个体的理性选择。第三，不作为干部极少被问责。干部队伍中"多干多错、少干少错、不干不错"的心理，阻碍着改革创新的深入。只有在干部中真正营造出"重用改革促进者，问责改革旁观者"的氛围，才能涌现出大量改革创新案例，容错机制才有用武之地。

（三）社会公信力缺乏

公众参与日益成为政府必须顾及的重要因素，任何容错都将承受社会舆论的压力。随着经济社会的发展，公众政治参与意识不断提升，尤其是互联网兴起之后，任何政府工作不再是"关起门"来内部决策，必须面对来自社会各方面的质疑。勇于改革创新的干部不仅要获取上级的信任，也要对公众讲好"改革故事"。这与以前只要获得上级领导信任就可以得到理解和豁免完全不同，一方面原因是涉及容错的情况大多数都有较大的争议，难以定论，另一方面原因是互联网普及以后，工作中稍有争议就有可能成为舆论媒体关注的焦点，很多面对争议的干部更愿意通过以前与上级领导沟通、获得上级领导信任的方式实现容错，而不是在争议中接受大众的"讯问"。

（四）配套制度建设不完善

任何制度的形成都需要时间，容错机制也是如此。前制度化状态下，上级领导往往对所支持的改革者在政治素质、业务能力，包括改革措施的科学性、合理性都有相当的了解，基于这种信任和了解对改革者进行保护，而这种对改革者的信心还难完全通过制度的方式实现。当前虽然出台了大量相关文件，但是在一些关键问题上现实可操作性不强，操作程序和认定流程复杂。比如程序上重事后，轻事前备案。现在容错机制以事后申请为主，但是就存在试错结果缺乏可控性的风险，而且也给调查、取证带来了困难。

当前干部容错机制的制度体系不够完善，虽部分省份的文件已经逐渐呈现出体系化的特征，但整体而言干部容错机制仍未形成从中央到地方完善的制度体系，各地区、各级政策文件未体现差异性。容错机制的具体制度实践主要停留在省级以下层级，相关文件的效力层级较低，中央尚未出台全国统一性的法律规范文件，中央层面的关注主要体现在宏观原则和总体理念的指导，是一种舆论导向。

三、构建健全容错机制的路径选择

（一）完善鼓励创新、容错纠错的法律法规体系

干部容错机制需要制度性保障，这要求法律法规等规范性文件的出台，更重要的是建立起从中央到地方的完善的制度体系。2018 年 5 月中央办公厅印发的《关于进一步激励广大干部新时代新担当新作为的意见》指出，"各级党委（党组）及纪检监察机关、组织部门等相关职能部门，要妥善把握事业为上、实事求是、依纪依法、容纠并举等原则，结合动机态度、客观条件、程序方法、性质程度、后果影响以及挽回损失等情况，对干部的失误错误进行综合分析"。这一文件指出了改善容错纠错机制的方向，对今后一段时期的相关工作具有指导性、规范性意义。在这个基础上，容错纠错机制体系应该深化发展，规范各地容错机制相关文件，制定更为科学合理的制度。由于地方层次的各种局限性，难以形成最合理的做法，因此应该由国家出台容错机制，吸收各种做法的优点，破解难题，吸纳各方意见，形成最科学合理、统一规范的做法；并在此基础上进一步细化制度，探索相关制度安排的具体实施程序方法，对创新试错过程进行"工作留痕"，全面反映工作的程序和方法，同时建立容错机制的事前备案制度。如图 14-2 所示。

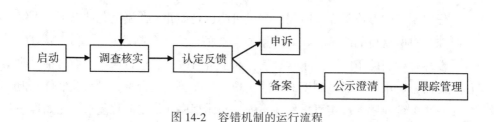

图 14-2　容错机制的运行流程

（二）明确容错、问责、纠错的界限

要统筹兼顾全面从严治党与保护改革创新的关系，精准区分失误错误与违

纪违法的界限。区分党员干部因敢作为而出现的失误、错误与因乱作为而导致的违纪违法行为的界限，关键是要严格坚持"三个区分"，即把党员干部在推进改革中因缺乏经验、先行先试出现的失误和错误，同明知故犯的违纪违法行为区分开来；把上级尚无明确限制的探索性实验中的失误和错误，同上级明令禁止后依然我行我素的违纪违法行为区分开来；把为推动改革的无意过失与为谋取私利的故意行为区分开来。具体而言，对于那些违反党纪国法和背离人民利益的犯错行为，必须要科学归责、依法问责和有效追责，发挥制度和纪律的刚性约束功能；而对那些为了开创工作新局面，为了更好地实现和维护公共利益，在主动探索、勇于创新和积极作为过程中发生的犯错，则不能只强调制度问责和刚性约束，而应允许试错、宽容失败、支持纠错，客观、公正、辩证地看待其失误，积极引导其纠正错误，从而为干部干事创业营造良好的制度环境。在此基础上，还应积极探索和建立容错清单制度。各级党委和政府应结合各地具体情况，出台关于建立容错纠错机制、鼓励改革创新的规范性文件，在诸如简政放权改革、提高政府效能、优化资源配置、实施创新驱动战略、推动重大民生项目等方面规定具体的容错内容，向干部和社会传达宽容失败、鼓励创新的明确信号。同时，对其他领域中有助于改善行政绩效、提高工作效率和增进公共利益的做法，也可以通过组织酝酿、专家评议和社会公众建议等方式，按照组织原则和工作流程纳入容错清单，以此清楚划分容错纠错机制的适用范围，细化容错情形，提升容错纠错机制的科学性。①

（三）完善容错相关配套制度

容错机制不仅内部各构成要素相互协调作用，其作为一个整体还与外部其他要素相互联系，容错与纠错应成为一个整体，二者要同步建立、并行实施，如此才能对失误与错误全面认识并有效改正。容错机制目标的实现，不仅要求其做好自身的合理构建和良好运转，还要注重与相关配套制度的衔接。纠错防错制度在于对改革创新过程中的事中补救和事前防范，减少试错带来的损失；问责机制在于对改革创新过程中权力滥用和履职不当的约束和惩戒，问责是容错免责的前提；激励机制在于为改革创新提供动力、创造活力；完善的决策制度能够保证改革创新过程的决策民主、科学、合理，通过风险评估、可行性研究、公众参与等方式和环节避免改革创新过程中的决策失误，降低风险。容错

---

① 杜兴洋、陈孝丁敬：《容错与问责的边界：基于对两类政策文本的比较分析》，《学习与实践》2017 年第 5 期。

免责的结果直接运用于干部选拔晋升中，完善合理的干部选拔晋升制度能够保证容错免责结果的运用，巩固容错机制的成果。因此要注重容错机制与纠错防错制度、问责制、激励机制、决策制度、干部选拔晋升制度等配套制度的衔接，避免各制度间的相互矛盾和冲突，形成政策合力，既在最大程度上避免决策失误，又要避免宽容变纵容，共同发挥鼓励创新和保障改革的作用，各个环节和制度相辅相成、缺一不可。

（四）加强干部容错机制的教育动员

《中共中央关于全面深化改革若干重大问题的决定》强调加强宣传和舆论引导，为全面深化改革营造良好社会环境。当前无论是在党员干部还是人民群众中，干部容错机制都未真正得到普及和认识，这已然成为干部容错机制构建和实施中的主要障碍之一。加大干部容错机制的宣传工作迫在眉睫，不仅要在容错免责的适用对象中广泛开展宣传，使广大干部真正了解、积极响应，还要在广大人民群众中宣传和普及，为干部容错机制和改革创新的推进打好群众基础。只有群众对于容错机制了解和理解了，才能减轻干部干事创业的后顾之忧，有利于干部容错机制的顺利推进。

在干部改革创新工作中，各级党委、政府和相关工作部门应切实担负起容错纠错的主体责任，把严格管理干部和热情关心干部结合起来，正确处理全面从严治党与支持保护干部的关系。纪检监察机关要严格执纪监督，把握政策界限，合理容错，及时纠错，消除干部的思想顾虑。组织部门要树立正确的用人导向，重点选用担当有为的优秀干部，及时调整为官不为的干部，激励敢试、敢闯、敢担当者有所作为。宣传部门要统筹运用各类媒体资源，大力宣传支持保护干部干事创业的政策措施，营造良好的舆论氛围，加快形成允许试错、宽容失败的社会共识，引领全社会关注改革创新。①

（五）引导公众参与，提高容错机制的公信力

在现代公民文化环境下，社会对政治体系是否采取友好态度根本上取决于公众能不能及时、真实地了解政治运行的过程。社会公众对干部容错的不宽容，短期来看是社会氛围问题，但根本上说是由于某些政府公职人员长期无视

---

① 刘鸿池：《建立干部容错纠错机制　引领干部迈入干事新常态——关于建立干部创新工作容错纠错机制研究》，《党史博采（理论）》2017 年第 7 期。

社会态度，造成的社会与政府之间的隔阂。

因此，对于容错机制的社会公信认知方面问题的解决办法不应该简单采取传统的宣传教育的方式，而必须要长期坚持在容错各个方面尽最大可能满足公众知情的需要，通过适当的公开方式引导公众参与，提高容错机制的公信力，在全社会营造宽容失败的氛围。如可以采取公众听证会制度，邀请有利害关系的群众，在当地具有较大社会影响力的公众人物、专家学者等参与，赋予一定的知情权、讨论建议权，在一些专业性强的领域还可以邀请某些研究机构、第三方评价机构等参与。通过澄清保护机制、对于部分容错案例的宣传等方式可以赢得社会公众的信任，帮助公众了解改革创新的难点，进而推动改革本身。

☞ 本章小结

容错机制是在全面从严治党的背景下提出的，在治国理政、改革创新的领域强调用合理的容错机制和完善的激励机制促进党政干部的工作活力。容错机制包括容错、问责以及纠错三个部分，相辅相成共同构成整个容错机制。容错机制的主要原则包括实事求是原则、人民民主原则和激励原则，不仅是全面从严治党的有力之举，也是全面深化改革的关键之举和建设责任政府的必然要求，能够化解改革风险与干部创新之间的矛盾，有利于上下级干部之间的沟通和面对社会公众的质疑。

容错机制的理论基础包括委托—代理理论、激励理论、有限理性假设理论和人力资源理论。根据干部行为处事的方式，以及风险的承担者和收益的受益方可以将"政府"、"干部"双方，与按照"既定策略"、"个人判断"行事构建出干部创新的成本收益矩阵，通过分析发达国家与发展中国家的不同模式，可以得出容错机制的构建是对政府更加有利的创新性行为。

我国容错机制主要包括思想动员、授权试点、明确责任和容错创新这四种形式，在容错机制实施过程中的掣肘因素主要包括未厘清容错与问责的边界、制度运行效果不佳、社会公信力缺乏以及配套制度建设不完善这四个方面。针对掣肘因素，健全容错机制的路径选择首先是完善鼓励创新、容错纠错的法律法规体系；其次是明确容错、问责、纠错的界限；再次是完善容错相关配套制度，同时也要加强干部容错机制的教育动员；最后是引导公众参与，提高容错机制的公信力。

容错机制；问责机制；纠错机制；激励理论；有限理性假设；创新成本与收益；容错与问责的边界；健全容错机制的路径

☞ 练习与思考题

1. 容错机制的概念和特点是什么？
2. 容错机制的主要原则是什么？
3. 容错与问责以及纠错的关系如何？
4. 当前我国容错机制实施过程中有哪些掣肘因素？
5. 论述我国构建健全容错机制的路径。

☞ 案例

江苏明确容错 5 种条件 8 种情形 让干部放开手脚干事创业

2017 年 6 月 26 日，江苏省委办公厅下发文件，明确建立容错机制，用机制为作风正派、敢于担当、勇于负责的干部撑腰鼓劲，调动和保护干部队伍干事创业的积极性。

在这份《关于建立容错纠错机制激励干部改革创新担当作为的实施意见（试行）》文件中，明确了可以容错的 5 种条件和 8 种情形。包括：在贯彻党委政府决策部署中狠抓落实、创造性开展工作；在推进改革和体制机制创新中积极探索、先行先试；在推动重大项目、重点工作中履职尽责、攻坚克难；在服务企业、服务群众中为提高效率进行容缺受理；在化解矛盾纠纷、解决历史遗留问题中主动担责、积极作为；在处置突发事件中因情况紧急临机决断；在落实管党治党主体责任、从严管理干部中坚持原则、敢抓敢管；对以上情形，出现一定失误错误的，可以给予容错。但对违反党的纪律，违反国家法律法规的，或虽未违反党的纪律、违反国家法律法规，但客观上造成重特大安全责任事故、严重环境污染、生态破坏责任事故、重特大群体性事件的，不予容错。

在江苏，已有不少市、县（市、区）和单位在党员干部的容错纠错机制上先行探索。在泰兴市根思乡，村干部为保证种粮大户能及时收割，保护村民的利益，违规将村农机专业合作社的资金借给种粮大户使用。当地纪委根据调查核实情况及 3 名村干部的申请，启动容错纠错程序，并召开听证会。经乡党委集体研究，认为 3 人违反农机合作社章程规定将集体资金借给他人的错误事实，符合《泰州市鼓励改革创新激励干事创业容错纠错实施办法》规定，决定予以容错免责。据介绍，泰州市启动容错纠错机制以来已有 6 批 8 人被免责。

江苏省委组织部常务副部长胡金波说，江苏省委出台这一意见，既是为作风正派、敢于担当、勇于负责的干部鼓劲撑腰，也是重申加大治懒治庸力度，对不作为、慢作为、乱作为等现象绝不容忍。

（资料来源：http://cpc.people.com.cn/n1/2017/0627/c64387-29364781.html，2017年6月27日）

请思考：

1. 结合案例，分析我国容错机制包括哪些情况？
2. 结合案例，讨论我国容错机制实践未来发展的新趋势。

参考文献

1. 《习近平谈治国理政》（第二卷），外文出版社 2017 年版。

2. 习近平：《习近平关于巡视工作的一组重要论述》，《党的文献》2015 年第 1 期。

3. 《习近平新时代中国特色社会主义思想三十讲》，学习出版社 2018 年版。

4. 《中国共产党第十九次全国代表大会文件汇编》，人民出版社 2017 年版。

5. 《胡锦涛文选》（第三卷），人民出版社 2016 年版。

6. 《十七大以来重要文献选编》（上），中央文献出版社 2009 年版。

7. 《江泽民同志重要论述研究》，人民出版社 2002 年版。

8. 《邓小平文选》第 1 卷，人民出版社 1994 年版。

9. 《邓小平文选》第 2 卷，人民出版社 1994 年版。

10. 《邓小平文选》第 3 卷，人民出版社 1993 年版。

11. 《毛泽东 邓小平 江泽民论干部监督》，党建读物出版社 1999 年版。

12. 《共和国档案》，团结出版社 1996 年版。

13. 金冲及编：《毛泽东传》（上），中央文献出版社 2004 年版。

14. 《毛泽东选集》第 2 卷，人民出版社 1991 年版。

15. 孟德斯鸠：《论法的精神》（上册），商务印书馆 1982 年版。

16. 王先慎撰，钟哲点校：《韩非子集解》，中华书局 1998 年版。

17. 王符著，汪继培笺，彭铎校正：《潜夫论笺校正》，中华书局 1985 年版。

18. 欧阳庆芳：《国家治理视野下的纪检监察研究》，华中师范大学出版社 2016 年版。

19. 《马克思恩格斯选集》第 2 卷，人民出版社 1972 年版。

20. 《马克思恩格斯选集》第 4 卷，人民出版社 1995 年版。

21. 林吕建：《权力错位与监控》，中国方正出版社 1996 年版。

22. 陈奇星等：《行政监督论》，上海人民出版社 2001 年版。

23. 张康之：《公共行政中的哲学与伦理》，中国人民大学出版社 2004 年版。

24. 洛克：《政府论》下篇，商务印书馆 1995 年版。

25. 金良年：《孟子译注》，上海古籍出版社 2004 年版。

26. 杨柳桥：《荀子诂译》，齐鲁书社 1985 年版。

27. 布坎南：《自由、市场和国家》，北京经济学院出版社 1988 年版。

28. 张康之：《寻找公共行政的伦理视角》，中国人民大学出版社 2002 年版。

29. 杰瑞米·波普著，清华大学公共管理学院廉政研究室译：《制约腐败——建构国家廉政体系》，中国方正出版社 2003 年版。

30. 阿诺德·J. 海登海默：《对腐败性质的分析》，王沪宁主编《腐败与反腐败：当代国外腐败问题研究》，上海人民出版社 1990 年版。

31. 胡鞍钢：《腐败与发展》，胡鞍钢主编《中国：挑战腐败》，浙江人民出版社 2001 年版。

32. 邓杰、胡廷松：《反腐败的逻辑与制度》，北京大学出版社 2015 年版。

33. 杜兴洋：《行政监察学》，武汉大学出版社 2010 年版。

34. 夏书章：《行政管理学》，高等教育出版社 2018 年版。

35. 陈振明：《公共管理学》，中国人民大学出版社 2007 年版。

36. 张国庆：《公共行政学》，北京大学出版社 2017 年版。

37. 王沪宁：《反腐败——中国的实验》，三环出版社 1990 年版。

38. 《后汉书》，上海古籍出版社 1986 年版。

39. 《〈中华人民共和国国家监察法〉释义》，中国方正出版社 2018 年版。

40. 袁峰：《当前中国的腐败治理机制——健全反腐败惩戒、防范和保障机制研究》，学林出版社 2015 年版。

41. 冈纳·缪尔达尔著，方福前译：《亚洲的戏剧：南亚国际贫困问题研究》，首都经贸大学出版社 2001 年版。

42. 《〈中华人民共和国行政监察法〉释义》，中国方正出版社 2008 年版。

43. 姜如海：《中外公务员制度比较》，商务印书馆 2013 年版。

44. 任仲文：《学习习近平总书记系列讲话精神》，人民日报出版社 2014 年版。

45. 邓联繁：《巡视制度原理与巡视条例完善之研究——全面从严治党与全面依法治国的双重视角》，法律出版社 2015 年版。

46. 奚洁人：《科学发展观百科辞典》，上海辞书出版社 2007 年版。

47. 王明高：《新时代中国国家监察体制的重大创新和伟大实践》，《人民论坛·学术前沿》2018 年第 5 期。

48. 杨晓楠：《国家机构现代化视角下之监察体制改革——以香港廉政公署为借鉴》，《浙江社会科学》2017 年第 8 期。

49. 段龙飞、任建明：《关于香港廉政公署的反腐败教育战略》，《理论探索》2008 年第 4 期。

50. 胡鞍钢：《中国 90 年代后半期腐败造成的经济损失》，《国际经济评论》2001 年第 5 期。

51. 周淑真、蒋利华：《党的十八大以来巡视制度功能探析》，《新视野》2018 年第 1 期。

52. 陈燕：《突破与创新：十八大以来中国共产党的巡视工作研究》，《求实》2017 年第 9 期。

53. 胡志远：《中国共产党党内巡视制度的历史沿革及其当代价值——执政理念创新的视角》，《理论导刊》2016 年第 3 期。

54. 张世洲：《全面从严治党背景下完善党内巡视制度的对策研究》，《理论探讨》2015 年第 5 期。

55. 牟广东、唐晓清：《论巡视制度在党内监督体系中的地位和作用》，《理论探讨》2010 年第 3 期。

56. 王立峰、潘博：《党内基层巡察制度优化路径探析》，《长白学刊》2017 年第 2 期。

57. 张道许：《我国巡视制度发展巡礼》，《国家行政学院学报》2015 年第 4 期。

58. 卢智增、林翠芳：《改进完善党内巡视制度问题研究》，《理论导刊》2015 年第 7 期。

59. 张玮：《民主革命时期中国共产党的巡视制度建设》，《郑州大学学报（哲学社会科学版）》2014 年第 5 期。

60. 董世明：《十八大以来党对巡视制度的探索》，《江汉论坛》2016 年第 1 期。

61. 孙亮、张正光：《十八大以来党内巡视制度创新探究》，《党的建设》2015 年第 6 期。

62. 宫玉涛、王志瑶：《党的十八大以来党内巡视制度的新发展与新特点》，《理论与改革》2015 年第 6 期。

63. 李崧：《改革创新巡视制度的路径分析》，《理论与实践》2011 年第 2 期。

64. 王仰文：《巡视制度的执行困境与现实出路》，《前沿》2010 年第 10 期。

65. 郑传坤、黄清吉：《健全党内监督与完善巡视制度》，《政治学研究》2009 年第 5 期。

66. 陈燕侠：《反腐倡廉的文化维度构建与传播模式创新——以〈人民快报·

廉政周刊〉手机报为例》，《领导科学》2017 年第 2 期。

67. 肖汉宇、公婷：《腐败研究的若干理论问题——基于 2009—2013 年 526 篇 SSCI 文献的综述》，《经济社会体制比较》2016 年第 2 期。

68. 过勇：《当前我国腐败与反腐败的六个发展趋势》，《中国行政管理》2013 年第 1 期。

69. 王平一：《论十八大以来习近平同志的反腐倡廉思想》，《求实》2014 年第 10 期。

70. 王希鹏：《十八大以来党风廉政建设和反腐败斗争工作的创新》，《中国特色社会主义研究》2014 年第 4 期。

71. 陈光中：《关于我国监察体制改革的几点看法》，《环球法律评论》2017 年第 2 期。

72. 马怀德：《〈国家监察法〉的立法思路与立法重点》，《环球法律评论》2017 年第 2 期。

73. 刘占虎：《制度反腐、过程防腐与文化倡廉——中国特色反腐倡廉道路的探索与思考》，《马克思主义与现实》2014 年第 1 期。

74. 钟哲、那凯：《国家监察体制改革研究综述》，《行政与法》2018 年第 12 期。

75. 刘振洋：《论国家监察体制重构的基本问题与具体路径》，《法学》2017 年第 5 期。

76. 石亚军、卜令全、陈自立：《国家监察体制：全域立体监察模式的构建》，《中国行政管理》2017 年第 10 期。

77. 陈瑞华：《论国家监察权的性质》，《比较法研究》2019 年第 1 期。

78. 姬亚平、吉亮亮：《国家监察委员会的设立与运行制度研究》，《财经法学》2018 年第 1 期。

79. 江国华：《国家监察体制改革的逻辑与取向》，《学术论坛》2017 年第 3 期。

80. 陈光中、邵俊：《我国监察体制改革若干问题思考》，《中国法学》2018 年第 4 期。

81. 彭新林：《国家监察体制改革：历史借鉴与现实动因》，《法学杂志》2019 年第 1 期。

82. 华小鹏：《监察权运行中的若干重大问题探讨》，《法学杂志》2019 年第 1 期。

83. 秦前红：《监察体制改革的逻辑与方法》，《环球法律评论》2017 年第

2 期。

84. 席志刚：《国家监察委：点燃政治改革的引擎》，《党的生活（黑龙江）》2016 年第 12 期。

85. 刘小妹：《人大制度下的国家监督体制与监察机制》，《政法论坛》2018 年第 3 期。

86. 王明高：《新时代中国国家监察体制的重大创新和伟大实践》，《人民论坛·学术前沿》2018 年第 5 期。

87. 侯志山：《国家监察：中国特色监督的创举》，《中国党政干部论坛》2018 年第 4 期。

88. 庄德水：《国家监察体制改革试点的实践策略及其应用分析》，《理论探索》2018 年第 4 期。

89. 王希鹏：《国家监察权的属性》，《求索》2018 年第 4 期。

90. 刘峰铭：《国家监察体制改革背景下行政监察制度的转型》，《湖北社会科学》2017 年第 7 期。

91. 江利红：《行政监察职能在监察体制改革中的整合》，《法学》2018 年第 3 期。

92. 丛斌：《〈中华人民共和国监察法〉是全面监督的新举措》，《民主与科学》2018 年第 2 期。

93. 张世飞：《深化国家监察体制改革必须坚持党的全面领导》，《人民论坛》2018 年第 9 期。

94. 李少文：《全面深化国家监察体制改革》，《学习月刊》2018 年第 4 期。

95. 江国华、何盼盼：《中国特色监察法治体系论纲》，《新疆师范大学学报（哲学社会科学版）》2018 年第 5 期。

96. 周磊：《中国监察官制度的构建及路径研究》，《国家行政学院学报》2018 年第 4 期。

97. 吴建雄：《监察委员会的职能定位与实现路径》，《中国党政干部论坛》2017 年第 2 期。

98. 陈尧：《从"三位一体"到"四位一体"：监察体制改革对我国政体模式的创新》，《探索》2018 年第 4 期。

99. 陆国栋：《谁来监督国家监察专责机关——"五大监督"确保监察权力不被滥用》，《中国纪检监察》2018 年第 6 期。

100. 徐理响：《现代国家治理中的合署办公体制探析——以纪检监察合署办公为例》，《求索》2015 年第 8 期。

101. 刘夏：《论我国反腐败机构的整合与完善——以监察体制改革为视角》，《理论导刊》2017 年第 2 期。

102. 焦洪昌：《监察委员会的宪法定位》，《国家行政学院学报》2017 年第 2 期。

103. 刘素梅：《国家监察权的监督制约体制研究》，《学术界》2019 年第 1 期。

104. 高波：《国家监察体制改革：政治改革和反腐治本的新探索》，《人民日报》2016 年 11 月 15 日。

105. 童之伟：《对监察委员会自身的监督制约何以强化》，《法学评论》2017 年第 1 期。

106. 徐汉明：《国家监察权的属性探究》，《法学评论》2018 年第 1 期。

107. 张晋藩：《中国古代监察机关的权力地位与监察法》，《国家行政学院学报》2016 年第 6 期。

108. 马怀德：《国家监察体制改革的重要意义和主要任务》，《国家行政学院学报》2016 年第 6 期。

109. 林泰、黄鑫平：《〈监察法〉立法文本评析——兼谈〈监察法〉实施中亟待解决的几个疑难问题》，《廉政学研究》2018 年第 2 期。

110. 成为杰、马晓黎：《干部容错：制度机理、掣肘因素与优化路径》，《国家行政学院学报》2018 年第 3 期。

111. 毕宏音：《从各地试水看"容错纠错机制"的系统建构》，《人民论坛》2016 年第 11 期。

112. 陈朋发：《试论改革创新中容错纠错机制的构建》，《行政与法》2017 年第 3 期。

113. 储著斌：《习近平领导干部容错纠错思想研究》，《决策与信息》2017 年第 1 期。

114. 杜兴洋、陈孝丁敬：《容错与问责的边界：基于对两类政策文本的比较分析》，《学习与实践》2017 年第 5 期。

115. 房广顺、董海涛：《构建容错机制的理论、历史与现实逻辑》，《人民论坛》2016 年第 11 期。

116. 胡杰：《容错纠错机制的法理意蕴》，《法学》2017 年第 3 期。

117. 马晓黎、成为杰：《改革创新中的干部容错机制研究》，《长白学刊》2018 年第 3 期。

118. 叶海涛、方正：《责任本位：全面从严治党的逻辑起点与路径构建》，《长白学刊》2018 年第 1 期。

119. 蒋来用：《以务实精神合理创设容错机制》，《人民论坛》2016 年第 11 期。

120. 曹中胜、董志文：《以"精细化"提升廉政教育实效性》，《党建研究》 2018 年第 1 期。

121. 王迎龙：《监察委员会权利运行机制若干问题之探讨——以〈国家监察法 （草案）〉为分析蓝本》，《湖北社会科学》2017 年第 12 期。

122. 吴建雄：《监察体制改革试点视域下监察委员会职权的配置与运行规范》， 《新疆师范大学学报（哲学社会科学版）》2018 年第 5 期。

123. 李红勃：《迈向监察委员会：权力监督中国模式的法治化转型》，《法学评 论》2017 年第 3 期。

124. Arnold J. Heidenheimer. Perspectives on the Perception of Corruption. In： Arnold J. Heidenheimer, Michael Johnston and Victor T. Levine eds. Political Corruption：A Hand Book, New Brunswick and London：Transaction Publishers, 1993.

125. David H. Bayley. The Effects of Corruption in a Developing Nation. Western Political Quarterly, Vol. xix, No. 4（December 1966）.

126. Nathaniel H. Leff. Economic Development through Bureaucratic Corruption. American Behavioral Scientist, 8：3（November 1964）.

127. Jinting Deng. The National Supervision Commission：A New Anti-corruption Model in China. International Journal of Law, Crime and Justice, 2018, 52.

附　录

法律法规一览表

序号	名称	出台时间 （年/月/日）
1	《中华人民共和国宪法》	1982/12/4
2	《中华人民共和国宪法修正案》	2018/3/11
3	《中国人民政治协商会议共同纲领》	1949/9/29
4	《中华人民共和国监察法》	2018/3/20
5	《中华人民共和国公务员法》	2005/4/27
6	《中华人民共和国行政监察法》	1997/5/9
7	《中国共产党章程》	2017/10/24
8	《中国共产党纪律处分条例》	2018/8/26
9	《中国共产党党内监督条例》	2016/10/27
10	《领导干部报告个人有关事项规定》	2017/2/8
11	《推进领导干部能上能下若干规定（试行）》	2015/7/19
12	《中共中央关于全面深化改革若干重大问题的决定》	2013/11/15
13	《领导干部个人有关事项报告查核结果处理办法》	2017/2/8
14	《关于新形势下党内政治生活的若干准则》	2016/11/2
15	《行政机关公务员处分条例》	2007/6/1
16	《建立健全教育、制度、监督并重的惩治和预防腐败体系实施纲要》	2005/1/3
17	《关于依纪依法规范纪检监察信访举报工作的若干意见》	2005/2/1
18	《中国共产党纪律检查机关监督执纪工作规则》	2019/1/1
19	《中纪委监察部关于保护检举、控告人的规定》	1996/1/19
20	《事业单位工作人员处分暂行规定》	2012/8/22
21	《监察机关处理不服行政处分申诉的办法》	1991/11/30

高等学校公共管理类系列教材

- 国家监察概论
- 社会保障学
- 地方政府学
- 行政文化学概论
- 中国行政制度史
- 公共部门公共关系学
- 政治学
- 公共管理学
- 公共政策学原理
- 行政法概论
- 管理学
- 领导学导论
- 公共部门人力资源开发与管理
- 行政学原理
- 公共组织理论
- 行政案例分析